TEXTOS
TIPOS E PROTÓTIPOS

Conselho Acadêmico
Ataliba Teixeira de Castilho
Carlos Eduardo Lins da Silva
Carlos Fico
Jaime Cordeiro
José Luiz Fiorin
Tania Regina de Luca

Proibida a reprodução total ou parcial em qualquer mídia
sem a autorização escrita da editora.
Os infratores estão sujeitos às penas da lei.

A Editora não é responsável pelo conteúdo deste livro.
O Autor conhece os fatos narrados, pelos quais é responsável,
assim como se responsabiliza pelos juízos emitidos.

Consulte nosso catálogo completo e últimos lançamentos em **www.editoracontexto.com.br**.

TEXTOS
TIPOS E PROTÓTIPOS

JEAN-MICHEL ADAM

Coordenação de tradução
Mônica Magalhães Cavalcante

Publicado originalmente na França como
Les Textes: types et prototypes, 4. edição, de Jean-Michel ADAM
© Armand Colin, Malakoff, 2017
Armand Colin é marca registrada de Dunod Editeur –
11, rua Paul Bert – 92240 Malakoff

Direitos para publicação no Brasil adquiridos pela
Editora Contexto (Editora Pinsky Ltda.)

Capa e diagramação
Gustavo S. Vilas Boas

Tradução
Alena Ciulla, Ana Lúcia Tinoco Cabral, Anaximandro Amorim,
Antenor Almeida Junior, Aurea Zavam, Evandro Catelão,
Georgiana Miranda, Mariza Angélica Brito, Rosalice Pinto,
Suzana Leite Cortez, Valney Veras da Silva, Valdinar Custódio Filho

Preparação de textos
Lilian Aquino

Revisão
Hires Héglan

Dados Internacionais de Catalogação na Publicação (CIP)

Adam, Jean-Michel, 1947-
Textos: tipos e protótipos / Jean-Michel Adam;
tradução de Mônica Magalhães Cavalcante...[et al]. –
São Paulo : Contexto, 2024.
320 p.

Bibliografia
ISBN 978-85-520-0141-6
Título original: Les textes: types et protypes

1. Linguística 2. Textos – Análise I. Título
II. Cavalcante, Mônica Magalhães

19-0501   CDD 410

Angélica Ilacqua CRB-8/7057

Índice para catálogo sistemático:
1. Linguística

2024

EDITORA CONTEXTO
Diretor editorial: *Jaime Pinsky*

Rua Dr. José Elias, 520 – Alto da Lapa
05083-030 – São Paulo – SP
PABX: (11) 3832 5838
contato@editoracontexto.com.br
www.editoracontexto.com.br

SUMÁRIO

PREFÁCIO..9

INTRODUÇÃO
QUADRO TEÓRICO DE UMA TIPOLOGIA SEQUENCIAL..............17
Sintaxe alargada, gramática transfrástica e linguística textual................17
Tipos de textos, gêneros de textos ou gêneros de discurso?..................23
Que base tipológica escolher?..34
    Tipologias de âmbito textual ou discursivo?....................................36
    Tipologias pragmáticas centradas sobre os atos de discurso...........37
    Tipologias enunciativas..40
    Tipologias semânticas..42
    Plano da conexão textual..44
Por uma abordagem unificada das sequências textuais............................45
    Do período à sequência: o nível mesotextual de estruturação.........45
    Tipos de proposições?..50
    Das sequências aos (planos de) textos...56
    Cruzar as tipologias genéricas e sequenciais...................................60
Tipos ou protótipos?..63

O PROTÓTIPO DA SEQUÊNCIA DESCRITIVA … 67

História de uma rejeição quase geral … 67

Da enumeração à sequência descritiva … 74

As quatro macro-operações descritivas de base … 85

Operações de tematização … 85

Operações de aspectualização … 90

Operações de relação … 93

Operações de expansão por subtematização … 95

Descrever em paralelo … 97

Dois protótipos de elefantes africanos … 97

Desdobramentos do ponto de vista sobre o objeto … 99

Como a descrição argumenta … 102

Descrição procedural e descrição-passeio … 104

O PROTÓTIPO DA SEQUÊNCIA NARRATIVA … 113

Ensaio de definição da narrativa … 114

Sucessão de acontecimentos … 114

Unidade temática (ao menos um ator-sujeito S) … 115

Predicados transformados … 116

Unidade de um processo … 116

A causalidade narrativa da colocação em intriga … 120

Uma avaliação final (explícita ou implícita) … 125

Pragmática da narrativa … 128

Análises sequenciais … 133

Complexidade de um curto monólogo narrativo teatral (Camus) … 133

Uma anedota de Chateaubriand … 137

A narrativa de um tagarela (Albert Cohen) … 138

Heterogeneidade composicional de uma fábula de La Fontaine … 140

O PROTÓTIPO DA SEQUÊNCIA ARGUMENTATIVA … 145

Esquema inferencial, silogismo e entimema … 146

Um esquema da sustentação argumentativa das proposições … 152

Retorno ao esquema argumentativo de Toulmin … 152

Das frases periódicas à sequência argumentativa … 159

Análises sequenciais...........165

A argumentação na descrição-retrato...........165

Refutação e elipse da conclusão-nova tese...........166

G. W Bush ou a argumentação sem "restrição"...........168

Retorno a um texto publicitário: Mir Rose...........170

O PROTÓTIPO DA SEQUÊNCIA EXPLICATIVA...........177

A explicação: discurso e textualidade...........177

Explicativo, expositivo e informativo...........177

Do discurso ao texto...........180

Conectores, sentenças periódicas e sequência explicativa...........182

Escopo dos conectores explicativos...........182

Do período à sequência...........189

Análises sequenciais de casos de heterogeneidade...........200

Descrever e explicar no discurso de vulgarização...........200

Relato e explicação no discurso político giscardiano...........202

Uma narrativa etiológica ou "conto do por quê"...........206

O PROTÓTIPO DA SEQUÊNCIA DIALOGAL...........209

Do dialogismo ao diálogo...........209

Da conversação ao diálogo...........212

A organização sequencial do diálogo...........218

Um gênero dialogal monologado: o epistolar...........228

Descrever e argumentar no diálogo...........237

Uma descrição dialogada...........237

A argumentação no diálogo...........241

A inscrição do diálogo na narrativa...........244

Heterogeneidade e integração do discurso representado...........244

Retorno a "O Lobo e O Cordeiro", de La Fontaine...........246

Perguntas a respeito de um plágio paródico de Érik Orsenna...........250

DISCURSO PROCEDURAL
E OUTROS GÊNEROS DE INCITAÇÃO À AÇÃO...........253

Flutuações na categorização...........253

Descrição dos gêneros da iniciação à ação e do conselho...........261

Características linguísticas comuns 274

Características enunciativas (C1) 275

Contrato de verdade e promessa de sucesso (C2) 276

Léxico especializado (C3) 277

Representação de ações e força ilocutória (C4) 277

Marcas de conexão (C5) 278

Macrossegmentação tipográfica (C6) 278

Planos de texto e cadeias de ação:

o exemplo das receitas e dos guias de alpinismo 279

Cadeias de ações: complexidade dos arranjos de proposições 283

Planos de texto e visilegibilidade da segmentação 291

Para concluir: um exemplo de literarização do gênero da receita 294

CONCLUSÃO 299

REFERÊNCIAS 305

O AUTOR 317

PREFÁCIO

Por que uma nova edição, já bastante modificada em 2011, de um livro publicado em 1992? Como não entender a falta de interesse dos leitores que – guardadas as devidas proporções – poderiam se encontrar na posição daquele correspondente de Erasmo que se queixava de ter que comprar as variações intermináveis de seus livros e perguntava principalmente por que publicar um livro antes de ele estar verdadeiramente concluído? A isso, Erasmo responde: "Da mesma forma que, enquanto vivemos, trabalhamos incessantemente para nos tornarmos melhores, só paramos de corrigir e completar as nossas obras quando cessamos de viver".[1] Essa dinâmica infinita do pensamento só tem a possibilidade de fazer com que uma editora reedite um título se isso for uma resposta ao interesse dos leitores. Ocorre que as edições precedentes deste livro foram bastante citadas,[2] discutidas[3] e traduzidas total ou parcialmente.[4]

---

[1] Carta de Erasmo a John Botzheim, 1552; citado por M. Jeanneret (1994: 35).

[2] Ou não citadas, mas parodicamente plagiadas pelo acadêmico Érik Orsenna, nas páginas 94-96 de *La Grammaire est une chanson douce* (Stock, 2001). Voltarei a falar disso no final do capítulo 5.

[3] Por Roulet e por Bouchard em *Études de linguistique appliquée* 83 (1991), por Tuija Virtanen e Brita Warvik (1987) ou por Finn Frandsen (1998), por Bronckart (1996) e Rastier (2001). Remeto também às teses de Jean-Jaques Richer (Universidade de Haute-Normandie, 1991) e de Verónica Portillo Serrano (Universidade de Franche-Compte, 2010).

[4] Tradução romana: *Textele. Tipuri si prototipuri*, Iasi, Institul European, 2009, por Cristina Stanciu; e tradução grega: *Ta kimena. Tipi ké protipa*, Atenas, Ekdosis Pataki, 1996, por G. Parisis e E. Kapsomenos. Traduções espanholas e brasileiras parciais.

Apesar das palavras finais do prefácio da primeira edição, que faziam alusão à demanda didática em relação à abordagem dos textos, eu não pensava, em 1992, que minhas propostas seriam, então, objeto de aplicações tão massivas depois de certa deformação no domínio da didática da língua materna e de línguas estrangeiras.

Se a hipótese dos tipos de sequências foi frequentemente utilizada, ela foi muitas vezes modificada em sua composição e especialmente pouco se relacionou com o quadro teórico que a justificava, em particular a contestação das tipologias de textos e o questionamento sobre as gramáticas de texto. O título do livro, intencionalmente problemático, foi às vezes considerado em seu sentido elementar, e numerosos utilizadores e comentadores da teoria persistem em assimilar o seu conteúdo às tipologias de textos que a teoria sequencial objetivava questionar.[5] É verdade que, ao publicar *Le texte descriptif* (*O texto descritivo*) (1989) e *Le texte narratif* (*O texto narrativo*) (1985-1994), eu permiti, pelo uso do singular nesses títulos, uma infeliz ambiguidade. Teria sido preferível chamá-los *O(s) texto(s) narrativo(s)* e *O(s) texto(s) descritivo(s)*, a fim de destacar a variedade genérica infinita que essas formas de textualizar podem apresentar.[6] O presente livro foi inteiramente revisto a fim de eliminar as ambiguidades que persistiam no texto de 1992 e em sua primeira revisão de 1997. A precisão mais importante reside no fato de que não se passa do modo composicional das sequências ao texto. A categoria textual da composição é bem mais complexa e poliestruturada do que pode parecer a ideia de continuidade linear de articulação das sequências até a categoria textual global. Eu pensava que a modularidade do modelo implicava claramente a complexidade dos fatores e dos componentes, mas isso não estava suficientemente claro.

Nos anos 1970-1980, a quantidade de revistas e obras de síntese sobre a argumentação, a descrição, a narração, a explicação e a conversação se multiplicou, atestando o imenso progresso de análises parciais (poéticas, semióticas, semiológicas, psicolinguísticas, interacionais e linguísticas) dessas cinco grandes formas de textualizar. Em *Typologie der texte* (1975), Egon Werlich acrescentava aos quatro grandes tipos (*descrição, narração, exposição* e

---

[5] O caso mais espetacular é certamente o de François Rastier, autor dessa inacreditável sentença: "Adam chama de *tipos de texto* as sequências" (2001: 265). Má-fé? Vontade de arruinar a leitura de um pensamento desqualificado como "lógico-gramatical", ainda que esse pensamento interrogue muito precisamente os limites de tal epistemologia?

[6] É bem o propósito de *Genres de récits. Narrativité et généricité de textes* (Adam, 2011a) e do livro sobre os contos escrito com Ute Heidmann (Heidmann e Adam, 2010).

argumentação) a *instrução* ou *prescrição* (o texto procedural de Longacre), enquanto Robert-Alain de Beaugrande e Wolfgang Ulrich Dressler (1981) privilegiavam o trio *descrição, narração* e *argumentação*, e Bice Mortara Garavelli (*Tipologia dei testi*, 1988) acrescentava aos tipos de Werlich um tipo *optativo* (efetivado pelas saudações, maldições, conjurações, fórmulas mágicas, mantras, preces, pasquins). Nessas três propostas bastante representativas, somente os textos monogeridos eram levados em conta, e o *diálogo* era, assim, excluído das tipologias.

A relação entre os desenvolvimentos da poética e da semiótica da descrição (importantes trabalhos de Philippe Hamon), dos trabalhos sobre a argumentação e a explicação (os do Centro de Pesquisas Semiológicas de Neuchâtel dirigido por Jean-Blaize Grize), sobre o diálogo e a conversação (os dos conversacionalistas), com os trabalhos alemães de linguística textual e com os de Teun A. van Dijk, conduziu-me progressivamente às hipóteses apresentadas na edição de 1992. Entre minhas propostas dos anos 1980, ainda muito próximas daquelas de Egon Werlich e o foco apresentado aqui, a evolução é sensível, e algumas revisões são importantes.

O presente livro é somente uma pequena parte de uma teoria geral desenvolvida e repensada passo a passo desde meus *Éléments de linguistique textuelle* (1990) até a última edição de *La linguistique textuelle: introduction à l'analyse textuelle des discours* (Adam, 2011b) (*A linguística textual: introdução à análise textual dos discursos*). No meio francófono, o espaço da linguística textual é reconhecido, como comprovam o último capítulo sobre "O texto" ("Le texte") do manual de iniciação à linguística de Olivier Soutet (2005[1995]: 323-346) e o último capítulo da *Grammaire méthodique du français,* de Martin Riegel, Jean-Chistophe Pellat e René Rioul, que passa das 20 páginas de "A estruturação do texto" ("La structuration du texte") (1994: 603-623) às 47 páginas de um capítulo com título significativamente modificado: "Texto e discurso" ("Texte et discours") (2009: 1017-1064). O grande capítulo 7 sobre "A coerência do texto" ("La cohérence du texte") de *Linguistique pour le texte littéraire*, de Dominique Maingueneau, é igualmente desenvolvido no *Manuel de linguistique pour les textes littéraires* (capítulos 11 e 12, 2010: 220-298). A disciplina é, todavia, melhor implantada na Alemanha (Werlich, Dressler, Coseriu, Isenberg, Bellert, Lang), na Inglaterra (Halliday e Hasan), nos Países Baixos e na Espanha (Van Dijk), na Dinamarca (Lundquist), na Hungria (Petöfi), no Brasil (Marcuschi e Koch). Na França, a linguística do interfrástico ocupa a frente do palco. Apesar de tudo, vários números de revistas abordaram a questão das classes de textos e de gêneros, hesitando terminologicamente entre os conceitos de *texto, discurso, tipo e gênero.*

Os teóricos e os praticantes que falam de tipos de textos se inscrevem numa corrente classificatória que, a par do estabelecimento das gramáticas de textos, acreditaram poder estabelecer grandes categorias relativamente estáveis de textos. Tipologias de textos e gramáticas de textos apareceram nos anos 1970, no movimento formalista e na euforia da gramática gerativa e transformacional. As tipologias de textos tentaram reduzir a diversidade de manifestações textuais e propor gramáticas específicas. Elas se desenvolveram no despertar das abordagens estruturais da narrativa nos anos 1960-1970. Levaram em conta, então, os desenvolvimentos da psicolinguística textual (Kintsch, 1981 e 1982; Kintsch e Van Dijk, 1984; Fayol, 1985; Denhière, 1984; Coirier, Gaonac'h e Passerault, 1996), enquanto alguns autores se pronunciaram por tipologias funcionais ou pragmáticas, mais graduais: "As funções são representadas por graus diferentes nos textos reais" (Dressler, 1984: 87-88). A consideração dessa abertura pragmática levou ao abandono dos "tipos de texto" em favor dos gêneros.

Os debates sobre as classificações tipológicas parecem ter sido limitados ao campo da didática do francês como língua materna, como língua estrangeira e segunda língua, ou ainda ao domínio da literatura (através da poética), porque os linguistas expressaram muitas vezes certa desconfiança em relação às teorias dos gêneros e às tipologias de textos; ou, quando não, como Jean Molino, em relação a toda a teoria geral do texto ou do discurso:

> Apesar das numerosas pesquisas dedicadas a essa questão, as conclusões às quais podemos chegar não são muito encorajadoras: as classificações utilizáveis – aquelas, por exemplo, que distinguem (cf. Werlich) descrição, narração, exposição, argumentação, instrução – não são distintivas e fornecem somente um quadro vago, sem garantia de homogeneidade nem de regularidade, ao passo que as classificações que pretendem ser homogêneas, rigorosas, monotípicas e exaustivas são passíveis de se perder numa ramificação sem limites que as torna rapidamente inutilizáveis e não mais asseguradas. Isso nos leva à tese seguinte: não pode existir uma teoria geral do discurso ou do texto. (1990: 161)

Jean Molino, assim, não fazia mais que prolongar o célebre posicionamento de Roland Barthes, em "De l'oeuvre au texte" ("Da obra ao texto"), em que ele qualificava de "ilusória toda ciência indutivo-dedutiva dos textos" e concluía: "nada de 'gramática' do texto" (2004: 912; conferência ministrada na Universidade de Lausanne e republicada na *Revue d'esthétique*). Bernard Combettes distinguia muito apropriadamente as pesquisas que parecem ter a tipologia como única finalidade daquelas que, "explícita ou implicitamente, não consideram a construção de uma tipologia como um fim em si, mas como a possibilidade de pôr os tipos de texto em relação com 'outra coisa', estando essa outra coisa na ocorrência, majoritariamente, do domínio linguístico" (1990: 14). "A tipologia de textos é um domínio que sempre me pareceu extremamente delicado e no qual pouco me arrisquei", Michel Charroles (1990: 9) observava, reconhecendo, todavia, que os professores, que trabalham necessariamente com textos, são muito obrigados a se fazerem perguntas relativas às classes de textos e de discursos.

De fato, todos aqueles – professores e pesquisadores – que trabalham com *corpora* de textos são levados a se colocar, em um momento ou outro, a questão do pertencimento dos textos a uma classe de textos ou de discursos. Com efeito, as observações de marcas linguísticas podem depender amplamente de restrições atinentes ao texto e ao gênero, e o fato de basear as observações relativas à língua nesse ou naquele *corpus* acabou levando muitas vezes a observações linguísticas contraditórias. É precisamente isso que, atualmente, a corrente da linguística de *corpus* corrige (Adam e Viprey, 2009). A oposição entre textos ou fragmentos de textos narrativos *vs.* não narrativos, adquirida bem cedo pelas crianças, parece ser reconhecida pela maior parte dos sujeitos falantes,[7] mas essa classificação minimalista deve ser relacionada a esta observação de Teun van Dijk:

> Qualquer falante nativo de uma língua será, em princípio, capaz de fazer uma distinção entre um poema e um livro-texto de matemática, entre um artigo no jornal e um questionário. Isso implica que ele tem a habilidade inicial de diferenciar o universo de textos e de reconhecer diferentes tipos

---

[7] Não me pronuncio sobre a universalidade dessa distinção, apesar das observações acumuladas em culturas bastante diversas. Minhas proposições se limitam à área cultural ocidental. E sobre as culturas africanas ou caribenhas? O cultural e o cognitivo estão intimamente ligados. O "diverso", caro a Chamoiseau e Glissant, se sobrepõe ao universal. É muitas vezes provável que *recontar* seja uma forma de ação discursiva primária comum aos humanos e varie somente nas suas formas culturais e linguísticas de realização. O mesmo se pode dizer de *descrever, argumentar, explicar* e *dialogar*?

de textos. Sustentaremos [...] que essa habilidade fundamental é parte da competência linguística. Defenderemos, ao mesmo tempo, que essa competência deve ser uma competência textual.* (1972: 297-298)

É um pouco vago falar em "tipos de textos" a propósito de uma lista que enumera classes de gêneros discursivos literários (poemas), escolares (manuais de matemática), jornalísticos (artigos da imprensa escrita, cujo gênero exato seria ainda necessário precisar), e mais vago ainda falar de "questionários" (administrativo, por exemplo). Se a categorização dos textos faz parte das competências cognitivas dos sujeitos falantes, é que "Toda atividade intelectual conduz aquele que a pratica à criação de distinções e à construção de tipos no interior do objeto de análise" (Dispaux, 1984: 99). Em uma perspectiva completamente diferente, Georges Kleiber retoma a mesma ideia: "Categorização e categorias são os elementos fundamentais, na maior parte do tempo inconscientes, de nossa organização da experiência" (1990: 13). Sem a existência de tais categorias, nossa compreensão dos enunciados produzidos seria provavelmente impossível: nós seríamos submergidos pela diversidade, por uma impressão caótica que as regularidades sintáticas locais certamente não compensariam.

Todo empreendimento de classificação acarreta problemas, ainda mais quando se pretende passar os produtos simbólicos das práticas discursivas humanas pelo filtro de um pequeno número de categorias elementares. Dessa evidência só pode resultar uma prudência saudável, que não deve, contudo, nos impedir de formular hipóteses de trabalho. Como escreve Gilbert Dispaux, "Uma definição que não tivesse jamais provocado questionamento seria inútil. O mesmo vale para uma tipologia" (1984: 102). O primeiro critério de classificação a operar em um texto – uma vez que um efeito de texto é percebido por um leitor, ou um ouvinte, e uma vez que está aí envolvido um processo de produção oral ou escrita – é certamente o critério do gênero, dentro do sistema de gêneros próprio de sua comunidade discursiva e, eventualmente, de seus conhecimentos culturais sobre gêneros de outras comunidades e de outras épocas.

---

* N.T.: No original, a citação é transcrita em língua inglesa. Optamos por apresentá-la em língua portuguesa. O trecho traduzido é o seguinte: "Any native speaker of a language will in principle be able to make a distinction between a poem and a hand-book of mathematics, between an article in the newspaper and a questionnaire. This implies that he has the initial ability to differentiate the universe of texts and to recognize different types of texts. We shall claim [...] that this fundamental ability is part of linguistic competence. We shall argue at the same time that this competence must be a textual competence".

Este livro não será consagrado aos *gêneros do discurso*,[8] mas às unidades e aos agenciamentos textuais. Minha hipótese de existência de um pequeno número de sequências textuais de base – tipos monogeridos *narrativo, descritivo, argumentativo* e *explicativo*, e tipo poligerido *dialogal* – tem por objetivo descrever o fato de os textos serem muito frequentemente compostos de fragmentos de muitos tipos mais ou menos articulados entre si: presença de *descrição* e/ou de *diálogo* em uma *narração*, de *argumentação* no *diálogo*, de *narração* na *explicação* etc.

François Rastier, que qualifica essa concepção da heterogeneidade composicional dos textos como "postulado [...] romântico no sentido forte do termo, pois ele apenas é adequado a um gênero epônimo do romantismo, o romance" (2001: 263), parece passar ao largo de uma evidência. Basta analisar os fenômenos da narração no teatro, a escrita da imprensa, o menor discurso político ou documento publicitário para percebermos isso. Rastier, felizmente, retrata-se, admitindo que existem "desigualdades qualitativas entre seções de um texto" (2001: 264), qualificando essa observação de "trivial, mas verdadeira" (2001: 264). Admito humildemente tentar levar em conta fatos dessa ordem, percebidos pelos sujeitos falantes, que concernem a unidades superiores à frase e geralmente inferiores à unidade texto. É significativo ver Rastier retomar, em seguida, uma tese tão "trivial", nomeando "*configurações* esse tipo de figuras não tropos,[9] as quais falta detalhar, ao modo de certos 'jogos de linguagem', conforme Wittgenstein: dar um exemplo, inserir uma anedota etc." (2001: 265). O recurso ao conceito de "jogo de linguagem" me parece apenas ressaltar a existência de variações de gêneros e de textos, geradoras de uma heterogeneidade[10] que nos falta descrever a contento. Jean-Paul Bronckart não me parece dizer outra coisa quando, depois de ter sustentado que todo texto empírico advém necessariamente de um gênero, acrescenta:

> Uma classificação de textos não pode se basear sobre o único critério facilmente objetivável, a saber, as unidades linguísticas que neles são empiricamente observáveis. Qualquer que seja o gênero a que eles pertencem,

---

[8] Questão que abordo frontalmente em Adam (1997b, 1997c, 1998, 1999, 2001a, 2001c, 2001e, 2011a), Adam e Heidemann (2009), Heidmann e Adam (2010).

[9] Eu falo da descrição como uma dessas "figuras não tropos" de Fontanier em *La description* (PUF, coll. "Que sais-je?", 1993: 32-33).

[10] A heterogeneidade genérica de numerosos textos foi demonstrada por Ulla Fix (1997) e descrita em Adam e Heidmann (2009) e Heidmann e Adam (2010).

os textos são, de fato, compostos, segundo modalidades muito variáveis, de segmentos de *status* diferentes (segmentos de exposição teórica, de narração, de diálogo etc.). E é somente no nível desses segmentos que podem ser identificadas regularidades de organização e de marcação linguística. (1997: 138)

Apesar de levar em conta certos trabalhos de psicologia da linguagem e de psicologia cognitiva, o presente livro não se situa nesse paradigma. Como linguista, eu posso somente definir e explicitar, como o diz Joëlle Gardes Tamine, "um número mínimo de operações enunciativas fundamentais que permitam passar das noções e esquemas abstratos da língua às unidades observadas nos textos" (2004: 6). Como ela, eu não dou definição lógica, psicológica ou cognitiva dessas operações, que "são estritamente metalinguísticas e somente têm valor na medida em que permitem analisar os fatos considerados" (2004: 6). Diferentemente de Joëlle Gardes Tamine, postulo, com a estruturação periódica e sequencial dos enunciados, duas unidades textuais de nível intermediário que se acrescentam às unidades de segmentação tipográfica, que são a frase (unidade igualmente sintática) e o parágrafo (unidade igualmente semântica) na prosa; e o verso e a estrofe (unidades igualmente métricas) numa parte da poesia.

Em conclusão a esse prefácio, reafirmo que o conceito de *tipos de textos* é, como a *gramática de texto*, mais um obstáculo metodológico do que uma ferramenta heurística. As tipologias baseadas na *genericidade* são muito mais pertinentes, pois, em grande parte, é o gênero discursivo – ele próprio dependente de enquadres de interação sociodiscursivos – que determina a composição dos textos. Os gêneros de discurso são os únicos fatos de alto nível passíveis de ser categorizados.

* * *

Com a publicação de *Textos: tipos e protótipos*, a Linguística Textual brasileira paga uma dívida antiga, apresentando, pela primeira vez integralmente, a obra-chave para se entender a complexa questão das sequências textuais conforme postula Jean-Michel Adam. Os leitores brasileiros finalmente têm a oportunidade de conhecer a reflexão original de um teórico amplamente debatido em nosso país, cujas ideias amparam inúmeras pesquisas em diversas universidades. Poderão, ainda, ter contato não só com a teorização sobre as sequências textuais – a colaboração do autor mais difundida entre nós –, mas também com a proposição original sobre as relações entre *linguagem, discurso, gênero* e *texto*, que embasa toda a proposta de Adam e o coloca como referência essencial nos estudos da produção e compreensão dos sentidos por meio do texto.

Os tradutores

INTRODUÇÃO

QUADRO TEÓRICO
DE UMA TIPOLOGIA SEQUENCIAL

*Para observar qualquer coisa, é preciso saber o que olhar. Uma
descrição só seria possível, assim, em um quadro teórico prévio, e
este só teria eficácia se pudesse ser explicitado.*

Marie-Jeanne Borel, Jean-Blaise Grize e Denis Miéville, 1983: 220.

Como observa Ferdinand de Saussure em seus *Escritos*: "Não há nenhum rudimento de fato linguístico fora do ponto de vista definido que preside às distinções", e ele acrescenta: "É proibido, a nós, em linguística, embora não cessemos de fazê-lo, falar 'de uma coisa' a partir de diferentes pontos de vista, ou de uma coisa de um ponto de vista geral, porque é o ponto de vista que FAZ a coisa" (2002: 200-201). Dessa realidade das ciências do homem e da sociedade, e das ciências da linguagem, deriva naturalmente a necessidade de especificar em qual perspectiva este livro é escrito e quais são as definições que adotamos para pensar os fenômenos que vamos estudar.

SINTAXE ALARGADA, GRAMÁTICA
TRANSFRÁSTICA E LINGUÍSTICA TEXTUAL

Explicitando o que chama de nível dos *textos* (em relação aos níveis da linguagem e das línguas), Eugenio Coseriu dá uma definição que me parece possível tomar ao pé da letra: "série de *atos linguísticos* conexos que realiza um dado locutor em uma situação concreta que, naturalmente, pode tomar uma forma falada ou escrita" (2007: 86). François Rastier – um dos raros linguistas franceses a se referir a Coseriu – acrescenta: "A linguística dos textos se distingue da linguística das línguas e *a fortiori* da linguística da linguagem, mas as comanda, todavia: só se pode inventariar os signos e suas funções descrevendo os textos" (Rastier, 2008). Mesmo que seu objeto seja "o nível individual da linguística", a linguística textual tem também por objeto o que diferentes textos de um *corpus* têm em comum, mesmo que potencialmente e mesmo que a título de hipótese em grande número de textos. Daí a necessária atenção às semelhanças e diferenças observáveis nas "classes de textos": gêneros de discurso, gêneros de textos, tipos de textos.

Coseriu considera, com razão, a gramática transfrástica ("a gramática transoracional") como "uma ciência auxiliar indispensável para a linguística do texto" (2007: 322). Prolongamento da sintaxe frástica e da gramática de uma dada língua (2007: 395), a gramática transfrástica não pode, todavia, se definir como uma ciência do texto em geral, porque, diferentemente da linguística textual, ela não tem por tarefa nem o estudo do "texto como organização supraidiomática dos atos linguísticos" (2007: 321), nem a descrição "das classes de textos e de gêneros, como a narrativa, o relatório, a piada, a ode, o drama, a novela" (2007: 321-322). Coseriu esclarece outra diferença que justifica plenamente o recurso que eu propus chamar de análise textual dos discursos: "Sendo o texto algo do individual [...], a linguística do texto difere tanto da linguística em geral quanto da *gramática transfrástica*" (2007: 300-301). É preciso distinguir e articular *linguística transfrástica, linguística textual* e *análise textual*. Definindo o que funda a autonomia do nível textual e, igualmente, a autonomia da linguística textual, Coseriu acrescenta: "[...] apenas o fato de existir uma classe de conteúdo que é propriamente um conteúdo textual ou um conteúdo dado *através dos textos* justifica a autonomia do nível textual" (2007: 156). É por essa razão que a linguística textual é uma *"linguística do sentido"* (2007: 156). Essa posição é próxima daquela de M. A. K. Halliday e R. Hasan, em *Cohesion in English*: "um texto não deve ser visto de modo algum como uma unidade gramatical, mas como uma unidade de outra espécie: uma unidade semântica. Sua unidade é uma unidade de sentido em contexto, uma textura que exprime o fato de que, formando um todo *[as a whole]*, ele é ligado ao ambiente no qual ele se encontra colocado" (1976: 293; tradução do autor*). A análise textual dos discursos é chamada a desempenhar um papel de descrição e de interpretação do sentido dos textos em contexto.

---

* N.T.: Doravante, a expressão "tradução do autor" significa que, no original, a citação apresentada é originalmente em língua diferente do francês e foi traduzida por Adam para o francês.

Introdução

A presente obra parte de um fato observado por Teun A. van Dijk no início do desenvolvimento da gramática do texto: "A diferença para a gramática da frase é [...] que as derivações não acabam em frases simples ou complexas, mas em conjuntos n-vezes ordenados de frases, ou seja, em SEQUÊNCIAS" (1973: 19; tradução do autor). Em outros termos, não basta substituir o nó P dos modelos gerativos da frase por T para obter um modelo de distribuição que permita definir T como um "conjunto n-vezes ordenado de frases". Duas abordagens dessa questão se chocam.

Para uns, no domínio do texto, "a relação do todo com a parte não vem do mesmo tipo de previsibilidade que aquele que existe entre cada uma das unidades subfrásticas e seus constituintes imediatos" (Soutet, 2005: 325). O fato de não podermos decompor o texto em frases aplicando-lhe os mesmos procedimentos aplicados na frase, no sintagma, no signo e no morfema impõe uma mudança de quadro teórico. É igualmente a posição de Alain Berrendonner e Marie-José Béguelin: "A partir da categoria da cláusula, a sintaxe muda de natureza: um texto não deve ser visto como uma sequência de signos, mas como uma montagem de atos ou de comportamentos" (1989: 115). Após ter falado de *sintaxe de regência* (interna à cláusula) e de *sintaxe de pressuposição* ou *macrossintaxe* desde o nível do período como junção de cláusulas, Alain Berrendonner (2002) chegou a preferir o termo *pragmassintaxe* para descrever os fenômenos transfrásticos observáveis na oralidade. Para Henning Nølke, também é assim: "Sabe-se que, a partir de um certo nível, a coerência textual é unicamente uma questão de semântica e de interpretação. Se a sintaxe vai além da frase, ela para, todavia, em um certo ponto: é preciso haver um limite em que se dá um salto qualitativo" (2002: 191). Sua constatação é muito clara: "na pesquisa de uma sintaxe que vai além da frase, será necessário (re)trabalhar a relação semântica/sintaxe" (2002: 191).

Michel Charolles e Bernard Combettes, a partir de uma redefinição de frase como "estrutura relacional pré-formatada", definição fundada nas gramáticas cognitiva e funcional (Langaker, Givon), consideram, ao contrário, uma possível continuidade da frase ao texto:

> As relações de constituência que observamos no interior da frase não são de uma natureza diferente daquelas a que vamos retornar quando vamos interpretar uma sequência correspondente, formada de várias frases independentes. A frase é apenas uma estrutura relacional pré-formatada. As

conexões estruturais que aparecem entre grupos que a compõem codifi-cam relações que não são de natureza diferente das relações que intervêm além dela. O leitor que descobre um texto não faz radicalmente outra coisa em se tratando de frases ou de sequências de frases. De um fim a outro, constroem-se representações. (Charolles e Combettes, 1999: 107-108)

Michel Charolles e Béatrice Lamiroy mostraram, seguindo Sandra A. Thompson (1985: 57), que, quanto menos uma proposição é sintaticamente integrada, mais ela é passível de certificar funções discursivas (Charolles e Lamiroy, 2002: 384). Assim acontece com as infinitivas de finalidade em "*to*" e "*pour*"*, separadas em início de frase. As observações acumuladas mostram claramente que, nos textos de gêneros procedurais, como as receitas de cozinha e as instruções de manutenção de bateria de automóvel (Thompson, 1985), as instruções de montagem (Péry-Woodley, 2000), mas também nos artigos de revistas científicas (Charolles e Lamiroy, 2002), as subordinadas circunstan-ciais de finalidade destacadas em início de frase retornam aos fatos problemá-ticos desenvolvidos no cotexto anterior e são passíveis de suscitar no espírito dos leitores um questionamento (o que nós analisaremos no capítulo "O pro-tótipo da sequência explicativa", como isca significativa de uma construção explicativa ou expositiva). Nesse primeiro papel de ligação textual a montante, acrescenta-se um significado a jusante que ultrapassa a proposição principal que segue e se estende sobre algumas frases (Charolles e Lamiroy, 2002: 396). Assim acontece neste exemplo bastante representativo, que mobiliza os fatos textuais aos quais retornaremos (nos capítulos "O protótipo da sequência ex-plicativa" e "Discurso procedural e outros gêneros de incitação à ação"):

T1 [P1] O recrutamento está longe de ser uniforme em todo o território. [P2] **Para evidenciar isso, nós levamos em conta, para o final dos anos 1980, os estudantes admitidos em concursos, que representam o essencial dos "novos recrutados" por *académie d'inscription***. [P3] Esse número de estudantes contratados foi relacionado ao das primeiras nomeações por academia, quer dizer, ao número de professores recém-titulados, que expressa grosseiramente a necessidade de professores.** [P4] As dispari-dades são consideradas entre as duas extremidades do gradiente norte-sul:

---

* N.T.: "*to*" (em inglês) e "*pour*" (em francês) equivalem a "para", em português.
** N.T.: "*academies des inscriptions*", na França, são instituições de ensino que se dedicam às humanidades.

Introdução

ao norte de Paris, o recrutamento de estudantes locais cobre menos de um terço das necessidades, ao passo que há de duas a quatro vezes mais admitidos do que o número de vagas iniciais nas academias mais meridionais. (*Atlas da França escolar*; Charolles e Lamiroy, 2002: 402.)

A frase P1 chega a uma conclusão problemática, que a proposição [PARA + verbo no infinitivo], destacada no início de P2, evidencia como problema a explicar. As principais de P2 e P3 detalham as ações empreendidas para analisar e explicar o problema posto e estão, portanto, sob o escopo comum de PARA. As conclusões tiradas por Charolles e Lamiroy, que se referem também muito explicitamente a Ray Jackendoff e Peter W. Culicover (1997), interessam diretamente à nossa proposta. Eles observam primeiro que "a sintaxe no sentido habitual e estreito do termo [...] permite exprimir em um formato estrutural compacto e de dimensão humana (a frase) as estruturas conceptuais já muito elaboradas, mas relativamente reduzidas" (2002: 416). Essa constatação dos "limites da frase como dispositivo estrutural" (2002: 408) põe a linguística na obrigação de considerar a "sintaxe em sentido amplo" (Culicover e Jackendoff, 1997: 15), que "inclui outras estruturas (isto é, outras unidades que implicam relações projetivas). Entre elas, encontramos estruturas conceituais (praxeológicas) ainda reduzidas, mas mais amplas do que aquelas que podem ser consideradas pela frase" (2002: 416-417). Os blocos segmentados por essas unidades estruturais são porções de texto de tamanho variável. Charolles e Lamiroy classificam nessa "sintaxe estendida" as estruturas entonacionais que dão origem ao que Claire Blanche-Benveniste (1994) e Berrendonner e Reichler-Bèguelin (1989) chamam de *períodos* e Morel e Danon-Boileau chamam de *parágrafos orais* (1998). Entre as unidades textuais, eles classificam os *cenários*, definidos como *scripts*, como "esquemas conceituais que correspondem a estruturas de acontecimentos estereotípicos" (2002: 417). Os esquemas do tipo *finalidade/ação* ou *meio/resultado* são, segundo eles, um "bom exemplo dessas estruturas em que somente uma parte [...] pode ser codificada gramaticalmente" (2002: 417). O exemplo T1 corresponde perfeitamente a esta estrutura esquemática: P1 + proposição no infinitivo com PARA, destacada no início de P2 = finalidade; proposição principal de P2 + P3 = ações; P4 = resultados.

Na mesma rubrica, Charolles e Lamiroy fazem alusão aos *esquemas de texto*. É, a meu ver, um esquema de texto explicativo que leva em conta o esquema atualizado em T1, e muito precisamente é o que tem por objetivo teorizar a noção de sequência textual.

|21|

No campo da linguística textual e não mais transfrástica, Michael A. K. Halliday e Ruqaiya Hasan não hesitam em falar de "macroestruturas" que fazem de cada texto um texto de "natureza específica – conversação, narração, canção, correspondência comercial etc." (1976: 324; tradução do autor). Segundo eles, cada uma dessas variedades de texto possui sua própria estrutura textual, e eles entendem por isso a estrutura global "inerente às noções de narração, prece, balada, correspondência oficial, soneto..." (1976: 326-327). No quadro de sua teoria do texto, Teun A. van Dijk (1978, 1981, 1984) fala sobretudo de "superestruturas", reservando a noção semântica de "macroestrutura" ao tema ou tópico global de um enunciado: "As superestruturas são estruturas globais que se assemelham a um esquema. Diferentemente das macroestruturas, elas não determinam um 'conteúdo' global, mas sim, a 'forma' global de um discurso. Essa forma é definida, como em sintaxe, em termos de categorias esquemáticas" (1981: 26).

Se eu abandonei o próprio termo "superestruturas" textuais de Teun A. van Dijk,[1] foi porque essa noção recobre unidades textuais vagas demais. Van Dijk fala, de fato, de "superestrutura" tanto a propósito da narração e da argumentação (1984 e 1981) quanto a propósito do soneto (1984). Eu sigo parcialmente sua primeira definição de superestruturas: "As macroproposições, pelo menos aquelas de um nível mais elevado, serão organizadas pelas categorias esquemáticas da superestrutura, por exemplo, o esquema narrativo" (1981: 26-27). Sigo também sua concepção de superestruturas como estruturas textuais "superpostas" às estruturas gramaticais (1984: 2285). Contudo, a confusão entre plano de texto simples (responsável pela segmentação visível-legível do texto escrito em partes (capítulos, seções, parágrafos)) e superestrutura gera muita confusão. Van Dijk considera, de fato, um soneto como uma "superestrutura prosódica" e uma narrativa como uma "superestrutura semântica".

A *sequência* é uma estrutura relacional pré-formatada que se sobrepõe às unidades sintáticas estritas (frases) e às amplas (períodos), é um "esquema de texto" situado entre a estruturação frástica e periódica microtextual das proposições e a macrotextual, dos *planos de texto*. As sequências são estruturas pré-formatadas de reagrupamentos tipificados e ordenados em blocos de proposições. O papel da linguística textual é explorar e teorizar sobre esse nível intermediário (mesotextual) de estruturação, sem negligenciar o jogo complexo de restrições intrafrásticas, interfrásticas e transfrásticas, discursivas e genéricas.

---

[1] Utilizado bastante sistematicamente nos meus trabalhos do final dos anos 1980: Adam, 1985a, 1986.

Desde *Remembering*, de Sir Frederic Charles Barlett (1932), vários trabalhos sobre a produção escrita confirmaram o papel de esquemas disponíveis na memória de longo termo sobre as atividades de planificação e de revisão. Carl Bereiter e Marlene Scardamalia (1982 e 1987) mostraram que iniciantes e não especialistas "não dispõem (ainda) desses esquemas e não automatizaram alguns saberes de 'nível básico' (gráficos, ortográficos, sintáticos...). Eles devem, então, dedicar uma parte importante de sua atenção para ajustar esses microproblemas linguísticos, à medida que tais problemas se apresentam na colocação em palavras, em detrimento da composição do conjunto, já que a capacidade de tratamento de qualquer assunto é limitada e nenhuma compensação pode ser garantida pelos esquemas textuais prototípicos nada ou pouco disponíveis para eles. Daí o aspecto texto-colagem ou texto em pilha de suas produções" (Brassart, 1990: 301). Os esquemas prototípicos não dão conta, evidentemente, em si mesmos de todos os aspectos da compreensão e da produção dos textos. Todas as espécies de conhecimento entram em jogo nessas duas operações (conhecimentos pragmáticos, conhecimentos de mundos representados etc.). Nas tarefas, tanto de compreensão quanto de produção, o conhecimento de esquemas prototípicos apenas dota intérpretes e produtores de um conjunto de estratégias de resolução de problemas. Como observa Walter Kintsch, a propósito da leitura: "É certamente possível não se valer dessas estratégias, mas ser capaz de empregar estratégias organizacionais específicas pode ser uma ajuda poderosa para o leitor" (1982: 96).

Postulando a existência de tipos elementares de esquemas textuais, escolhi partir de *categorias culturalmente adquiridas*, quer dizer, "aprendidas de maneira incidental e operatórias em termos de conhecimentos de um dado grupo, em particular através da linguagem" (Dubois, 1991: 11), mas também escolhi colocar novamente em causa as tipologias de texto.

TIPOS DE TEXTOS, GÊNEROS DE TEXTOS OU GÊNEROS DE DISCURSO?

A análise do discurso tinha os gêneros do discurso por objeto quando, desde os anos 1980, ela foi pouco a pouco considerando a diversidade de manifestações das atividades discursivas humanas. Ela vai, assim, ao encontro desta afirmação de Valentin N. Volochinov: "Cada época e cada grupo social tem seu repertório de formas verbais no intercâmbio ideológico da vida

Textos: tipos e protótipos

cotidiana" (2010: 155). É também o que diz Mikhail M. Bakhtin: "A riqueza e a variedade de gêneros da fala são infinitas, pois a variedade virtual da atividade humana é interminável, e cada esfera dessa atividade comporta um repertório de gêneros da fala que vai se diferenciando e se amplificando à medida que se desenvolve e se complexifica essa esfera" (1984: 265).[2]

Se eu falo de "gêneros de discurso", em vez de "gêneros de textos", isso vem de minhas primeiras leituras da tradução francesa do célebre artigo "Problema recevye žanry" de Bakhtin, escrito em 1953-1954, publicado na revista *Literaturnaja učeba* (*Os Estudos literários*) em 1978 e retomado em 1979 em *Estetika Slovesnogo tvorčestva* (literalmente: *Estética da obra em palavras*, que se tornou *Esthétique de la création verbale*,* na tradução francesa de 1984). "Problema recevye žanry", que pode ser traduzido literalmente por "O problema dos gêneros da fala", ou mesmo "... dos registros da fala", foi traduzido em francês sob o título "Les genres du discours",** mais adequado às expectativas de leitores francófonos e na linha do livro publicado em 1978 por Tzvetan Todorov: *Les Genres du discours* (*Os Gêneros do discurso*). A despeito das dificuldades de tradução daquilo que era apenas um projeto de artigo e notas de trabalho, a tese de Bakhtin apresentava o interesse de articular os domínios habitualmente separados da língua e dos gêneros através das "esferas" sociais de uso da fala. Sua posição radicalmente transfrástica, que, aliás, relacionava os domínios classicamente separados dos estudos literários e linguísticos, era extremamente interessante para o projeto de linguística textual que eu tentava desenvolver no contexto francófono, no início dos anos 1980.

Sua reflexão tinha algo de interessante, a meu ver, porque ele estendia os limites da competência linguística dos sujeitos para além da frase, em direção aos tipos "relativamente estáveis de enunciados" (1984: 266) e àquilo que ele chama, em outro trabalho, de "sintaxe das grandes massas verbais" (1978: 59), esses "grandes conjuntos verbais: longos enunciados da vida corrente, diálogos, discursos, tratados, romances" (1978: 59). Se falam de "tipos relativamente estáveis de enun-

---

[2] Eu modifiquei as citações referenciadas seguindo as proposições de Inna Tykowski-Ageeva em sua monografia de especialização em ciências da linguagem, defendida em 2003 na Universidade de Lausanne, sob orientação de Patrick Sériot: *M. M. Bakhtine: metalinguistique ou translinguistique* (inédito). Ver, igualmente, Patrick Sériot: "Généraliser l'unique: genres, types et sphères chez Bakhtine" (*Texto 1*, julho de 2007, vol. XII, n. 3), que mostra que a tradução inglesa "*speech genres*" é mais próxima do sentido de "*rec*", que espanhóis e franceses traduzem, por uma adaptação abusiva, como "*discurso*" e "*discours*". Remeto também à nova tradução de *Marxisme et philosophie du langage* proposta por Patrick Sériot e Inna Tylkowski-Ageeva (Lambert-Lucas, 2010).

* N.T.: Em português, a obra recebe o título de *Estética da criação verbal*.

** N.T.: Em português, a obra recebe o título de *Os gêneros do discurso*.

ciados", seus escritos insistem na extrema mobilidade e na diversidade das *réplicas breves*, do *diálogo cotidiano*, da *narrativa familiar* e da *carta*, que são consideradas como gêneros elementares do discurso cotidiano. A hipótese forte se estabelece sobre as relações das unidades (frases ou proposições) com o "todo do enunciado acabado", sua organização composicional: "Todos os nossos enunciados dispõem de uma forma típica e relativamente estável de estruturação de um todo" (1984: 284). Atrás dessa proposição se perfila, como Rastier bem o notou, a influência da filosofia alemã e das observações e aforismos de Friedrich D. E. Schleiermacher:

> Quando nós escolhemos um tipo dado de proposição, nós não escolhemos somente uma dada proposição em função do que queremos exprimir com a ajuda dessa proposição nós selecionamos um tipo de proposição em função do todo do enunciado acabado que se apresenta em nossa imaginação verbal e que determina nossa opinião. A ideia que nós temos da forma de nosso enunciado, quer dizer, de um gênero preciso da fala, guia-nos em nosso processo discursivo. (Bakhtin, 1984: 288, tradução revisada, para o francês, por Inna Tylkowski-Ageeva).

Além do fato de que não separava os domínios da escrita e do oral, Bakhtin pensava ao mesmo tempo em produção e interpretação, genericidade e língua:

> O locutor recebe então, além das formas prescritivas da língua comum (os componentes e as estruturas gramaticais), as formas não menos prescritivas, para ele, do enunciado, quer dizer, os gêneros da fala – para uma inteligência recíproca entre locutores, os gêneros são tão indispensáveis quanto as formas da língua. Os gêneros da fala, comparados às formas da língua, são muito mais mutáveis, flexíveis, mas, para o indivíduo falante, eles não têm um valor menos normativo: eles lhe são dados, não é ele que os cria. É por isso que o enunciado, em sua singularidade, apesar de sua individualidade e de sua criatividade, não poderia ser considerado como uma combinação absolutamente livre de formas da língua. (1984: 287, tradução revisada, para o francês, por Inna Tylkowski-Ageeva).

Essas afirmações lembravam o público francês das palavras de Michael Foucault, em *L'Archéologie du savoir* (*A arqueologia do saber*):

> Não é a mesma sintaxe nem o mesmo vocabulário que são aplicados em um texto escrito e em uma conversação, em um jornal e em um livro, em uma carta e em um cartaz; mais do que isso, há sequências de palavras que formam frases bem individualizadas e perfeitamente aceitáveis, se elas figuram nas grandes manchetes de um jornal, e que, todavia, no fio de uma conversação, não poderiam nunca valer como uma frase com sentido (1969: 133).

Foucault considerava o caso extremo da mesma frase (ou proposição) que, no entanto, não é jamais idêntica a ela mesma, enquanto enunciado, quando as condições genéricas de sua enunciação e de seu regime de materialidade mudam:

> Composta das mesmas palavras, carregada exatamente do mesmo significado, mantida em sua identidade sintática e semântica, uma frase não constitui o mesmo enunciado se ela é articulada por alguém no curso de uma conversação ou impressa em um romance, se ela foi escrita um dia, há séculos, e se ela reaparece agora em uma formulação oral. As coordenadas e o estatuto material do enunciado fazem parte de suas características intrínsecas. (1969: 132)

O ponto mais sedutor da tese do Círculo de Bakhtin é seguramente o fato de que a ligação entre a aprendizagem das formas da língua e dos "gêneros da fala" é muito explícita e fortemente afirmada:

> A língua materna – seu léxico e sua estrutura gramatical – nós não aprendemos nos dicionários e nas gramáticas, nós a adquirimos por meio dos enunciados concretos que ouvimos e reproduzimos no decorrer da comunicação verbal viva, com as pessoas que nos cercam. Só assimilamos as formas da língua nas formas de enunciados e com essas formas. As formas da língua e as formas típicas de enunciados, também chamadas de gêneros da fala, introduzem-se em nossa experiência e em nossa consciência conjuntamente e sem que sua correlação estreita seja rompida. Aprender a falar é aprender a estruturar enunciados (porque nós falamos por enunciados e não por proposições isoladas e, menos ainda, evidentemente, por palavras isoladas). Os gêneros da fala organizam nossa fala, assim como a organizam as formas gramaticais (sintáticas). (1984: 285, tradução revisada, para o francês, por Inna Tylkowski-Ageeva)

Bakhtin distingue três níveis textuais diretamente afetados pelos gêneros:

> Cada esfera possui e utiliza seus gêneros, apropriados à sua especificidade, aos quais correspondem determinados estilos. Uma função determinada (científica, técnica, ensaísta, profissional, cotidiana) e condições determinadas, específicas para cada uma das esferas da comunicação verbal, fazem nascer gêneros determinados, quer dizer, tipos de enunciados temáticos, composicionais e estilísticos determinados e relativamente estáveis. O estilo está indissoluvelmente ligado a unidades temáticas determinadas e, o que é particularmente importante, a unidades composicionais determinadas: tipos de estruturação e de realização de um todo, tipos de relações entre

o locutor e os outros participantes da comunicação verbal (relação com o ouvinte ou com o leitor, com o interlocutor, com a fala do outro etc.). O estilo aparece como um elemento na unidade de gênero do enunciado. (1984: 269; tradução revisada, para o francês, por Inna Tylkowski-Ageeva)

Essa ideia é ainda refinada um pouco mais à frente:

> Quando escolhemos uma palavra, ao longo do processo de elaboração de um enunciado, nós não a tomamos sempre, longe disso, no sistema da língua, na neutralidade *lexicográfica*. Nós a tomamos habitualmente de *outros enunciados* e, antes de tudo, dos enunciados que são próximos ao nosso pelo gênero, quer dizer, pelo tema, pela composição e pelo estilo: nós selecionamos as palavras de acordo com as especificidades de um gênero. O gênero da fala não é uma forma da língua, mas uma forma do enunciado que, enquanto tal, recebe do gênero uma expressão determinada, típica, própria de um dado gênero. (1984: 294; tradução revisada, para o francês, por Inna Tylkowski-Ageeva)

Após ter delimitado que "os gêneros correspondem a circunstâncias e a temas típicos da interação verbal", Bakhtin afirma que essas formas de expressão apenas "refletem a relação na qual a palavra e sua significação se encontram em relação ao gênero" (1984: 295). E ele acrescenta: "O que ouvimos ressoar na palavra é o eco do gênero em sua totalidade" (1984: 295).

Atrás de certas hesitações terminológicas e do caráter essencialmente programático desses escritos, cuja autoria é hoje contestada, são traçadas hipóteses linguísticas fortes. Os tipos relativamente estáveis de enunciados que Bakhtin designa como gêneros "primários" estão presentes tanto nos gêneros literários (gêneros "secundários" por excelência) quanto nos enunciados da vida cotidiana. A hipótese de "gêneros da fala" anteriores à literatura e às formas discursivas elaboradas, que eles ultrapassam por sua generalidade, tem o mérito de fundar a complexidade das formas mais elaboradas em um certo número de formas elementares. Os tipos relativamente estáveis de enunciado de base estão disponíveis para infinitas combinações e transformações. Essa elaboração secundária de gêneros elementares da fala em formas genéricas mais complexas permite descrever a evolução cultural dos gêneros em geral e, em particular, a maneira pela qual os gêneros literários vão se nutrir em sua evolução e em sua emergência dessas formas "primárias" dos gêneros da fala.

Eu já elaborei a hipótese de que certas formas primárias não são genéricas, mas correspondem a certas formas elementares de narração, de descrição, de argumentação, de explicação e de diálogo. Assim, a estrutura elementar da narrativa se encontra na base das piadas, da narrativa oral e da anedota, das parábolas, das fábulas, dos contos, mas também da epopeia, de um grande número de romances, dos monólogos narrativos de exposição ou do desenlace no teatro, mas também da reportagem e do *fait divers* jornalísticos. Dessa forma, o gênero narrativo jornalístico do *fait divers* pode mudar de formação sociodiscursiva e se integrar em outros sistemas de gênero. É o caso, no início do século XVII, do bispo Jean-Pierre Camus, que transforma o gênero dos *canards sanglants*,* fazendo-o passar da formação discursiva das informações ocasionais para a literatura religiosa de edificação. É também o caso dos poemas de André Breton e de Blaise Cendrars, no início do século XX, que transformam o *fait divers* da grande imprensa moderna em poema de vanguarda. Podemos também observar os efeitos da mutação genérica sobre as formas linguísticas dos textos produzidos e sobre as condições de sua interpretação.[3]

Muitos gêneros discursivos fixam, com mais ou menos amplitude, o tipo de forma primária dominante. Assim, os gêneros conto e fábula são narrativos, enquanto o gênero epistolar (com seus subgêneros: carta pessoal, administrativa, carta do leitor na imprensa etc.), a entrevista e o teatro devem ser considerados como gêneros conversacionais, e o guia turístico, como um gênero de dominância descritiva. Em contraste com essas restrições relativas, um gênero literário como o romance é cada vez menos narrativo. O teatro de Bernard-Marie Koltès e do último Beckett seria ainda dialogal?

Estando claro o posicionamento em relação às teses do Círculo de Bakhtin, só me resta especificar como eu me situo em relação aos trabalhos da *Textlinguistik* alemã, que distingue classicamente os *Texttypen* (tipos de textos) e *Textsorten* (gêneros de textos), bipartição à qual é preciso acrescentar o conceito literário de *Gattung* (gêneros literários).[4] Recusando essa separação entre gêneros literários, objeto da poética, e gêneros do discurso comum, objeto

---

* N.T.: Gênero que existia antes da disseminação da técnica de imprensa. Trata-se de pequenos boletins de informação, de autoria não revelada, que abordavam casos estranhos ou aterrorizantes: crimes, incestos, aberrações, catástrofes naturais etc.

[3] Esses três exemplos são estudados em Adam e Heidmann, 2009 (capítulo 1); Adam, 1999 (último capítulo) e Adam, 2011a (capítulos 1, 2 e 3).

[4] Para dar apenas um exemplo, salientado por Peter Zima (2001: 29-46), o medievalista alemão Erich Köhler demonstrou muito claramente o papel das formações sociais na evolução dos gêneros e seus sistemas de gênero no "Gattungssystem und Gesellschaftssystem" (*Literatursoziologische Perspektiven*, Heidelberg, Carl Winter Universitätsverlag, 1982). No vocabulário crítico alemão atual, quando os estudiosos falam de "*Gattungstheorie*", eles não estão se referindo à teoria geral de gênero, mas à teoria dos gêneros literários.

das ciências da comunicação e da análise do discurso, eu reuni *Gattung* e *Textsorten* sob o mesmo rótulo de *gêneros de discurso*. Um panorama dos trabalhos de origem anglo-saxônica (sem visar à exaustividade) permite mensurar as direções terminológicas e metodológicas da pesquisa da década de 1970 até o presente e constatar a ausência de gêneros literários e a emergência dos *Textmuster* (ou moldes de textos esquemáticos).

- Elisabeth Gülich & Wolfgang Raible (dir.) 1972: *Textsorten, Differenzierungskriterien aus linguistischer Sicht*, Frankfurt/M, Athenäum.
- Egon Werlich 1975: *Tipologie der Texte*, Heidelberg, Quelle & Meyer.
- Elisabeth Gülich & Wolfgang Raible 1975: "Textsorten-Probleme", in *Linguistische Probleme der Textanalyse. Jahrbuch 1973 des Instituts fur deutsche Sprache und Textanalyse*, Düsseldorf; Schwann.
- Horst Isenberg 1978: "Probleme der Texttypologie. Variation und Determination von Texttypen", *Wissenschaftliche Zeitschrift der Karl-Marx Universität Leipzig*, Gesellschaftliche und sozialwissenschaftliche Reihe, n° 5.
- Friedemann Lux 1981: *Text, Situation, Textsorte*, Tubingen, Narr.
- Robert E. Longacre 1982: "Discourse typology in relation to language typology", Sture Allen éd., *Text Processing, Proceeding of Nobel Symposium 51*, Stockholm, Almquist & Wiksell.
- Horst Isenberg 1984: "Texttypen als Interaktionstypen. Eine Texttypologie", *Zeitschrift für Germanistik*, n° 5, Leipzig, 261-270.
- Wolfgang Ulrich Dressler 1984: "Tipologia dei testi e tipologia testuale", in *Linguistica testuale*, L. Coveri et al., Bulzoni Roma.
- Elisabeth Gülich 1986: "Textsorten in der Kommunikationspraxis", in W. Kallmeyer (dir.), *Kommunikalionstypologie. Handlungsmuster, Textsorten, Situationstypen*, Düsseldorf, Schwann, 15-45.
- Wilhelm Frankie 1987: "Texttypen-Textsorten-Textexemplare: Ein Ansatz zu ihrer Klassifizierung und Beschreibung", *Zeitschrift für germanistische Linguistik* n° 15-3, 263-281.
- Horst Isenberg 1987: "Cuestiones fundamentales de tipología textual", in *Lingüistica del texto*, Enrique Bernárdez (dir.), Madrid, Arco/Libros, 95-129.
- Bice Mortara Garavelli 1988: "Tipologia dei testi" in G. Hodus et al., *Lexikon der Romanistischen Linguistik*, vol. IV (Italiano, Corso, Sardo), Hamburg, Niemeyer.

- Douglas Biber 1989: "A Typology of English Texts", *Linguistics*, n° 27, 23-43.
- Kirsten Adamzik 1995: *Textsorten – Texttypologie. Eine kommentierte Bibliographie*, Münster, Nodus Publikationen.
- Luiz Antonio Marcuschi 2002: "Gêneros textuais: definição e funcionalidade", in Gêneros Textuais & Ensino, A. P. Dionisio, A. R. Machado, M. A. Brezerra (dir.), Rio de Janeiro, Editora Lucerna, 19-36.
- Karl-Ernst Sommerfeldt 2003 (dir.): *Textsorten und Textsortenvarianten*, Frankfurt/M-Bern, Peter Lang.
- Dirk Skiba 2010 (dir.): *Textmuster: schulisch – universitär-kulturkonstrastiv*, Frankfurt/M-Bern, Peter Lang.
- Christina Gansel 2011: *Textsortenlinguistik*, Göttingen, Vanderhoeck & Ruprecht.
- Johannes Kabatek 2015: "Genre textuel et traditions discursives", in *Eugenio Coseriu aujourd'hui. Linguistique et philosophie du langage*, Christophe Gérerd & Régis Missire (dir.), Limoges, Lambert Lucas, 195-208.

O grande linguista brasileiro Luiz Antônio Marcuschi resumiu muito bem (2002: 23; tradução do autor) a oposição de fundo entre *Texttypen* (tipos de textos) e *Textsorten* (gêneros de textos):

Tipos de textos (*Texttypen*)	Gênero de textos (*Textsorten*)
1 Construtos teóricos definidos por propriedades linguísticas intrínsecas;	1 Realizações linguísticas concretas definidas por suas propriedades sociocomunicativas;
2 São constituídos de sequências linguísticas ou sequências de enunciados que não são textos empíricos, mas sequências subjacentes;	2 São constituídos de textos empiricamente realizados, cumprindo certas funções em situações comunicativas determinadas;
3 Reagrupam um conjunto limitado de categorias teóricas, determinadas por aspectos lexicais e sintáticos, relações lógicas, determinados tempos verbais;	3 Suas designações reagrupam conjuntos abertos e praticamente ilimitados de realizações concretas, designadas por um canal, um estilo, um conteúdo, uma composição e uma função;
4 As designações teóricas desses tipos são a *narração*, a *argumentação*, a *descrição*, a *injunção* e a *exposição*.	4 Entre os exemplos de gêneros podemos citar: telefonema, sermão, carta comercial, carta pessoal, romance, bilhete, horóscopo, receita culinária, resenha, bula de remédio, instruções de uso de um aparelho, conversação espontânea, lista de compras, cardápio de restaurante, prece etc.

No domínio francófono, numa simples leitura dos títulos das revistas de linguística e de didática consagradas a essa questão, constata-se a extensão das hesitações terminológicas e a flutuação dos quadros teóricos de referência:

- *Pratiques* 56, 1987: "Les types de textes".
- *Langue Francaise* 74, 1987: "La typologie des discours".
- *Le Français aujourd'hui* 79, 1987: "Classes de textes".
- *Pratiques* 62, 1989: "Classer les textes".
- *Pratiques* 66, 1990: "Didactique des genres".
- *Études de linguistique appliquée* 83, 1991: "Textes, discours, types et genres".
- *Enjeux* 37/38, 1996: "Types et genres textuels".
- *Revue belge de philologie et d'histoire* 75, 1997: "Nouvelles perspectives en théorie des genres".
- *Langage et société* 87, 1999: "Types, modes et genres de discours".
- *Langages* 153, 2004: "Les genres de la parole".
- *Recherches* 42, 2005: "Classer".

A questão dos *gêneros literários* tem sido, no entanto, objeto de várias obras em língua francesa que, em sua maioria, não têm relação com os trabalhos linguísticos:

- Tzvetan Todorov: *Les Genres du discours*, Seuil, 1978.
- *Théorie des genres*. Seuil, n° 181 da coleção Points, 1986, com artigos de Genette, H. R. Jauss, J.-M. Schaeffer, R. Scholes, W. D. Stemple e K. Viëtor.
- Jean-Marie Schaeffer: *Qu'est-ce qu'un genre littéraire?*, Seuil, 1989.
- Dominique Combe: *Les Genres littéraires*, Hachette, 1992.
- Jean Molino: "Les genres littéraires", *Poétique* 93, 1993.
- Richard Saint-Gelais: *Nouvelles tendances en théorie des genres*, Québec, Nuit Blanche, 1998.
- Claude Calame: "La poésie lyrique grecque: un genre inexistant?", *Littérature* 111, 1998.
- Karl Canvat: *Enseigner la littérature par les genres*, De Boeck-Duculot, Bruxelles, 1999.
- Robert Dion, Frances Fortier e Elisabeth Haghebaert: *Enjeux des genres dans les écritures contemporaines*, Québec, Nota Bene, 2001.
- Patrice Soler: *Genres, formes, tons*, PUF, 2001.

- Gerard Genette: "Des genres et des oeuvres", *Figures* V, Paris, Seuil, 2002.
- *Le Savoir des genres*, Raphaël Baroni e Marielle Macé (dirs.), n° 79 de *La Licorne*, P.U. de Rennes, 2006.

Como na tradição alemã, a separação entre os gêneros literários e os gêneros não literários, reservada aos linguistas, é manifesta. Todorov, no entanto, insistiu, a partir de seu livro de 1978, no caráter absurdo e arbitrário dessa separação e defendeu, sem resultado, a integração da poética na análise do discurso.

Em meio a essas flutuações nas categorizações, a posição de Jean-Paul Bronckart é particularmente interessante, apesar dos problemas terminológicos que ela coloca:

> Na escala de um agente singular, a produção de um novo texto empírico [deve] ser concebida como resultado da *interface* entre as representações construídas pelo agente quanto à sua situação de ação (motivos, intenções, conteúdo temático a transmitir etc.) e as representações desse mesmo agente quanto aos gêneros disponíveis no intertexto. [...] Nessa óptica, todo texto empírico novo [é], portanto, necessariamente construído sobre o modelo de um gênero, [...] ele deriva de um gênero. (1997: 138)

Dado o quadro bakhtiniano e discursivo que acabou de ser apresentado, só podemos compartilhar essa ideia de "pôr em interface", em um determinado texto empírico, as representações do contexto de interação e os sistemas de gênero disponíveis na cultura do sujeito falante. Por razões técnicas relacionadas ao seu modelo, Bronckart escolhe nomear "gêneros de textos" aquilo que chamamos gêneros de discurso. Sua tipologia discursiva, apoiada em um trabalho empírico bastante incontestável de tratamento de grandes *corpora*, é muito interessante, mas suas escolhas terminológicas continuam a ser problemáticas em vários aspectos. De início, é claro que o seu nível discursivo é um nível abstrato de "condições normatizadas de uso dos recursos de uma língua" (Bronckart, 2008: 61) e não é, de modo algum, o nível sociodiscursivo dos sistemas de gêneros admitido por Rastier, Schaeffer, Maingueneau ou por mim. Essa diferença pode ser entendida e aceita – falaremos disso mais adiante –, mas a terminologia escolhida é mais problemática quando traz o deslizamento do conceito de "intertexto" para um sentido totalmente diferente de toda a tradição crítica. O "intertexto" de Bronckart corresponde ao que os analistas do discurso chamam de "interdiscurso". Certamente, a intertextualidade, como memória individual ou coletiva de textos ou fragmentos de textos, é uma parte do interdiscurso, definido como um campo geral dos discursos, organizado em gêneros e próprio de um determinado grupo social.[5] Uma última diferença esclarecedora deve ser mencionada: Bronckart (2008: 58-61) considera, seguindo Gerard Genette (1986) e Aristóteles (*Poética* 48a23), a "narrativa" e o "diálogo" como dois "modos de enunciação", enquanto eu estabeleço, sobretudo, dois modos de textualização (sequências de enunciados), certamente combinados aos fatos enunciativos e ilocutórios, mas, antes de tudo, de ordem textual e composicional. De fato, essas diferenças são esclarecidas pela escolha de bases de tipologização diferentes.

As escolhas teóricas e terminológicas da presente obra serão as seguintes:

- Todo *texto* é o traço linguageiro de uma interação social, a materialização semiótica de uma ação sócio-histórica de fala. A *narração*, a *descrição*, a *argumentação*, a *explicação* e o *diálogo* são formas que esse comportamento discursivo pode tomar.
- Os *gêneros*, organizados em sistemas de gêneros, são padrões sociocomunicativos e sócio-históricos que os grupos sociais compõem para organizar as formas da língua em discurso.
- Uma vez havendo um *texto*, ou seja, uma vez reconhecido o fato de que uma série verbal ou verbo-icônica forma uma unidade de comunicação, há um *efeito de genericidade*, isto é, uma inscrição dessa série de enunciados em uma classe de discurso. Em outras palavras, não há textos sem gênero(s) e é pelo sistema de gênero de uma dada formação sócio-histórica que a textualidade alcança a discursividade.

Nossa consonância com o que François Rastier escreveu em *Sens et textualité* sobre esse ponto permanece total:

> Um discurso se articula em diversos gêneros, correspondendo também a várias práticas sociais diferenciadas no interior de um mesmo campo, de modo que um *gênero* é o que relaciona um *texto* a um *discurso*. Uma tipologia de gêneros deve levar em consideração a recorrência das práticas sociais sobre as codificações linguísticas. [...] A origem dos gêneros se encontra, portanto, na diferenciação das práticas sociais. E não basta dizer, com Todorov, que nossos gêneros são derivados daqueles que os precederam; seria necessário ainda mostrar como os gêneros se formam, evoluem e tendem a desaparecer com as práticas sociais com as quais estão associados. (1989: 40)

---

[5] Eu me refiro especificamente ao meu ensaio: "Intertextualité e interdiscours: filiations et contextualisation de concept hétérogènes" (*Tranel* 44, Université de Neuchâtel, 2006: 3-26). Sobre a redefinição textual e discursiva da intertextualidade, ver Heidmann e Adam, 2010 e Rastier, 2008.

De minha parte, faço a distinção de três categorias complementares de classificação de realizações textuais e discursivas:

1. Os *(protó)tipos de sequências*, que eu limito às cinco categorias que serão examinadas aqui mesmo, nos capítulos de 1 a 5, a saber: narrativas, descritivas, argumentativas, explicativas e dialogais.

2. Os *gêneros do discurso*, que são categorias fundadas em práticas e formações sociodiscursivas. Eu faço distinção entre gêneros do discurso *jornalístico*, gêneros do discurso *religioso*, gêneros do discurso *literário*, gêneros do discurso *filosófico*, do discurso *político*, do discurso *militar*, do discurso *publicitário*, do discurso *médico*, discurso *acadêmico*, das *instituições escolares* etc.

3. Os *gêneros de texto*, que cruzam as duas primeiras categorias e permitem distinguir, sobre bases linguísticas, os *gêneros da narração*, como a fábula, o conto, a anedota, a parábola, o *fait divers* etc. (Adam, 2011a), os *gêneros da descrição* (o retrato, a descrição de movimento, a paisagem, a lista de compras, o mobiliário ou inventário etc.), os *gêneros da argumentação* (silogismo, alegação, ensaio, discurso político, programa eleitoral, o conjunto do epidítico e do deliberativo etc.), os *gêneros da explicação* (contos etiológicos, conjunto de textos com *por que – porque*), os *gêneros do diálogo* (conversa espontânea, diálogo romanesco, diálogo teatral, entrevista etc.), mas também os *gêneros de incitação à ação e de conselho*, estudados aqui no capítulo "Discurso procedural e outros gêneros de incitação à ação".

QUE BASE TIPOLÓGICA ESCOLHER?

As divergências terminológicas observadas anteriormente se explicam pelo fato de que hipóteses tipológicas podem ser formuladas a partir de perspectivas muito diversas. A pertinência, os limites e o interesse de uma tipologia linguística devem ser avaliados em um quadro teórico geral. As teses defendidas aqui se inscrevem na perspectiva global de uma teoria de planos de organização da textualidade e da discursividade, que também são planos de análise. Distinguindo esses planos de organização e de análise não hierárquicos, trata-se de dar conta do caráter complexo e profundamente heterogêneo de um objeto irredutível a um único modo de organização; objeto complexo, cujo estudo é muito necessário que se separe em diferentes componentes. Ao enumerar as determinações discursivas (parte superior do Esquema 1) e os planos de análise mais propriamente textuais (parte inferior do Esquema 1), podem-se localizar vários pontos de possível ancoragem das tipologias.

Esquema 1 – Níveis ou patamares de análise do discurso

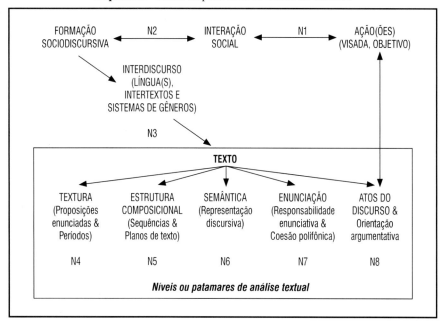

Esse esquema tem, evidentemente, apenas pertinência limitada, conforme lembra James Gleick:

> A escolha é sempre a mesma. Ou você torna seu modelo mais complexo e mais fiel à realidade, ou você o torna mais simples e mais fácil de manipular. Somente um cientista ingênuo pode pensar que o modelo perfeito é aquele que representa perfeitamente a realidade. Tal modelo teria os mesmos inconvenientes que teria um mapa tão grande e detalhado quanto a cidade que ele representa [...]. Se tal mapa fosse possível, sua precisão iria de encontro à sua destinação primeira: generalizar e resumir. [...]
> Sejam quais forem as suas funções, os mapas e os modelos devem também simplificar o mundo que reproduzem. (1989: 349)

A parte inferior desse esquema integra os três componentes dos gêneros considerados por Bakhtin: sua "composição" corresponde ao nível N5; seu nível "temático", ao nível N6; e seu componente "estilo", ao nível N4. A ancoragem enunciativa e polifônica de sua teoria e da teoria de Volochinov estão principalmente localizadas em N7, e o componente interacional de sua teoria social do discurso em N8 e na parte superior do esquema (N1, N2, N3). Esses cinco componentes não estão relacionados hierarquicamente, mas interagem de modo sistêmico diverso, dependendo dos textos produzidos. Um dado plano pode ser dominante em uma dada circunstância ou em parte de um texto. Essa modelização não é nem hierárquica nem composicional, mas mostra que tudo está conectado, que tudo se relaciona e que apenas um modelo modular pode dar conta dessa complexidade (Nølke, 2002: 191).

Nenhum dos níveis considerados permite aceder composicionalmente ao texto (mesmo o nível N5, como dei a entender, ainda em 1992). A uma dupla crítica de ancoragem epistemológica, em uma problemática "lógico-gramatical" (Rastier, 2001) e de modelagem composicional "ascendente" (Bronckart, 1996), responderei que o quadro teórico resumido pelo Esquema 1 é claramente "descendente" e que enfatiza o papel maior dos gêneros e da interação sociodiscursiva. Ele só é parcialmente "ascendente" nos níveis N4 e N5 da parte inferior do esquema, que não permitem chegar ao nível textual. Os procedimentos de gestão da informação textual – na produção e na interpretação – alternam os momentos "descendentes" (do global para o local) e "ascendente" (do local para o global, em etapas de estruturação) de acordo com procedimentos que nada têm de linearidade lógico-gramatical. O funcionamento sistêmico complexo dos diferentes componentes não define, portanto, uma gramática de composição. Os módulos de N4 a N8 são complementares e nenhum deles constitui, por si só, uma base de tipologia capaz de dar conta integralmente de todos os aspectos da textualidade e de todos os tipos de textos. Essa modularidade é certamente responsável pelo fato de que não poderíamos atribuir a cada tipo de sequência uma distribuição muito rigorosa de marcas morfossintáticas.

Tipologias de âmbito textual ou discursivo?

As tipologias de âmbito textual são irrelevantes, porque a unidade empírica "texto" é complexa demais e mesmo heterogênea demais, não apresentando regularidades linguisticamente observáveis e codificáveis em número suficiente para permitir definir tipos. Por outro lado, entendemos que a necessidade de classificar as produções discursivas humanas parte das interações e das formações sociais no quadro em que elas ocorrem (N2). Nesse primeiro nível, podemos falar muito precisamente, e muito globalmente, de discurso político, publicitário, religioso, acadêmico, jornalístico, literário etc. Essas formações sociodiscursivas têm seus próprios sistemas de gênero (N3). Se quisermos falar de "tipos" no nível global e complexo de organizações de alto nível, estaremos tratando somente de tipos de práticas sociodiscursivas, ou seja, de *gêneros* retirados dos sistemas de gênero de discurso literário, jornalístico, político, religioso, acadêmico etc. Nas formações discursivas religiosa, jornalística, política, literária e acadêmica são produzidos *gêneros do discurso religioso*, como a prece, o sermão, a hagiografia, a parábola; *gêneros do discurso jornalístico*, como o *fait divers*, a reportagem, o editorial, a notícia; *gêneros do discurso acadêmico*, como o exame oral, a dissertação filosófica ou literária, a tese, a defesa de memorial ou de tese, o relatório de tese etc.; *gêneros do discurso literário*, nos quais é preciso observar que, ao lado de grandes gêneros, como a tragédia, a carta, a epopeia, relativamente estáveis em uma cultura particular, existem alguns que são mais estritos e que se sujeitam a grandes variações históricas: o teatro de variedades [*vaudeville*], a égloga, o romance "precioso" (Maingueneau, 1990: 133). Isso significa que as codificações sociais – discursivas e genéricas – estão em jogo em toda e qualquer produção e recepção de um texto (Rastier, 1989: 37). Ao colocar o problema das tipologias abstratas, Marie-Jeanne Borel deu, há trinta anos, uma definição perfeita do que entendemos pelo conceito de "discurso", que coloco na parte superior do Esquema 1:

> Uma das dificuldades que encontramos na tentativa de isolar um objeto de estudo no campo do discurso, para inseri-lo em uma tipologia, tange ao fato de que um tipo de discurso não tem uma *realidade semiótica*, quando é isolado de seu contexto, de sua relação com outros discursos, das situações que o determinam e onde ele surte efeito [...]. Não limitamos um discurso como delimitamos um terreno, não o desmontamos como desmontamos uma máquina. É um signo *de* algo, *para* alguém, *em* um contexto de signos e experiências. O discurso é, portanto, um processo que, no seu próprio desenvolvimento, "faz signo", isto é, fornece marcas da maneira como ele deve ser tomado. (1981: 23)

Tipologias pragmáticas centradas sobre os atos de discurso

No nível do primeiro módulo N8, um texto é definido como uma sequência de atos de discurso que pode ser considerada, ela mesma, como um ato de discurso unificado (Apostel, 1980). Um discurso de 45 minutos, como o discurso dito de "boa escolha para a França" (janeiro de 1978), é resumido facilmente, dizendo que o presidente Giscard d'Estaing pediu aos franceses que votassem na direita (Nef, 1980). Mas essa operação implica que o ouvinte/leitor identifique, por um lado, a sucessão de atos ilocucionários realizados ao longo do discurso: *prometer, interrogar, ameaçar, prever* etc.; mas também, por outro lado, implica que deriva dessa série de atos hierárquicos um ato global indireto de tipo diretivo. A derivação de tal macroato de discurso pode ser realizada de maneira progressiva (no movimento induzido pela sucessão de atos ilocucionários), ou de maneira retrospectiva, a partir do último ato. É este último caso que ilustra o exemplo giscardiano, uma vez que o discurso termina com um microato preditivo explícito ("... como você sempre fez, você vai fazer a escolha certa para a França"). É essa máscara preditiva do macroato diretivo que é, de fato, a chave de toda a intervenção presidencial.[6]

A visada ilocutória global define todo texto como tendo por objetivo (explícito ou não) agir sobre representações, crenças e/ou comportamentos de um destinatário (individual ou coletivo). A esse comportamento dialogicamente orientado para a produção dirigida ao outro responde, simetricamente, o fato de que compreender um texto sempre consiste em saber a intenção que se exprime sob a forma de macroato explícito ou a derivar. Não sendo a coerência uma propriedade linguística dos enunciados, mas o produto de uma atividade interpretativa, o julgamento da coerência se torna possível pela descoberta de (pelo menos) uma visada ilocutória do texto ou da sequência, visada esta que permite estabelecer vínculos entre enunciados que eventualmente não tenham conexão e/ou coesão e/ou progressão. Assim é neste poema de Robert Desnos, extraído de "Langage cuit" (*Corps et biens*):

T2 A POMBA DA ARCA
 Maldito!
 seja o pai da esposa
 do ferreiro que forja o ferro do machado
 com o qual o lenhador corta o carvalho
 no qual se esculpe a cama
 onde foi gerado o bisavô
 do homem que dirigia o carro
 no qual tua mãe
 conheceu seu pai.

---

[6] Menciono esse discurso em Adam, 2011a.

Se a conexão sintática (N4) desse poema é complexa, mas bastante gramatical, a progressão das proposições é forte o bastante para que uma coesão semântica (N6) seja evidente. A unidade do todo parece assegurada pelo mecanismo ilocutório e formulaico da maldição ("Maldito seja...").

A *orientação argumentativa* (outro componente relacionado ao caráter pragmático do módulo N8) pode ser indicada não apenas por atos de discurso, mas também por conectores argumentativos (*porque, pois, mas, portanto* etc.) e/ou por um léxico axiologicamente marcado. Assim, nesta breve passagem argumentativa do fim do "discurso da boa escolha para a França", do qual acabamos de falar, uma série de proposições elementares aparece como argumentativamente articulada pelos conectores POIS e MAS:

> [a] Cada uma dessas questões comporta uma resposta clara. [b] Eu não tenho que ditar isso para você [c], POIS somos um país de liberdade, [d] MAS também não quero mais que ninguém, [e] eu digo mesmo ninguém, [d^seguinte] possa dizer um dia [f] que foi enganado.

O conector POIS transforma o conteúdo p da proposição [c] (*Somos um país de liberda*de) em argumento de um primeiro movimento argumentativo, e a proposição [b] em conclusão não-c (*Eu não tenho que ditar sua resposta*) decorrente deste primeiro argumento. O argumento introduzido por MAS (*eu não quero...*) orienta argumentativamente esse segmento textual periódico no sentido de uma conclusão implícita, dedutível deste último argumento que é simplesmente a negação da conclusão não-c (não não-c): *Eu devo, então, ditar sua resposta.*

Além disso, *narrar, descrever, argumentar* e *explicar* são quatro formas de ação verbal muito correntes e dominadas muito cedo pelas crianças, que as teorias clássicas dos atos de fala não permitem, todavia, descrever. Todo texto visa (explicitamente ou não) agir sobre representações, crenças e/ou comportamentos de um destinatário (individual ou coletivo). Se consideramos que o objetivo interativo dos enunciados assertivos é compartilhar uma crença, convencer um destinatário da consistência de uma representação discursiva, então podemos dizer que uma assertiva nem visa se adequar a um determinado estado de mundo real (definição clássica), nem visa empenhar-se para que o mundo seja visto pelo destinatário de acordo com a crença proferida pelo locutor-enunciador. As asserções narrativas, descritivas, argumentativas e explicativas factuais ou ficcionais constroem representações esquemáticas do mundo com o objetivo final, como nas diretivas, de um objetivo de ação: com-

Textos: tipos e protótipos

partilhar uma crença com a finalidade de induzir um certo comportamento (sonhar, rir, chorar, indignar-se, revoltar-se, agir etc.). A propósito do posicionamento de Edy Veneziano (1997) e Daniel Vanderveken (1992: 58), *narrar, descrever, argumentar* e *explicar* podem ser definidos como quatro atos de discurso não primitivos, mas intermediários entre o objetivo ilocutório primário da asserção (partilhar uma crença ou conhecimento) e o propósito final do ato assertivo (convencer para fazer agir). Uma asserção pode ser especificada em força *narrativa, descritiva, argumentativa* ou *explicativa* complementar, de especificação e de reforço:

Ato de discurso primário	Macroato de discurso Reforço e especificação	Objetivo final Ação sociodiscursiva visada
Declarar	Asserção narrativa – *narrar* Asserção descritiva – *descrever* Asserção argumentativa – *argumentar* Asserção explicativa – *explicar*	

Duas observações para concluir: por um lado, o caso particular do *diálogo*, que articula atos primitivos de força primária, não precisa recorrer a essa explicação; por outro lado, *narrar, descrever, argumentar, explicar, recomendar, orar, dar conselhos, agradecer, maldizer* etc. são muitas das ações linguageiras relacionadas aos gêneros de discurso (N3). A partir disso, veremos (capítulo "Discurso procedural e outros gêneros de incitação à ação") que os textos instrucionais e injuntivos (receitas de culinária, guias de viagem ou de trilhas e de alpinismo, horóscopos e outras formas textuais de dicas de saúde, de beleza, de educação, de jardinagem etc.) apresentam regularidades microlinguísticas aparentes, mas essas regularidades observáveis emergem diretamente do nível genérico de análise e, como veremos, esses textos apresentam, além disso, características analisáveis em termos de descrição e de explicação. Não parece útil, portanto, adicionar um novo tipo sequencial para dar conta de sua estrutura própria.

Tipologias enunciativas

Essas tipologias frequentemente foram privilegiadas pelos linguistas. Elas são apoiadas em dicotomias que destacam uma posição do enunciador próximo ou distante de seus enunciados: "noncal" e "toncal", para Damourette e

Introdução

Pichon (1936); "enunciação histórica" distinguida da "enunciação de discurso", para Benveniste (1966 e 1974[7]); "*besprochene Welt*" (mundo debatido, discutido, indevidamente traduzido como "mundo comentado" ou "comentário") e "*erzählte Welt*" ("mundo narrado"), para Harald Weinrich (1964); "atual" e "inatual", para Coseriu (1974); "registro enunciativo" e "registro não atualizado", para Desclés e Guentchéva (1987). A mais consequente das tipologias fundadas nesse nível N7 é certamente a "tipologia dos discursos", de Jenny Simonin-Grumbach, que parte da proposição de Benveniste. No *discurso*, ela distingue o *oral* e o *escrito* (referência implícita à situação de enunciação no primeiro caso, referência explícita, no segundo); ela define o tipo *história* como textos "em que o ponto de referência não é em relação à [situação da enunciação], mas em relação ao próprio texto" (1975: 87) ou como situação de enunciado; ela acrescenta os *textos teóricos* (distinguindo entre *textos científicos* e *textos ideológicos*): "Poderíamos levantar a hipótese de que os textos teóricos são do discurso em que a referência à [situação de enunciação] deveria ser entendida como 'referência ao interdiscurso'" (1975: 111) – interdiscurso no sentido estrito: "o próprio texto, [situação de enunciação] comum ao autor e ao leitor" (1975: 111), ou no sentido amplo: os outros textos. Mais originalmente, ela acrescenta *textos poéticos*, que "parecem não apresentar traços de operações de determinação situacionais" (1975: 109) e, portanto, parecem não ser referidos nem em relação à situação de enunciação (como o *discurso*), nem em relação à situação de enunciado (como a *história*), nem em relação ao interdiscurso (como os *textos teóricos*) e, ao contrário destes últimos, operariam com *noções* e não *conceitos*.

Sem manter este último tipo de texto, Jean-Paul Bronckart partiu da tipologia dos discursos de Simonin-Grumbach para fundar a sua. É neste nível enunciativo N7, que ele chama de "modal" (no sentido de Genette, 1972 e 1979), que ele opõe *discurso interativo* com o *discurso teórico* (associados temporalmente por uma ancoragem conjunta na situação de enunciação e pelo ato de exposição) às duas grandes modalidades narrativas (temporalmente disjuntas da situação de enunciação): o *relato interativo* e a *narração*. Os atores sociodiscursivos estão implicados no discurso e no relato interativo, e não implicados (autônomos) no discurso teórico e na narração:

---

[7] Ver o capítulo 7 de Adam (2011b) e um artigo escrito com Françoise Revaz e Gilles Lugrin: "Pour en finir avec le couple récit/discours" (*Pratiques* 100, Metz, 1998: 81-98).

Os tipos de discurso segundo Bronckart (2008: 71)

		Organização temporal	
		Conjunção	Disjunção
		EXPOR	NARRAR
Organização actorial	Implicação	**Discurso interativo**	**Relato interativo**
	Autonomia	**Discurso teórico**	**Narração**

Uma ancoragem enunciativa global confere a um texto sua tonalidade enunciativa de conjunto, ao passo que alternam mudanças incessantes de planos enunciativos. No plano local, as proposições enunciadas podem ou não ser assumidas pelo falante (narrador, descritor, argumentador, explicador ou aquele que intervém num diálogo). Assim, no discurso da "boa escolha para a França", que citei anteriormente, quando o argumentador declara "Eu não tenho que ditar sua resposta", é necessário entender imediatamente duas proposições: uma explícita, a proposição negativa (prop. não-p), que é assumida por um primeiro enunciador associado a "nós"; outra implícita, pressuposta pela negação, que dá a entender: "Devo ditar sua resposta" (prop. p). Esta última proposição, que não pode ser dita explicitamente pelo sujeito-presidente de um país democrático, é assumida pela voz de um segundo enunciador, nitidamente diretivo.

Tipologias semânticas

Com base no nível linguístico N3, as tipologias semânticas refinam o componente "temático" de Bakhtin. A dimensão semântica global é representada pela macroestrutura semântica ou tema global de um enunciado. Neste nível N3, as tipologias massivas podem estar atentas a uma grande oposição entre o factual e o ficcional e/ou a categorias mais temáticas do que funcionais que comportam configurações (mundos textuais) de actantes e cenas típicas. Distinguimos, assim, o conto de fadas do conto erótico etc., a ficção científica do maravilhoso e do fantástico, os diferentes subgêneros do *western* ou da narrativa policial do romance de espionagem e do romance de amor, as cenas típicas do encontro, da declaração de amor, da confissão, do duelo, do interrogatório etc. Do ponto de vista semântico-pragmático, iniciando uma narração com "Era uma vez...", o narrador opera um distanciamento ao mesmo tempo enunciativo (N7) e ficcional (N6); ele dá ao leitor/ouvinte uma instrução sobre uma ancoragem enunciativa não atual do que sucede e sobre um mundo maravilhoso, não de acordo com as leis que governam nosso mundo de referência, tornando possíveis os gatos de botas e os ogros, lobos que falam com menininhas e botas de sete léguas. Um predicado como "Eu sonhei que..." ou um simples *se* hipotético, usado com o imperfeito e o condicional, também suspendem as condições de verdade que regem nosso universo de referência. Essas condições interpretativas e esses regimes do sentido textual são muito amplamente codificados pelo gênero de discurso, que aparece, novamente, como determinante.

O título de um poema como T2, "A pomba da arca", permite formular hipóteses sobre o tema global do texto. Se as primeiras inferências, a partir das colocações "arca da aliança" e "pomba da paz", entram em conflito com a violência da maldição, elas são recuperáveis a partir de um intertexto bíblico: maldição divina e arca de Noé. Mas esse mesmo intertexto é trabalhado por um outro: a lembrança de um verso de Victor Hugo: "Você está entre nós, a pomba de arca" (Adam, 1997: 125-146).

Em um nível intermediário entre o global e o local, um enunciado é analisável em termos de isotopia(s) e de coesão do mundo representado. Um enunciado surrealista como esses dois versos de André Breton, em "Monde" (*Signo Ascendente*):

> Na sala de Madame des Ricochets
> O chá de lua é servido em ovos de *engoulevent**.

não apresenta as redundâncias semânticas necessárias para a formulação de um julgamento de coesão (e, consequentemente, de coerência). Tal enunciado difere muito nitidamente de um enunciado isotópico como: "No salão de Madame des Ricochets, o chá da China é servido em taças de porcelana". Os lexemas "lua" e "ovos de *engoulevent*" aparecem como heterogêneos no contexto isotópico da sala de estar e do chá que pode ser da China ou do Ceilão, mas certamente não de outro planeta, e que pode ser servido em taças, mas não em ovos de pássaros noturnos. É certo que essa ruptura pode ser atenuada por uma cuidadosa interpretação do fato de que a Lua é um lugar como a China ou o Ceilão e que o ovo, por sua forma e por sua fragilidade, poderia ser comparado a uma taça de porcelana. Sem forçar a interpretação, vemos que o conceito de isotopia "sempre se refere à constância de um percurso de sentido que um texto exibe quando é submetido a regras de coerência interpretativa" (Eco, 1985). Esse conceito permite descrever os fenômenos da poli-isotopia tão frequentes na poesia, no gênero das parábolas (textos interpretáveis sob duas isotopias), na piada etc.

---

* N.T.: Um tipo de pássaro noturno, de bico curto com uma grande abertura.

Plano da conexão textual

Este plano que descreve a gramática transfrástica só pode servir de base para uma tipologização no âmbito do processamento automático de grandes *corpora*. Trata-se, então, de extrair das marcas microlinguísticas regularidades estatísticas que permitem opor os textos à polaridade verbal ou nominal, por exemplo. Na verdade, esses tratamentos só são interessantes se eles estiverem relacionados a outras bases de tipologização, começando com os gêneros de discurso (N3). Neste nível N4, a questão fundamental é a da textura microlinguística que classicamente descreve a linguística, mas não se deve esquecer que a autonomia da sintaxe (N4) é completamente relativa. De fato, de um ponto de vista sintático e semântico (N6), um enunciado como "O repolho come o *engoulevement*" ou "O lobo fala à menininha da cidade" não são necessariamente aceitáveis, apesar de seu caráter sintático de frases bem formadas. Eles se transformam em um mundo onde o repolho seria recategorizado como uma planta carnívora particularmente voraz e no mundo das lendas e dos contos, em que o lobo é recategorizado como um animal que entra em diálogo com humanos. Em tais quadros genéricos, as restrições semânticas que nos são usuais não atuam mais da mesma maneira sobre o agente do verbo. Uma semântica de mundos (N6) deve, portanto, acompanhar a sintaxe (N4) e ser associada aos gêneros do discurso.

A título de ilustração, podemos dizer que, no poema de Desnos T2, a conexão morfossintática está correta, mas as proposições sucessivas não cessam de introduzir informações novas. Informações sem dúvida relacionadas sintaticamente entre si, mas de um modo muito antigo e popular, com uma cadeia de relativas encaixadas ao infinito de *O homem que semeou o grão que alimentava o galo que despertou o bom senhor que parou o ladrão malvado que bateu na criada que tirou leite da vaca que etc.* A gramaticalidade dos encadeamentos sintáticos não basta para conferir a uma sucessão desse tipo uma coesão suficiente. Em uma única frase tipográfica e em um único ato de enunciação, atinge-se, em T2, dez níveis de perda sintática. As transições fazem se sucederem seis verbos no passado simples – ou seis eventos que constituem núcleos – sem a menor adição de um imperfeito, isto é, de um estado. O resultado é, de fato, a produção de uma sucessão inteiramente orientada para o seu fim: "(Maldito seja) o carro em que sua mãe encontra seu pai" e o aparecimento de possessivos de segunda pessoa. Toda essa sucessão se garante entre suas primeiras e últimas palavras, e a percepção de coesão-coerência do conjunto assim se explica: a coesão semântica da isotopia (N6) do engendramento que termina antes do engendramento do destinatário (sucessão de eventos) e a coerência enunciativa (N7) e pragmática (N8) de um insulto imitando o estilo de maldições do Antigo Testamento.

Além disso, é preciso levar em consideração a dimensão rítmica dos enunciados e dos fenômenos de sintaxe ampliada: as parentetizações, marcadas argumentativamente ou não. Com essas parentetizações, trata-se de estudar conjuntos de proposições relacionadas e hierarquizadas por conectores (Se..., portanto..., mas..., então...) ou por organizadores textuais (primeiro..., depois..., em seguida..., finalmente..., por um lado..., por outro lado... etc.).

O nível N5, no centro da presente obra, será discutido com mais detalhes na próxima seção.

POR UMA ABORDAGEM UNIFICADA DAS SEQUÊNCIAS TEXTUAIS

Penso, como Bakhtin, que é a complexidade e a heterogeneidade composicional dos enunciados que constituíram o obstáculo do seu estudo linguístico. É, ao menos na minha opinião, o que motiva o desenvolvimento da linguística textual ao lado das linguísticas frásticas e transfrásticas:

> Uma das razões pelas quais a linguística ignora as formas de enunciados se deve à extrema heterogeneidade de sua estrutura composicional e as peculiaridades de seu volume (o tamanho do discurso) – que vai da réplica monolexemática ao romance em vários tomos. A alta variabilidade do volume também é válida para gêneros de fala oral. (Bakhtin, 1984: 288, tradução modificada)

Do período à sequência: o nível mesotextual de estruturação

O nível N5 possibilita considerar como as sequências de proposições elementares são empacotadas sintática e/ou semanticamente em unidades textuais de nível superior de complexidade. O estudo dessas configurações de unidade é o próprio objeto da linguística textual. É necessário considerar três grandes tipos principais de agrupamento de proposições elementares: em *períodos* e em *parágrafos*, unidades textuais fragilmente tipificadas, e em *sequências*, unidades mais complexas e tipificadas. Entre uma sequência mínima e um período complexo, a diferença é menor no volume do que na complexidade do todo formado pela disposição das proposições. As sequências são unidades textuais complexas, compostas de um número definido de blocos de proposições de base, as *macroproposições*. Essas macroproposições são unidades ligadas a outras macroproposições do mesmo tipo e ocupam posições precisas dentro do todo ordenado da *sequência*. Cada macroproposição toma seu próprio significado apenas em relação a outras macroproposições, na unidade semântica complexa da sequência. Dizer que a sequência é uma estrutura relacional transgenérica pré-formatada significa que ela é:

- uma rede relacional decomponível em partes interligadas entre si (as macroproposições) e conectadas ao todo que elas constituem (uma sequência);
- uma entidade relativamente autônoma, dotada de uma organização interna pré-formatada que lhe é própria e que, portanto, está em relação de dependência-independência com o conjunto mais amplo do qual é parte constitutiva: o texto.

Diferentemente dos períodos simples e das frases que entram na composição de um parágrafo, as macroproposições que entram na composição de uma sequência se originam de arranjos pré-formatados de proposições. Esses diferentes arranjos são chamados de "narrativo", "argumentativo", "explicativo", "dialogal" e "descritivo". Os cinco tipos básicos utilizados aqui correspondem a cinco tipos de relações macrossemânticas adquiridas ao mesmo tempo que a língua, por impregnação cultural (pela leitura, pela escuta e pela produção), e transformadas em esquemas de reconhecimento e de estruturação da informação textual.

Veremos, no próximo capítulo, que os arranjos de proposições descritivas formam algumas macroproposições tipificadas demais para serem identificadas como unidades particulares, mas que esses segmentos textuais descritivos não apresentam uma organização interna pré-formatada tão hierarquizada e restritiva quanto as sequências argumentativa, explicativa, narrativa e mesmo dialogal. Veremos que não se trata tanto de uma organização estrutural, mas, sim, de um repertório de operações linguísticas: qualificação de um todo, seleção de partes desse todo, qualificação dessas partes, renomeação do todo etc. A descrição é tão pouco ordenada em si mesma que assume a forma de planos de texto fixados por gêneros retóricos (retrato de cima para baixo, retrato em paralelo, descrição de

Introdução

um objeto a ser fabricado etc.) ou, como é mais frequentemente o caso, toma a forma de planos ocasionais. Falando de um contínuo de complexidade crescente entre período e sequência, podemos explicar o fato de que o que diferencia um simples período narrativo ou argumentativo de uma sequência narrativa ou argumentativa é muitas vezes apenas uma questão de grau.

O fragmento do "Discurso da boa escolha", analisado anteriormente, pode ser descrito como uma estrutura periódica organizada demais para assumir a forma de uma sequência argumentativa bastante complexa:

> [a] Cada uma dessas questões comporta uma resposta clara. [b] Eu não tenho que ditar isso para você [c], POIS somos um país de liberdade, [d] MAS também não quero mais que ninguém, [e] eu digo mesmo ninguém, [d^seguinte] possa dizer um dia [f] que foi enganado.

A função da proposição [a] é, claramente, ligar cotextualmente o segmento periódico que segue àquele que precede (papel da anáfora demonstrativa "dessas"). Vimos que essa sequência de proposições articuladas entre si pelos conectores "pois" e "mas", e interrompida pelo inciso autonímico [e], é argumentativamente muito estruturada: um período simples toma a forma de uma sequência textual contra-argumentativa, na qual [b] se torna uma conclusão do argumento [c] e ambas formam o que chamaremos de macroproposição *tese anterior* (MP. arg.0); [d (e) f] constitui a macroproposição *argumento* (MP. arg.1) cuja *conclusão-nova tese* (MP. arg.3) deve ser inferida.

As coisas se complicam com uma oração periódica extraída de uma fábula poética de Jorge Luís Borges (*O Cativo*, que analiso de modo detalhado no último capítulo de Adam, 2011b):

> [a] Esta lembrança talvez tenha sido acompanhada por outras, [b] mas o Índio não podia viver entre quatro paredes [c] e um dia partiu para reencontrar seu deserto.

Essa frase periódica não forma uma sequência textual claramente tipificada. É um período ternário, cujos membros [b] e [c] são introduzidos por um conector de valor tipificante forte: "mas" dispara [b] em um sentido argumentativo, enquanto "e um dia" [c] conduz o fato para um sentido narrativo. Se partirmos de MAS, a proposição [a] é interpretável como um primeiro argumento [Arg. p] para uma conclusão C implícita, que vai no mesmo sentido cotexual do final do parágrafo anterior: o filho, capturado pelos índios e encontrado por seus pais,

|47|

recupera a memória e permanece com eles. Mas o cativeiro se reverte e, reencontrando sua identidade de índio (pela denominação "o Índio"), a proposição [b] se transforma em um novo argumento [Arg. q] e a proposição [c] assume um valor de conclusão tirada de [b-arg q]: Concl. não-C. Em torno de MAS, dois mundos se opõem: um do reencontro do filho perdido com seus pais; o outro, o da separação inelutável; o primeiro, de restauração da ordem inicial; o outro, de destruição dessa ordem e da impossibilidade de retorno. Eis uma primeira leitura sequencial:

[a] Esta lembrança talvez tenha sido
acompanhada por outras, = ARG. p (Conclusão C implícita)
[b] mas o índio não podia viver entre quatro paredes = ARG. q
[c] e um dia partiu para reencontrar seu deserto = Conclusão não-C (explícita)

Se nos apoiarmos nos passados simples e na associação do conector E com o organizador temporal narrativo UM DIA, esse período pode ser lido como uma sequência narrativa incompleta, na qual cada membro constitui uma macroproposição narrativa (MPn) identificável de acordo com o esquema que será exposto no capítulo "O protótipo da sequência narrativa":

[a] Esta lembrança talvez tenha sido
acompanhada por outras, = Situação inicial-MPn1
[b] mas o índio não podia viver entre quatro paredes = Nó-MPn2
[c] E UM DIA partiu para reencontrar seu deserto = Desenlace-MPn4

O fato de que esse período forme uma sequência narrativa incompleta – depois de um parágrafo que era uma estrutura narrativa completa e desenvolvida, inscrita, além disso, no gênero narrativo da crônica – salienta que o narrador não está suficientemente interessado nos novos acontecimentos para contar o resto da história e que o objeto principal desse texto, sua argumentação, está em outro lugar. Recomendo o capítulo 8 de Adam (2011b) para mais informações...

Esse último exemplo nos mostrou que a noção de *período* permite descrever a estrutura de frases complexas ou de agrupamentos interfrásticos de extensão textual reduzida (microtexual). Passando do patamar microtextual ao patamar mesotextual de estruturação, devem distinguir-se dois tipos de arranjo: os *segmentos* em termos de corte gráfico e, no plano semântico, os *agrupamentos de sucessões de proposições em macroproposições* (MP).

Introdução

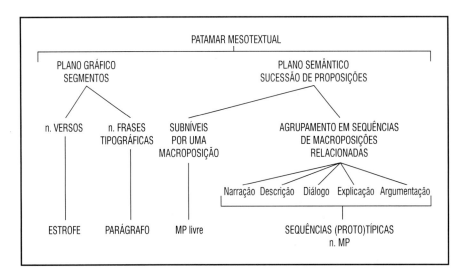

Como unidades de sentido, os *segmentos* são constituídos de um número indeterminado de *proposições* relacionadas (unidades semânticas de base), que conferem ao *parágrafo* (ou à estrofe) uma *conexão* e uma *coesão semântica* subsumíveis por pelo menos uma MP (um parágrafo sempre forma pelo menos uma MP). Por sequências de tratamento, os agrupamentos de proposições resultam na construção de unidades de maior nível de complexidade. Esses agrupamentos podem formar ou uma única MP livre, ou MP consideradas dentro de empacotamentos de várias MP relacionadas entre si.

A tipologia dos parágrafos de Longacre (1980) dá uma ideia dos tipos de relações elementares entre MP: *Coordenado & Alternativo §*; *Temporal §*; *Antitético & Contraste §*; *§ que codifica relações lógicas*; *Adorno §*; *Interação §*; aos quais é necessário ainda acrescentar: *Exortatório §*, *Procedural §*, *Explanatório §*. Marc Arabyan (2003) e Joëlle Gardes Tamine-Pellizza (1998) adotam uma tipologia ternária simplificada de parágrafos: os §-temáticos dão conta de objetos de discurso distintos; os §-enunciativos enfatizam uma mudança de atribuição de fala, um novo ato de discurso ou um comentário; os §-genéricos comportam uma caracterização tipológica: eles podem ser ou argumentativos, ou narrativos, ou descritivos. Trata-se, de fato, de parágrafos tipificados que combinam segmentos e sequências.[8]

As proposições são interpretadas como componentes de uma unidade superior, a macroproposição (MP), que só se define, no caso da sequência, como uma

---

[8] Remeto o leitor a Adam (2015a), para uma primeira teorização do parágrafo, e a um livro a ser publicado sobre essa questão.

unidade constituinte da sequência e, no caso dos parágrafos, como uma unidade de um plano de texto. Essa definição de cada unidade como constituinte de uma unidade de nível superior de complexidade e constituída de unidades de nível inferior é a condição primeira para uma abordagem unificada de sequências textuais, mas ela também é condição das transformações do sentido das proposições por integração na unidade semântica de uma macroproposição e de uma sequência dadas: [*Sequência* [*macroproposições* [*proposição(ões)*]]]. Graficamente, a MP pode formar parágrafos separados ou estar agrupada em um único parágrafo.

Minha hipótese é que, entre os "tipos relativamente estáveis de enunciados" e as regularidades composicionais de que fala Bakhtin, é preciso destacar as regularidades sequenciais. As sequências parecem se reduzir a alguns tipos elementares de composição de enunciados. No estado atual da teoria, eu me atenho apenas às cinco sequências prototípicas *narrativa, descritiva, argumentativa, explicativa* e *dialogal.*

Penso, como Maingueneau, que se pode falar de uma dupla organização transfrástica de discursos por *gêneros* e por "regras, transversais aos gêneros, que regem uma narrativa, um diálogo, um argumento, uma explicação[9] [...]". As sequências são categorias de textualização que articulam e hierarquizam agrupamentos de enunciados em um nível mesotextual pré-genérico que, assim, atravessa todos os gêneros. Essas regras de mesoestruturação são, como os gêneros do discurso, o objeto de uma aprendizagem paralela à da língua. Ao aprender a língua de um grupo social, aprendemos ao mesmo tempo os gêneros discursivos nos quais essa língua se realiza e que a restringem. Além da gramática da língua, aprendemos "gramáticas" secundárias, que se relacionam com o que Bakhtin chama de *gêneros primários da fala* e com o que Swales chama de formas *pré-genéricas*:[10]

A presente obra tem por objetivo teorizar sobre esses procedimentos prégenéricos pré-formatados de articulação de encadeamentos de proposições em blocos de MP ligadas entre si.

Tipos de proposições?

Vimos que a sequência compreende um determinado número de macroproposições compostas de uma ou mais proposições elementares. Resta-nos

---

[9] Dominique Maingueneau, *Discours et analyse du discours. Une introduction* (Discurso e Análise do Discurso), Paris, Armand Colin, 2014: 19.

[10] John M. Swales, *Genre Analysis. English in Academic and Research Settings*, Cambridge, Cambridge University Press, 1990.

Introdução

perguntar se as proposições são em si narrativas, descritivas ou outras. Em seu "Essai de définition linguistique du récit", Dominique Combe (1989b) afirma que a famosa proposição (1) é legível como uma narrativa:

(1) A marquesa saiu às cinco horas.

Sua tentativa de definição linguística exclusivamente frástica de uma proposição narrativa levanta uma questão dificilmente evitável: existem características linguísticas que permitem definir uma proposição como narrativa e, portanto, por extensão, uma outra, como descritiva, argumentativa, explicativa, dialogal? Ou a unidade mínima de tipicidade é superior à proposição?

O exemplo (1) certamente possui uma característica linguística: trata-se de um enunciado assertivo. Mas Dominique Combe não diz que essa modalidade assertiva domina também em enunciados descritivos relativos a estados (2) ou ações (3) e mesmo em conclusões de encadeamentos argumentativos do tipo: "... então a marquesa é uma mentirosa", ou ainda em sequências explicativas como "... porque a marquesa é casada":

(2) A marquesa usava um vestido de veludo vermelho.
(3) A marquesa porta a sua sombrinha com muita elegância.

Obviamente, se nós espontaneamente definimos (1) como uma proposição mais narrativa, não será o mesmo com proposições marcadas por modalidades sintáticas interrogativa (4), exclamativa (5) ou imperativa (6):

(4) Será que a marquesa saiu às cinco horas?
(5) A marquesa saiu às cinco horas!
(6) Senhora marquesa, você sairá às cinco horas!

A negação basta até mesmo para fazer mudar (1) no comentário ou na avaliação:

(7) A marquesa não saiu às cinco horas.

No entanto, vemos que bastaria adicionar "naquele dia..." e usar o passado simples para interpretarmos (8) como uma proposição extraída de um segmento narrativo:

(8) Naquele dia, a marquesa não saiu às cinco horas

Combe observa com razão que uma proposição reconhecida como narrativa deve ser "necessariamente uma afirmação positiva" (1989: 158) e que o distanciamento modal – garantido em (1), evidenciado pelo passado simples associado à terceira pessoa – é indispensável. Quando o distanciamento modal é atenuado, "comentários e narrativas ficam estreitamente unidos" (1989: 159). Parece mesmo que, com a busca de uma definição da narrativa, apoiada em uma modalidade assertiva neutra, encontramos a "voz narrativa" de Blanchot e a "enunciação histórica" de Benveniste, uma definição enunciativa da narração.

Tentando delimitar o enunciado narrativo de base, Combe propõe essa definição (à qual nós voltaremos, para precisá-la, no capítulo "O protótipo da sequência narrativa"):

> No enunciado narrativo de base, o tema terá que ser uma pessoa, um ser animado ou uma coisa definida antropologicamente por uma figura de retórica (metáfora, personificação, alegoria...). Quanto ao predicado, ele significará a ideia de ação ("sair"), de mudança de estado, de transformação ou, mais geralmente, de evento, de acordo com os critérios retidos por Lévi-Strauss, Greimas, Barthes e Bremond. (1989: 160)

A narratividade não poderia estar concentrada somente no verbo, ela parece estar relacionada "à ação e não ao verbo como categoria linguística" (Combe, 1989: 160). De fato, a intromissão de um verbo de estado* gera uma proposição descritiva que cria a expectativa de um encadeamento descritivo:

(9)   A marquesa reside em um esplêndido hotel particular.

A simples intromissão do passado simples seria suficiente para transformar (9) em uma proposição narrativa. O fato de morar no local indicado transformaria, então, um evento em um encadeamento narrativo:

(10) A marquesa residiu em um esplêndido hotel particular.

A simples modificação do tempo do verbo tem implicações para a interpretação da proposição:

(11) A marquesa saía às cinco horas.
(12) A marquesa sairá às cinco horas.
(13) A marquesa saiu às cinco horas.
(14) A marquesa sai às cinco horas.

---

* N. T.: Em português *residir* é um verbo de processo, o que não invalida o efeito para o qual o autor quer chamar a atenção.

Em (11), ou caracterizamos (proposição descritiva exemplar) o sujeito com base em seus hábitos (frequentativo), ou então essa proposição no imperfeito cria a expectativa de um encadeamento do tipo: "...quando um homem vestido de maneira estranha a abordou". Ou seja, neste último caso, haveria um esquema de incidência, característico de um encadeamento narrativo. Em (12), estamos em presença ou de uma resposta a uma pergunta – proposição tomada em uma sequência dialogal –, ou do uso narrativo de um "futuro de historiadores". Os exemplos (13) e (14) apresentam uma ambiguidade semelhante: resposta a uma pergunta ou proposição narrativa relacionada a outras proposições no passado composto (*passé composé*) e no imperfeito para (13); no imperfeito e no passado simples (*passé simple*)* para (14), de acordo com o uso do presente dito narrativo.

Quando Combe considera as seguintes frases complexas:

(15) A marquesa saiu às cinco horas, foi ao teatro.

(16) A marquesa saiu às cinco horas, depois foi ao teatro.

(17) Depois das cinco horas é que a marquesa saiu, ela foi ao teatro.

ele se limita a observar que a sucessão temporal pode ser expressa de forma explícita ou implícita e que:

> Quando a frase contém várias proposições, determinadas por verbos distintos, cada um deles constitui uma unidade mínima da narrativa, e a frase inteira é apenas uma expansão dessa unidade básica que prepara o campo, ainda mais vasto, de uma expansão no nível discursivo, que, geralmente, nós apenas levamos em conta. (1989: 165)

Combe reconhece que, se "a frase narrativa é a forma mínima da narrativa [...], a expansão discursiva é onipresente" (1989: 165), mas sua posição permanece frástica: "Não parece necessário colocar a pluralidade das proposições como uma condição gramatical da narrativa" (1989: 164). Certamente, uma caracterização gramatical das proposições consideradas narrativas é possível (tema-argumento antropomórfico, predicado indicando um evento, enunciado assertivo ativo ou passivo, distanciamento modal), mas podemos esperar partir do quadro

---

* N.T.: Os tempos do sistema verbal francês *passé simple* e *passé composé* não têm um equivalente exatamente igual em português. Ambos são tempos pretéritos, com diferenças em relação ao aspecto: *grosso modo*, enquanto o *passé simple* se refere a um tempo definido no passado, geralmente sem consequências para o presente, o *passé composé* indica uma ação produzida num tempo indefinido, geralmente recente, e que pode ter consequências no presente. Além disso, o *passé simple* é mais frequente em narrativas escritas, enquanto o *composé* é empregado nas modalidades oral e escrita. Nesta obra, optamos, doravante, por referir a esses termos em português – passado simples e passado composto.

sintático estreito para chegar à narrativa? As características elencadas correspondem a certas proposições descritivas e, portanto, não permitem garantir que essa ou aquela proposição seja, por si só, deste ou daquele tipo. O uso do passado simples nem sequer garante que estejamos lidando com uma proposição tomada em uma cadeia de passados simples (quando se pensa no uso de passados simples isolados, característicos da imprensa contemporânea).

Para mim, se certas caracterizações gramaticais podem mais ou menos autorizar ou impedir uma proposição de ser considerada narrativa (ou ainda descritiva, argumentativa, explicativa ou dialogal), os critérios gramaticais não permitem, de maneira determinada, defini-la tipologicamente. É impossível negligenciar aqui as relações constantes entre a dimensão local – microestrutural – e a dimensão global – sequencial – de fatos de língua. Uma proposição dada não é definível como narrativa, descritiva ou outra a não ser à luz de suas características gramaticais e de sua inserção em um cotexto, em uma série de proposições que o interpretante relaciona entre si. Uma proposição avaliativa como "A marquesa sai muitas vezes às cinco horas" não é interpretável sem considerar o cotexto. O mesmo acontece com todas as proposições no passado simples que convocam outros passados simples ou um imperfeito dificilmente interpretável sem apoio de uma proposição que comporte um aoristo.

As restrições morfossintáticas e semânticas que excluem (4), (5) e (6) de um encadeamento muito estritamente narrativo de proposições não devem ser separadas de considerações sequenciais. É uma restrição de encadeamento que, em última instância, torna possível (ou impossível) a inserção de certas proposições em uma sequência narrativa. É essa restrição global e as características gramaticais que fazem de (1) e (8) núcleos narrativos, e de (2), (9) e (11) expansões descritivas.

Do ponto de vista sequencial, o fato de uma proposição ser um argumento e outra proposição ser uma conclusão corresponde a um tipo mínimo de encadeamento equivalente a uma sequencialidade *argumentativa*. Em um encadeamento *narrativo*, a ligação "*post hoc, ergo propter hoc*" entre duas ou mais proposições estabelece uma relação cronológica e causal; um encadeamento *descritivo* corresponderá a uma divisão de um elemento em partes geralmente providas de propriedades; um encadeamento *dialogal* será dominado por uma estrutura [questão + resposta + avaliação]; e um encandeamento *explicativo* será dominado por uma sucessão do tipo [por que + porque].

Assim, por exemplo, uma frase complexa como:

(18) Os homens gostam de mulheres que têm mãos suaves.

embora possa ser uma unidade significativa da língua e, portanto, inteligível isoladamente, só faz sentido em um co(n)texto em que ela possa tanto constituir as premissas de uma argumentação publicitária, como a moral de uma fábula ou de um conto erótico. *Tudo depende de seu lugar em um encadeamento sequencial dado* e, além disso, ela só faz sentido por ocasião de uma enunciação particular na qual o critério dado pela proposição relativa assumirá todo o seu sentido. A estrutura dos encadeamentos explicativos é muito próxima daquela da conversação: uma questão-problema é colocada e, para ela, uma resposta-solução é apresentada e depois avaliada.

Quando Bakhtin fala de certas proposições de abertura e de fechamento de uma narração, ele insiste no fato de que sua aparente autonomia é evocada por sua função textual e dialógica: "São, de fato, proposições de 'posto avançado', pode-se dizer, situadas bem na linha divisória onde ocorre a alternância (a rendição) dos sujeitos falantes" (1984: 297). A existência de tais proposições foi confirmada pelo estudo da inscrição de sequências narrativas em contextos conversacionais. Essa inserção dá lugar, sistematicamente, a procedimentos de abertura, sob a forma de *resumo* e/ou *entrada-prefácio*, e a procedimentos de fechamento, sob a forma de *coda* ou de *moral-avaliação*, que remete os interlocutores ao contexto da interação em curso.

Certamente, seria possível considerar (18) como um provérbio, isto é, uma proposição aparentemente ainda mais "autônoma" e suficiente que um *slogan*, um enunciado disponível e destinado à reapropriação polifônica, em um dado encadeamento interativo. De um ponto de vista geral, é necessário, acima de tudo, enfatizar o fato de que uma proposição descritiva elementar como:

(19) A marquesa tem as mãos suaves.

Inteligível em sua significação linguística intrínseca, mas fora da situação e/ou isoladamente desprovida de sentido, pode muito bem se tornar argumento em um encadeamento argumentativo:

(20) A marquesa tem as mãos suaves, mas ela tem sobretudo um caráter horrível.

A frase (19) torna-se aqui o argumento p para uma conclusão implícita C justamente negada pela proposição q, que segue o conector-marcador argumentativo MAS e causa a negação de C: não-C. Consideradas de forma isolada, as asserções constativas podem, é claro, na análise, ser percebidas como passíveis de formar um enunciado completo, mas, "Na realidade, uma informação desse tipo é dirigida a alguém, é suscitada por alguma coisa, persegue algum objetivo; em outras palavras, é um elo real na cadeia da interação verbal, no interior de uma determinada esfera da realidade humana ou da vida cotidiana" (Bakhtin, 1984: 290). Em *Marxisme el la philosiphie du langage* (*Marxismo e filosofia da linguagem*), Valentin N. Volochinov vai mais longe:

> Todo enunciado monológico, incluindo um documento escrito, é um elemento inseparável do intercâmbio verbal. Todo enunciado, mesmo em forma escrita acabada, responde a algo e espera, por sua vez, uma resposta. Ele é apenas um elo na cadeia contínua das intervenções verbais. Todo documento antigo continua os que o precederam, polemiza com eles, espera uma compreensão ativa em retorno, o antecipa etc. [...] O documento antigo, como todo enunciado monológico, foi concebido para ser recebido no contexto da vida científica ou da realidade literária de seu tempo, isto é, no próprio processo de se tornar a esfera ideológica da qual é parte integrante [...]. (2010: 267)

Essa natureza profundamente dialógica do discurso não deve, contudo, ser confundida com o modo de arranjo sequencial que eu chamo de "diálogo", como veremos no capítulo "O protótipo da sequência dialogal".

Das sequências aos (planos de) textos

Se os enunciados realizados diferem tanto entre si, se, portanto, a criatividade e a heterogeneidade aparecem antes das regularidades, é porque, no nível textual, a combinação de sequências é geralmente complexa. A homogeneidade é, como o texto elementar de uma única sequência, um caso relativamente excepcional. Quatro hipóteses devem ser consideradas:

- O texto tem apenas uma sequência. Só podemos falar, então, de quase homogeneidade, na medida em que, em uma narrativa mínima, por exemplo, proposições descritivas e avaliativas vêm muitas vezes se juntar às proposições narrativas (veremos isso no capítulo "O protótipo da sequência narrativa"); se uma descrição pode parecer frequentemente pura, não é raro encontrar proposições avaliativas, ou mesmo um plano de texto argumentativo voltado para organizar os diferentes momentos da sequência.

Introdução

- Ou ainda o texto comporta um certo número (n) de sequências do mesmo tipo (todas narrativas, por exemplo). Duas novas possibilidades, então, surgem: essas sequências podem se encadear linearmente e ser coordenadas entre elas; essas sequências também podem ser inseridas umas nas outras em um ponto qualquer da sequência principal.[11] As tipologias textuais globais, as quais, como já mencionado, pareciam-nos demasiadamente ambiciosas, só podem atender esses casos simples de estruturas sequenciais (quase) homogêneas.

- O caso mais comum é a mistura de sequências. A análise sequencial permite vislumbrar os casos de encadeamento de *estruturas sequenciais heterogêneas*. Duas novas hipóteses se apresentam, então: as modalidades de *inserção* de sequências heterogêneas e o efeito *dominante* sequencial.

- Finalmente, um texto pode conter poucas sequências identificáveis e ser total ou parcialmente regulado por sucessões de frases e de períodos agrupados em parágrafos por ligações semânticas (N6) e ilocutórias (N8), associadas dentro de um plano de texto.

Ao alternar sequências de diferentes tipos, uma relação entre sequência dominante e sequência inserida aparece. Então, o que nós chamamos de *exemplum* corresponde à estrutura [seq. argumentativa [*seq. narrativa*] seq. argumentativa]; a presença de uma descrição em um romance pode também ser assim descrita: [seq. narrativa [*seq. descritiva*] seq. narrativa]. A inserção de um diálogo em uma narrativa pode corresponder à estrutura: [seq. narrativa [*seq. dialogal*] seq. narrativa], e a inserção de uma narrativa em um diálogo pode corresponder ao esquema inverso: [seq. dialogal [*seq. narrativa*] seq. dialogal]. A inserção de uma sequência heterogênea segue frequentemente procedimentos de demarcação muito estritos. A marcação das zonas de fronteira, dos locais de inserção inicial e final, também é codificada tanto na narrativa oral (*Entrada-prefácio* e *Resumo* na abertura, *Coda* ou *Moral-avaliação* na conclusão) como na dramaturgia do período clássico. Quanto à inserção de sequências descritivas nas narrativas romanescas, os sintagmas introdutores típicos e as cláusulas igualmente estereotipadas são frequentemente usados (Hamon, 1981; Adam e Petitjean, 1989, para uma análise detalhada).

Com exceção do caso raro de textos monossequenciais, as sequências de base (nível 1 de complexidade) são organizadas de acordo com três mo-

---

[11] Não dou aqui exemplos concretos. Já nos capítulos de 2 a 6 há ilustrações das hipóteses consideradas aqui de um ponto de vista teórico geral.

dos combináveis entre si: a sucessão, o encadeamento e a edição paralela (nível 2 de complexidade). Finalmente, uma sequência *dominante*, determinada seja pela sequência encaixada, seja pela sequência que permite resumir todo o texto (qualquer que seja sua extensão), gera um efeito de tipificação global (nível 3 de complexidade); é esse efeito que nos fez acreditar na existência de tipos de textos.

A relação de *dominância* pode dar lugar ao destaque das macroproposições de uma sequência narrativa por conectores argumentativos (parentetizações marcadas). Assim é nesse texto dos *Petits poèmes en prose (Pequenos poemas em prosa)*, de Baudelaire, que a narrativa claramente domina e que a argumentação simplesmente dá relevo ao plano de texto, ele mesmo posto em evidência pelas alíneas dos parágrafos:

T3   O DESESPERO DA VELHA (*O Spleen de Paris*)
A velhinha encarquilhada sentiu-se toda contente, vendo aquela linda criança a quem cada um fazia festa, a quem todos queriam agradar; aquele ser bonito, tão frágil quanto ela, a velhinha, e, como ela também, sem dentes e sem cabelo.
E aproximou-se dela, querendo fazer-lhe uns gracejos e uns trejeitos gentis. Mas a criança, aterrorizada, debatia-se sob as carícias da boa senhora decrépita, e enchia a casa com seus uivos.
Então, a boa velha retirou-se para sua eterna solidão, e chorou num canto, dizendo a si mesma: "Ah! Para nós, infelizes mulheres velhas, já passou o tempo de agradar, mesmo aos inocentes; e causamos horror às criancinhas a quem queremos amar!"

Os conectores argumentativos põem em evidência o encadeamento das cinco macroproposições narrativas, induzindo aos seguintes agrupamentos: P1 - § 1 e P2- § 2 MAS P3 - § 3 ENTÃO início de P4 - § 4 e fim de P4 - § 4. O parágrafo em discurso direto desempenha o papel de moral na narrativa.

O fator unificador e obrigatório das estruturas composicionais é o **plano do texto**. Certos gêneros determinam *planos de texto fixos*: a estrutura do soneto, a da comédia clássica em três atos e a da tragédia em cinco atos, a *dispositio* oratória (exórdio, narração, confirmação, peroração), o plano dialético da dissertação. O mesmo vale para as receitas de culinária, as instruções de escalada e caminhada, as apresentações de filmes em programas de televisão, o esquema global de uma carta: abertura (vocativo e indicações de tempo e lugar), exórdio, corpo da carta (zona de forte variação), peroração, fechamento (despedida e assinatura). Os *planos de texto ocasionais* são muito frequentes e não estruturam menos globalmente os textos. Próprios de um texto singular, esses planos ocasionais são mais ou menos identificáveis por serem ou não evidenciados por sinais de segmentação (alíneas, parágrafos, títulos e subtítulos, numeração de partes etc.) e/ou por organizadores (enumeradores, conectores). No interior de um plano de texto, as diferentes sequências podem ser incompletas sem que a estruturação geral seja afetada por isso. Um plano de texto sempre pode vir a suplementar uma incompletude sequencial.

Macronível N5 da organização composicional

A. PLANOS DE TEXTO (segmentados em parágrafos e partes)
• Planos pré-formatados por um gênero
• Planos não pré-formatados, exclusivos de um único texto
B. ESTRUTURAÇÃO SEQUENCIAL
B 1: Tipos de sequências na base dos arranjos
• Arranjo unissequencial (a mais simples e a mais rara)
• Arranjo plurissequencial
  • Homogênea (um único tipo de sequências combinadas, caso raro)
  • Heterogênea (mistura de diferentes sequências, caso mais frequente)
B 2: Arranjos de sequências de base (combinações)
• Sequências coordenadas (sucessão)
• Sequências alternadas (montagem em paralelo)
• Sequências inseridas (encaixamento)
B 3: Dominância (efeito de tipificação global)
• Pela sequência encaixante (que abre e fecha o texto)
• Na sequência resumidora (que permite resumir o texto)

Os fenômenos de demarcação gráfica local e de marcação global do plano de texto (segmentação) são aspectos da espacialização escrita da cadeia verbal, um primeiro lugar de instrução para o empacotamento e o processamento das unidades linguísticas. Nesse plano particular de organização textual, é necessário estabelecer não apenas as indicações de mudança de capítulo e de parágrafo, mas também os títulos e subtítulos, a versificação e a estrofação na poesia, o *layout* das páginas em geral, a escolha de caracteres tipográficos, a pontuação. Organizadores textuais e conectores podem igualmente vir a destacar um plano de texto.

Cruzar as tipologias genéricas e sequenciais

Cruzando as tipologias N3 e N5, podemos falar de:

- *Gêneros narrativos* como o conto e a fábula, gêneros com dominância narrativa (ou seja, que têm uma configuração narrativa encaixante). Esse é o caso do poema em prosa de Baudelaire T3, que toma a forma narrativa de uma fábula com moral. O livro que eu consagrei aos gêneros narrativos (Adam, 2011a) aborda os casos da narrativa no discurso político e no discurso jornalístico (*fait divers* e anedota), na poesia e no teatro (monólogo narrativo).

- *Gêneros da argumentação*, tais como a defesa jurídica, o debate político, o silogismo (quadro sequencial argumentativo encaixante). Como exemplo, segue o poema argumentativo de Raymond Queneau:

T4   VIGÍLIA (*Os Ziaux*)
Se os incêndios na noite fizessem os sinais certos
o medo seria um riso e a angústia um perdão
mas os incêndios na noite desconcertam incessantemente
o vigia franzino pela vigília e pelo frio.

- *Gêneros explicativos* como o conto etiológico e os avisos explicativos (esquema encaixante do tipo *Por quê? Porque*). Por exemplo, este poema de Paul Éluard, que também remete ao gênero do enigma:

T5   II (*As pequenas lógicas*)
Por que eu sou tão linda?
Porque meu mestre me lava.

- *Gêneros descritivos* como a poesia descritiva, o retrato, o guia de um automóvel, o guia turístico, o pequeno anúncio de venda de uma casa ou o anúncio de casamento ou de reunião. Por exemplo, este poema descritivo de Francis Ponge, entre retrato e personagem:

T6   O GINASTA [LE GYMNASTE*] (*Tendências das coisas*)
Como o seu G o indica, o ginasta usa o cavanhaque e o bigode tão longos, que se encontram, formando quase um pega-rapaz na parte de baixo do rosto.

---

* N.T.: Uma vez que o poema faz menção à letra "y", na palavra "gymnaste", optamos por informar o título do poema no original.

Enfiado numa malha que faz duas pregas na virilha, ele usa, também como seu Y, o pênis à esquerda.

Todos os corações, ele devasta, mas se obriga a ser casto e seu palavrão é BASTE!

Mais rosado que o natural e menos ágil que um macaco, ele salta nos aparelhos com um zelo puro. Depois, dominando seu corpo na corda de nós, interroga o ar como uma minhoca de seu monte de terra.

Para encerrar, às vezes, cai do cenário como uma lagarta, mas salta de novo em pé e é, então, o modelo adulado da besteira humana que vos saúda.

- *Gêneros conversacionais* como o gênero epistolar, com seus subgêneros carta pessoal e administrativa, carta do leitor na imprensa, entrevista, peça de teatro, jogo de adivinhação, diálogo filosófico (esquema dialogal encaixante). Por exemplo, veja-se este outro poema em prosa de Baudelaire na forma de diálogo:

T7   O ESTRANGEIRO (*O Spleen de Paris*)

— A quem mais amas tu, homem enigmático, diga: teu pai, tua mãe, tua irmã ou teu irmão?

— Eu não tenho pai, nem mãe, nem irmã, nem irmão.

— Teus amigos?

— Você se serve de uma palavra cujo sentido me é, até hoje, desconhecido.

— Tua pátria?

— Ignoro em qual latitude ela esteja situada.

— A beleza?

— Eu a amaria de bom grado, deusa e imortal.

— O ouro?

— Eu o detesto como vocês detestam Deus.

— Quem é então que tu amas, extraordinário estrangeiro?

— Eu amo as nuvens... as nuvens que passam... lá longe... as maravilhosas nuvens!

A mistura de narrativa e explicação é evidente nesta passagem do "Discurso da boa escolha para a França", já citado anteriormente, uma passagem que, do ponto de vista genérico, é tanto uma narrativa de infância autobiográfica quanto um *exemplum* a serviço de uma argumentação política:

T8   Quando eu tinha treze anos, assisti em Auvérnia à derrocada do exército francês. Para os meninos da minha idade, antes da guerra, o exército francês era uma coisa impressionante e poderosa. E nós o vimos ficar em migalhas. Na pequena estrada, perto da cidadezinha onde eu ia votar em março, como simples cidadão, interrogamos os soldados para tentar entender: "O que aconteceu?".
A resposta veio a nós, sempre a mesma: "Nós fomos enganados, nos enganaram."
Ainda ouço essa resposta quarenta anos depois, e eu digo a mim mesmo, se eu assumisse um dia responsabilidades, nunca permitiria que os franceses dissessem: "Nos enganaram".
É por isso que eu vos falo claramente.

Vemos que a heterogeneidade, o que quer que pense e repita Rastier sobre isso, é uma realidade que vai muito além do caso do romance!

Parece-me impossível considerar – como o fiz na década de 1980 – o tipo "poético" como um tipo de sequência. A especificidade textual do *gênero poema* reside no fato de que é organizado no nível microlinguístico de "superfície" por um processo de composição que tem o princípio de equivalência (Jakobson, 1963: 220) por lei: "Os textos poéticos se caracterizam pelo estabelecimento, codificado ou não, de relações de equivalência entre diferentes pontos da sequência do discurso, relações que são definidas nos níveis de representação "superficiais" da sequência" (Ruwet, 1975: 316). Aos níveis fonético e silábico (a métrica transforma a sílaba em uma unidade de medida), acrescentam-se os princípios assinalados mais acima a propósito do período (ritmo estruturante) e da segmentação. O plano de organização periódica (ritmo e paralelismos de construção) e a segmentação prevalecem tanto em relação à estrutura proposicional que podemos definir o poético como um modo de planejamento que se sobrepõe à sequencialidade de um dos tipos de base. Mais do que uma simples sobreposição, estamos lidando com um duplo trabalho: trabalho da sequencialidade "de origem" e da sintaxe pela textualização poética. Na poesia descritiva, na poesia didática (explicativo-expositiva), na poesia argumentativa e especialmente nos poemas narrativos, um tipo sequencial se deixa identificar. Nas formas dialogais que constituem a tragédia e o drama clássicos, em versos, os momentos narrativos, argumentativos, expositivos e puramente dialogais são todos textualizados de acordo com as leis da poética. Como vimos anteriormente com a tipologia de Jenny Simonin-Grumbach, a poética também deve ser abordada nos níveis semântico N6 (trabalho dos lexemas, levando-os ao nível nocional) e enunciativo N7 (o apagamento do sujeito enunciador é particularmente sensível em T3, T4 e T6).

TIPOS OU PROTÓTIPOS?

Explorando os limites das categorias, voltei à ideia de grau ou escala de tipicidade em um artigo na revista *Recherches en communication*, n. 7, consagrado aos "Gradientes de narratividade" (1997a) e examinei as fronteiras da descrição e da narrativa em "Décrire des actions: raconter ou relater" (1994b). Falo de *sequências prototípicas* na medida em que é em relação a um reconhecimento de formas culturalmente adquiridas que um segmento de texto pode ser interpretado como uma sequência mais ou menos narrativa, argumentativa, ou descritiva etc. As atualizações de cada esquema pré-formatado de agrupamento de proposições em macroproposições ligadas se situam em uma escala de tipicidade que varia de textos ou (mais frequentemente) de segmentos de textos próximos do centro da categoria, até textos ou segmentos de textos menos típicos, porque incompletos, ou mesmo tão periféricos que estariam próximos de outra categoria.

Da mesma forma que o protótipo cultural do pássaro – geralmente bastante próximo do pardal ou do canário – permite distinguir um *mésange**, uma coruja, uma cegonha e até mesmo um avestruz e um pinguim de outros animais, também parece existir um esquema prototípico da sequência narrativa que permite distingui-la de uma sequência descritiva, ou argumentativa, ou outra. É o esquema ou imagem mental do protótipo abstrato, construído a partir de propriedades típicas da categoria que permite o reconhecimento subsequente deste ou daquele exemplo como mais ou menos prototípico.

Nos capítulos que se seguem, vou me concentrar principalmente em definir as propriedades constitutivas dos cinco protótipos abstratos de sequências. Muitos exemplos serão confrontados a cada esquema prototípico para medir as variações das realizações textuais. Sempre haverá baleias, morcegos e ornitorrincos para nos confundir um pouco as ideias, sereias e centauros também... e isso é ótimo, porque a noção de protótipo desloca a reflexão sobre as classificações não mais para a busca de critérios definitórios estáveis (condições necessárias e suficientes), mas de agrupamentos de atributos de importância variável.

---

* N.T.: Pequeno pássaro com plumagem de cores vivas.

A questão de graus de semelhança introduzida na linguística por Ronald W. Langacker (1987) e Georges Kleiber (1990) influenciou minhas próprias escolhas teóricas e metodológicas. Aproximo-me do que Jean-Marie Schaeffer diz em *Les Célibataires de l'art*, quando ele se pergunta sobre a categoria cultural da obra de arte. Depois de ter afirmado que "em geral, as noções culturais são conceitos vagos com limites mais ou menos fluidos e instáveis" (1996: 110), ele insiste na "instabilidade histórica e mais geralmente contextual de noções desse tipo" (1996: 110) e ele delimita claramente o interesse heurístico da noção de protótipo: "A principal função de uma noção para uma definição prototípica *não* é a de estabelecer um critério que permita excluir os casos duvidosos, mas colocar à nossa disposição um feixe de traços convergentes que nos possibilitem agrupar fatos com ligação de parentesco: essa noção é antes integracionista do que segregacionista" (1996: 119). Schaeffer também insiste no fato de que "uma noção classificatória intrinsecamente vaga não apenas é cognitivamente vazia, mas também pode cumprir uma função cognitiva que uma noção definida por condições necessárias e suficientes seria incapaz de cumprir" (1996: 118).

Aceitando raciocinar em uma lógica de *mais ou menos* e não mais *de tudo ou nada*, evitando, com isso, confundir protótipo e realização textual, podemos começar a explicar o fato de que uma sequência, segundo o que se julga sobre ela estar próxima ou distante do protótipo nocional de referência, seria meramente uma *exemplificação* narrativa, descritiva, argumentativa ou explicativa *mais ou menos típica*, parafraseando o que Schaeffer diz do protótipo nocional que "deve ser sempre distinguido de obras, que não seriam mais que exemplos mais ou menos típicos" (1996: 113). A posição é próxima ao que Henri Atlan apresenta como "máquinas de fabricar sentidos", em *Entre le cristal et la fumée. Essai sur l'organization du vivant* (*Entre o cristal e a fumaça*) (1979). Atlan desenvolve a ideia muito comumente admitida de que a atividade de interpretação consiste em integrar o novo, o singular, ao conteúdo de um conhecimento passado memorizado: "Essa integração se efetiva pelo reconhecimento de formas (*pattern recognition*)" (1979: 116).

Em outras palavras, os novos textos, sempre singulares, são classificados e associados a formas preexistentes, construídas a partir de regularidades observadas, reconstruídas e memorizadas. Eu organizo entre essas *formas*, de um lado, os esquemas sequenciais (pelo nível micro e mesotextual) e, de outro lado, os sistemas de gêneros (pelo nível macrodiscursivo). Os esquemas sequenciais e gêneros discursivos são, cada um em seu próprio nível e em suas diferenças, padrões que favorecem o reconhecimento local e global.

Assim como Schaeffer, Atlan insiste que esse reconhecimento é muito frequentemente imperfeito: o novo texto (singular) e o *pattern* memorizado (geral), sequencial ou genérico, raramente coincidem com exatidão. Os novos textos são, portanto, "reconhecidos, aproximadamente, com certa ambiguidade" (1979). Esse modelo dinâmico de reconhecimento criativo e evolutivo, capaz de se adaptar, por autorregulação, à luz de novas formas, modifica, se necessário, os *patterns* por um *feedback* modificador. Este é particularmente o caso dos gêneros de discurso em perpétua transformação diacrônica, e um pouco menos para as sequências, mas nós devemos pensá-las como estruturas mesotextuais bastante flexíveis e suficientemente estáveis para estarem ativas como padrões de reconhecimento tanto na produção quanto na recepção-interpretação.

O fato de raciocinar em termos de graus de pertencimento está em consonância com as teorias da complexidade, mas isso se junta, na linguística, à noção de "dominância", apresentada por Roman Jakobson em sua célebre conferência "A dominância", a partir da Escola formalista russa, proferida em 1935 e retomada em *Questões de poética* (1973: 145-151). Charles Bally fala igualmente, em várias ocasiões, da necessidade dessa posição epistemológica e metodológica em linguística. Em *Le Langage et la Vie*, ele aplica isso a modelos linguísticos:

> As noções sobre as quais a linguística opera, as classes que estabelece, não são entidades fixadas de uma vez por todas: de uma classe a outra, de uma noção à noção contrária, sempre se passa por amplas zonas intermediárias, de modo que as leis linguísticas deveriam limitar-se a formular variações concomitantes, de acordo com o esquema: *mais ... mais, mais ... menos, na medida em que* etc. (Bally, 1965: 75)

Sobre o gênero dos provérbios e ditos populares, Algirdas Julien Greimas já observou, em *Du sens* (*Do sentido*), que a busca por características formais do gênero e dos subgêneros é difícil na medida em que raramente "se encontram todos em um único exemplo" (1970: 311), e ele acrescenta muito apropriadamente, de maneira geral:

> Isso, no entanto, não surpreenderá o linguista: a existência de *leste* (que não realiza formalmente a oposição masculino *vs* feminino), ou de *voix* (em que a distinção singular *vs* plural não está marcada, mesmo graficamente), não coloca em questão as categorias do gênero e do número; nem o historiador da arte: as diferentes catedrais góticas não reúnem quase nunca todos os traços distintivos do gótico. (1970: 311)

O PROTÓTIPO
DA SEQUÊNCIA DESCRITIVA

Seria preciso, para o homem, uma vida inteira para descrever dois metros quadrados de colina escocesa, e, ainda assim, que pobreza, que vazio! É, na verdade, graças ao esquecimento, que simplifica as coisas, que somos capazes de capturar ou de fornecer uma ou outra modesta amostra da natureza.

Robert Louis Stevenson

Diferentemente dos outros quatro tipos de estruturas sequenciais, a descrição não comporta um reagrupamento pré-formatado de proposições em encadeamentos ordenados de macroproposições. A descrição tem, dessa maneira, uma caracterização sequencial menos rígida, o que justifica que comecemos por ela. A descrição foi, além disso, um assunto constante para os retóricos, especialistas na arte de escrever, e para poetas modernos. Ela dispõe, assim, de uma longa história, a qual a linguística do texto e do discurso não pode economizar, mesmo se as divisões das ciências dos textos continuam a caracterizar a estrutura das nossas universidades e órgãos de pesquisa.[1]

HISTÓRIA DE UMA REJEIÇÃO QUASE GERAL

"E as descrições! Nada é comparável ao anulamento delas; não passam de superposições de imagens de catálogo, o autor as utiliza cada vez mais de acor-

---

[1] Neste capítulo, são precisados e revisados alguns pontos da teoria da descrição desenvolvida em *Le texte descriptif* (1989, com a colaboração de André Petitjean), na edição, hoje esgotada, de "Que sais-je?", em *La description* (1993) e nas edições anteriores da presente obra. Retomo alguns desenvolvimentos de meu livro de 1993. A influência dos trabalhos semiopoéticos de Philippe Harmon foi decisiva para a minha abordagem linguística do texto descritivo, em particular seu livro de 1981 (nova edição em 1993).

Textos: tipos e protótipos

do com sua vontade, aproveita a oportunidade para me insinuar seus cartões-postais, tenta me fazer concordar com ele sobre os lugares comuns", exclama André Breton no primeiro *Manifeste du surréalisme* (*Manifesto do surrealismo*). Um século e meio mais cedo, o abade Bérardier de Bataut expressa o mesmo ponto de vista em seu *Essai sur le récit* (1776): "Quantos lugares comuns, aos quais se recorre para descrever uma planície, um riacho, uma tempestade, e que podem convir a todo tipo de assunto! São espécies de peças de mosaicos que deslocamos a nosso grado e que encaixamos onde queremos. Poderia ser feito um repertório organizado por letras alfabéticas em forma de dicionário, para a comodidade dos plagiadores." Para compreender tal desconfiança e melhor situar as nossas respostas teóricas, faz-se útil um passeio histórico pela tradição retórica e estilística.

No século XVIII, sob a influência dos poetas ingleses Thompson, Gray e Wordsworth, desenvolve-se uma poesia descritiva, à qual o mestre escocês da retórica Hugues Blair faz alusão em termos pouco elogiosos:

> Por poesia descritiva, não quero de jeito nenhum designar uma espécie ou uma forma particular de composição, porque não é um domínio que seja puramente descritivo, ou seja, no qual o poeta tenha unicamente vontade de descrever, sem que uma narração, uma ação ou um sentimento constitua o tema principal de sua obra. As descrições são mais ornamentos do que temas de poemas. (1830: III: 40)

Na mesma época, em seu verbete "Descriptif" ("*Descritivo*") da *Encyclopédie*, Marmontel faz considerações, ele também, sobre a poesia descritiva: "O que se chama hoje em Poesia de gênero descritivo não era conhecido pelos Antigos. É uma invenção moderna, que, ao que me parece, não agrada muito nem à razão, nem ao gosto" (1787, tomo II: p. 440). Sua argumentação é inteiramente fundada na ausência de autonomia da descrição:

> Acontece a todos os homens *descreverem* enquanto falam, para tornarem mais sensíveis os objetos que lhes interessam; e a *Descrição* está ligada a uma narração que a conduz, com uma intenção de instruir ou de persuadir, com um interesse que lhe serve de motivo. Mas o que não acontece a ninguém, em nenhuma situação, é *descrever* por *descrever*, e *descrever* mais, depois de ter *descrito*, passando de um objeto a outro, sem nenhuma outra causa, a não ser a mobilidade do olhar e do pensamento; e como que nos

O protótipo da sequência descritiva

dizendo: "Você acaba de ver a tempestade; você vai ver a calma e a serenidade." (1787: II: 442)

Para a estética clássica, a maior falha da descrição reside no fato de que ela não comporta nem ordem, nem limites, e parece, desde então, submissa aos caprichos dos autores. A crítica é unânime, de Marmontel a Valéry, passando por Viollet-le-Duc:

> Toda composição razoável deve formar um conjunto, um Todo, cujas partes são ligadas, cujo meio responde ao começo, e o fim, ao meio: é o preceito de Aristóteles e de Horácio. Ora, no poema *descritivo*, nenhum conjunto, nenhuma ordem, nenhuma correspondência: há belezas, acredito, mas belezas que se destroem por sua sucessão monótona ou por sua montagem dissonante. Cada uma dessas *Descrições* agradaria se estivesse isolada: ao menos, ela pareceria com um quadro. Mas cem *Descrições* em sequência parecem um rolo, em que os estudos de Vernet estariam colados uns aos outros. E, de fato, um Poema *descritivo* somente pode ser considerado como coletânea dos estudos de um poeta que exercita seus lápis e que se prepara para jogar, numa obra regular e completa, as riquezas e as belezas de um estilo pitoresco e harmonioso. (Marmontel, 1787, tomo 2: 444)

> [Um poema descritivo] pode ser mais ou menos estendido, mais ou menos restringido, conforme o capricho ou a fecundidade de seu autor; [...] é apenas – e nunca pode ser mais que isso – uma composição de partes mais ou menos brilhantes, mas desordenadas, ou seja, sem começo, sem meio e sem fim obrigatório, é isso que compõe a unidade. Não é de forma alguma um assunto, mas um encadeamento de assuntos reunidos por acaso, por transições que, por mais engenhosas que sejam, não saberiam compor um todo. (Viollet-le-Duc, 1835: 420-421)

É notoriamente a unidade composicional da narração que serve de referência e unidade de medida aos comentaristas para julgar a descrição. Para além da poesia descritiva, o anátema toca o descritivo em geral, e Paul Valéry, em "Autour de Corot", formula este julgamento inapelável:

> Toda descrição se reduz à enumeração das partes ou dos aspectos de uma coisa vista, e este inventário pode ser feito em uma ordem qualquer, o que introduz na execução uma espécie de acaso. Podem-se inverter, de modo geral, as proposições sucessivas, e nada incita o autor a dar formas necessariamente variadas a esses elementos que são, de alguma maneira, paralelos.

|69|

O discurso não é mais do que um encadeamento de substituições. Além disso, tal enumeração pode ser tanto breve quanto desenvolvida, conforme se queira. Pode-se descrever um chapéu em vinte páginas, uma batalha em dez linhas. (Valéry, *Oeuvres*, Pléiade, tomo 2: 1324-1325)

Se a definimos isoladamente, há de fato um tipo de monstruosidade textual da descrição que a distingue claramente da narração. Vannier, por exemplo, em 1912, destaca que, na descrição, sendo a ordem das partes facultativa, o escritor é mestre de seu plano, o que não é o caso, de acordo com esse autor, na narração. Em oposição a essa monstruosidade e a essa anarquia, movimento, ação e ordem, quase que por definição, a narração corresponde muito naturalmente ao ideal preconizado pela estética clássica.

O que Jean Ricardou chamará mais tarde (1978) de "beligerância textual" é também percebido, na metade do século passado, tanto por Wey – "Em longas descrições, a arte mais difícil de atingir é aquela que as torna cativantes o suficiente para impedi-las de abrandar a ação geral" (1845: 339) – quanto por Egli – "Há duas ordens de fatos que poderiam agrupar, de um lado, os permanentes e simultâneos; de outro, os passageiros e sucessivos. Os primeiros fornecem os elementos da descrição; os outros, os da narração" (1912: 37). A esse propósito, a distinção que os pequenos mestres de estilística estabelecem entre o quadro e a narração é interessante:

> O quadro supõe [...] traços em número restrito e habilmente agrupados em torno de um *motivo* principal. Por isso difere da descrição ordinária. Ele difere também da narração no sentido de que não comporta sempre uma ação; e, se comportar uma, essa ação não tem nem começo, nem meio, nem fim; nós a vemos em um momento dado, mas em um único momento, senão seria uma narração. Assim, a narração é para o quadro literário o que a cinematografia é para o verdadeiro quadro.
> [...] A invenção de um quadro é a mesma para o pintor e para o escritor. A disposição também: o artista distingue de fato um primeiro *plano*, um segundo *plano* etc., ou seja, agrupamentos de pessoas ou coisas mais ou menos afastados do espectador e, em cada plano, a posição relativa destes não é deixada ao acaso. (Vannier, 1912: 300; 302)

Observa-se que o gênero descritivo do quadro é cuidadosamente distinguido da narração, e Vannier pode repertoriar diferentes temas de quadros que são, em numerosos casos, descrições de ações: o retorno do marinheiro, uma família feliz, um avô e seus netos, a entrada em sala de aula, a saída dos alunos

O protótipo da sequência descritiva

às quatro horas, a saudação à bandeira, uma paisagem no inverno ou no verão etc. São tantas peças descritivas que, no início do século XX, os exercícios escolares de composição os erigiram em modelos.

Para inserir uma sequência descritiva em uma narração, é necessário operar uma redução de seu estatuto a *porção descritiva* (*morceau**), evitando qualquer abrandamento e qualquer quebra:

> O sucesso depende não somente da riqueza do estilo e do frescor, da boa ordenação da pintura, mas também de suas proporções em relação ao conjunto da obra; da oportunidade da descrição, do lugar que se atribui a ela, e da maneira mais ou menos essencial com que a ligamos ao conjunto. É preciso que ela seja um meio dramático, que se sinta a necessidade dela, que ela nunca seja apenas um aperitivo e, tanto quanto possível, que conecte algum sentimento. (Wey, 1845: 339-400)

Em 1690, no terceiro diálogo do *Parallèle des Anciens et des Modernes* (*Paralelo dos Antigos e dos Modernos*), Charles Perrault já insistia sobre a dificuldade de integrar os trechos descritivos. Isso o levava até mesmo a criticar inclusive o quadro – narrativo e descritivo – dos diálogos platônicos, que ele não hesitava em qualificar de sobrecarga inútil:

> É preciso admitir que Platão não ignorou a arte do diálogo, que ele estabelecia bem a cena onde ele se passava, que ele escolhia e conservava bem as características de seus personagens, mas é preciso concordar também com o fato de que, habitualmente, isso é feito com uma *demora* que aborrece os mais pacientes [...]. A descrição exata dos lugares por onde eles passeavam, dos costumes e dos modos de fazer daquilo que ele apresentava e o relato de cem pequenos incidentes que não têm a ver com o assunto tratado foram vistos até aqui como apresentando maravilhas e deleites inimitáveis, mas eles não têm mais, hoje, o dom de agradar; quer-se chegar à coisa de que se trata, e tudo aquilo que não serve de nada aborrece, por mais bonito em si que seja.

Quando Vaporeau diz, por exemplo, que "a descrição, não sendo um ornamento sem motivo, um aperitivo brilhante, mas um recurso a mais para jogar luz sobre seus verdadeiros pontos, os personagens e a ação, é evidente que

---

* N.T.: Adam utiliza, no texto original, o termo *morceau* (em português, *porção*, *peça*) para informar que, quando passa a fazer parte de uma narrativa, o enunciado descritivo deixa de ser um todo (uma descrição suficiente em si mesma) para ser uma parte (*morceau*) de um todo (a narrativa). Para que essa ideia fique suficientemente clara, optamos por traduzir *morceau* como *porção descritiva*.

deve aparecer em seu lugar e se desenvolver em vista do objetivo a atingir, sem ultrapassá-lo" (1884: 614), ele aponta para aquilo que confere a cada descrição uma ordem sempre específica: a orientação argumentativa que resulta da lógica de sua inserção em um texto particular (narrativo, argumentativo ou outro).

O reconhecimento do trecho descritivo se apoia essencialmente na percepção de seu caráter heterogêneo, na sua estranheza com relação ao cotexto em que está inserido. Todas essas críticas confirmam o fato de que uma hipótese linguística e textual deve levar totalmente em conta a heterogeneidade composicional. O problema da heterogeneidade, ao qual os clássicos são particularmente sensíveis, ultrapassa em muito o caso isolado da sequência descritiva.

Retóricos e mestres em estilística mencionam outro aspecto negativo da descrição: sua *tendência à despersonalização*. Se o narrativo é julgado positivamente, é porque é, por essência, profundamente antropomórfico. Como veremos no capítulo "O protótipo da sequência narrativa", a presença central e permanente de pelo menos um personagem-ator é um dos componentes de base da narração. A descrição, que pode dizer respeito tanto ao mundo inanimado quanto ao mundo dos personagens, é suscetível de introduzir, nesse nível temático, uma nova quebra e uma heterogeneidade suplementar.

A solução estilística para esses diversos problemas se encontra no preceito homérico do qual se vangloriou Lessing: "Homero [...] tem geralmente apenas um traço descritivo para cada coisa. Para ele, uma embarcação é escura, ou profunda, ou rápida e, no máximo, escura e bem guarnecida de remos: *ele não vai muito além na descrição* [...]" (1964 [1766]: 111). Aos olhos de Albalat, esse tipo de redução a um simples epíteto tem a virtude de não romper o movimento do texto, não introduzindo nele um trecho descritivo heterogêneo.[2] Ele oferece, a esse propósito, um conselho divertido:

> Desde Flaubert, achamos cômodo tratar a descrição por alínea. Interrompe-se, vai-se até a linha, começa-se a descrever. Como a porção descritiva é oferecida à parte, o leitor a suprime e continua sua leitura. É preciso, ao contrário, misturar suas descrições à narração; elas devem acompanhá-la, penetrá-la, sustentá-la, de maneira que não se possa omitir uma linha. Nada de factivo. Sem porção descritiva. Tudo deve fazer corpo. (1932: 187.)

---

[2] San Antonio mesmo reconhecia a existência dessa regra, pois, na página 34 de *Remouille-moi la compresse*, pode-se ler: "O leitor, em sua benevolência inabitual, permitir-me-á – a não ser que não tenha se decidido a me chatear – interromper esta história palpitante, pelo espaço de um parágrafo, para retratar a chamada Ninette."

Da tradição retórica, nós também herdamos a enumeração dos tipos de descrições. Fontanier resume e sintetiza essa tradição, consagrando uma dezena de páginas do *Traité général des figures du discours autres que les Tropes* (1821) às "figuras de pensamento por desenvolvimento" e a "diferentes espécies de *descrição*": a TOPOGRAFIA (tipo de descrição para uso tanto do orador quanto do narrador, ela "tem por objeto um lugar qualquer, como uma ravina, uma montanha, uma planície, uma cidade, um vilarejo, uma casa, um templo, uma caverna, um jardim, um pomar, uma floresta etc."); a CRONOGRAFIA (descrição de tempos, períodos, eras, que "caracteriza vivamente o tempo de um acontecimento pelo concurso das circunstâncias que aí se associam"); a PROSOPOGRAFIA ("descrição que tem por objeto a figura, o corpo, os traços, as qualidades físicas ou somente o exterior, a postura, o movimento de um ser animado, real ou ficcional, ou seja, de pura imaginação"); a ETOPEIA ("descrição que tem por objeto os hábitos, o caráter, os vícios, as virtudes, os talentos, os defeitos, enfim as boas ou más qualidades morais de um personagem real ou fictício"); o RETRATO ("descrição tanto moral quanto física de um ser animado, real ou fictício"); o PARALELO (que "consiste em duas descrições, ou consecutivas ou misturadas, de características físicas ou morais, pelas quais se busca aproximar objetos cujas diferenças ou semelhanças se quer mostrar"); e o QUADRO ("certas descrições vivas e animadas de paixões, de ações, de acontecimentos ou de fenômenos físicos ou morais"). Com os retóricos antigos, o autor acrescenta que a descrição dá lugar à HIPOTIPOSE "quando a exposição do objeto é tão viva, tão enérgica, que resulta no estilo de uma *imagem*, de um quadro". Encontramos a mesma ideia já em Marmontel: "Se a *Descrição* não coloca seu objeto diante dos olhos, ela não é nem oratória, nem poética: os bons historiadores, eles próprios, como Tito Lívio e Tácito, fizeram quadros vivos" (1787, T2).

Em sua *Art d'écrire enseigné en vingt leçons* (*A arte de escrever em vinte lições*) (1900), Antoine Albalat foi um dos primeiros a se insurgir contra os excessos de tais classificações:

> O conhecimento da etopeia, prosopopeia, hipotipose etc. não ensina nem a descrever bem nem a entender o que é uma boa descrição. Deixemos que outros se ocupem de dividir a descrição em "cronografia, topografia, prosopografia, etopeia". Não faltam livros em que podemos nos informar sobre essas etiquetas estéreis, caras aos Le Batteux e aos Marmontel. Contentemo-nos em reter somente duas divisões: a *descrição propriamente dita* e o *retrato*, que é um tipo de descrição reduzida e de qualidade particular.

Observa-se que a retórica construiu durante muito tempo sua tipologia sobre a qualidade do referente descrito. Para Fontanier, o *tempo*, o *lugar*, a *aparência exterior* e as *qualidades morais* são privilegiados e combinados de modo a dar as diferentes espécies de descrições. Para os sucessores, o critério referencial permanece, mas ao preço de uma redução das categorias centrais do humano (retrato) e do não humano (descrição propriamente dita).

A rejeição de uma visão normativa leva a linguística textual a romper decididamente com os percursos que tornam difícil uma reflexão geral sobre o funcionamento específico dos procedimentos descritivos.[3] Teorizando a sequencialidade descritiva e deixando de lado, em um primeiro momento, os fenômenos de heterogeneidade textual (relações com a narração, a argumentação, a explicação etc.), trata-se, para além das diferenças puramente referenciais e temáticas, de identificar um procedimento descritivo muito mais estruturado do que se reivindica normalmente.

DA ENUMERAÇÃO À SEQUÊNCIA DESCRITIVA

> *Há em toda enumeração duas tentações contraditórias; a primeira é a de TUDO recensear; a segunda, de esquecer alguma coisa; a primeira gostaria de encerrar definitivamente a questão, a segunda, de a deixar aberta; entre o exaustivo e o inacabado, a enumeração me parece ser, assim, antes de todo pensamento (e de toda classificação), a própria marca desta necessidade de nomear e de associar sem a qual o mundo ("a vida") ficaria sem referência para nós: há coisas diferentes que são, no entanto, um pouco semelhantes; pode-se reuni-las em séries no interior das quais será possível distingui-las. Há, na ideia de que nada no mundo é tão único que não possa entrar em uma lista, algo de excitante e terrível ao mesmo tempo. Pode-se recensear tudo: as edições de Tasso, as ilhas da costa do Atlântico, os ingredientes necessários para se fazer uma torta de pera, as relíquias mais importantes, os substantivos masculinos cujo plural é feminino (amours, délices e orgues), os finalistas de Wimbledon.*
>
> Georges Perec, *Penser/classer*
> (Paris, Hachette, 1985: 167)

Pelissier, em seus *Principes du rhétorique française*, considera assim "a enumeração das partes": "Não é tão frequente quanto uma definição desenvolvida; ela consiste em indicar as diferentes partes de um todo, para mostrar

---

[3] Como escreveu Paul Ricoeur: "O saber está sempre manifestando algo da ideologia, mas a ideologia é sempre o que permanece como matriz, o código de interpretação que explica que não somos seres intelectualmente sem amarras [...], levados pela 'substância ética'" (1986b: 331).

as diferentes faces de um tema, para criar argumentos favoráveis à sua causa" (1883: 34-35). A propósito da figura de pensamento que ele designa pelo termo de "acumulação", o autor ainda especifica: "A indicação muito detalhada das características físicas e morais de um ser e de um objeto está relacionada ao lugar comum, estudado sob o nome de enumeração, e à figura de pensamento que chamamos de *acumulação*. De fato, as condições de tempo e de lugar vêm se somar às características já indicadas para fazer uma descrição completa" (1883: 167-168). Guardemos, sobretudo, que, de Fontanier a Lausberg, os termos que constituem a enumeração são considerados "partes de um todo". Enfim, de acordo com o artigo *"Description"* ("Descrição") da *Encyclopédie*, uma descrição seria a enumeração dos atributos de uma coisa.

A enumeração aparece, no entanto, sob as formas da lista ou do inventário, como um tipo de grau zero do procedimento descritivo. A linearização mais simples do descritivo consiste em enumerar as partes e/ou as propriedades de um todo sob a forma de uma simples lista:

(1) "Quaresmeprenant, dizia Xenomanes, ao continuar, quanto às partes externas, é um pouco mais proporcional, com exceção das sete costelas que ele tem, diferente da forma comum dos humanos.
As vértebras, as tem como uma agulha organizada.
As unhas, como um pequeno filamento.
Os pés, como um violão.
Os calcanhares, como um bastão.
A planta dos pés, como uma panelinha.
As pernas, como uma isca. [...]
O rosto cortado, como uma sela de mula.
A testa, torturada como um alambique.
O crânio, como uma algibeira.
As costuras [suturas], como um anel de pescador [carimbo que sela as mensagens pontifícias].
A pele, como uma gabardine [capa].
A epiderme, como uma peneira [crivo].
Os cabelos, como uma escova de sapatos.
O pelo, tal como foi dito."

Rabelais, começo e fim do capítulo 31 do *Quarto livro*.

Textos: tipos e protótipos

(2)   Então, por lufadas, sobrevinham outras miragens. ERAM mercados imensos, intermináveis galerias comerciais, restaurantes extraordinários. Tudo o que se come e tudo o que se bebe era oferecido por eles. ERAM caixas, caixotes, cestos e balaios transbordando de grandes frutos amarelos ou vermelhos, peras oblongas, uvas violetas. ERAM bancadas de mangas e de figos, melões e melancias, limões, romãs, sacos de amêndoas, nozes, pistaches, caixas de uvas passas, de Esmirna e de Corinto, bananas secas, frutas cristalizadas, tâmaras secas amarelas e translúcidas. [...]

Georges Perec, *Les choses (As coisas)* (Julliard, 1965: 124-125).

A enumeração (de partes, de propriedades ou de ações) é certamente uma operação descritiva das mais elementares. Uma enumeração pura não é regida por nenhuma ordem *a priori*, mas, para fazer frente a esse padrão e facilitar a leitura-interpretação, é sempre possível recorrer a dispositivos de textualização: utilizar organizadores enumerativos, emprestar a sua ordem específica aos sistemas temporais ou espaciais. Isso se traduz por planos de texto que organizam a informação em função de listas de saturação mais ou menos previsíveis (quatro pontos cardeais, quatro estações, cinco sentidos, ordem alfabética ou numérica). Essas "grades descritivas" (Hamon, 1981) recorrem a diferentes princípios organizadores (alfabético, numérico, topográfico, cronológico), mas, apesar da aparente variedade dessas classificações, os organizadores desempenham todos um mesmo papel: favorecer a passagem de um encadeamento linear de proposições descritivas (enumerações) à sequência (composição textual). Em (2), um simples organizador, como "É", pode atenuar um efeito de lista. ERAM coloca aqui em evidência os receptáculos; os conteúdos, quanto a eles, são dados como subpartes de segundo nível. A quinta frase, para tomar apenas um exemplo, tem a seguinte estrutura hierárquica:

Nível 1 (PARTES)	Nível 2 (PARTES)	Nível 3 (PROPRIEDADES)
ERAM		
bancadas	de mangas e de figos de melões e de melancias de limões, de romãs	
sacos	de amêndoas de nozes de pistaches	
caixas	de uvas passas de bananas de frutas de tâmaras	de Esmirna e de Corinto secas cristalizadas secas etc.

O protótipo da sequência descritiva

Em casos de enumeração puramente aditiva, os elementos de uma lista podem ser dados a seguir, sem que se possa prever em qual momento a enumeração terminará, assim como neste exemplo publicitário:

(3) [...] Ele está cheio de ideias, o novo Mazda 626. Ideias que mostram que os que o conceberam e o construíram sabem que CADA DETALHE conta para lhe proporcionar o caminho mais agradável. DESSA MANEIRA, o banco do condutor com 9 posições de regulagem, com um botão-memória, permite encontrar instantaneamente a sua regulagem personalizada. OU os bancos traseiros, reclináveis separadamente. OU o volante ajustável em altura, para que cada um escolha sua melhor posição para dirigir. SEM ESQUECER o rádio-cassete estéreo, com 3 faixas de ondas E os vidros elétricos. PODERÍAMOS CONTINUAR, ENTÃO, E ESCREVER UM LIVRO GROSSO ASSIM. Mas nosso best-seller já está aí: é o novo 626. [Grifo meu.]

O conector DESSA MANEIRA, que abre a sequência, é uma ilustração; a expressão marca o início da enumeração, que começa por "o banco do condutor" (parte 1), segue com "OU os bancos traseiros" (parte 2), continua com "OU o volante ajustável" (parte 3) e encerra parcialmente com "SEM ESQUECER o rádio-cassete [...] "E os vidros elétricos" (partes 4 e 5). O último enunciado: "Poderíamos continuar, então, e escrever um livro grosso assim" é o equivalente a um ETC. O fechamento da lista é colocado como totalmente provisório e dependente dos limites materiais da própria operação descritiva. É bem diferente do exemplo seguinte, que percorre o conjunto de uma série anteriormente posta:

(4) Sobre a mesa resplandecia um luxo inabitual: à frente do prato de Jean, sentado no lugar de seu pai, um enorme buquê repleto de fitas de seda, um verdadeiro buquê de grande cerimônia, elevava-se como uma cúpula ornamentada, cercado por QUATRO PRATOS DE PORCELANA, sendo que UM continha uma pirâmide de pêssegos magníficos; O SEGUNDO, um bolo monumental fartamente recheado com nata batida e coberto com confeitos de açúcar caramelado, uma catedral de pão de ló; O TERCEIRO, fatias de abacaxi mergulhados em uma calda clara; E O QUARTO, luxo extraordinário, uvas pretas, provenientes de países quentes.

Maupaussant, *Pierre et Jean*.

Se todas as enumerações não são necessariamente balizadas do primeiro ao último item, o último é, em geral, explicitamente marcado, no mínimo por um E, empregado, isoladamente, como marcador de fechamento, sendo o mais frequente ENFIM ou E ENFIM. Outras soluções são possíveis, como nessa apresentação do "Big Mac":

(5) Big Mac
     PRIMEIRO, duas camadas de pura carne de gado tenra e suculenta. DEPOIS, salada bem fresquinha e crocante E um recheio de saborosos queijos, pepinos e cebolas. TUDO ISSO coroado com o nosso molho da casa, feito de ovos caipiras, óleo vegetal e todo tipo de especiarias finas.

Um dos planos mais frequentemente utilizados nas sequências descritivas fundamenta-se em uma série do tipo: PRIMEIRO, DEPOIS, A SEGUIR, ENFIM. Essa série de marcadores, na medida em que se vale das unidades de um sistema temporal, geralmente está integrada na classe dos organizadores temporais, e alguns analistas não hesitam em falar de "narrativização" da descrição. Para escapar a uma tal simplificação, parece-me necessário distinguir, de um lado, o que tem um caráter de referência (nesse caso, considera-se uma marca o que faz referência a um modo de organização do real, aqui, temporal) e, de outro, o que é construído pelo discurso (aí é a ordem de leitura, um traço da operação de textualização, que é induzido pela marca).

Na descrição da incrível obra de confeitaria do casamento de Emma e Charles Bovary, em *Madame Bovary*, Flaubert segue naturalmente uma ordem que poderia muito bem ser a da própria fabricação do objeto:

(6) Havíamos procurado um confeiteiro em Yverot para as tortas e os docinhos. Como ele era recém-chegado se iniciando no país, havia cuidado das coisas: e trouxera, ele mesmo, de sobremesa, um bolo confeitado que provocou gritos. NA BASE, PRIMEIRO, havia uma fileira de papelão azul, com o formato de um templo com pórticos, colunas e estatuetas feitos de confeito marmorizado, ao redor de fartas constelações de estrelas em papel dourado. A SEGUIR, NO SEGUNDO ANDAR, uma masmorra de bolo de Savoia, rodeado de pequenas fortificações de caules de flor de angélica açucarados, amêndoas, uvas-passas e gomos de laranjas; E ENFIM, SOBRE A PLATAFORMA SUPERIOR, que era uma pradaria verde, onde havia rochedos com lagos de doce de frutas e barcos de cascas de avelãs, via-se um pequeno "Amor", balançando-se em uma plaqueta de chocolate, cujas duas hastes de sustento eram adornadas por dois botões de rosa natural, em formato de esfera, no topo.

O protótipo da sequência descritiva

A ordem imposta pelo plano do texto, se, de um lado, indica com certeza uma lógica de fabricação, está aí sobretudo para balizar a leitura, para ajudar o interpretante a construir um todo coerente sobre a base da progressão induzida pelos marcadores. As duas primeiras frases tipográficas apresentam o bolo de casamento em relação com a refeição ("de sobremesa") e com seu produtor (o confeiteiro de Yvetot). A longa frase que descreve o bolo está articulada em três partes, marcadas simultaneamente pela pontuação e por dois tipos de organizadores: espaciais ("Na base", "no segundo andar", "sobre a plataforma superior") e marcadores de integração linear (PRIMEIRO, A SEGUIR e ENFIM). O plano de texto dessa frase-sequência descritiva é o seguinte:

Na base [,]	A SEGUIR [...]	E ENFIM [,]
PRIMEIRO [,]	no segundo andar	sobre a plataforma superior [,]
PARTE 1 [;]	PARTE 2 [;]	PARTE 3 [.]

Os organizadores operam uma segmentação da sequência, situando as três partes do bolo de casamento no mesmo nível hierárquico. Se saímos desse primeiro nível global da análise e detalharmos a estrutura de cada parte, observamos, então, uma profundidade hierárquica que prova que, entre a lista que coloca todos os elementos no mesmo nível hierárquico e a criação de subconjuntos hierárquicos, existe uma diferença notável de complexidade na estruturação e na organização da informação.

Os organizadores espaciais estão presentes em todas essas sequências que descrevem paisagens, cidades ou casas. Frequentemente, o plano de texto é dado sob a forma de um mapa com pontos cardeais, do tipo AO NORTE, AO SUL, AO LESTE... ou À ESQUERDA, À DIREITA, ACIMA, ABAIXO etc., como nesta paisagem do início do *Premier de cordée*, de Roger Frison-Roche:

(7)   Ravanat e Servettaz fizeram uma parada cerca de uns quinze minutos antes de iniciar a escalada da aresta. Eles respiraram longamente, admirando a paisagem – familiar para o velho, completamente nova para o jovem – dos Alpes Graios. O dia havia sido magnífico e se podia distinguir, no infinito, EM DIREÇÃO AO SUL, os Alpes se sucedendo em planos superpostos; PRIMEIRAMENTE, BEM PRÓXIMOS, os Alpes Valdostanos: Grivola – *ardua Grivola Bella* –, o Grand Paradis, a bacia glacial de Rutor; os gigantes da fronteira franco-italiana com a Sassière, a Ciamarella – terra do bode montanhês –, E MAIS ALÉM, EM DIREÇÃO AO SUDOESTE, os Alpes da Vanoise. EM DIREÇÃO AO

LESTE, viam-se todos os Alpes suíços enfileirados: o Vélan, NO PRIMEIRO PLANO, esmagado pela enorme massa do Grand Combin; DEPOIS, MUITO LONGE, a montanha de Zermatt, com a Cervin e seu estranho nariz, Zmutt, toda escura, em cima das nuvens, e as extensas geleiras da Mont Rose, aéreas, supraterrestres [...].

EM DIREÇÃO AO OESTE, a paisagem, mais próxima, era ainda mais inumana. Era, EM PRIMEIRO LUGAR, sentinela avançada, a lâmina de granito da Agulha de Brenva, flanqueada por uma bizarra rocha vertical que os guias de Courmayer batizaram de "Pai Eterno", DEPOIS o abismo das geleiras de Brenva, e a própria geleira, perigosa e pedregosa, escorregando violentamente entre seus escombros, transbordando de sua enorme saliência frontal, para ir morrer por debaixo do Vale Veny, que ela arrebata como a uma peste, nos pinheiros-larícios de Notre Dame de Guérison. [...].

(Paris, Arthaud, 1946: 24-25)

Essa sequência está estruturada, em um primeiro nível, por três organizadores espaciais: EM DIREÇÃO AO SUL, EM DIREÇÃO AO LESTE e EM DIREÇÃO AO OESTE. A seguir, para cada um desses pontos cardeais, planos sucessivos são apresentados, do mais próximo ao mais longínquo, e ressaltados principalmente por marcadores, tais como PRIMEIRAMENTE e DEPOIS, que têm aqui claramente um valor enumerativo. Na medida em que se trata de uma enumeração no espaço, PRIMEIRAMENTE, neste contexto, significa nitidamente "no primeiro plano" e DEPOIS, "no segundo plano" ou "no plano de fundo". A estrutura da sequência seria a seguinte:

Nível do plano de texto (1)	Nível (2)
[...] EM DIREÇÃO AO SUL [...];	primeiramente, [...],
	E mais além, em direção ao sudoeste [...].
EM DIREÇÃO AO LESTE, [...]:	[...] no primeiro plano, [...];
	depois, muito longe, [...].
EM DIREÇÃO AO OESTE, [...].	era, em primeiro lugar, [...],
	depois [...].

Entre cada um dos três organizadores espaciais do plano do texto, as partes da sequência a tratar são relativamente longas, mas elas são estruturadas por organizadores de nível 2, ou até mesmo 3 e 4, e, frequentemente, segmen-

O protótipo da sequência descritiva

tadas por E (por exemplo: "DEPOIS, MUITO LONGE, a montanha de Zermatt, com a Cervin e seu estranho nariz, Zmutt, toda escura, em cima das nuvens, E as extensas geleiras da Mont Rose [...]").

Lutando contra a desordem descritiva, os organizadores asseguram a identificação da progressão da descrição e a hierarquização de uma sequência que seria, de outra maneira, banalmente linear e desprovida de estrutura.

Os dois exemplos seguintes, publicitário e literário, recorrem visivelmente a procedimentos semelhantes. O primeiro é uma publicidade para uma enciclopédia de Gallimard:

(8)   Narrativas, acontecimentos, testemunhos, poemas,
          correspondências, bibliografias, datas, arquivos, análises, anedotas,
                    lendas, contos, críticas, textos literários...
          Documentos, fotos, croquis, gravuras, cartas, esquemas, pastéis,
               caligrafias, planos, desenhos, aquarelas, obras de arte...
               Paixões, conflitos, êxitos, fracassos, façanhas, história,
            presente, passado, futuro, explorações, sonho, evasão, ciência,
                    aventuras, heróis e desconhecidos.
                         Descobertas
                          Gallimard
                            [...]
          Nunca se viram tantas coisas entre a primeira e a última
                      página de um livro.
          Descobertas Gallimard: a primeira enciclopédia ilustrada, em cores,
            em formato de bolso. 12 títulos disponíveis em sua livraria.

Três blocos temáticos, abarcando o verbal, o não verbal e os temas abordados, confirmam a segmentação do plano de texto escolhido (três parágrafos e um tipo de conclusão em dois tempos). Mas essa ordem de três primeiros parágrafos poderia ser modificada e a dos elementos enumerados, também. Após esse inventário dos componentes ou partes de cada "livro" da enciclopédia em questão, uma vez dado o nome da coleção – "Descobertas Gallimard", que atua como tema-título da sequência descritiva –, uma avaliação confere um sentido à enumeração inacabada (se a isso atribuirmos os pontos de reticência): a abundância excepcional ("tantas coisas"), como uma primeira propriedade seguida de outra propriedade: "em cores, em formato de bolso". A orientação argumen-

|81|

Textos: tipos e protótipos

tativa da sequência descritiva aparece claramente ao fim de um processo de valorização ("Nunca se viu", "primeira"); o leitor está convidado a derivar um ato ilocucionário subjacente de recomendação e incitação à compra.

O longo parágrafo descritivo seguinte, no estilo do inventário de um leiloeiro, excerto do *Souverain poncif*, de Morgan Sportès, tem a vantagem de ser muito explicitamente apresentado como uma "enfadonha enumeração":

(9)   E como Xerox se calou, Rank fez, então, uma enfadonha enumeração do mobiliário deste apartamento. Um outro modo de mobiliar o silêncio: – um sofá Chippendale, lâmpadas Gallé cogumelo em pasta de vidro, um canapé *Art-Déco*, uma poltrona Luís xv, herdada de sua mãe; uma cadeira Knoll, uma cadeira-pufe Pierro Gatti "gota de óleo", de couro e poliuretano; um pufe marroquino, um biombo vietnamita, sombrinhas de papel, com o escrito "Pattaya Beach"; uma reprodução de *O jardim das delícias*, de Jérôme Bosch; dois cartazes Mucha, uma placa publicitária esmaltada do Banania; uma máscara primitiva Punu, do Gabão, um vaso *porte-ananas* em opalina *pâte de riz* branca, estilo Luís Filipe; um sofá de cana, de Manila, um boneco flautista Lampert; uma outra boneca antiga "googlie", com suas panelinhas minúsculas; uma série de cartões-postais eróticos de 1900; um aparelho de som estéreo Hitachi, de platina, para disco compacto e amplificadores Technics; um balcão e um jarro de água em faiança de Moustiers, Gaspard Féraud; um *juke box* Wurlitzer 780, de 1941, comprado no Emaús; uma cafeteira com pedestal, bem como uma leiteira e um açucareiro Ridgway, uma caixa de metal de cubos de caldo Maggi amarela e vermelha; uma lâmpada paquistanesa multicolor de pele de camelo, um tapete kalamkar; várias jarras afegãs, uma pantera negra em cerâmica branca craquelê 1930; o pôster de Marilyn, segurando sua saia, em cima do respiradouro do metrô; uma seringa clister de estanho e madeira, comprada no mercado de pulgas de Clignancourt; uma cremalheira da região de Cevenas; uma cadeira longa Starck; uma estante de livros chinesa, de bambu, da Pier Import, em que se podia encontrar, entre outros, o *Fragments d'um discours amoureux*, de Barthes, *Mémoires d'une jeune fille rangée, Quand la Chine s'éveillera*... Enfim, Esther fez de nosso apartamentinho um verdadeiro ninhozinho de amor, modesto, mas aconchegante! Requintado mesmo.

Morgan Sportès, Le Suverain poncif, Ed. Balland, 1987.

O protótipo da sequência descritiva

Tais enumerações, pouco ordenadas, contrastam com a estrutura descritiva (e mesmo elementar) desta apresentação de um artigo de imprensa, consagrado a Charles Chaplin:

(10) Um pequeno bigode preto e
um chapéu-coco de cor idêntica.
Descrição sumária e precisa
ao mesmo tempo do amigo público
nº1: Carlitos. [...]

Em termos metalinguísticos, essa sequência é claramente apresentada como uma descrição elementar ("sumária"), mas suficiente ("precisa"). A construção dessa breve sequência é interessante. A primeira frase descreve dois objetos, sucessivamente: *bigode* e *chapéu-coco*; ela completa cada um por meio de adjetivos em posição de predicados qualificativos, em frases nominais que lhes conferem propriedades: tamanho do bigode (*pequeno*), cor idêntica do bigode e do chapéu (*preto*), sendo que as proposições descritivas elementares (*pd*, de agora em diante) estão ligadas pelo conector enumerativo E:

Um bigode	"Propriedade (tamanho), adjetivo anteposto" – *pequeno*
	"Propriedade (cor), adjetivo posposto" – *preto*
E (conector)	
Um chapéu-coco	"Propriedade (cor), comparação" – *de cor idêntica*

A frase seguinte comporta uma parte metatextual que designa a operação linguística de textualização ("descrição sumária") e introduz um novo elemento: o nome próprio, *tema* que atribui a um indivíduo determinado as proposições descritivas precedentes: *Carlitos*, apresentado antes pela antítese a um sintema qualificativo corrente na imprensa: "amigo [inimigo] público nº 1". Essa maneira de adiar a chegada ao tema da descrição já engajada, depois de elementos ligados metonimicamente ao personagem,[4] introduz um efeito de expectativa que poderia desembocar em uma forma de enigma em um texto de maior amplitude.

As operações que permitem fixar um tema descritivo e selecionar aspectos (partes ou propriedades) do objeto garantem a unidade da sequência descritiva. O movimento aqui é o seguinte:

---

[4] O *chapéu-coco* aparece com um elemento metonímico que, diferentemente das orelhas ou lábios (sinédoques), dispõe de certa independência em relação à cabeça (ele pode ser retirado). O *bigode* é uma parte do todo, da mesma maneira que as bochechas, a testa, a sobrancelha e os cabelos (relação mais de sinédoque que de metonímia).

a. descrever um bigode (proposições descritivas elementares)
b. descrever um chapéu (proposição descritiva elementar)
c. ligá-los, criando uma estrutura hierárquica nova, sob a dependência de um tema superordenado (nome próprio), constituindo a passagem de uma referência não específica, implicada pela operação de extração (UM bigode, UM chapéu), a uma referência específica (O bigode e O chapéu de Carlitos).

Outros procedimentos descritivos são possíveis, como, por exemplo, neste pequeno texto das *Histoires naturelles*, de Jules Renard, inteiramente dominado por uma reformulação metafórica:

(11) A PULGA
Um grão de tabaco com molas

A descrição-definição não diz respeito à cor, tamanho ou forma do objeto considerado, mas se apoia na aproximação da descrição de um objeto de outra ordem ("grão de tabaco"), ao qual é emprestada uma propriedade inconcebível no real ("com molas").

O conjunto de operações linguísticas na base de toda descrição dificilmente pode ser resumido por um esquema da sequência descritiva, como eu vinha propondo em obras anteriores. O descritivo é, de fato, apenas um repertório de operações, produtor de proposições descritivas, que são mais agrupadas em períodos do que em macroproposições ordenadas. Esses períodos, de extensão variável, são ordenados segundo os planos de textos. É o que diferencia as sequências descritivas das sequências narrativas, argumentativas, explicativas e dialogais. Como os Antigos e Valéry diziam, essa estrutura não reflete a mínima ordem das operações linguísticas. Ao contrário, a crítica de Valéry negligencia o fato de que o número de operações, reduzido a quatro e três, é revelador de uma ordem não linear, mas hierárquica, vertical, de certa maneira, e muito próxima daquela do dicionário: "O modelo (longínquo) da descrição não é o discurso oratório (não se "retrata" absolutamente nada), mas é um tipo de artefato lexicográfico" (Barthes, 1973: 45).

Para passar desse repertório de operações de base a uma descrição particular, é sempre possível apoiar-se sobre a organização linear global de um PLANO DE TEXTO: quatro estações, cinco sentidos, ordem alfabética ou numérica, pontos cardeais, sucessão temporal simples, plano espacial frontal (alto-baixo), lateral (direita-esquerda), fugidio (antes-atrás). Na medida em que o protótipo da sequência descritiva não dá nenhuma indicação de ordem, como o lamenta Valéry, não comporta nenhuma linearidade intrínseca que lhe permite estar (ou não) em sintonia com a linearidade própria da linguagem articulada, as organizações periódicas, os planos de textos e as suas marcas específicas têm uma importância decisiva para a legibilidade e para a interpretação de toda descrição. Não vou retomar aqui o que já desenvolvi em outros trabalhos sobre os marcadores de enumeração e de reformulação (1990: 143-190).

AS QUATRO MACRO-OPERAÇÕES DESCRITIVAS DE BASE

Operações de tematização

A macro-operação de pré-tematização dá a um segmento textual sua unidade linguística e referencial. Ela está na base de desenvolvimentos periódicos tão tipificados que eles aparecem como espécies de sequências. Uma sequência descritiva se marca por um nome. Propus chamar de TEMA-TÍTULO esse pivô nominal, nome próprio ou nome comum que serve de base a uma predicação (Tema-Rema) e resume a descrição através de um título (descrição de Carlitos, descrição da pulga). Essa macro-operação de tematização se aplica de três maneiras que produzem efeitos de sentido diferentes.

– Operação de pré-tematização ou ancoragem

Nesta operação de pré-tematização – ancoragem referencial –, a sequência descritiva assinala desde o início quem ou o que vai estar em questão. No exemplo da pulga de Jules Renard (11), graças à colocação, no início da sequência, de um tema-título, o leitor pode convocar seus conhecimentos enciclopédicos e confrontar suas expectativas com o que vai ler. A operação inversa de afetação do tema-título apenas no final da sequência (exemplos (8) e (10) anteriores) somente pospõe tal processo referencial e cognitivo: o leitor não pode mais do que formular hipóteses, as quais ele verifica ao fim da sequência, quando o tema-título lhe é fornecido (como é geralmente o caso). A brevidade e o caráter metaforicamente inesperado de (11) se explica por leis do gênero de definição em forma de enigma.

Criando uma coesão semântica referencial, o tema-título é um primeiro fator de ordem. Precisemos, a esse propósito, que é necessário distinguir a *refe-*

rência virtual desencadeada pela ancoragem (expectativa de uma classe mais ou menos disponível na memória do leitor/ouvinte) da *referência real* (a classe construída), produzida ao final da sequência. A representação descritiva vem, de fato, reforçar (confirmação) ou modificar (revisão) os saberes anteriores. A anarquia descritiva não é tão grande quanto Valéry pretendia. De fato, o produtor da descrição interrompe a expansão da sequência lá onde ele estima ter dito o suficiente, em função, de um lado, dos saberes que ele atribui ao seu interlocutor e, de outro, ao estado de interação (qual seja, por exemplo, o desenvolvimento da narração ou da argumentação em curso, ou ainda o gênero do discurso).

Foi provavelmente a existência dessa operação de ancoragem que levou Michael Rifaterre a dizer, sobre o *sistema descritivo*, que ele "parece uma definição de dicionário" e que o considera como uma "rede verbal rígida que se organiza em torno de uma palavra-núcleo" (a "pantomima" de Philippe Hamon, equivalente a nosso tema-título). Compreendemos melhor também por que Barthes pode falar de um "artefato lexicográfico".

– Operação de pós-tematização ou afetação

Nesta operação de pós-tematização, a ancoragem referencial das proposições descritivas somente intervém no final da sequência. A afetação posterior do tema-título de (10) se explica por um tipo de jogo cognitivo: o texto joga com o que os leitores supostamente sabem do personagem Carlitos. Essa incitação à decifração de um enigma (muito relativo no quadro de um artigo de imprensa, acompanhado de fotos) pode ser um problema no caso de segmentos mais longos. De fato, a denominação tardia do todo posterga a produção de um todo de sentido. Em (9), a ancoragem apresenta, inicialmente, o seguinte tema-título: "[mobiliário] deste apartamento", reformulado no fim pela forma "nosso apartamentinho", depois por "um (verdadeiramente pequeno) ninho de amor".

– Operação de retematização ou reformulação

A operação de retematização combina os dois procedimentos precedentes: ela retoma, modificando o tema-título inicial (REFORMULAÇÃO) e cria, assim, um elo ou fim de período. Ela põe fim (mais ou menos) ao escopo da denominação inicial do objeto do discurso. Essa operação pode ser repetida e também ser aplicada a outras unidades que aparecem no curso da descrição (reformular uma propriedade ou designação de uma parte do objeto considerado). Os exemplos (8) e (10) permitem evidenciar o parentesco que existe entre a afetação de um tema-título e um objeto do discurso e a modificação desse tema-título pelas reancoragens que tomam a forma linguística da *reformulação*. Em (9), a passagem de "nosso apartamentinho" a "um (verdadeiramente pequeno) ninho de amor" opera, de fato, uma dupla reformulação do tema-título inicial "este apartamento". Em (10), a passagem de "amigo público nº 1" a "Carlitos" é marcada pelos dois-pontos, o que torna a modificar, aqui também, o tema-título, assinalando a reformulação por meio da pontuação.

As formas linguísticas da reformulação[5] vão da simples aposição, evidenciada pela pontuação, até a utilização de um verbo explícito do tipo:

- N1 chama-se/declara-se N2 (nome próprio) passando pelas estruturas;
- N1 por fim/portanto/enfim (é) N2;
- N1 em uma palavra/dito de outra maneira/para dizer tudo/ou seja/em outros termos, isto é N2.

Sob a rubrica "definições" de suas *Leçons de littérature française et de morale* (1842), Noël e De la Place escolhem vários textos construídos sob o princípio da reformulação, como podemos observar nesta oração fúnebre de Turenne por Fléchier:

(12) *O que é um exército? É um corpo animado* por uma infinidade de paixões diferentes, que um homem hábil faz mover para a defesa da pátria; *é uma tropa de homens* armados que seguem cegamente as ordens de um chefe, cujas intenções eles não sabem; *é uma multidão de almas*, em sua maior parte vis e mercenárias, que, sem pensar nas próprias reputações, trabalham para a dos reis e dos conquistadores; *é um agrupamento confuso de libertinos*, que é preciso assujeitar à obediência; covardes, que é preciso levar ao combate; temerários, que é preciso conter; impacientes, que é preciso acostumar à confiança. [Grifos meus.]

A reformulação pode marcar a abertura de parágrafos sucessivos, como se observa no sermão sobre a maledicência de Massillon:

(13) A maledicência é um fogo devorador que faz definhar tudo que toca, que exerce sua fúria tanto sobre o grão bom como sobre a palha, tanto sobre o profano como sobre o sagrado, que por onde passa deixa apenas ruína e desolação [...]. A maledicência é um orgulho secreto que nos faz ver o

---

[5] Descrita com mais detalhes em um capítulo de Adam (1990: 170-190).

cisco no olho de nosso irmão, mas nos esconde o que está no nosso [...].
A maledicência é um mal inquieto que perturba a sociedade, que lança o
dissenso nas cidades [...]. Enfim, é uma fonte cheia de um veneno mortal.

Oeuvres de Massillon, tomo 2, Paris, Lefèvre 1833: 637-639.

Frequentemente, a reformulação indica que uma sequência descritiva é
concluída. Assim acontece num exemplo de Lucien Bodard, em que não deta-
lho a análise, que será feita mais adiante, mas destaco em negrito o tema-título
e suas sucessivas reformulações. Uma primeira reformulação no condicional é
corrigida pelo conector concessivo CONTUDO, que permite introduzir mais um
novo ponto de vista sobre o objeto:

(14) **O *jovem serviçal* chinês**: quando penso nele! Qual não foi a nossa surpresa,
para Anne-Marie e para mim, quando nós o fomos buscar na estação! Todo
cheio de trejeitos de gentleman, amarelo em indumentárias [*attifement*] de
branco, com seu traje de risca de giz azul, sua gravata borboleta e seus sapatos de camurça, **poderíamos dizer que era um carnavalesco**. Contudo,
grande e magro, rosto esculpido na madeira dura das selvas, olhos de tigre e
ossos malares altos, **era um verdadeiro Senhor da guerra**. Ao vê-lo, fiquei
exaltado, com o coração como um tambor: ter um destes homens formidáveis como serviçal ao mesmo tempo me atraía e me aterrorizava.

Lucien Bodard, *La Chasse à l'ours*, Grasset, 1985: 39.

A reformulação pode ser integrada à estrutura narrativa, como na fábula de La Fontaine a seguir. As reformulações sucessivamente assumidas pelo
narrador ("Ora, era um galo", verso 15) e pela mãe do ratinho ("Este ser meigo
era um gato", verso 34) corrigem a descrição fornecida por aquele que o texto
afirma não saber nada do mundo. O jogo de enigma que gera o retardamento
da ancoragem é particularmente interessante aqui:

(15)   O GALO, O GATO E O RATINHO
Um ratinho bem novinho, e que nada havia visto ainda no mundo,
Foi quase pego de surpresa.
Eis como ele conta a aventura a sua mãe:
"Eu havia atravessado os montes que delimitam nossas fronteiras,
E corria como um jovem rato
Que busca trilhar seu caminho,

Quando dois animais detiveram seus olhos em mim:
Um deles, doce, bondoso e gracioso,
O outro, turbulento e pleno de inquietação.
Ele tem a voz aguda e rude,
Sobre a cabeça, um pedaço de pele,
Como um tipo de braço que se levanta no ar
Como que para alçar seu voo
A cauda em pluma farta."
Ora, era um galo, o qual nosso ratinho
Retratou num quadro para a sua mãe
Como de um animal vindo da América.
"Ele batia nos flancos com os braços, disse ele,
Fazendo tanto barulho e tanto estardalhaço,
Que eu – graças aos deuses, a coragem me falta,
Coloquei-me em fuga, de medo,
Amaldiçoando-o muito.
Sem ele, eu teria conhecido
Este outro animal que me pareceu tão doce.
Ele é aveludado, como nós,
Pelo manchado, cauda longa, uma compostura humilde;
Um olhar modesto, e, no entanto, o olho luzidio:
Eu o achei muito simpatizante
Com os senhores ratos; visto que ele tem orelhas,
Em aparência, parecidas com as nossas.
Eu iria abordá-lo, quando, fazendo um grande espalhafato,
O outro me fez fugir.
— Meu filho, disse a rata, este ser meigo era um gato,
Que, com seu aspecto delicado e hipócrita,
Contra todo o teu parentesco,
Carrega um desejo maligno.
O outro animal, bem ao contrário,
Bem longe de nos fazer mal,
Servirá, qualquer dia destes, talvez, como nossa refeição.
Quanto ao gato, é em nós que ele baseia sua cozinha.
Evita, enquanto viveres,
Julgar as pessoas pela sua aparência."

La Fontaine, *Fables* (*Fábulas*).

A fábula, gênero, como o conto, habitualmente econômico em descrições, apoia-se aqui inteiramente em longos fragmentos descritivos (versos 8 a 14, 18-19 e 24 a 30) inseridos na estrutura narrativa elementar que será teorizada em detalhe no capítulo "O protótipo da sequência narrativa".

Operações de aspectualização

Esta macro-operação, que se apoia numa tematização, reagrupa duas operações linguísticas muito frequentemente combinadas: a fragmentação do todo em partes e a qualificação do todo ou das partes.

– Operação de fragmentação ou partição

Se levarmos em conta o dicionário *Littré*, *descrição* é um "tipo de exposição dos *diversos aspectos* pelos quais se pode considerar uma coisa e se faz conhecê-la pelo menos em parte" (grifo meu). Pode-se dizer que a enumeração do exemplo (8) consiste em dar sucessivamente 42 partes (*aspectos*) das enciclopédias da coleção "Descobertas", da Gallimard (tema-título dado após a enumeração, ou seja, aqui sob a forma de uma afetação que pospõe a ancoragem referencial). Esse texto aparece, em sua primeira parte, como um exemplo do que se pode chamar de grau zero da descrição, na medida em que não é levado em conta o outro aspecto de todo objeto: a evidenciação de suas *qualidades* ou *propriedades* (do que se encarrega o fim do documento).

A operação de aspectualização é a mais comumente admitida como base da descrição. Assim, G. G. Granger[6] fala da "evidenciação de um todo" e de "sua decomposição em partes" por meio de uma "rede abstrata" que coloca os elementos em relação. Eu diria, de minha parte, que a operação de *ancoragem* é responsável pela evidenciação de um *todo* e que a operação de *aspectualização* é responsável pela decomposição *em partes* (n PARTES).

– Operação de qualificação ou atribuição de propriedades

É preciso acrescentar a essa decomposição em partes a consideração das qualidades ou propriedades do todo (cor, dimensão-tamanho, forma, número etc.), e, até mesmo, através de uma nova operação (subtematização), a consideração das propriedades das partes. Como exemplo, lembramos, em (10), sobre a cor e o tamanho (PROPRIEDADES) do chapéu (PARTE) de Carlitos (tema-título).

---

[6] *Pour la connaissance philosophique*, Paris, Odile Jacob, 1988: 109 e 117.

Intentando o retrato de Carmen, Mérimée se refere ao modelo da beleza espanhola e identifica uma matriz textual que corresponde perfeitamente à operação de aspectualização.

(16) Tive então todo o prazer de examinar minha *cigana*, enquanto algumas gentes honestas se espantavam, tomando seus sorvetes, de me ver em tão boa companhia. Duvido muito que a senhorita Carmen fosse de raça pura, ao menos ela era infinitamente mais bonita do que qualquer outra mulher de sua nação que eu tivesse encontrado. Para que uma mulher seja bela, dizem os espanhóis, é preciso que ela reúna trinta *si**, ou, de outra maneira, que se possa defini-la por meio de dez adjetivos aplicáveis, cada um, a três partes de sua pessoa. Por exemplo, ela deve ter três coisas escuras: os olhos, as pálpebras e as sobrancelhas; três coisas finas: os dedos, os lábios, os cabelos etc. Ver Brantôme para o resto. Minha gitana não poderia pretender tanta perfeição. Sua pele, além de perfeitamente unida, aproximava-se muito da tonalidade do couro. Seus olhos eram oblíquos, mas admiravelmente divididos; seus lábios um pouco grandes, mas bem desenhados e deixando ver os dentes mais brancos que amêndoas sem a pele. Seu cabelo, talvez um pouco grosso, era negro, com reflexos azuis como a asa de um corvo, longo e brilhante. Para não cansá-los com uma descrição prolixa demais, eu direi, em suma, que, para cada defeito, ela reunia uma qualidade que se sobressaía, talvez mais fortemente pelo contraste. Era uma beleza estranha e selvagem, uma figura que surpreendia, de início, mas de que não se podia esquecer. Seus olhos, sobretudo, tinham uma expressão ao mesmo tempo voluptuosa e arisca, que eu não encontrei em nenhum outro olhar humano. Olho de cigano, olho de lobo, é um ditado espanhol, que expressa uma boa observação. Se você não tem tempo de ir ao Jardin des Plantes para estudar o olhar de um lobo, considere o seu gato, quando ele espreita um pardal.

Prosper Mérimée, Carmen.

Ao notar que a mulher idealmente bela se define "por meio de dez adjetivos aplicáveis, cada um, a três partes de sua pessoa" e ao precisar que "ela deve

---

* N.T.: Em português "trinta sins". No original em francês, a grafia usada foi a do espanhol – *si*; mantivemos o mesmo procedimento.

ter três características escuras: os olhos, as pálpebras e as sobrancelhas; três finas: os dedos, os lábios, os cabelos etc.", Mérimée funda uma matriz numérica ("trinta *si*") sobre os componentes da operação de aspectualização: atribuição de PROPRIEDADE (dez adjetivos) e segmentação em PARTES (cada adjetivo devendo ser aplicado a três partes do corpo da beldade).

Mulher

<<Op. de Qualificação: propriedade >> idealmente bela
<<Op. de Partição >> olhos << Op. de Qualificação: propriedade >> escuros
<<Op. de Partição >> pálpebras << Op. de Qualificação: propriedade >> escuras
<<Op. de Partição >> sobrancelhas << Op. de Qualificação: propriedade >> escuras
<<Op. de Partição >> dedos << Op. de Qualificação: propriedade >> finos
<<Op. de Partição >> lábios << Op. de Qualificação: propriedade >> finos
<<Op. de Partição >> cabelos << Op. de Qualificação: propriedade >> finos

É preciso destacar a complementaridade dos dois componentes do procedimento de aspectualização: assim como a escolha das partes selecionadas por quem descreve é restringida pelo efeito procurado, a escolha das propriedades permite perguntar-se sobre a orientação argumentativa de toda descrição. Os adjetivos selecionados podem ser relativamente neutros: dizer de uma bola que ela é *redonda* ou *amarela*, por exemplo, não engaja verdadeiramente quem a descreve. Dizer de um personagem que ele é *casado* ou *solteiro*, também não; em contrapartida, qualificá-lo de *grande* ou *pequeno*, de *bonito* ou *feio*, de *delgado* ou *magro*, *sensível* ou *temperamental* pode subentender uma seleção e revelar a existência de uma escala de valores sobre a qual quem descreve escolheu se apoiar. Tais adjetivos avaliativos, que implicam um julgamento de valor ético ou estético e revelam, assim, uma responsabilidade enunciativa (*modus* que vem se juntar ao *dictum*), são chamados de axiológicos.[7]

O valor axiológico de adjetivos como *acolhedor* e *direto* pode ser relativamente comum aos leitores francófonos de uma primeira página do jornal *Le Monde*. Ele é, em contrapartida, selecionado pelo contexto para adjetivos mais vagos, como *simples*, *grande*, *enérgico*, *determinado* ou *massivo* em suas descrições (17) do primeiro-ministro iraniano Ghothzadeh (*Le Monde* de 17 de setembro de 1982, dia de sua execução) e (18) do presidente egípcio Moubarak (*Le Monde* de 10 de dezembro de 1986):

---

[7] Ver, a esse propósito, Kerbrat-Orecchioni, 1990, e Maingueneau, 1986, capítulo 6.

O protótipo da sequência descritiva

(17) De toda maneira, este homem *grande, massivo, enérgico,* que incontesta-velmente tinha uma forte personalidade e mantinha sua atitude de falar sem rodeios, dificilmente poderia ter boas relações com a mancomuna-ção clerical, a qual ele censurava por ter monopolizado o poder.

(18) O homem é sempre tão acolhedor, simples, direto. Mas talvez esteja mais *determinado* do que antes, como se ele tivesse adquirido mais desenvol-tura ao longo das provações, que não faltaram.

Os efeitos de isotopia se tornam, aqui, essenciais. É o reconhecimento co(n)textual de uma isotopia que garante o valor neutralizado ou francamente avaliativo (afetivo, axiológico ou não) das propriedades do objeto descrito.

Operações de relação

Esta macro-operação reagrupa as operações de relação de contiguidade e de comparação-analogia. A relação de contiguidade corresponde ora a uma situacio-nalização temporal do objeto do discurso (em um tempo individual ou coletivo), ora a uma relação espacial com outros objetos suscetíveis de entrar, por sua vez, no procedimento de descrição em curso. A relação de analogia é uma forma de assi-milação comparativa ou metafórica. Essa operação é importante, pois ela é a única a poder se enxertar em uma propriedade-qualificação (*belo como...*).

É muito interessante constatar que a ambição taxonômica da história na-tural da época clássica, da qual fala Michel Foucault em *Les Mots et les Choses* (*As palavras e as coisas*), repousa sobre as macro-operações, da qual já falamos: euforia da denominação pela linguagem do contínuo dos objetos do mundo (operação de tematização), divisão e classificação dos elementos que com-põem os próprios objetos (operação de aspectualização), às quais se acrescenta uma operação de relação analógica:

> As formas e as disposições devem ser descritas por outros procedimentos: seja pela identificação de formas geométricas, seja pelas analogias que de-vem ser todas "da maior evidência". É assim que se pode descrever certas formas bastante complexas, a partir de sua visível semelhança com o corpo humano, que serve como fonte para os modelos da visibilidade, e faz espon-taneamente a articulação entre o que se pode ver e o que se pode dizer. [...] Linné enumera as partes do corpo humano que podem servir de arquétipos, seja para as dimensões, seja, sobretudo, para as formas: cabelos, unhas, pole-gares, palmas, olhos, orelha, umbigo, pênis, vulva, mamilo. (1966: 147)

Uma operação de *relação analógica* é dominante neste retrato de François Nourissier, no *Jornal* de Matthieu Galey:

(19) Um rosto rosado, um pouco flácido, o nariz redondo e uma testa imensa. Algo de uma virgem flamenga que tivesse esquecido seu chapéu.

Uma primeira operação de aspectualização permite considerar uma parte (o *rosto*) do todo (*François Nourissier*). Uma operação de tematização seleciona, de um lado, propriedades deste rosto: *rosado, flácido* (marcada por uma avaliação: *um pouco*) e, de outro lado, as partes do rosto com suas respectivas propriedades: *nariz – redondo* e *testa – imensa*. O retrato é finalizado com uma relação comparativa: *algo de uma virgem flamenga*, à qual a proposição relativa acrescenta uma propriedade. Isso poderia ser representado pelo seguinte esquema, a fim de dar uma ideia da expansão em profundidade das proposições descritivas de primeira (MPd), segunda e terceira etc. posição (pd):

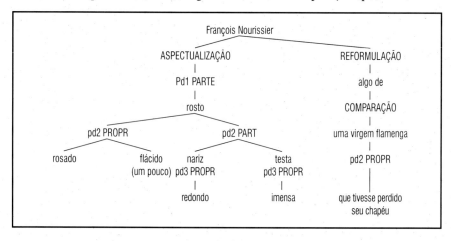

A relação pode ser, simplesmente, metonímica. Nesse caso, o objeto descrito é aproximado de outros objetos de maneira espacial (metonímia do contato propriamente dita) ou temporal (metalepse). Assim, nos exemplos (10) e (14), se o bigode de Carlitos é uma parte do personagem, do mesmo modo que os olhos e os ossos malares do serviçal chinês – elementos possíveis, portanto, por um procedimento de aspectualização –, o chapéu-coco de Carlitos, o traje, a gravata borboleta e os sapatos do serviçal chinês são também elementos relacionados com o tema-título, seguindo-se um procedimento de contato metonímico. É seguramente essa operação de relação espacial que organiza as descrições de paisagens e de lugares.

Operações de expansão por subtematização

Esta operação está na fonte de expansão descritiva. Assim se opera a passagem das proposições descritivas de posição 1 (MPd) às proposições descritivas de posição 2, 3, 4 etc. (pd) de todos os exemplos precedentes. Como pudemos perceber, uma parte selecionada pela aspectualização pode ser escolhida como base para uma nova proposição, ou seja, pode ser tomada como novo tema (ancoragem) e, por sua vez, ser considerada sob diversos aspectos: propriedades eventuais e subpartes. Para uma nova tematização, uma subparte pode ser considerada em suas propriedades e partes, e isso, teoricamente, de modo infinito. Essa operação se aplica às partes, prioritariamente, para a aspectualização, e, para a relação, aplica-se à situacionalização metonímica (objetos contíguos). A tematização sob *assimilação comparativa* ou metafórica é muito mais rara e reservada às propriedades, como neste verso célebre de Victor Hugo (*Hernani* III, 4):

Você é [ASS meta. + retematização] *meu leão* [Propriedades] *soberbo e generoso*.

As propriedades, que raramente suportam mais do que uma operação de expansão comparativa (do tipo *Belo* [PROPR + tematização – ASS comp.] *como...*), em geral, têm uma função de encerrar uma expansão. O mesmo se aplica à operação de reformulação, que abre ou fecha uma sequência, remontando diretamente ao Tema-título, e que se combina frequentemente com uma metáfora.

É o que se pode observar neste diálogo de uma vinheta do *Dossier Harding* (Dargaud, 1984, prancheta 27), história em quadrinhos de Floch e Rivière, que coloca em cena dois personagens que não podem ser mais britânicos, instalados em confortáveis poltronas de seu clube:

(20) — Você pode me descrever este Yankee?
— Hum... Pelo que me lembro, trata-se de um tipo muito grande, cabelos ruivos... Ele se veste de maneira chamativa e fuma charutos enormes: em suma, o americano típico.

Floch e Rivière, Dossier Harding, Ed. Dargaud, 1984.

A progressão da réplica descritiva é muito metódica: a primeira frase desenvolve a aspectualização (*propriedade*, depois *parte*), a segunda desenvolve a *relação* e a última, marcada como conclusiva pela pontuação, propõe uma reformulação de síntese: "em suma, o americano típico". É o que pode ser representado da seguinte maneira:

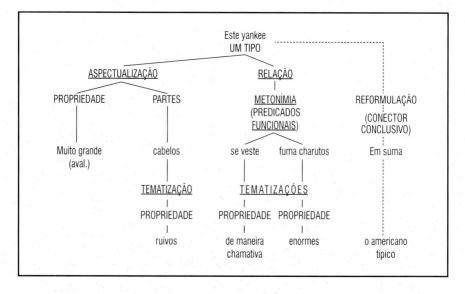

No anúncio publicitário a seguir, a operação de tematização comparativa sob as três propriedades enumeradas desde o título é particularmente exemplar:

(21) **Hotéis Méridien Caribe**
Azul, branco, fresco
Azul como o mar, por vezes verde ou turquesa, ou malva, de acordo com o horário. Branco como a areia, ou como o sol ao meio-dia. Azul, branco e fresco como as bebidas refrescantes à beira da piscina. Os hotéis Méridien Caribe são coquetéis de prazer.

As três propriedades do tema-título sofrem, cada uma, em três níveis hierárquicos de profundidade, um tratamento do mesmo tipo. A abertura potencialmente infinita da descrição, no que diz respeito ao referente, não existe do ponto de vista da orientação argumentativa, da função da sequência descritiva em um dado texto. Linguisticamente (Adam e Petitjean, 1989), é difícil admitir a ideia de anarquia e de ausência de construção. Pela operação de *aspectualização*, os diferentes aspectos do objeto (*partes* e/ou *qualidades*) são introduzidos no discurso. Pela operação de *relação*, o objeto é, de um lado, situado local e/ou temporalmente e, de outro, colocado em relação com outros pelos diversos procedimentos de *assimilação* (comparação e metáfora). Por uma operação facultativa de tematização, qualquer elemento pode estar, por sua vez, no ponto de partida de um novo procedimento de aspectualização e/ou situacionalização, processos que poderiam prosseguir ao infinito. Enfim, qualquer que seja o objeto do discurso (humano ou não, estático ou dinâmico), uma mesma operação de *ancoragem* garante a unidade semântica da sequência, mencionando-se o que está em questão sob a forma de um tema-título dado, seja no início, seja no fim da sequência.

DESCREVER EM PARALELO

Dois protótipos de elefantes africanos

Remetendo indiretamente à problemática da presente obra, a descrição que se segue, publicada em uma revista semanal, questiona os protótipos, permitindo ver como a operação de situacionalização se insere nas operações precedentes identificadas. Um protótipo de elefantes africanos ditos "de savana" se distingue de um protótipo "florestal", mas a última frase (P8) insiste exatamente no fato de que os dois protótipos descritos são apenas os indicadores de dois polos de classificação, entre os quais uma "gama de variações" deve ser estabelecida. O plano de texto desta descrição segue a técnica do retrato em paralelo, estruturado em dois parágrafos separados e articulados em torno do indicador de mudança de topicalização QUANTO A. A primeira frase introduz os dois temas-títulos a partir de suas designações científicas chamado de "florestal"/chamado de "de savana" e, logo em seguida, opera uma situacionalização geográfica que os localiza numa região da África:

(22) [...] P1[a] Diferenciam-se dois tipos de elefantes africanos: [b] o tipo chamado de "florestal", cujo habitat são as florestas da Costa do Marfim [c], e o tipo chamado de "de savana", que é encontrado geralmente no Kênia. P2 [d] O elefante florestal é o menor. P3 [e] Ele tem uma forma mais "aerodinâmica" [f] e a testa um pouco achatada para trás. P4 [g] Suas presas são retas [h] e voltadas para baixo, [i] particularidade anatômicas [j], que lhe permite deslocar-se mais facilmente [k] nas florestas [l] atravancadas de galhos. P5 [m] Suas orelhas têm uma forma mais arredondada.
P6 [n] Quanto ao elefante de savana, este pode atingir 3,5 m do jarrete. P7 [o] Sua testa é mais reta, [p] suas presas são encurvadas [q] e suas orelhas, muito grandes, [r] são de forma triangular. P8 [s] Entre esses dois tipos, existe toda uma gama de variação e é difícil traçar com nitidez um limite convencional, em que a raça chamada florestal cede passagem à das savanas.

P. Challandes, *Fémina*, n. 4, jan. 1992: 34, Lausanne.

Textos: tipos e protótipos

Depois de tê-los nomeado e situado em P1, o encadeamento do primeiro parágrafo descreve a primeira classe de elefantes africanos, enumerando de início (P2), comparativamente (*o menor*), uma primeira propriedade global (*pequeno*), seguida, na primeira parte da frase P3, de uma segunda propriedade global (*forma "aerodinâmica"*), de acordo com o mesmo procedimento comparativo (*mais*). O encadeamento de P3, após o coordenativo E, trata de uma primeira parte do animal (*testa*) e de sua propriedade modalizada (*um pouco achatada para trás*) que atua no sentido do qualificativo colocado entre aspas para assinalar, provavelmente, sua inadequação (essa marcação de um signo é um tipo de traço de reflexividade da linguagem descritiva). Apesar da fronteira da frase, P4 prossegue na descrição de outra parte bastante importante (*suas presas*) para formar uma longa frase descritiva, e P5 descreve uma terceira parte (*suas orelhas*) a partir do mesmo modelo comparativo de P2 e P3.

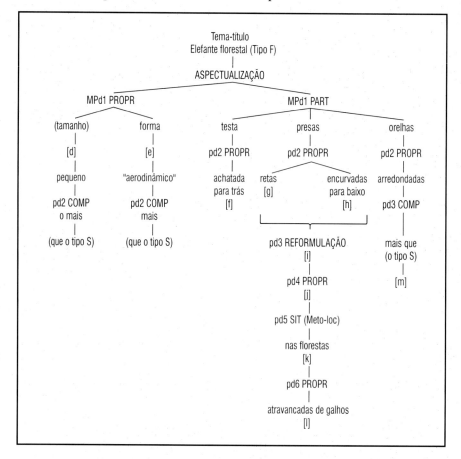

A descrição do segundo tipo é mais simples que a anterior, mas se constrói a partir da mesma distinção de *tamanho* (P6) e das três partes anteriormente consideradas: *testa, presas* e *orelhas* (P7), o que se pode resumir assim:

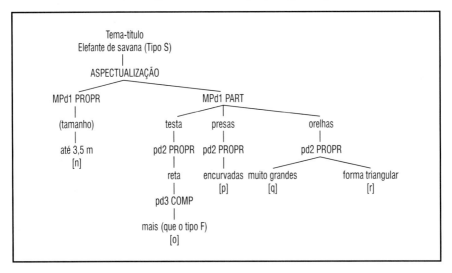

Desdobramentos do ponto de vista sobre o objeto

A estrutura da terceira e da quarta frase do retrato do serviçal chinês, de *La Chasse à l'ours*, de Lucien Bodard (14), é bastante característica para que façamos deste período uma sequência.

(14) [P3] Todo cheio de trejeitos de gentleman, amarelo em indumentárias de branco, com seu traje de risca de giz azul, gravata borboleta e sapatos de camurça, poderíamos dizer que era um carnavalesco. [P4] Contudo, grande e magro, rosto esculpido na madeira dura das selvas, olhos de tigre e ossos malares altos, era um verdadeiro Senhor da guerra. [P5] Ao vê-lo, fiquei todo excitado, com o coração como um tambor: ter um destes homens formidáveis como serviçal ao mesmo tempo me atraía e me aterrorizava [...].

O tema-título é apresentado na entrada ("o serviçal chinês"), mas dá lugar a duas frases descritivas (P3 e P4), argumentativamente ligadas pelo conector concessivo CONTUDO. Com cada uma das duas frases terminando (como vimos mais acima) por uma reformulação, o serviçal chinês é sucessivamente descrito como um "carnavalesco", depois como um "Senhor da guerra". O conector CONTUDO, que articula essas duas reformulações, introduz um movimento argumentativo, assinalando que o texto vai mais na direção da segunda reformulação do que (ou apesar) da primeira. Essa orientação argumentativa torna possível a última frase (P5): "um destes homens formidáveis", que somente pode ser correferencial com a segunda reformulação. A função textual do conector é evidente aqui: ele assinala uma estrutura periódica que ultrapassa o limite do ponto, articulando as duas partes de um retrato em paralelo, não de dois objetos diferentes, mas de dois pontos de vista sobre o "mesmo" objeto. As frases P3 e P4 são, essencialmente, unidades tipográficas que correspondem a duas unidades descritivas completas, articuladas pelo conector. A complexidade da estrutura sequencial de cada uma dessas duas frases aparece desde que se tente dar conta dos efeitos sintático-semânticos das operações descritivas sucessivas.

Essa sequência é construída a partir da operação descritiva de aspectualização: duas propriedades do personagem (*cheio de trejeitos, amarelo*) são o objeto de uma expansão. Expansão, não assimilação sem encadeamento para a primeira [*todo cheio de trejeitos* [*de gentleman*]] e muito mais desenvolvida para a segunda. De fato, são sucessivamente levadas em conta as partes (*traje, gravata borboleta, sapatos*) de suas "indumentárias d[e] branco" e as propriedades de algumas dessas partes. A reformulação vem fechar esse primeiro membro da estrutura periódica P4-P5, compondo uma verdadeira sequência descritiva, que opera uma primeira redefinição do tema-título "serviçal chinês".

O segundo membro do período (P4) é também hierarquicamente complexo. Duas propriedades (*grande e magro*) do serviçal chinês são apresentadas e uma parte (*rosto*) só vai ser objeto de expansão descritiva. Vimos que a expansão descritiva pode se desenvolver diretamente a partir do tema-título (nível 1, dando as proposições descritivas anotadas como MPd), mas pode se desenvolver igualmente a partir de uma unidade tomada como subtema-título, por uma operação de subtematização (níveis que dão proposições descritivas anotadas como *pd*). Essa operação permite extrair partes do todo por partição (PART) para lhes atribuir propriedades (PROPR) ou subpartes suscetíveis de ser, por sua vez, tematizadas, a partir de um processo de encaixe teoricamente infinito, mas regulado, de fato, pelas necessidades do sentido a comunicar. O rosto do serviçal chinês é tematizado de duas maneiras: as partes (pd(2) PART) são consideradas (*olhos, osso malares*) e recebem, cada uma, um desenvolvimento: metafórico (pd(3)ASS) para os olhos (*de tigre*) e uma escolha de propriedade (pd(3)PROPR) para os ossos malares (*altos*). A assimilação metafórica do rosto, *esculpido na madeira*, é seguida de duas propriedades desta madeira: *dura* e *das selvas*.

A comparação dos esquemas dessas duas sequências permite extrair sua identidade estrutural: desenvolvimento por aspectualização, depois reformulação conclusiva nos dois casos. As diferenças estão no fato de que essas duas sequências acentuam, cada uma, um elemento diferente: as vestimentas (*attifement** é lexicalmente marcado de maneira negativa), de um lado, e o rosto, de outro. Parece que, ao abandonar, na segunda sequência, o que é mais exterior ao personagem, a isotopia deixa de ser negativa.

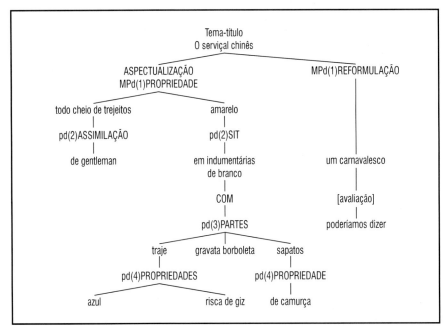

A unidade de cada sequência resulta, como se pode observar, da hierarquia das proposições descritivas. Duas reformulações sucessivas encerram as duas frases-sequência e conferem a essa descrição uma unidade textual, que é a do retrato em paralelo da tradição retórica clássica. No quadro de um modelo dinâ-

---

* N.T.: De acordo com o dicionário do CNRTL (Centre National de Ressources Textuelles et Lexicales), ATILF, Université Nancy-Lorraine, França, *attifement* é uma vestimenta combinada de mau gosto, afetada, bizarra. A palavra *indumentária*, alternativa pela qual optamos em português, remete ao vestuário, mas não ao mau gosto ou à bizarrice. Por isso, nessa passagem, em que Adam menciona a carga lexical negativa do item, conservamos a palavra em francês.

mico, de que a linguística textual mais necessita, constata-se que se trata menos aqui de uma única descrição-representação de um personagem do que de uma modificação progressiva de uma representação por mudança de um ponto de vista sobre o objeto, ou seja, uma dinâmica no interior de cada frase-sequência primeiro, depois uma modificação de frase-sequência (P3) para frase sequência (P4) em seguida (orientação argumentativa). A passagem de um ponto de vista bastante negativo sobre o objeto, reduzido a sua aparência ocidental (*carnavalesco*), para um ponto de vista positivo, ligado à sua identidade cultural própria (*Senhor da guerra*), é inteiramente garantida pelo conector concessivo CONTUDO.

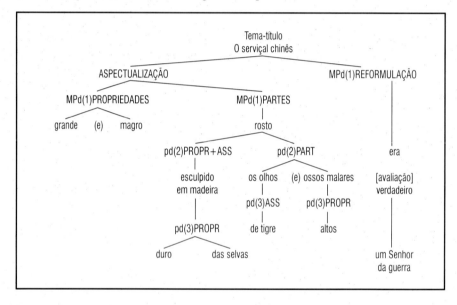

COMO A DESCRIÇÃO ARGUMENTA

A estrutura descritiva desta breve legenda que acompanhava a fotografia de uma falésia de escalada da região de Évian e Thonon é muito interessante, em razão do dispositivo tipográfico em quatro linhas:

(23) Quadro verdejante
rochedo franco e massivo
o Passo-do-urso
tem tudo para agradar

(*Alpi-rando*, n. 90, 1986:116).

A despeito de sua brevidade, essa frase forma um texto inteiro. O estudo desse exemplo é uma boa oportunidade de ver como uma representação se constrói passo a passo, de proposição em proposição.

a. A primeira linha do texto é uma primeira proposição descritiva que, na ausência de um determinante, fica em espera por uma referência precisa (dada, é verdade, pela proximidade espacial da foto que essa legenda acompanha). Essa proposição é constituída de um tema (*quadro*) e de um predicado qualificativo (Propriedade: *verdejante*).
b. A segunda linha é uma proposição descritiva de estrutura semelhante (duas propriedades que são somente coordenadas): segundo tema (*rochedo*) e duplo predicado qualificativo (Propriedades: *franco* e *massivo*).
Os conhecimentos compartilhados do leitor lhe permitem relacionar esses dois temas: o quadro e o rochedo aparecem como os constituintes de um lugar no qual (*quadro*) e sobre o qual (*rochedo*) é possível praticar a escalada (contexto da revista e do artigo do qual esse enunciado foi extraído). O encadeamento vem precisar ainda mais isso:
c. Com a terceira linha, a referência a um lugar-dito (*O Passo-do-urso*) estabiliza referencialmente os dois temas precedentes, que aparecem, a partir de então, como as *partes* do que se torna o todo, ou tema-título, da sequência. A quarta linha desenvolve o predicado (nova propriedade) ligada a esse novo tema.

A estrutura sequencial descritiva desse texto é, então, a seguinte:

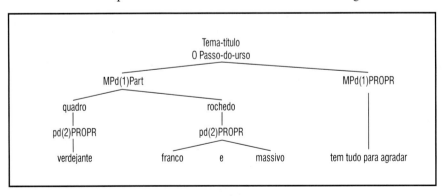

Textos: tipos e protótipos

    Essa estrutura sequencial, conforme o protótipo mais simples da sequência descritiva, obtém sua coesão e sua coerência da articulação dos níveis N4 e N5 com os níveis N6, N7 e N8 detalhados no Esquema 1 (página 35). De um ponto de vista semântico (N6), o predicado que aparece na quarta linha parece ter uma importância muito grande: uma isotopia relaciona diferentes predicados eufóricos (*verdejante, franco e massivo, tem tudo para agradar*). De um ponto de vista enunciativo (N7), falta o paciente do verbo transitivo indireto: *agradar* é sempre *agradar a*, ser fonte de prazer *para alguém*. Conforme uma retórica bem publicitária, esse lugar vazio é destinado ao leitor: *o Passo-do-urso tem tudo para agradar você/para agradar ao montanhista que você é* (leitor de uma revista especializada em montanha e alpinismo). A localização enunciativa singular desse texto reside no ato de leitura que fixa os parâmetros de identidade, de lugar e de tempo do sujeito da enunciação. De um ponto de vista ilocucionário (N8), pode-se dizer que o tom eufórico dos predicados leva o interpretante a calcular as razões presumidas dessa descrição. Esta resulta na derivação de um ato de discurso do tipo recomendação: se estão me dizendo tanta coisa boa desse lugar, é para me incitar a/me recomendar ir conhecê-lo o mais rápido possível. Isso pode ser assim resumido:

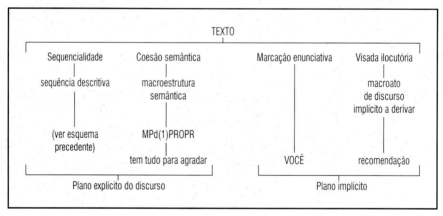

DESCRIÇÃO PROCEDURAL E DESCRIÇÃO-PASSEIO

    Opondo-me muito claramente àqueles que, como Greimas (1983) e Bouchard (1991), fazem textos como uma receita de cozinha das variáveis da narrativa, eu direi que eles se deixam abusar pela presença massiva de predicados de ação, que eles não têm muito em conta o caráter ilocucionário dos tempos

O protótipo da sequência descritiva

utilizados (infinitivo injuntivo, imperativo ou futuro preditivo), da ausência enunciativa de sujeito determinado (lugar abstrato destinado a ser ocupado pelo próprio leitor) e do caráter decididamente prático desse gênero discursivo, que será tratado no último capítulo.

Philippe Hamon (1981) observou justamente o caso singular deste retrato-receita feito por Chateaubriand de sua irmã:

(24) Lucile, a quarta de minhas irmãs, tinha dez anos mais do que eu. Caçula abandonada, seu guarda-roupa se compunha apenas das sobras de suas irmãs. Imagine-se uma menininha magra, alta demais para a sua idade, braços desengonçados, ar tímido, falando com dificuldade e não conseguindo aprender nada; coloque-lhe um vestido emprestado, de um tamanho que não é o seu; aperte seu peito em um espartilho, cujas pontas lhe faziam feridas nas costelas; sustente seu pescoço com um colar de ferro guarnecido de veludo marrom; amarre seu cabelo no alto da cabeça, prenda-o em uma touca de tecido escuro; e você verá a miserável criatura que me impressionou, quando voltei para o teto paterno. Ninguém teria suspeitado, na desprezível Lucile, os talentos e as belezas que um dia iriam brilhar nela.

Chateaubriand, *Mémoires d'outre-tombe*
(*Memórias do além-túmulo*), 13.

Esse retrato empresta ao gênero da receita a sua dinâmica, a implicação do leitor no processo e a possibilidade de decompor a descrição em subunidades, utilizando a marca do ponto e vírgula como indicador da incompletude da sequência: "Imagine-se [...]; coloque-lhe [...]; aperte [...]; sustente [...]; amarre [...]; prenda [...]; e você verá [...]". Estamos, então, na presença de um simples caso de animação de um retrato (por definição, estático) através de uma descrição de ações.[8] Essa forma de procedimento descritivo não difere muito da descrição de um objeto no movimento de sua fabricação.

A célebre descrição do escudo de Aquiles começa com o trabalho de Hefesto e é, em seguida, pontuada pelas ações do "ilustre Ferreiro":

(25) Com essas palavras, ele a deixou, para ir ter com os seus foguistas. Ele apontou para o fogo, e lhes ordenou trabalhar. Os foguistas, vinte ao todo,

---

[8] Sobre essa questão, remeto à tese publicada de Françoise Revaz: *Les textes d'action* (1997).

sobre as fornalhas sopravam com seus foles, lançando uma lufada habilmente variada, ora para ajudar na ânsia de Hefesto, ora de outro modo, conforme o que ele desejasse e a obra se concluísse. Ele jogava no fogo o bronze duro, o estanho, o ouro precioso, a prata. Ele colocava sobre o cepo uma bigorna enorme, com uma mão pegava a marreta pesada e com a outra o tenaz.

Primeiro ele fez um escudo grande, robusto, bem trabalhado em todos os sentidos. No contorno, ele colocou uma borda brilhante, tripla, esplendorosa, e pendurou uma corrente de prata. Havia cinco placas no próprio escudo; e Hefesto o fez muito ornamentado, bem trabalhado, com uma arte de sabedoria.

Ele representou ali a terra [...].

Ele fez ali duas cidades humanas, belas. [...]

Hefesto colocou também sobre o escudo um pousio móvel, terra fértil de labor [...].

Hefesto colocou ali um domínio de realeza. [...]

Hefesto colocou ali também, toda cheia de uvas, uma videira bela, dourada [...].

Hefesto fez sobre o escudo um rebanho de vacas com guampas retas [...].

Hefesto fez ainda uma pastagem num belo vale [...].

Ele representou ali, o ilustre Ferreiro, um teatro variado [...].

Hefesto colocou ainda Sua Grande Força, a divindade Oceano, sobre a extremidade da borda do escudo solidamente construído.

E, quando ele terminou de fabricar o escudo grande e robusto, ele fabricou, para Aquiles, uma couraça, mais brilhante que o lume do fogo; ele fabricou para ele um capacete denso, adaptado aos tempos, bonito, feito com arte, e o arrematou com uma pluma de ouro; fabricou para ele perneiras com estanho, que se modela bem.

Iliade (*Ilíada*), 18, versos 470-617; trad. [para o francês] E. Lasserre, GF-Flammarion, 1965: 318-321.

É esse tipo de descrição de ações que Lessing toma emprestado de Homero: "Se, por exemplo, Homero quer nos mostrar a carruagem de Juno, é preciso que Hebe a construa peça por peça sob nossos olhos. Vemos as rodas, o eixo, o banco, a barra de direção, as correias e as cordas, não reunidas, mas se reunindo sob as mãos de Hebe. Somente para as rodas, o poeta

O protótipo da sequência descritiva

descreverá em detalhe os oito raios de bronze, as calotas de ouro, os aros de bronze, os eixos de prata. Pode-se dizer que o tempo gasto para descrevê-los é proporcional ao número de rodas, como foi, na realidade o que se gastou para apresentá-los" (1964: 112). A propósito da caixa de Pandora (*A Ilíada*, 4, versos 105-111), Lessing insiste sobre a maneira como a história do objeto vem se misturar à sua descrição. Em vez de serem justapostas, as diversas partes do objeto se sucedem, acompanhando, de algum modo, o movimento da narrativa. Se se diz que a arca é "polida, feita de chifre de bode", especifica-se também em quais circunstâncias esse animal foi morto pela própria Pandora. A descrição é retomada, em seguida: "Seus chifres, em cima da cabeça, haviam crescido dezesseis palmos". Mas, uma vez dada essa indicação de tamanho, a descrição é novamente dinamizada, sob o modelo da descrição de ações-fabricação: "Após tê-los preparado, um artesão, hábil no trabalho com o chifre, ajusta-os, pule bem a arca e fixa-lhe uma argola de ouro" (1965: 75).

Também semelhante é a descrição da cama de Ulisses e de Penélope, no canto 23 da *Odisseia*, narrativamente motivada pelo fato de que Penélope coloca Ulisses à prova, pedindo para ele descrever o objeto que eles, além da serva Actoris, são os únicos a conhecer. O narrador acompanha essa descrição a partir de uma avaliação feita por Penélope: "Ela reconhecia os testemunhos descritos por Ulisses" (verso 206) e, no fim da descrição, ela conclui: "Agora que tu me descreveste o testemunho indubitável/de nosso leito [...]" (versos 225-226). A descrição de Ulisses se apresenta assim:

(26) [...] Há um segredo
      na estrutura deste leito: eu o construí todo sozinho.
190   No pátio, cresceu uma muda de oliveira frondosa
      vigorosa, verdejante, tão espessa quanto uma coluna.
      Construí nosso quarto em torno dela,
      de pedras espessas, eu o cobri com um bom telhado,
      fechei-o com uma porta com os batentes bem firmes.
195   A seguir, cortei a copa da oliveira
      E, entalhando o tronco, desde a raiz, com o gládio,
      eu o aplainei artificiosamente e o chanfrei de maneira precisa
      para fazer a base do leito; eu o perfurei com a broca.
      Depois disso, para dar o acabamento, poli o resto do leito,

200   encrustrando-o de prata, marfim e ouro;
       estiquei cintas de couro tingidas de púrpura.
       Eis o segredo de que te falava [...].

> Homero, *Odyssée* (*Odisseia*), trad. de P. Jaccottet,
> La Découverte, 1989: 372-373.

A cama não é descrita em seu estado definitivo, mas em curso de fabricação, pelo próprio Ulisses. É difícil encontrar melhor mescla de descrição e ação. Conforme as recomendações dos mestres de retórica e estilística, as descrições em curso de fabricação, as descrições-receita e descrições-passeio (da qual a descrição de itinerário é uma variante) são uma das técnicas de animação dos objetos estáticos. Essas formas de recurso à descrição de ações são soluções internas para o descritivo, e não obrigatoriamente procedimentos de narrativização.

Ao fim dessas descrições de ações, um todo é certamente constituído (retrato de Lucile ou da cama de Ulisses e Penélope), mas é preciso absolutamente ter em conta o fato de que nenhuma intriga pode ocorrer na descrição-passeio, nem na descrição-receita e nem na descrição de itinerário. Em outras palavras, um algoritmo linear de transformações não é uma narrativa. Seria útil reservar o verbo *relatar* para os relatos não narrativos de cadeias de ações. Assim, Ulisses relata aqui a construção da cama (ele descreve a fabricação), mas ele não *conta* nada propriamente. Uma "narrativa de sonho" *relata* um encadeamento não coordenado causalmente de atos e de estados. Propriamente falando, ela também não conta nada. O próximo capítulo vai nos ajudar a esclarecer essa distinção.

O modelo da descrição-passeio é elaborado, desde a segunda sofística, com os *Quadros* de Filóstrato. Para Albalat, a descrição contínua só pode ser admitida no gênero muito particular dos relatos de viagem (1900: 271). Vapereau (1884: 614), de sua parte, apresenta mais nuanças e é mais crítico:

> Alguns autores, talvez ainda mais artistas do que escritores, quiseram fazer, atualmente, no que diz respeito a impressões de viagem, prosa descritiva. Eles foram bem-sucedidos ao ponto de parecerem usar não a palavra e a pena, mas a paleta e o pincel. Os mínimos relevos, as mínimas sombras, as mínimas nuanças sobressaem-se em expressões pitorescas. Há aí um grande consumo de arte e de uma arte muito refinada. Todavia, essa sucessão interminável de descrições, em que estão quase sempre ausentes o

O protótipo da sequência descritiva

homem e o sentimento moral, tem por resultado último a monotonia e a fadiga. Daí que a descrição sem outro objetivo a não ser descrever não pode formar um gênero literário e, em geral, ela deve ser não mais do que um acessório, mais ou menos importante, de acordo com o assunto e a finalidade da obra.

O procedimento de descrição-passeio, conforme um modelo de deambulação, com uma perspectiva de aproximação (Debray-Genette, 1988), é adotado, de maneira pontual, por Chateaubriand, na sua chegada à Combourg, no início das *Memórias do além-túmulo* (I, 7). É igualmente o procedimento que preside a abertura de *Rouge et le noir* (*O vermelho e o negro*): Stendhal coloca em cena um viajante que entra em Verrières e descobre a cidade, passo a passo, ao mesmo tempo que o leitor. Aquele que dizia abominar a descrição encontra, aqui, uma solução técnica feliz para uma dificuldade de escrita.

Poucos escritores, no entanto, arriscaram-se na descrição contínua. "Le Domaine d'Arnhein", "Le Cottage Landor" e "Philosophie de l'ameublement" ("Filosofia do Mobiliário"), de Edgar Allan Poe, em *Histoires grotesques et sérieuses*, podem ser considerados como textos bastante excepcionais. O primeiro começa, aliás, por uma longa exposição teórica, em que ele apresenta, de partida, uma teoria da beleza do jardim-paisagem em relação à qual o exercício descritivo aparece como uma espécie de demonstração: se "Le cottage Landor" é explicitamente escrito "para fazer uma contrapartida a 'Le Domaine de Arnheim'", é porque o primeiro texto dá um exemplo do jardim-paisagem artificial, e o segundo, do jardim-paisagem natural. O próprio título da terceira novela revela todo o alcance filosófico e, portanto, demonstrativo do ensaio. "Le Domaine d'Arnhein" e "Le Cottage Landor" foram escritos conforme a aplicação muito restrita do procedimento da perspectiva de aproximação. Mas, se o segundo texto nos leva muito naturalmente ao próprio interior da mansão de seu proprietário, o primeiro é, em vez disso, mais surpreendente: no momento em que o visitante-viajante chega, enfim, ao coração do domínio, parece que deixamos o mundo real para atingir apenas o objeto imaterial, sob o modelo do *locus amoenus* (Adam, 1983: 40-49).

(27) [...] Todo o paraíso de Arnheim deslumbra a vista. Ouve-se surgir uma melodia encantadora; é-se asfixiado por uma sensação de perfumes requintados e exóticos; percebe-se, como num grande sonho, todo um mundo vegetal, em que se misturam as grandes árvores esbeltas do oriente, os arbustos campestres, os bandos de pássaros dourados e encarnados, os lagos, com suas bordas salpicadas de lírios, as pradarias de violetas, de tulipas, de papoulas, de jacintos e de tuberosas, os longos fios de água entrelaçando suas pétalas de prata – e, surgindo confusamente no meio de tudo isso, uma massa de arquitetura, parte gótica, parte sarracena, que parece se sustentar no ar como por milagre, – fazendo cintilar, sob a clareza vermelha do sol, suas janelas de oriel, seus mirantes, minaretes e torres – e parece a obra fantástica das Silfas, Fadas, Gênios e Gnomos reunidos.

Estendida a escala de todo um romance, a descrição-passeio pode resultar em um texto como o *Paysan de Paris (O camponês de Paris)*, de Aragon (Gallimard, 1926) e talvez possa, ainda mais claramente, resultar nas 179 páginas de *La Presqu'île*, de Julien Gracq, aplicação, fora de toda narrativização, desta definição de *En lisant en écrivant*: "A descrição é o mundo que abre seus caminhos, que se torna caminho, onde alguém já caminha ou vai caminhar".

Salientamos que a passagem do retrato para a descrição de ações não é rara: "A inclinação é tão natural, da máxima ao retrato e do retrato à ação, que La Bruyère cede a cada instante", escreve ainda Albalat (1905: 85). É suficiente considerar este início do retrato de Giton (*Caractères*, 83, "Des biens de fortune") para ver como o texto desliza de um inventário de propriedades e partes do personagem (predicados qualificativos que se pode dizer de estado) a uma descrição de atos que o caracterizam:

(28) Giton tem a tez fresca, o rosto pleno e as faces pendentes, o olho fixo e seguro, os ombros largos, o estômago alto, o andar firme e determinado. Ele fala com confiança; é preciso repetir aquilo que o entretém, e a ele só agrada mediocremente tudo o que lhe é dito. Ele desdobra um grande lenço e se assoa, fazendo muito barulho; cospe bem longe e espirra bem alto [...].

O protótipo da sequência descritiva

Atingindo um ápice na arte de animar o inanimado, esta passagem de *Quatrevingt-treize* (*O noventa e três*), de Victor Hugo, mescla reformulações metafóricas e comparações com uma descrição de ações:

(29) [...] Nada de mais horrível pode acontecer a um navio de guerra em larga e plena marcha.

Um canhão que rompe suas amarras torna-se bruscamente não se sabe qual besta natural. É uma máquina que se transforma em um monstro. Essa massa corre sobre suas rodas, tem movimentos de bola de bilhar, inclina os rolamentos, afunda com a inclinação, vai, vem, para, parece meditar, retoma o movimento, atravessa como uma flecha o navio de uma ponta à outra, faz uma pirueta, esquiva-se, evade-se, empina, bate, racha, mata, extermina. É um carneiro que se bate a seu bel-prazer contra uma muralha. Acrescente isto: o carneiro é de ferro, a muralha é de madeira. É a entrada livre da matéria; poder-se-ia dizer que este escravo eterno se vinga; parece que o desprezo que comporta o que chamamos de objetos inertes se liberta e explode subitamente; parece perder a paciência e vingar-se de maneira estranha e obscura; nada é mais inexorável do que a fúria do inanimado. Esse bloco furibundo tem os saltos da pantera, o peso do elefante, a agilidade do rato, a obstinação do machado, o inesperado da onda, o choque de um relâmpago, a surdez do sepulcro. [...]

Da descrição de ações à narrativa, há apenas um passo, mas de significativas diferenças, como veremos no capítulo seguinte.

O PROTÓTIPO
DA SEQUÊNCIA NARRATIVA

*Em vez de diferenças evidentes entre narrativa histórica e
narrativa de ficção, existe uma estrutura narrativa comum
que nos autoriza a considerar o discurso narrativo como um
modelo homogêneo de discurso.*

Paul Ricoeur, 1980: 3

A narrativa é certamente a unidade textual que foi mais trabalhada pela tradição retórica – de *A poética*, de Aristóteles, ao *Essai sur le récit*, de Bérardier de Bataut (1776) – e pela narratologia moderna – da *Morphologie du conte* (*Morfologia do conto maravilhoso*), de Propp (1928), a *Temps et recit* (*Tempo e Narrativa*), de Paul Ricoeur (1938-1985). Existem hoje várias apresentações e sínteses de todos esses trabalhos e daqueles que foram orientados na psicologia cognitiva (Fayol, 1985). Foi sobre a narrativa que a noção de superestrutura foi progressivamente elaborada, com seus conjuntos de proposições narrativas às quais Umberto Eco faz alusão em sua *Apostille au Nom de Rose*: "Na narratividade, o fôlego não é confiado às frases, mas a macroproposições mais amplas, a escansões dos fatos" (1985b: 50). O modelo da sequência narrativa de base tem por objetivo explicitar essa observação essencial, definindo o que assegura a ligação entre as proposições, assim como o seu empacotamento sob a forma de "macroproposições" constitutivas de uma sequência, e a própria sequência como parte de um texto. Como unidade textual, toda narrativa corresponde certamente e de forma ideal à definição mínima que se pode atribuir à textualidade: *conjunto de proposições articuladas progredindo em direção a um fim*. Mas como definir o que faz a especificidade desse tipo de textualização?

ENSAIO DE DEFINIÇÃO DA NARRATIVA

Duas definições já antigas de Claude Bremond me parecem estabelecer os constituintes de base de toda narrativa. A mais curta encontra-se em *Logique du récit* (*A lógica dos possíveis narrativos*): "Que, por essa mensagem, um sujeito qualquer (animado ou inanimado, não importa) esteja situado em um tempo t, depois t + n e que seja dito o que se passa no instante t + n de predicados que o caracterizam no instante t" (1973: 99-100). A esses três primeiros constituintes: *sujeito, temporalidade* e *predicados transformados*, uma segunda definição acrescenta ainda alguns elementos:

> Toda narrativa consiste em um discurso que integra uma sucessão de acontecimentos de interesse humano na unidade de uma mesma ação. Onde não há sucessão, não há narrativa, mas, por exemplo, descrição (se os objetos do discurso estão associados por uma contiguidade espacial); dedução (se eles se implicam um ao outro); efusão lírica (se eles são evocados por metáfora ou metonímia) etc. Onde não há integração na unidade de uma mesma ação, não há mais narrativa, mas somente cronologia, uma enunciação de fatos não coordenados. Onde, enfim, não há implicação de interesse humano (onde os eventos reportados não são nem produzidos por agentes nem vividos por pacientes antropomórficos), não pode haver aí narrativa, porque é apenas em relação a um projeto humano que os acontecimentos tomam sentido e se organizam em uma série temporal estruturada. (Bremond, 1966: 62)

Seis constituintes parecem necessários para que se possa falar em narrativa.

Sucessão de acontecimentos

> *Onde não há sucessão, não há narrativa.*
> (Bremond)

Para que haja narrativa, é necessária uma sucessão mínima de acontecimentos ocorrendo em um tempo t depois t + n. Definindo a "unidade funcional" que atravessa os diferentes modos e gêneros narrativos, Paul Ricoeur destaca também a importância da temporalidade mínima: "A característica comum da experiência humana, que é marcada, articulada e clarificada pelo ato de narrar sob todas as suas formas, é a sua *característica temporal*. Tudo o que se narra acontece no tempo, toma tempo, desenvolve-se temporalmente; e o que se desenvolve no tempo pode ser narrado" (1986: 12). Esse critério de temporalidade, contudo, não é definitivo: inúmeros outros tipos de textos (receitas e crônicas, por exemplo) comportam uma dimensão temporal que não os transforma em narrativas apenas por esse motivo. Para que haja narrativa, é necessário que essa temporalidade de base seja conduzida por uma tensão: a determinação retrógrada que faz com que uma narrativa seja direcionada ao seu fim (t + n), organizada em função dessa situação final. Claude Bremond bem o assinala em outro estudo: "O narrador que quer organizar a sucessão cronológica dos acontecimentos que ele narra, dando-lhes um sentido, não tem outro recurso senão articulá-los na unidade de uma condução orientada em direção a um fim" (1966: 76). A linearidade temporal encontra-se assim problematizada, como mostrará o quinto critério.

Unidade temática (ao menos um ator-sujeito S)

Onde [...] não há implicação de interesse humano [...],
não pode haver narrativa.
(Bremond)

Em sua definição de 1973, Bremond fala de "um sujeito qualquer (animado ou inanimado, não importa), situado "em um tempo t, depois t + n", o que permite reunir os dois primeiros componentes. A definição de 1966 insiste sobre a característica antropomórfica desse sujeito e alarga a definição para a ideia de "implicação do interesse humano". A presença de um ator – pelo menos um, individual ou coletivo, sujeito de estado (paciente) e/ou sujeito operador (agente da transformação, que será discutido mais adiante) – parece ser um fator de unidade da ação. Essa questão é discutida por Aristóteles no capítulo 8 da *Poética* (51a16):

> A unidade da história não advém, como alguns acreditam, de ela concernir a um herói único. Porque se produz na vida de um indivíduo único um número *elevado*, até mesmo infinito, de acontecimentos em que alguns não constituem de forma alguma uma unidade; e, do mesmo modo, um só homem realiza um grande número de ações que não formam de maneira alguma uma ação única.

O alerta de Aristóteles deve ser observado: a unicidade do ator (principal) não garante a unidade da ação. A presença de (ao menos) um ator é indispensável, mas esse critério é pertinente apenas em relação aos outros componentes: com a sucessão temporal (primeiro critério) e com predicados que caracterizam esse sujeito (terceiro critério).

Predicados transformados

> *Que seja dito o que acontece no momento t + n de predicados*
> *que [...] caracterizavam [o sujeito de estado S] no momento t.*
>
> (Bremond)

Uma pista dessa ideia já se encontra ao final do capítulo 7 da *Poética*: "Para fixar grosseiramente um limite, digamos que a extensão que permite a passagem do infortúnio à felicidade ou da felicidade ao infortúnio, através de uma série de acontecimentos encadeados segundo a verossimilhança ou a necessidade, fornece uma delimitação satisfatória de tamanho" (51a6). Esse exemplo escolhido por Aristóteles corresponde à noção de inversão de conteúdos, que será por longo tempo a chave da definição da narrativa para a semiótica narrativa de Greimas. Essa oposição entre *conteúdo inverso* (um sujeito de estado [S] encontra-se dissociado de certo objeto de valor [O]) e *conteúdo posto* (um sujeito de estado encontra-se, ao final da narrativa, conjugado ao objeto que ele desejava) desemboca na seguinte definição: "A narrativa concluída pode ser lida como a transformação de um estado dado em seu estado contrário. A previsibilidade desse percurso binário define a coerência particular da narrativa e marca seu fechamento" (Hénault 1983: 27). De forma menos global e menos diretamente inspirada pelo estudo dos contos maravilhosos com final invertido, é possível contentar-se simplesmente com a ideia de predicados de estar, de ter ou de fazer, definindo o sujeito de estado S no instante t – início da sequência – depois no instante t + n – fim da sequência. Ou com uma fórmula das situações inicial e final que reúne os três primeiros critérios destacando suas relações e sem implicar necessariamente a inversão de conteúdos postulados muito superficialmente pela semiótica narrativa:

> Situação inicial: [S é/faz/tem ou não foi/fez/teve X, X', etc., em t]
> Situação final: [S é/faz/tem ou não foi/fez/teve Y, Y', etc., em t + n].

Unidade de um processo

> *Onde [...] não há integração na unidade*
> *de uma mesma ação, não há narrativa.*
>
> (Bremond)

Essa ideia de unidade da ação é antecipada pelo próprio Aristóteles em vários pontos da *Poética* e é em seu nome que ele não se contentava com a unicidade do herói (segundo critério):

> [...] A história, que é a imitação da ação, deve ser a representação de uma ação única e que forma um todo; e as partes que constituem os fatos devem ser organizadas de tal modo que, se uma delas é deslocada ou suprimida, o todo será prejudicado ou perturbado. Porque aquilo para o qual o acréscimo ou a supressão não tem nenhuma consequência visível não é uma parte do todo. (*Poética* 51a30)

A noção de ação única que forma um todo é assim expressa por Aristóteles:

> Forma um todo o que tem um começo, um meio e um fim. Um início é o que não vem necessariamente após outra coisa, e depois do que se encontra ou se vem a produzir naturalmente outra coisa. Um fim, ao contrário, é o que vem naturalmente após outra coisa, por necessidade ou na maior parte dos casos, e após o que não há nada. Um meio é o que sucede a outra coisa e após o que vem outra coisa. Assim as histórias bem arranjadas não devem começar por acaso, nem finalizar ao acaso. (*Poética* 50b26)

Essa tríade será retomada sistematicamente, na época clássica, pelos termos "situação inicial" ou "exposição", "nó" ou "complicação", "conclusão" ou "desfecho". A definição da ação única, como sendo um todo, permite a Aristóteles distinguir a narrativa da crônica ou dos anais:

> [...] As histórias devem ser organizadas em forma de drama, em torno de uma ação única, formando um todo e realizada até sua conclusão, com um começo, um meio e um fim, para que, semelhantes a um ser vivo único e que forma um todo, elas busquem o prazer que lhes é próprio; sua estrutura não deve ser semelhante à das crônicas, que são necessariamente a da exposição, não de uma ação una, mas a de um período único, com todos os acontecimentos que são, então, produzidos, afetando um só ou vários homens e envolvendo-os uns com os outros em relações casuais; porque não é por terem sido travadas no mesmo período que a batalha naval de Salamina e a batalha dos Cartaginenses na Sicília tiveram o mesmo fim; e pode ocorrer também que em períodos consecutivos se produzam dois acontecimentos, um após outro, que não levam de modo algum ao mesmo fim. (*Poética* 59a17-21)

É a esse propósito de Aristóteles que se refere Paul Ricoeur, quando define o modo de composição verbal, que constitui, segundo ele, um texto narrativo. O filósofo destaca de forma muito precisa que o *muthos* como "conjunto de ações realizadas" é uma operação que instala a intriga: "O estabelecimento da intriga consiste principalmente na seleção e organização dos acontecimentos e das ações contadas, que fazem da fábula uma história 'completa e inteira', tendo começo, meio e fim." (1986: 13). O que é verdadeiro para a fábula inteira (quer dizer, para o Texto) é também verdadeiro para o nível da unidade que retém nossa atenção: a sequência.

Tentemos reformular isso de maneira diferente: para que haja narrativa, é necessária uma transformação de predicados ao longo do processo. A noção de processo permite precisar o componente temporal, abandonando a ideia de simples sucessão temporal dos acontecimentos. A concepção aristotélica da ação única, formando um todo, não é outra coisa senão o processo transformacional seguinte, dominado pela *tensão* da qual falei anteriormente:

Situação inicial	Transformação (realizada ou sofrida)	Situação final
ANTES "começo"	PROCESSO "meio"	DEPOIS "fim"

O processo transformacional (que se conclui ou não) comporta três momentos (m) ligados aos momentos constitutivos do aspecto. Os dois extremos permitem redefinir o primeiro critério integrando-o à unidade acional do processo: m1 – ANTES DO PROCESSO (ação iminente – t), m5 – DEPOIS DO PROCESSO (REALIZAÇÃO RECENTE = t + n). Isso corresponde às duas primeiras macroproposições narrativas (MPn1 e MPn5) constitutivas da sequência de base. O próprio processo pode ser decomposto em três momentos:

m2 = Início do processo (começar a, dispor-se a).

m3 = Durante o processo (continuar a).

m4 = Fim do processo (acabar).

Para passar do simples encadeamento linear e temporal dos momentos (m1, m2 etc.) à narração propriamente dita, é necessário estabelecer uma intriga, passar da sucessão cronológica à lógica singular da narrativa, que introduz uma problematização pelo viés de duas macroproposições narrativas – o Nó, na MPn2, e o Desfecho (Resolução), na MPn4 – extremamente importantes, inseridas entre a situação inicial e o início do processo (MPnl) e entre o processo e a situação final (MPn5). Antes de entrar na lógica singular do estabelecimento da intriga, especificando o quinto critério de definição da narrativa, podemos tomar consciência da importância das macroproposições MPn2 e MPn4, examinando o exemplo (1). Essa pequena narrativa oral pode ser decomposta em uma sequência de 13 proposições:

O protótipo da sequência narrativa

(1) [a] Foi durante as férias de verão ahn
     [b] era um... eu não me lembro mais em qual data
     [c] foi quando eu estava com dois amigos
     [d] a gente estava em um canteiro de obras
     [e] a gente brincava de esconde-esconde
     [f] **aí** a gente viu um monte de pedrinhas
     [g] **então** a gente ficou só de meias
     [h] **e** subiu em cima
     [i] **e** a gente se empurrava
     [j] a gente se dava rasteiras sobre as pedrinhas
     [k] **e depois** ahn apareceu um senhor que, ahn... no mínimo xingou a gente
     [l] **então** a gente saiu rápido
     [m] é tudo.

Os organizadores temporais AÍ, ENTÃO, E, E, E DEPOIS e ENTÃO orientam o reagrupamento interpretativo das proposições. As proposições [a + b + c + d + e] formam um primeiro pacote ou macroproposição interpretável como anterior ao início do processo; a proposição [f], introduzida pelo organizador AÍ, corresponde a uma segunda macroproposição narrativa, que vai abrir o início do processo; as proposições [g + h + i + j] podem ser reagrupadas em uma macroproposição introduzida pelo organizador narrativo ENTÃO, a qual constitui o coração do processo do episódio narrado; a proposição [k], introduzida por E DEPOIS, é interpretável como a macroproposição que fecha o processo e permite à narrativa ser concluída; a proposição [l], introduzida por ENTÃO, corresponde ao fim do processo; por fim, a proposição [m] é uma *quebra*, característica de certas narrativas orais, nesse caso, o gênero da narrativa da experiência vivida, relatada em situação escolar.

Em seu artigo "Thématique", de 1925, B. V. Tomachevski assim define essa primeira unidade narrativa: "A situação inicial exige uma introdução narrativa. A narrativa das circunstâncias que determinam o estado inicial dos personagens e de suas relações chama-se exposição" (1965: 275). Ele acrescenta muito apropriadamente que essa exposição-orientação não se situa sempre em todo início de história. A narrativa pode perfeitamente começar *ex abrupto*: "A narrativa começa pela ação em curso de desenvolvimento e é apenas na sequência que o autor nos faz conhecer a situação inicial dos heróis. Nesse caso, estamos diante de uma exposição retardada" (1965: 275). Ela é seguida de um Nó-MPn2, para o qual Tomachevski dá a seguinte definição: "Para fazer funcionar a fábula,

Textos: tipos e protótipos

introduzem-se causas dinâmicas que destroem o equilíbrio da situação inicial. O conjunto das causas que violam a imobilidade da situação inicial e que desencadeiam a ação chama-se nó. Normalmente, o nó determina todo o desenvolvimento da fábula e a intriga reduz-se às variações das causas principais introduzidas pelo nó. Essas variações chamam-se peripécias (a passagem de uma situação a outra)" (1965: 274). Em nosso exemplo, a proposição [f] é um frágil novelo de intriga e as proposições [g] à [j] formam um núcleo acional ou macroposição MPn3-(re)Ação, que é o coração do episódio. Simetricamente à MPn2, a macroposição Desfecho-MPn4 é muito importante. Ela é aqui fragilmente marcada pelo conector E DEPOIS. Esse desfecho-MPn4 permite à sequência finalizar como o Nó-MPn2 assegurava, de sua parte, o início da sequência. A seu modo, Tomachevski havia percebido a natureza profundamente simétrica de MPn2 e MPn4, religando-a a um componente totalmente ausente da narrativa oral plana T1: "A tensão dramática aumenta progressivamente à medida que a mudança total da situação se aproxima. Essa tensão é habitualmente obtida pela preparação dessa grande mudança" (1965: 274). Ele falava ainda de MPn2, o "nó", como de uma "tese" e de MPn4 como de uma "antítese". Evidentemente, do Desfecho-MPn4 decorre a Situação final (síntese-desfecho para Tomachevski). Esse movimento lógico é aqui introduzido pelo conector ENTÃO, e a Situação final-MPn5 aparece como o fim da brincadeira de criança. Pode-se dizer que as macroproposições MPn2 e MPn4 asseguram o estabelecimento da intriga na base de toda sequência, e que a articulação lógica considerada por Tomachevski – Tese-MPn2 + Antítese-MPn4 + Síntese-MPn5 – constitui a espinha dorsal do estabelecimento da intriga. T1 aparece como uma anedota de frágil estabelecimento da intriga por uma razão que o quinto critério vai especificar.

A causalidade narrativa da colocação em intriga

A narrativa explica e coordena, ao mesmo tempo que retraça, substitui a ordem causal do encadeamento cronológico.

(Sartre)

Na sua célebre "Explication de *L'Étranger*" (1943), Sartre parte dessa definição da narrativa para explicar em que o romance de Camus não pode ser considerado uma narrativa. Ele desenvolve a mesma ideia no ensaio de 1938 sobre Dos Passos: "A narrativa explica: a ordem cronológica – ordem para a vida – dissimula enormemente a ordem das causas – ordem para o entendimento; o

O protótipo da sequência narrativa

acontecimento não nos toca, ele está a meio-caminho entre o fato e a lei" (1947: 20). Se o escritor americano inventa literalmente "uma arte de contar histórias", é que, particularmente em *Manhattan Transfer* (1925), "nem por um momento a ordem das causas se deixa surpreender sob a ordem das datas". Não é uma narrativa: é o desenrolar balbuciante de uma memória bruta e crivada de lacunas, que resume em algumas palavras um período de vários anos, para se prolongar languidamente sobre um fato minúsculo" (1947: 21). O abandono do *post hoc, ergo propter hoc* dos antigos pelo romance moderno traduz-se pelo fato de, em vez de articular com causalidade os eventos, narrar, segundo Dos Passos, "é fazer uma adição". Da mesma maneira, em *L'Étranger* (*O estrangeiro*), as frases parecem justapostas: "De forma particular, evitam-se todas as ligações causais, que introduziriam na narrativa um embrião de explicação e que colocariam entre os momentos uma ordem diferente da sucessão pura" (1947: 143). Daí essa célebre fórmula: "Uma frase e *O estrangeiro* é uma ilha" (1947: 142). Poderíamos dizer a mesma coisa de T1, cuja sequência dos organizadores temporais DEPOIS, ENTÃO, E, E, E DEPOIS e ENTÃO parece apenas colocar os acontecimentos um após o outro sem a construção de uma causalidade e de uma tensão narrativas.

Mais perto de nós, os narradores de Claude Simon são notadamente incapazes de relatar uma sequência de acontecimentos sob a forma de uma narrativa inventada. No início de *Tentative de restitution d'un retable baroque*, em um desses intermináveis parênteses, cujo segredo o autor domina, o conhecimento dos acontecimentos é explicitamente declarado "fragmentário, incompleto, feito de uma adição de breves imagens, elas mesmas incompletamente apreendidas pela visão; de falas, elas mesmas mal apreendidas; de sensações, elas mesmas mal definidas, e tudo isso vago, cheio de lacunas, de vazios, os quais a imaginação e uma aproximação lógica se empenhavam em remediar". Algumas linhas mais à frente, a tentativa de narrativização – estabelecimento da intriga – é assim descrita:

> E agora, agora que tudo acabou, tentar contar, reconstituir o que passou, é um pouco como se se tentasse recolher os cacos dispersos, incompletos de um espelho, esforçando-se sem êxito para reajustá-los, obtendo apenas um resultado incoerente, irrisório, idiota, em que talvez só nosso espírito, ou mesmo nosso orgulho, nos imponha, sob o risco da loucura e contra toda evidência de encontrar a todo custo uma sequência lógica das causas e dos efeitos, em que tudo o que a razão consegue ver é essa errância, nós mesmos desnorteados para a direita e para a esquerda, como um bote à deriva, sem direção, sem visão, tentando apenas flutuar e sofrendo, e morrendo para terminar e é tudo...

Em *L'Art du roman* (*A arte do romance*), Milan Kundera vai na mesma direção, comparando os suicídios de Werther e de Anna Karenina. Para Goethe, "Werther ama a mulher de seu amigo. Ele não pode trair o amigo, ele não pode renunciar a seu amor, então, ele se mata" (1986: 79); em outras palavras, o suicídio é aqui "transparente como uma equação matemática" (1986: 79). Para os antigos romancistas, a mobilidade racionalmente apreendida faz nascer um ato que provoca outro, e assim por diante. A aventura é narrativa, quer dizer, "um encadeamento, transparentemente causal, dos atos" (1986: 79). Ao contrário, o fato de não podermos explicar com certeza o suicídio de Anna Karenina distingue claramente a diferença entre a narração clássica e o romance de Tolstoi que traz à luz "o aspecto não causal, incalculável, até misterioso, da ação humana" (1986: 79).

A título de exemplo, consideremos esse resumo de *Colomba*, de Mérimée, proposto no *Manuel des études littéraires françaises*, de P. Castex e P. Surer (volume 5, *século XIX*, Hachette, 1950: 172):

(2)   [a] um jovem tenente de meio soldo, Orso, retornando da Córsega, sua pátria, conhece o coronel Nevil e sua filha Lydia, de quem se aproxima. [b] Em sua chegada à ilha, sua irmã Colomba perturba seu belo sonho, incitando-o a um ato de vingança contra os Barricini, assassinos de seu pai, [c] Orso, ferido pelos dois irmãos Barricini, revida e os mata de um golpe duplo, depois foge e se esconde em um matagal; [d] Colomba e Lydia juntam-se a ele; [e] mas a pequena tropa é capturada. [f] Orso é considerado como tendo agido em legítima defesa [g] e celebra seu noivado com Lydia, [h] enquanto Colomba, implacável, saboreia seu triunfo na presença do velho Barricini moribundo.

Um resumo de um texto narrativo é um texto como outro qualquer, ainda que, como nota Aaron Kibedi Varga, "a narrativa não represente jamais *o* texto, mas uma espécie de resumo mental dele, e que corre mesmo o risco de ser inexata porque depende da escolha daquele que resume os acontecimentos contados em um texto" (1979: 380). O resumo escolhido nos permite acessar uma fábula (ou história, termo preferível ao de "narrativa", que Kibedi Varga utiliza) que parece apoiar-se sobre um silogismo subjacente:

> Premissa maior:
> O homem que não defende sua honra é indigno de ser feliz. (m1 = [a] + [b])
> Premissa menor:
> Ora, Orso (Graças à Colomba) soube defender sua honra, (m2 + m3 + m4 = [c], [d], [e] e [f])

Conclusão:
Então, Orso é digno de ser feliz (m5 – [g] e [h])

Para Merimée, assim como para Goethe, os fatos têm a transparência, senão de uma "equação matemática", como diz Kundera, pelo menos dessa forma ideal de raciocínio, que é um silogismo. Em tais condições, a narrativa apoia-se na lógica de um raciocínio, e pode-se efetivamente falar de um "encadeamento, transparentemente causal, dos atos".

A lógica singular da intriga não tem nada a ver com o rigor abstrato dos raciocínios materializados por tais silogismos. A "lógica" narrativa é perfeitamente apreendida por Roland Barthes, quando fala dela como de uma lógica bastante impura, uma parente da lógica, uma lógica dóxica, ligada a nossas formas de raciocinar, mas de forma alguma ligada às leis do raciocínio formal que os silogismos precedentes põem em evidência:

> Com efeito, tudo leva a pensar que a força da atividade narrativa é a própria confusão entre a consecução e a consequência, o que vem *depois* sendo lido na narrativa como *causado por*; a narrativa seria, nesse caso, uma aplicação sistemática do erro lógico denunciada pela escolástica sob a fórmula *pos hoc, ergo propter hoc* [...]. (1966: 10)

Gérard Genette enfatiza, de modo ainda mais claro, com a noção de "determinações retrógadas", sobre a forma como a narrativa dissimula sua arbitrariedade: "Não necessariamente a indeterminação, mas a determinação dos meios pelos fins, e, para falar resumidamente, *das causas pelos efeitos*" (1969: 94). A motivação narrativa é um tipo de véu da causalidade: "A motivação é então o aparecimento e o álibi causal, dada pela determinação finalística, que é a regra da ficção: o *porquê* encarregado de fazer esquecer o *por quê?* – e, portanto, de naturalizar, ou *realizar* (no sentido de fazer passar por real) a ficção dissimulando o que ela tem de *orquestrado* [...], quer dizer de artificial: em síntese, de fictício" (Genette, 1969: 97).

Essa destruição da lógica e da temporalidade é realizada, antes de tudo, pela "lógica" macroposicional do estabelecimento da intriga, a qual leva em conta o esquema quinário seguinte, que hierarquiza as relações (que, de outra maneira, são simplesmente cronológicas e literárias) entre os cinco momentos (m) de todo processo no interior de uma sequência (ou de um texto inteiro):

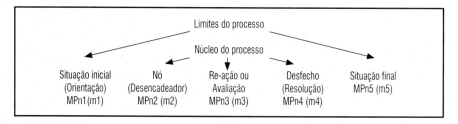

A aplicação desse esquema ao resumo de *Colomba* proposto anteriormente dá o recorte seguinte, mais próximo do conjunto do resumo do que o silogismo:

> MPn1 = [a] + [b] = felicidade de Orso e desonra sentida no começo por Colomba (daí o apelo que fez) dentro de uma Situação Inicial típica, que reúne três atores na perspectiva de duas buscas relacionadas: Orso e Lydia (felicidade visada) e Orso e Colomba (honra visada).
>
> MPn2 = [c] = Orso, ferido pelos Barricinis, revida e os mata: ou seja, um fazer transformador que pode modificar os predicados de base de MPn1 introduzindo o infortúnio e a desonra (Nó ou Complicação).
>
> MPn3 = [d] + [e] = reação constituída pela fuga e pela captura de três atores.
>
> MPn4 = [f] = Desfecho conduzido pelo reconhecimento da legítima defesa como característica do fazer de MPn2.
>
> MPn5 = [g] + [h] = Situação final que conjuga os três atores com a felicidade (noivado de Orso e Lydia) e a honra (vingança de Colomba).

Compreendemos melhor, assim, a noção de "escansão de acontecimentos" da qual fala Umberto Eco e a concepção aristotélica do "todo de uma ação". A operação de estabelecimento da intriga repousa sobre esse dispositivo elementar que desemboca, evidentemente, em possibilidades de combinação de sequências em textos, de acordo com os três modos de base dos quais falamos na introdução: coordenar linearmente as sequências, encadear-inserir as sequências umas nas outras ou organizá-las em paralelo (histórias alternadas, como o *Conte du Graal*, de Chrétien de Troyes, *As fadas*, de Perrault, ou *Palmeiras selvagens*, de Faulkner, são bons exemplos literários e *Os deuses devem estar loucos*, um bom exemplo fílmico).

Compreendemos também que a compilação dos fatos organizados por ordem das datas das crônicas, dos anais etc. pudesse ser declarada não narrativa, tanto por Aristóteles quanto por Bérardier de Bataut em seu *Essai sur le récit*, de 1776: nesse caso, não vemos um estabelecimento da intriga determinado pela introdução dos dois desencadeadores constituídos pelo Entrelaçamento-MPn2 e pelo Desfecho-MPn4. É o caso, por exemplo, deste enunciado, o qual Umberto Eco, em *Lector in fabula*, observa que se exclui do conjunto dos textos narrativos:

(3) Ontem eu saí da minha casa para tomar o trem de 8h30 que chega a Turin às 10h. Tomei um táxi que me levou até a estação, lá eu comprei um bilhete e alcancei a plataforma indicada; às 8h20 eu subi no trem, que saiu no horário e que me conduziu a Turin.

Se tal sequência linguística não é uma narrativa, isso não se deve a razões pragmáticas consideradas por Eco: "Diante de qualquer um que contasse uma história desse tipo, nós nos perguntaríamos por que ele nos faz perder nosso tempo, violando a primeira regra conversacional de Grice, segundo a qual não é necessário ser mais informativo do que aquilo que se exige" (1985: 141). Essa lei não é de forma alguma uma lei puramente narrativa. Na verdade, se essa "história" da viagem do trem não é uma narrativa, é porque se contenta em enumerar uma sucessão de atos que correspondem a um simples *script*, sem colocar em intriga os acontecimentos. Para distinguir descrição das ações e narrativa, digamos que a descrição das ações (que foi discutida no primeiro capítulo) não se submete inteiramente ao critério da intriga. Como a enumeração tinha um grau muito baixo de descrição, a descrição da ação e os exemplos (1) e (3) apresentam um grau muito frágil de narratividade.

Acrescentamos, ainda, que a Orientação-MPn1, fixando a situação inicial da narrativa, estabelece principalmente elementos constitutivos do "mundo" da história contada. Como nota Umberto Eco, "Para narrar, é preciso acima de tudo construir um mundo, o mais provido possível, até nos mínimos detalhes" (1985b: 26). Não apenas os personagens são obrigados a agir segundo as leis desse mundo, mas também o "narrador é o prisioneiro de suas premissas" (1985b: 35). É dizer, então, que uma lógica do mundo representado acaba por se superpor à lógica do estabelecimento da intriga.

Uma avaliação final (explícita ou implícita)

> *Mesmo quando todos os fatos são estabelecidos, resta sempre o problema de sua compreensão em um ato de julgamento que acaba por considerá-los em conjunto em vez de vê-los em série.*
> (Mink)

Este último componente – dito "configurante" por P. Ricoeur, seguindo o filósofo da linguagem Louis O. Mink – é provavelmente uma das chaves da especificidade da narrativa. Esse componente já se encontra em Bérardier de Bataut: "Há bem poucas pessoas que são capazes, por elas mesmas, de tirar verdadeiras conclusões dos fatos que utilizam. É necessário, então, que o escritor compense essa incapacidade, a fim de dar a sua obra a utilidade que lhe convém" (1776: 321-322).

Conforme o que Le Père diz da fábula "Le Bossu", em seu *Traité du poème épique* (1675), Bérardier de Bataut acrescenta: "Sua parte mais essencial é a máxima da moral que ela quer insinuar. É este o fundamento que a sustenta" (1776: 581).

A mesma ideia encontra-se em Lessing que, em suas *Réflexions sur la fable*, une o quinto e o sexto critérios em uma definição bastante aristotélica de ação, como sequência de mudanças que, em conjunto, "formam um todo". Para Lessing, a unidade do conjunto provém do acordo de todas as partes visando a um só fim: "O fim da fábula, a razão por que a inventamos, é o princípio moral." Claude Simon, em seu discurso de recebimento do Nobel, especifica, no mesmo sentido, o processo de fabricação da fábula:

> Segundo o dicionário, a primeira acepção da palavra "fábula" é a seguinte: "Breve narrativa da qual se extrai uma moral." Uma objeção vem imediatamente ao espírito: na realidade, o verdadeiro processo de fabricação da fábula desenvolve-se exatamente ao contrário desse esquema e inversamente é a narrativa que é extraída da moral. Para o fabulista, há antes de tudo uma moral [...] e depois apenas a história que ele imagina, a título de demonstração do imaginado, a fim de ilustrar a máxima, o preceito ou a tese que o autor busca por este meio tornar mais marcante. (1986: 16)

Edgar Poe, em relação a outro gênero narrativo, já chegava à mesma conclusão em seu "Método de composição" de *La Genèse d'un poème*: "Posso dizer que meu poema havia alcançado seu começo – pelo fim, como deveriam começar todas as obras de arte [...]." (1951: 991) "Um plano qualquer, digno do nome de plano, deve ter sido cuidadosamente elaborado visando ao desfecho, antes que a pluma ataque o papel. É apenas com o pensamento constante sobre o desfecho diante dos olhos que podemos dar a um plano sua indispensável fisionomia lógica e causal – fazendo com que todos os incidentes, e particularmente o tom geral, convirjam para o desenvolvimento da intenção" (1951: 984). Para o mestre da narrativa fantástica, a primeira de todas as considerações é naturalmente "aquela de um *efeito* a produzir" (1951: 984), e essa concepção do efeito não se faz sem consequências sobre a própria dimensão da obra: "Se uma obra literária é muito longa para ser lida em uma única sessão, devemos nos resignar a nos privar do efeito extraordinariamente importante que resulta da unidade de impressão; porque, se duas sessões são necessárias, as coisas do mundo se interpõem, e tudo isso a que chamamos de *conjunto*, totalidade, é destruído de imediato" (1951: 986).

A partir dessas observações, torna-se possível completar o protótipo da sequência narrativa de base pelo acréscimo dessa macroproposição avaliativa final (ou "moral" – MPnΩ), que dá o sentido configuracional da sequência.

Os escritores enfatizam bastante essa complementaridade narrativa entre sequência e configuração. Assim Milan Kundera, em *A arte do romance*, fala da "arte da elipse" como de uma necessidade que ele explica em termos muito próximos daqueles de E. A. Poe: "Imaginem um castelo tão grande que não se pode abraçá-lo com o olhar. Imaginem um quarteto que dure nove horas. Há limites antropológicos que não se deve ultrapassar: os limites da memória, por exemplo. Ao fim de sua leitura, vocês ainda devem ser capazes de se lembrar do começo. De outro modo, o romance se torna disforme, sua clareza 'arquitetônica' se enevoa" (1986: 94). A estrutura da narrativa garante o domínio da diversidade dos elementos: assegurando a coesão, ela permite a memorização, bem como a legibilidade dos enunciados.

Tomemos o exemplo de uma narrativa de brevidade extrema:

(4) É PRECISO FAZER SINAL AO CONDUTOR

    A senhora esperava o ônibus
    O senhor esperava o ônibus
    passa um cachorro preto que mancava
    a senhora olha o cachorro
    o senhor olha o cachorro
    e durante esse tempo o ônibus passou

Raymon Queneau, Courir les rues, Gallimard, 1967.

Esse pequeno texto apresenta a curiosidade de não respeitar em nada a ordem canônica das macroproposições. O título corresponde, com efeito, a uma antecipação da avaliação final-MPnΩ, que segue habitualmente a situação final-MPn5. Esta última não é explicitamente fornecida, mas é dada a derivar a partir das informações precedentes: tanto o senhor quanto a senhora perdem o ônibus, ou seja, há um retorno à situação de partida (t + n [MPn5] = t [MPn1]). Os dois primeiros versos definem a Situação inicial (Orientação-MPn1); o verso 3 introduz o desencadeador da narrativa (o Nó-MPn2); os versos 4 e 5 correspondem à (Re)ação central (MPn3) e o último verso, ao Desfecho-MPn4.

Textos: tipos e protótipos

É interessante comparar essa breve narrativa com o que diz Lessing quando mostra que um conjunto de personagens – um galo preto + uma marta + uma raposa + um lobo – não faz uma fábula. Uma sucessão de acontecimentos desse tipo, ou ainda como considera Lessing – "A marta devorou o galo preto, a raposa devorou a marta, o lobo devorou a raposa" – não é suficiente – mesmo com o que é dito – para transformar o princípio moral em fábula. A importância do passado simples (*passé simple*) é bastante real e igualmente salientada pela última palavra da breve narrativa de Queneau: por trás desse tempo narrativo, delineia-se o deslocamento da sucessão temporal (primeiro critério) em direção à causalidade narrativa do estabelecimento da intriga (quinto critério). Mas, para que haja narrativa, é necessário passar do plano da sucessão dos acontecimentos para o plano da "configuração", é necessário ir além da ausência do ator constante. A unidade é aqui assegurada pelo princípio moral: "A mais fraca é a presa designada como a mais forte", que instaura claramente dois atores encarregados de assegurar a ligação, em profundidade, das proposições, mas não se pode falar de um processo transformacional articulado em torno de dois desencadeadores (MPn2 e MPn4) que asseguram a passagem de uma situação inicial a uma situação final.

PRAGMÁTICA DA NARRATIVA

Três regras pragmáticas foram estabelecidas por Cícero e retomadas, por exemplo, no verbete "narrativa", de *l'Encyclopédie*: regras de *concisão* (lei de economia), de *clareza* e de *verossimilhança*. As obras clássicas acrescentam geralmente uma lei deveras pragmática de *interesse*: "A narração será interessante se o orador, que fala para ser escutado, e o autor, que escreve para ser lido, souberem prender o ouvinte ou o leitor, seja entretendo-o, seja instruindo-o, seja comovendo-o, isto é, falando à sua imaginação, à sua inteligência ou a seu coração." Pode-se questionar esses quatro princípios. Se a verossimilhança e a clareza parecem unanimemente prescritas para se formar uma boa narrativa, o interesse nem sempre está em consonância com a lei de economia clássica.

Tomemos, por exemplo, as observações de Michel Déon em *Un taxi mauve*. A propósito das histórias contadas pelo personagem central, o narrador observa, primeiramente, que elas respeitam a regra de verossimilhança: "Nas histórias de Taubelman [...], há uma parte de verdade que as torna plausíveis" (1973: 160), mas, ele acrescenta um pouco mais adiante, "[...] eu não tenho o talento de escritor que me permitiria restituir (ou melhor, reinventar) em sua riqueza e em sua integralidade uma história de Taubelman. Aquela dura quase uma hora com incidentes, repetições, vocabulário prodigioso. Ao contrário de outros que hesitam demasiadamente, eu tendo a considerá-la verdadeira, plausível enfim" (1973: 286). Numa coletânea de contos intitulada *Ni les ailes ni le bec*, François Conod vai na mesma direção que Déon. Depois de ter contado uma história em algumas linhas, ele acrescenta:

> O quê? Já acabou? Dominique, que conta tão melhor do que eu, nos teria mantido em suspense durante horas com sua história do Titanic. Ao passo que, de minha parte, eu a liquido [...] a toda velocidade, eu a faço explodir [...], como se para me desembaraçar mais rápido, como se ela me queimasse os lábios, ou os dedos, quando escrevo. (1987: 156)

Ele comenta assim a terceira história que ele também despachou em menos de uma página:

> Raios, eu já disse tudo. Teria sido necessário falar longamente da "pasta de emagrecimento", descrever a caixinha redonda sobre a tampa da qual se apresentava, na diagonal (as caixas redondas têm uma diagonal?), em malvas inglesas, a grife das irmãs Frangin. E, depois, incorporar à massa de palavras metáforas e comparações, que são a graxa da linguagem [...]. Dominique teria tido a noite inteira, teria construído um romance inteiro. Eu não chego nem mesmo a traçar um conto. Impotência? Esterilidade? Aversão, antes, a sovar a massa de palavras [...]. Mas eu, quando trituro a massa de palavras, isso me provoca um efeito contrário ao efeito da pasta de emagrecimento das irmãs Frangin: contrariamente ao que acontecia quando era Dominique que contava – quanto mais eu ponho pomada, mais meu texto incha inutilmente. (1987: 157-158)

Como mostra o "princípio dialógico",[1] a estrutura narrativa à qual se ligam as gramáticas da narrativa é apenas superficialmente homogênea: "Os enunciados longamente desenvolvidos e, todavia, originados de um interlocutor único [...], são monológicos somente em sua forma exterior, mas, em sua estrutura semântica e estilística, são, de fato, essencialmente dialógicos" (Bakhtin traduzido *in* Todorov, 1981: 292). Como a estrutura da narrativa integra esse princípio dialógico? Este é um dos pontos os quais uma narratologia linguística deve se esforçar para responder.

---

[1] Ver, sobre isso, T. Todorov (1981).

A tese linguística de base do princípio dialógico é a seguinte: "Todo enunciado, mesmo sob uma forma escrita acabada, responde a alguma coisa e espera, por sua vez, por uma resposta" (Volochinov, 2010: 267). Outra formulação, na tradução de T. Todorov, é: "Todo enunciado exige, para que se realize, ao mesmo tempo a presença de um locutor e de um interlocutor [...]. Toda expressão linguística, portanto, é sempre orientada para o outro, para o interlocutor, mesmo que esse outro esteja fisicamente ausente" (1981: 292). As consequências de levar em conta o destinatário (coenunciador, de fato) da narrativa são consideráveis para a narratologia. Encontram-se em Bakhtin os germes daquilo que William Labov e Joshua Waletzky (1967, 1972) teorizaram em torno das proposições avaliativas: "Assim, todo enunciado (discurso, conferência etc.) é concebido em função de um ouvinte, quer dizer, de sua compreensão e de sua resposta – não sua resposta imediata, é claro, pois não é necessário interromper um orador ou um conferencista com observações pessoais, mas em função também de sua concordância, de sua discordância, ou, dito de outra maneira, da percepção avaliativa do ouvinte, em resumo, em função do 'auditório do enunciado'" (Todorov, 1981: 292).

A narratologia moderna levou certo tempo para considerar essas hipóteses que fazem cindir a bela unidade monológica da narrativa. É nessa perspectiva que Labov chama atenção para um fato pragmático muito interessante:

> Há muitas maneiras de contar a mesma história, e pode-se dizer delas coisas muito diferentes, ou nada. A história que não diz nada atrai para si uma observação desdenhosa: "E então?" Essa questão o bom narrador sempre consegue evitar; ele sabe como torná-la impensável. Ele sabe como fazer de maneira que, terminada a sua narrativa, a única observação apropriada seja: "É mesmo?" ou qualquer outra expressão capaz de destacar o caráter memorável dos eventos reportados. (1978: 303)

O melhor exemplo literário desse gênero de sanções nos é fornecido por essa narrativa do ato IV de *Justes* (*Os justos*), de Camus:

(5) *Kaliayev* [1]: Não é necessário dizer isso, irmão. Deus não pode nada. A justiça é questão nossa! (Um silêncio). Tu não compreendes? Tu conheces a lenda de São Dimitre?
Foka [1]: Não.
Kaliayev [2]: [a] Ele tinha um encontro na estepe com o próprio Deus, e vinha apressado [b] quando encontrou um camponês [c] cuja carruagem estava atolada. [d] Então, São Dimitre o ajudou. [e] A lama era espessa,

o atoleiro profundo. [f] Foi necessário labutar durante uma hora. [g] E, quando aquilo acabou, [h] São Dimitre correu para o encontro. [i] Mas Deus não estava mais lá.

Foka [2]: E aí?

Kaliayev [3]: E aí há aqueles que chegarão sempre atrasados ao encontro porque há muitos irmãos a socorrer.

O fato de que a narrativa alegórica não permite ao ouvinte (Foka) interpretar corretamente a "máxima de moral" implícita obriga o narrador a formular explicitamente uma avaliação final sob a forma de "moral". Pode-se dizer que a sanção do "E aí?" manifesta a má antecipação, pelo narrador, das capacidades interpretativas de seu ouvinte. Salientemos que essa narrativa, extremamente concisa, é totalmente desprovida de avaliações passíveis de preparar a interpretação final. O respeito extremo à lei de economia é certamente responsável pelas dificuldades de compreensão de Foka. Esse exemplo contrasta com a narrativa de um tagarela que se encontra em *Belle du seigneur* (*A bela do senhor*), de Albert Cohen. Nesse texto, os movimentos de antecipação das reações do ouvinte, a maneira de acrescentar ao corpo da narrativa todo um conjunto de proposições descritivas e avaliativas suspendem o curso dos eventos e contrastam com a economia excessiva da narrativa de *Os justos* ou a impotência do narrador de *Ni les ailes ni le bec*.

Com a abordagem pragmática e textual, a mudança de rumo da narratologia ocorreu em uma dupla direção: em direção à linguagem ordinária e não mais somente à narração literária, de uma parte; e em direção à não homogeneidade da narrativa, à sua orientação argumentativa, de outra parte. A narratologia que Labov e Waletzky inauguram – e que prolongam os trabalhos americanos de Sacks e Jefferson e, na Alemanha, de Uta Quastoff – consiste em descrever textos dominados por uma atitude linguageira fundada no apelo à atividade do(s) parceiro(s) da interação. Ou seja, um deslizamento das preocupações do plano da normalidade formal – do fechamento estrutural, ligado a um gênero (o conto maravilhoso escrito) – ao plano da interação linguageira em situação – causalidade interativa sempre subjacente e, por vezes, dominante.

Esses dois componentes não são em nada separáveis, e é absolutamente necessário pensar a narração como o produto de uma construção textual (plano de sua estrutura sequencial própria) e de uma orientação pragmática (plano da interação linguageira). É nesse sentido que se envolvem o *Lector in fabula*, de Umberto Eco (1979), que constitui o primeiro ensaio de pragmática textual aplicada à narração, e, de certo modo, a reflexão de Paul Ricoeur nos três volumes de *Tempo e narrativa*. A tripla *mimesis* de Ricoeur se aproxima, de fato, em grande parte do próprio objeto da pragmática textual de Eco: "Estudar como o texto (uma vez produzido) é lido e como toda descrição da estrutura do texto deve, ao mesmo tempo, ser a descrição dos movimentos de leitura que ele impõe" (Eco, 1985: 10).

A *primeira mimesis* ou *plano da prefiguração* – situada à montante da textualidade – é a da intriga como composição de ações enraizada no pré-construído. Memória do que o texto assume e tenta fazer inteligível, ela marca a ancoragem da composição narrativa na compreensão prática do leitor. De fato, "Imitar ou representar a ação é, primeiro, pré-compreender o que é o agir humano: a sua semântica, o seu simbolismo, a sua temporalidade. É dessa pré-compreensão, comum ao poeta e a seu leitor, que se ergue o estabelecimento da intriga e, com ela, a mimese textual e literária (Ricoeur, 1983: 100).

A *segunda mimesis, plano da sucessão e da configuração*, é o "eixo da análise" (Ricoeur, 1983: 86). Pode-se defini-la como uma atividade produtiva de intriga que consiste em tomar em conjunto uma sucessão de ações para formar um todo organizado tendo um começo e um fim. Como mediação, o momento da operação configurativa faz de acontecimentos individuais uma história, ele compõe em um todo de fatores heterogêneos. Em outros termos, o estabelecimento da intriga permite reunir uma sucessão de eventos em um todo significante fazendo "figura", dotado de um começo e de um fim, e passível de ser seguido por quem lê ou ouve a "história". Esse plano é, certamente, aquele que nos interessa mais diretamente aqui.

A *terceira mimesis* ou *plano da refiguração*, à jusante do texto, "marca a intersecção entre o mundo do texto e o mundo do ouvinte ou do leitor. A intersecção, portanto, do mundo configurado [...] e do mundo no qual a ação efetiva se desenvolve e desenvolve sua temporalidade específica" (Ricoeur, 1983: 109). Esse momento em que o leitor se apropria do mundo da obra se encontra ainda na própria obra. Em outros termos, o efeito produzido pelo texto, essa "reconfiguração" de experiência do leitor que a leitura efetiva, não é exterior ao próprio texto e à sua significação. Ricoeur opõe narrativa histórica e narrativa ficcional a partir da pretensão de verdade pela qual se define a terceira relação mimética (1984: 12). Enfatizemos, de passagem, que é o objeto da última réplica [3] do narrador de *Os justos* que dá o sentido da narrativa configurada, explicitando a interseção entre o mundo da narrativa e o mundo onde se desenrola a interação entre Kaliayev e Foka. É "no ouvinte ou no leitor", enfatiza ainda Ricoeur, que "termina o percurso da *mimesis*", "a atividade mimética não encontra o termo visado por seu dinamismo apenas no texto poético, mas também no espectador ou leitor" (1983: 77).

O triplo aspecto da atividade mimética permite salientar a importância da *mimesis* 2, lugar de passagem rio acima (memória) a rio abaixo (expectativa) do texto. Isso desemboca em uma feliz recusa ao fechamento no "encerramento" (estrutural) do texto. Mas, em contrapartida, se um lugar importante é concedido ao leitor (ponto de articulação entre a *mimesis* 2 e a *mimesis* 3), Ricoeur negligencia seu simétrico entre a *mimesis* 1 e a *mimesis* 2: o produtor da narrativa. Enfim, os limites dessas proposições aparecem no privilégio concedido à arte narrativa: Ricoeur localiza a narrativa comum na *mimesis* 1 (1984: 230, 237) e situa na *mimesis* 2 somente as grandes obras legitimadas e valorizadas pela instituição literária. Para evitar uma tal limitação, examinemos agora como textos muito diferentes atualizam o protótipo da sequência narrativa definido anteriormente. Tomo de empréstimo meus exemplos, propositadamente, de gêneros bastante diversos: teatro, romance e fábula, adicionando uma anedota e uma narrativa de imprensa.

ANÁLISES SEQUENCIAIS

Complexidade de um curto monólogo narrativo teatral (Camus)

A narrativa (5), tirada de *Os justos*, de Albert Camus, apresenta a imensa vantagem de permitir explicitar a estrutura intratextual de um monólogo narrativo (sua "sintaxe narrativa") e sua inserção no cotexto conversacional de uma peça de teatro (sua "sintaxe dramática"). Ademais, sua estrutura interna, apesar de sua brevidade, é uma estrutura mais complexa que a dos exemplos precedentes, com dois processos encaixados. Insisto nesse exemplo porque Harald Weinrich, que o examina em *Le temps* (1973: 112-115), adotando um ponto de vista da linguística textual, não entra nos detalhes da estrutura textual e utiliza categorias de descrição da narrativa elementares demais. O ponto que me parece bem examinado por Weinrich relaciona-se à passagem do mundo da lenda ao mundo da interação (traduzido indevidamente pelo termo "mundo comentado"). Cito o que me parece situar muito bem a natureza das macroproposições MPnl e MPn5, além da natureza da passagem de MPn5 a MPnΩ (sou eu que adiciono esses elementos ao texto de Weinrich, evidentemente):

> Introdução [MPnl] e conclusão [MPn5] representam bem mais que as primeiras e as últimas frases do texto; elas são de fato partes da narrativa que, do ponto de vista da técnica narrativa, garantem funções bem precisas. A introdução [MPnl] serve como uma exposição, ela apresenta o mundo que vai ser contado e convida o leitor (ou o ouvinte) a penetrar nesse universo estranho. A conclusão [MPn5] fecha esse mundo misterioso da narrativa onde um mortal pode ter um encontro com Deus. Ela nos conduz para a moral [MPnΩ] da lenda, em pleno domínio do mundo comentado. Eis que nós voltamos desse mundo estranho para nosso mundo cotidiano. Não houve o encontro com Deus; no entanto, a teologia e a moral têm aí seu lugar: a lenda vai poder ser comentada. São, portanto, duas funções qualitativamente diferentes da própria narrativa; elas marcam a fronteira entre mundo comentado e mundo narrado. Elas envolvem o corpo narrativo propriamente dito, em que se faz a progressão da narrativa. (1973: 114)

Concentremo-nos, num primeiro momento, na análise sobre o bloco narrativo homogêneo que constitui a segunda resposta de Kaliayev. O exame dos predicados da situação final (i) permite identificar, regressivamente, os da situação inicial: *encontro projetado – antes do processo + [núcleo narrativo ou processo propriamente dito] + encontro malsucedido – após o processo*. Se examinamos de perto a proposição (a) (a mais longa e mais complexa da narrativa), constatamos que ela instaura um conflito entre dois processos: encontrar Deus (a) e/ou ajudar um camponês (b e c). Todo o texto gira em torno da tensão entre duas escolhas: optar ou pelo absoluto (encontrar Deus) ou por uma conduta de bom samaritano, prescrita pela própria lei religiosa. O encontro com o camponês, enfatizado pelo passado simples* e pelo marcador de evento QUANDO, torna-se aqui um obstáculo (macroproposição Nó – MPn2) na caminhada do santo para seu Deus.

Uma análise linguística atenta às marcas permite descrever essa pequena narrativa como uma sequência que comporta o encaixamento de uma outra sequência na macroproposição central (MPn3-(Re)ação) do primeiro nível. A primeira sequência narrativa (Sn1) é constituída de uma sucessão de macroproposições narrativas:

> MPn1 – [a] = Situação inicial-Orientação, verbos no imperfeito.
> MPn2 – [b] = Nó (abertura do processo) [quando] e verbo no passado simples.

---

* N.T.: A ênfase do *passé simple* a que o autor se refere, que ele explica adiante, se dá pelo fato de que o encontro com o camponês encerrava, no passado, a possibilidade do encontro planejado com Deus. Em português, não há como expressar essa nuance apenas pelo tempo verbal, já que nessa língua dispomos apenas de um pretérito perfeito.

MPn3 – [c] a [g] = Re-ação [aqui a sequência encaixada Sn2, detalhada a seguir].
MPn4 – [h] = Desfecho tentado, verbo no passado simples.
MPn5 – [i] = Situação final, verbo no imperfeito.

Responsável pela ação contrária ao primeiro processo, a sequência central (Sn2) pode ser assim descrita:

MPn1' – [c] = Situação inicial (*cujo* + imperfeito).
MPn2' – [d] = Nó (*então* + passado simples).
MPn3' – [e] = Avaliação central (imperfeito).
MPn4' – [f] = Desfecho (passado simples).
MPn5' – [g] = Situação final (*e quando isso acabou*).

Esses organizadores pontuam as transições entre as mesmas macroproposições das duas sequências: MPn1 < QUANDO > MPn2 e MPn1' < ENTAO > MPn2', MPn4' < E QUANDO > MPn5' e MPn4 < MAS > MPn5. O emprego da terceira pessoa e a alternância entre imperfeito e passado simples são, eles próprios, significativos: remetem a uma enunciação distanciada (histórica). A proposição MPn5' no passado simples ressalta, com o anafórico ESTE, a retomada da primeira sequência, um momento interrompido.

Essa descrição intratextual do monólogo de Kaliayev confirma bem sua natureza narrativa, mas ela não é suficiente. A narratologia pós-estruturalista nos permitiu compreender e teorizar a necessidade de interpretar a narrativa no quadro interativo em que ela aparece. A resposta (2) de Foka ("E aí?") prova que Kaliayev, o narrador-narrante ("narrateur-récitant") avaliou mal as capacidades de seu interlocutor. O contrato inicial só é parcialmente cumprido, e é necessário, para compreender o que se passa, remeter ao diálogo que ocasiona o monólogo narrativo.

O enunciado refutativo que abre a intervenção de Kaliayev é diretamente ligado à réplica precedente. Sua asserção "Deus não pode nada. A justiça é questão nossa!" deixa Foka mudo, como a didascália ("silêncio") o ressalta. Tomando consciência dessa lacuna e dessa incompreensão, Kaliayev considera, então, contar a lenda de São Dimitre, também desconhecida por seu interlocutor. Um duplo saber deve, portanto, ser ativado por Kaliayev: conhecimento da lenda e interpretação de sua pertinência no contexto presente (sob o modelo clássico de interpretação da parábola). O "E aí?" de Foka está bem de acordo com a pertinência do aqui-agora dessa história. O engatilhamento de uma explicação se impõe: Kaliayev explicita, então, a "moral" de sua narrativa. A escolha dos tempos (presente e futuro), bem como a utilização de termos universais ("aqueles que", "irmãos") enfatizam a passagem do mundo da narrativa (da lenda) ao mundo da interação em curso.

O monólogo narrativo teatral comporta, então, como toda narrativa oral, duas macroproposições que o enquadram: uma *Entrada-prefácio*-MPn0 ("Conheces a lenda?...") e uma avaliação final-MPnΩ. Uma permite passar do mundo real da interação ao mundo da lenda; a outra permite fazer o percurso inverso: mencionando outras variantes de abertura (o *Resumo*) e de fechamento (a simples *Coda* ["E é isso"]).

Bakhtin tinha notado a existência dessas marcas de passagem da conversação à narrativa: "São, de fato, proposições de 'posto avançado', poderíamos dizer, situadas plenamente na linha de demarcação onde se realiza a alternância (a *rendição*) dos sujeitos falantes" (1984: 297).

Mostrei em outro trabalho (2011a) que um conjunto de respostas prepara geralmente a narrativa não somente com uma *entrada-prefácio*, mas também com um *resumo*. A narrativa pode também comportar *Avaliações*. Quando elas são do narrado, destinam-se a assinalar o final da narrativa ou a manter a atenção do interlocutor. A ausência desse procedimento explica, em parte, a falha de Kaliayev: introduzindo as avaliações destinadas a preparar a interpretação de sua narrativa, ele teria evitado o fatídico "E aí?".

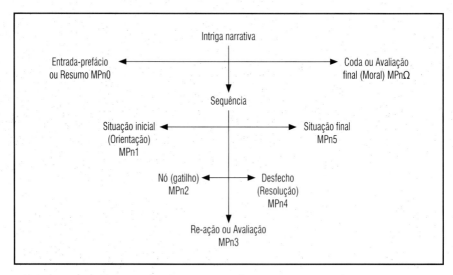

Vemos que a narrativa pode ser precedida desses preâmbulos que B. de Bataut julgava indevidos e que chamamos, hoje em dia, de *Resumo* ou *Entrada-prefácio*

(MPn0): "Eu vou mesmo fazê-los rir; eis uma coisa bem singular; vocês nunca imaginariam o que vou lhes dizer". Acrescentemos que isso pode ser seguido, no caso de uma inscrição em um diálogo (no teatro, por exemplo), tanto por uma *Coda*, que marca o retorno à conversação anterior, quanto por uma avaliação final (MPnΩ). Isso se dá também no breve exemplo (2) e na fábula mais complexa de La Fontaine (5) ou naquela que citamos no primeiro capítulo, (8), "O galo, o gato e o ratinho", que pode ser assim decomposta: MPn0-Resumo (v. 1-2) e Entrada-prefácio (v. 3) + MPn1-Situação inicial (v. 4-6) + MPn2-Nó (v. 7-14) + MPn3-Avaliação extradiegética (v. 15-17) + MPn4-Desfecho (v. 18-30) + [elipse de MPn5-Situação final] + MPnΩ-Avaliação final (v. 31-40) e Moral propriamente dita (v. 41-42).

Uma anedota de Chateaubriand

A anedota é um gênero de narração breve apresentado como não ficcional e assume frequentemente a forma de uma unidade sequencial:

(6)　[a] No início da noite, tivemos que parar na aldeia de Saint-Paternion: [b] era preciso lubrificar a carruagem; [c] um camponês aparafusou a porca de uma das rodas ao contrário, com tanta força que era impossível remover. [d] Todos os habilidosos da aldeia, o mestre ferreiro liderando-os, falharam em suas tentativas. [e] Um rapaz de quatorze a quinze anos deixa a tropa, volta com um alicate, [g] afasta os trabalhadores, [h] enrola na porca um fio de ferro revestido, [i] torce-o com seu alicate e, [j] pesando com a mão na direção do parafuso, [k] remove a porca sem o menor esforço: [l] foi um *viva* universal. [m] Esse garoto não seria algum Arquimedes? [n] A rainha de uma tribo de esquimós, aquela mulher que desenhou para o capitão Parry um mapa dos mares polares, estava olhando atentamente os marinheiros, soldando na forja a proa de ferro, e ela estava à frente, por seu gênio, de toda a sua raça.

Chateaubriand, Memoires d'outre-tombe (Memórias de
além-túmulo), Livro 42, capítulo 1, 22 de setembro.

A proposição [a] constitui o *Resumo* (MPn0) encarregado de anunciar a anedota, insistindo no fato de que a história vai girar em torno de uma possível interrupção da viagem em curso do narrador. A proposição [b] estabelece, no imperfeito, muito brevemente, o conteúdo da *Situação inicial-orientação* (MPn1): a carruagem deve necessariamente ser lubrificada (provavelmente, seus eixos). A proposição [c] introduz, por sua vez, um *Nó*-MPn2, que explica o que foi anunciado por MPn0: torna-se impossível tirar uma das rodas. Com a quarta proposição [d], a *Re-ação* (MPn3), núcleo da narrativa, é inteiramente negativa, e o conteúdo do *Resumo* se confirma: a viagem corre o risco de ser interrompida se não conseguirem tirar a porca da roda bloqueada para lubrificar a carruagem. Ocorrem, então, com uma enfatização acentuada para a utilização repentina do presente da narração, as proposições de [e] a [k], que desenvolvem a descrição das ações do herói da história (sujeito operador da transformação) e formam globalmente o *Desfecho*-MPn4. A proposição [l] enfatiza uma parte da *Situação final*-MPn5: deduz-se de MPn4 o fato de que a carruagem vai poder ser lubrificada e que a viagem não vai ser interrompida, mas, insistindo sobre o "viva" dos espectadores, é a façanha do herói da história que é, de fato, apresentada. As duas últimas proposições, [m] e [n], desenvolvem uma *Avaliação final-Moral* MPnΩ, que interpreta o sentido, por Chateaubriand, dessa anedota: passa-se da história de uma viagem interrompida à façanha do herói adolescente desconhecido, comparado aos heróis mais ilustres.

A narrativa de um tagarela (Albert Cohen)

(7) — A, retomou ele.

— O que há? Está se sentindo mal?

— Membro da seção A, ele explicou com uma voz estrangulada. Não, não aqui, não no elevador. Em meu escritório, na intimidade.

— [a] Eh, bem, eis aqui, começa ele, instalado em sua poltrona e puxando de seu cachimbo para lutar contra a emoção, eis aqui, é um verdadeiro conto de fadas. [b] Mas é preciso que eu te conte bem tudo desde o começo (Ele se envolve de fumaça. Não chorar, ser o vencedor insensível. Não olhar demais para ela, porque a admiração que ele leria em seus olhos arriscaria fazer arrancar soluços já prontos em seu diafragma). [c] Então, eu entro, gabinete ultraesplêndido, tapeçarias finas etc. Ele, assim, imponente, diante de seu escritório em grande estilo, um rosto de mármore, o olhar penetrante, [d] e, então, de repente, um sorriso. Eu te asseguro que eu tive uma paixão súbita, ele tem um charme louco. Oh, eu sinto que me lançaria ao fogo por um tipo como aquele! [e] Então, o sorriso e, depois, o silêncio, mas um silêncio duradouro, talvez dois minutos! Eu te confesso que eu não estava completamente à vontade, mas, qual, eu não podia falar, desde que ele meditava, [f] em

O protótipo da sequência narrativa

suma, eu esperava. [g] E, depois, de repente, alguma coisa incomum. Imagina tu que ele me pergunta, à queima-roupa, se eu tinha alguma coisa a lhe dizer. [h] Eu, surpreso, lhe digo naturalmente que não. [i] Então, ele me diz que era bem o que ele pensava. A bem dizer, eu não tinha compreendido o que ele queria dizer com aquilo, mas não tem importância. [j] Então, eu, nada bobo, com uma presença de espírito pouco comum, tu hás de reconhecer, pego a oportunidade pelos cabelos e digo que, em suma, eu realmente tenho uma coisa a lhe dizer, e é que eu estou feliz pela oportunidade que me é oferecida de lhe dizer de toda a satisfação que sinto por servir sob suas ordens – embora, de longe, acrescentei eu sagazmente, tu compreendes a alusão à coisa de fazer parte do gabinete dele? Em resumo, a bela lorota. [k] Nisto, falamos de muitas coisas, política internacional, último discurso de Briand, eu dizendo, a cada vez, minha opinião, ou seja, conversa. E conversa no escritório suntuoso dele, ante as tapeçarias finas, portanto, conversa de igual para igual. [m] Imagina tu que, bruscamente, ele pega uma folha e escreve nela, eu olho para o lado, para a janela, para não parecer indiscreto. E, então, ele me passa a folha. Ela estava endereçada à seção administrativa! Tu sabes o que ele havia escrito nela? Bem, eu vou te dizer. Minha promoção! (Ele respira longamente, fecha os olhos, torna a abri-los, reacende seu cachimbo para deglutir um começo de soluço, tira várias baforadas para manter-se viril e lutar contra os espasmos dos lábios em emoção). [n] Em síntese, por decisão do secretário geral, Sr. Adrien Deume, promovido a membro da seção A, a partir de primeiro de junho! Aí está! Ele me toma a folha, assina-a e lança na caixa a expedir! Para mim, ele nem mesmo consultou o Sr. John! Em suma, escolha direta, procedimento excepcional! [o] Que me dizes disso?

— É magnífico.

— Eu acho que é magnífico! Tu te consideras nomeado A, de repente!

[...]

Albert Cohen, Belle du seigneur (A bela do senhor),
Gallimard, 1986: 90-91.

Diferentemente da narrativa de Camus, essa longa passagem de *Belle du seigneur* é saturada de digressões avaliativas do personagem-narrador e de parênteses de comentários do narrador-autor. Ela pode, contudo, ser dividida em duas sequências, segundo o mesmo procedimento de encaixamento do texto

Os justos, de Camus. Por falta de espaço, eu me contento em detalhar o recorte narrativo que proponho, cujo movimento permite evidenciar a estratégia narrativa de um personagem tagarela e pretensioso que acredita estar noticiando à sua esposa aquilo que ela já sabe e que ignora ser ela, de fato, a pessoa inteiramente responsável por sua súbita promoção:

MPn0 – [a] = Resumo (interrompido por um parêntese descrevendo as condições da tomada de turno narrativa) que anuncia o caráter extraordinário da narrativa que virá.

– [b] = Entrada-prefácio (mais um parêntese sobre as condições do ato de narração).

MPn1 – [c] = Situação inicial-Orientação introduzida por um ENTÃO fático.

MPn2 – [d] = Nó introduzido muito classicamente pelo gatilho E ENTÃO DE REPENTE

MPn3 = [sequência encaixada Sn2] a partir de [e] "Então, o sorriso".

MPn1' – [f] = Situação inicial: "EM SUMA, eu esperava".

MPn2' – [g] = Nó introduzido pelo gatilho narrativo E, DEPOIS, DE REPENTE.

MPn3' – [h] e [i] = Re-ação sob a forma de falas de dois interlocutores e de avaliação.

MPn4' – [j] = Longa proposição apresentada como Desfecho pelo narrador, introduzida por ENTÃO e finalizada pelo marcador de reformulação conclusivo EM RESUMO.

MPn5' – [k] = Situação final da sequência inserida e retorno [l] dessa sequência à do primeiro nível: a audiência poderia crer que a narrativa terminou, mas ela é somente o final da sequência inserida ("não terminou").

MPn4 – [m] = Desfecho marcado pelo advérbio BRUSCAMENTE.

MPn5 – [n] = Situação final enfatizada por AÍ ESTÁ e EM SUMA.

MPnΩ – [o] = Avaliação final dialogada.

Heterogeneidade composicional de uma fábula de La Fontaine

(8)   O LOBO E O CORDEIRO

A razão mais forte é sempre a melhor:
Vamos mostrar tudo agora.

Um Cordeiro matava sua sede
Numa corrente de água pura;
5   Um Lobo apareceu inesperadamente, em jejum, buscando aventura
E a fome àqueles lugares o atraía.

O protótipo da sequência narrativa

— O que te faz assim tão ousado a ponto de turvar a minha beberagem?
Diz esse animal cheio de raiva.
Tu serás castigado por tua audácia.
10 — Senhor, responde o Cordeiro, que Vossa Majestade
Não se aborreça,
Mas antes de considerar
Que eu vou saciar minha sede
Na corrente,
15 Mais de vinte passam por cima dEla
E, consequentemente, de algum modo,
Eu não turvei, de resto, sua água.
   — Tu a turvaste, repreende aquele bicho cruel
E eu sei que, a mim, tu maldisseste ano passado.
20 — Como eu teria feito isso se eu nem existia ainda?
Replica o Cordeiro, eu ainda mamava na minha mãe.
   — Se não era tu, era então teu irmão.
   — Eu nem tinha apontado ainda. — Era, então, qualquer um dos teus.
Porque o senhor não me poupa,
25 Nem o senhor, nem seus pastores nem seus cães.
Disseram a mim: é preciso que eu me vingue.
Neste momento, no fundo da floresta,
O Lobo o ataca, e depois o come,
Sem mais delongas.

La Fontaine, Fábulas, Livro primeiro, X.

A complexidade da estrutura dessa célebre fábula confunde muito seus analistas. O primeiro verso dá, por antecipação, a moral-MPnΩ, enquanto o segundo verso corresponde a um exemplar de entrada-prefácio-MPn0. A escolha dos tempos verbais confirma o fato de que essas duas macroproposições são, de qualquer modo, exteriores à narrativa propriamente dita: presente de verdades universais reforçado por "sempre", no primeiro verso, por futuro próximo no segundo, que anuncia a história a vir. A segmentação (linha em branco entre esses dois versos e o corpo da história) enfatiza tipograficamente a separação desses dois "mundos".

Os versos 3 e 4 situam um primeiro ator (A1, o Cordeiro). Essa macroproposição tem o imperfeito com valor descritivo característico dos inícios de narrativa: fixar o quadro (aqui unicamente espacial) da Situação inicial-MPn1. O início do processo é ressaltado, no começo do verso 5, pelo presente da narração, que introduz o segundo ator (A2, o Lobo) e uma motivação importante para o que segue ("em jejum"), motivação reforçada pelas duas proposições descritivas (restante do verso 5 e verso 6) no imperfeito. Podem-se considerar esses dois versos como o Nó-MPn2 da narrativa: a relação potencial [A2-comer A1] é construída espontaneamente pelo leitor com base em seus conhecimentos enciclopédicos (histórias de lobos povoando nosso imaginário). A intriga aberta por MPn2 é a seguinte: a fome do lobo será satisfeita e o cordeiro permanecerá ou não vivo? Essas duas perguntas estão intimamente ligadas: a degradação de A1 (ser devorado) constituindo uma melhora para A2 (não mais estar em jejum), a degradação de A2 (estar sempre faminto) resultando em uma melhora para A1 (permanecer vivo).

Simetricamente a MPn2, os versos 27 a 29 constituem o Desfecho-MPn4 que finaliza o processo. Esses versos são compostos de duas proposições narrativas (verso 27 e início do 28, de um lado; restante do verso 28, de outro lado) que têm por agente A2 e por paciente A1; os predicados /vencer/ e /comer/ são complementados por uma localização espacial: "no fundo da floresta". O verso 29 pode ser considerado como uma proposição avaliativa de MPn4. Conforme o modelo posto /148/ mais acima, pode-se dizer que uma Situação final MPn5 (elíptica aqui) é facilmente deduzida de MPn4, um final que converte o predicado inicial [A1 vivendo] em [A1 morto]. Com MPn4, a falta (fome de A2) introduzida em MPn2 como desencadeador-complicação se resolve conforme as expectativas.

Resta o conjunto de versos 7 a 26, que aparece como sequencialmente heterogêneo em relação ao restante – narrativo – do texto. Pode-se falar aqui em um diálogo inserido na narrativa, ou de uma narrativa construída em torno de um diálogo, conforme o gênero narrativo escolhido: a fábula. Se a extensão desse desenvolvimento se sobressai em relação ao resto da narrativa, o que se sobressai também é sua inutilidade: os vinte versos se resumem em uma macroproposição Pn3, que não influencia em nada no curso dos acontecimentos que Pn2 deixa prever. É precisamente esse desequilíbrio que explica o teor da Moral. Sem analisar aqui a estrutura desse longo diálogo – do qual voltaremos a falar no fim do capítulo "O protótipo da sequência dialogal" –, eu acrescentaria simplesmente que ele ilustra perfeitamente o que podemos dizer, com

O protótipo da sequência narrativa

Perelman e Olbrecht-Tyteca, das condições prévias da argumentação, sobre a oposição entre liberdade espiritual e constrições:

> O uso da argumentação implica que se renuncie a recorrer unicamente à força, que se lhe atribua o preço da adesão do interlocutor, obtida com a ajuda de uma persuasão racional, que não se trate dela como um objeto, mas que se apele à sua liberdade de julgamento. (Perelman e Olbrecht-Tyteca, 1988: 73)

O cordeiro gostaria de estar nesse terreno ou, pelo menos, ele tenta persuadir o Lobo, porque ele sabia que "O recurso à argumentação supõe o estabelecimento de uma comunhão de espíritos que, enquanto dura, exclui o uso da violência" (Perelman e Olbrecht-Tyteca, 1988: 73). A fábula de La Fontaine ilustra o que Perelman e Olbrecht-Tyteca preveem ainda:

> Alguns pretenderão que às vezes, até mesmo sempre, o recurso à argumentação é apenas uma farsa. Teria somente a feição de debate argumentativo, seja porque o orador impõe ao auditório a obrigação de escutá-lo, seja porque este último se contenta em fazer o simulacro: tanto num como noutro caso, a argumentação será somente uma isca, o acordo alcançado seria somente uma forma disfarçada de coerção ou um símbolo de boa vontade.

O PROTÓTIPO
DA SEQUÊNCIA ARGUMENTATIVA

> *Fiel à tradição lógica, falei até aqui de proposições e não de enunciados. As primeiras assim como os segundos exprimem conteúdos de julgamento, mas, num enunciado, o conteúdo de julgamento é assumido por um sujeito enunciador. Disso resulta, de uma parte, que o que importa é tanto o valor epistêmico do enunciado quanto seu valor de verdade e, de outra parte, que a ordem em que as enunciações são produzidas não é indiferente.*
>
> Jean-Blaise Grize, 1996: 15.

Não se deve confundir a unidade composicional que denomino com o termo *sequência argumentativa* com a argumentação em geral. Não se deve também assimilar a sequência descritiva, que foi tema do primeiro capítulo, à função descritivo-referencial da linguagem, nem o dialogismo constitutivo do discurso humano ao diálogo como forma de textualização (capítulo "O protótipo da sequência dialogal"). De um ponto de vista geral, a argumentação poderia muito bem ser definida como uma quarta ou sétima função da linguagem depois das funções emotivo-expressiva, conativo-impressiva e referencial, de Karl Bühler, ou ainda metalinguística, fática e poético-autotélica, de Roman Jakobson. Quando se fala, faz-se alusão a um "mundo" (apresentado como "real" ou "fictício"), constrói-se uma representação: é a função descritiva da língua; mas procura-se também fazer partilhar com um interlocutor ou com um auditório essa representação, procura-se provocar ou fazer crescer sua adesão às teses que se apresentam a seu consentimento.

De acordo com o Esquema 1, proposto na introdução (página 35), a noção geral de argumentação pode ser abordada quer no nível do discurso e da interação social, quer no nível da organização pragmática da textualidade. Se definimos a argumentação como a construção por um enunciador de uma representação

Textos: tipos e protótipos

discursiva (módulo N6), visando a modificar a representação de um interlocutor a respeito de dado objeto de discurso, podemos considerar o objetivo argumentativo em termos de visada ilocucutória (módulo N8). Por outro lado, se consideramos a argumentação como uma forma de composição elementar, situamo-nos, dessa vez, no nível N5 da organização sequencial da textualidade.

ESQUEMA INFERENCIAL, SILOGISMO E ENTIMEMA

Alguns encadeamentos de proposições[1] podem ser reinterpretados em termos argumentativos de relação *Argumento(s) > Conclusão, Dado(s) > Conclusão* (Toulmin, 1958: 97) ou ainda em termos de *Razões > Conclusão* (Apothéloz et al., 1989). Um discurso argumentativo visa intervir sobre as opiniões, atitudes ou comportamentos de um interlocutor ou de um auditório, tornando crível ou aceitável um enunciado (*conclusão*) apoiado, de acordo com diversas modalidades, em um outro (*argumentos/dados/razões*). Essas noções de *conclusão* e de *dado* (ou, ainda, de *premissas*) remetem uma à outra, pois um enunciado isolado não é, *a priori*, conclusão ou argumento-dado. Se um (apenas um ou vários) enunciado aparece como sendo anterior a uma conclusão, é *a posteriori* que se relacionam com esta última.

O encadeamento [*Dado > Conclusão*] forma uma unidade argumentativa de base na medida em que um encadeamento se interrompe e na medida em que um efeito de encerramento é sentido (Apothéloz et al., 1984: 38). Essa ideia é sustentada, por exemplo, por Marie Jeanne Borel, que expressa uma posição muito próxima daquela que este capítulo vai sistematizar:

> Só há conclusão *relativamente* a premissas, e reciprocamente. E, de modo diferente das premissas, o que é próprio de uma conclusão é poder servir novamente em ponto posterior no discurso, a título de premissa, por exemplo. Tem-se assim um tipo de sequência textual que se diferencia de outras sequências, narrativas, por exemplo. (Borel, 1991: 78)

Em sua reflexão sobre a relação de sustentação, a propósito de um *corpus* oral, Denis Apothéloz e Denis Miéville mencionam as situações nas quais um "segmento de texto" aparece como um argumento "em favor da enunciação

---

[1] Conforme as proposições de Adam (2011b [2008]), eu deveria falar de "proposições enunciadas" a fim de sublinhar bem que o conceito de proposição é aqui tomado no sentido não lógico de unidades enunciadas de sentido (como o diz a citação de Jean-Blaise Grize destacada como epígrafe deste capítulo).

O protótipo da sequência argumentativa

de um outro segmento do mesmo texto" (1989: 248). Por "segmento", eles designam unidades textuais "cuja extensão pode variar entre a proposição ou o enunciado e um encadeamento de enunciados" (1989: 249).

Os sintagmas "segmento de texto" e "sequência textual" designam apenas encadeamentos de enunciados de extensão variável (observe *p* e *q* adiante) chamados a ser interpretados como formando um período ou uma sequência argumentativa, mais do que uma sequência narrativa, descritiva ou explicativa, mas essa caracterização pode não ser evidente. Assim, quando Brutus, em *Júlio César*, de Shakespeare, justifica o gesto que o faz participar do assassinato do imperador pela frase célebre:

(1)   As he was ambitius, I slew him. / Como ele era ambicioso, eu o matei.

A relação de causalidade narrativa (causa procurada em uma propriedade de César) se baseia na mistura de uma sucessão temporal e de uma sucessão causal de dois enunciados (e1 > e2):

Causa (*ele era ambicioso*) > Consequência (*eu o matei*)
(e1) ANTES (propriedade)   (e2) DEᵖOIS (concluído)

A ordem temporal é muito secundária em relação à interpretação explicativa que o conector AS (COMO) desencadeia. Esse tipo de segmento forma um período: o alcance do conector AS ultrapassa e1 e se fecha apenas depois de e2, o que desencadeia o encerramento de uma unidade textual mais explicativa do que argumentativa: *q* (e2) PORQUE *p* (e1).

O modelo reduzido do movimento argumentativo [*Dado > Conclusão*] é exemplarmente realizado pela indução (SE *p* ENTÃO *q*] e pelo silogismo [*dados* (*premissas maior e menor*) > *conclusão*]. Em *Premiers Analytiques* (*Primeiros Analíticos*) (24b, 18-22) – ver também os *Topiques* (*Tópicos*), Livro 1, 100a25-100b26 –, Aristóteles adianta esta definição de silogismo: "O silogismo é um raciocínio no qual certas premissas, sendo postas, delas resulta necessariamente uma proposição nova, pelo simples fato dos seus dados." As premissas são aqui definidas como *dados* dos quais resulta necessariamente uma "nova proposição", que é propriamente uma *conclusão*. O silogismo tem a particularidade de conduzir a conclusão sem recurso exterior, "pelo simples fato dos seus dados". Isso quer dizer que a regra de inferência é a simples aplicação de um esquema abstrato (esquema tão formal que pode resultar em conclusões tão absurdas quanto divertidas).

|147|

Relativamente a essa estrutura lógica bastante ideal e formal, o discurso natural recorre mais naturalmente ao *entimema*. Assim acontece nos dois exemplos publicitários que estudo mais detalhadamente em outro trabalho (1990: 121-133):

(2) Todas as virtudes estão nas flores
Todas as flores estão no mel

O MEL

TRUBERT

(3) Não há bolhas nas frutas
Então não há bolhas em Banga.

Em (2), falta a conclusão do silogismo: "Então todas as virtudes estão no mel". Em (3), é a premissa que está subentendida: "Ora há apenas frutas em Banga". Nos dois casos, encontra-se a definição aristotélica de entimema. Aristóteles afirma, no Livro I da *Rhétorique* (*Retórica*), que o exemplo como indução e o entimema como silogismo são "compostos de termos pouco numerosos e frequentemente menos numerosos que aqueles que constituem o silogismo propriamente dito. De fato, se algum desses termos é conhecido, não se deve enunciá-lo; o próprio ouvinte o supre" (1357a). Tomando o exemplo de um atleta célebre, Aristóteles explica que, para concluir que ele "recebeu uma coroa como prêmio por sua vitória, basta dizer: ele foi vencedor na Olimpíada; é inútil acrescentar: na Olimpíada, o vencedor recebe uma coroa; é um fato conhecido por todo mundo" (1357a). No Livro II da *Retórica*, tratando de entimemas, ele acrescenta: "Não se deve, aqui, concluir retomando o argumento de longe, nem passando por todos os níveis; o primeiro desses procedimentos faria nascer a obscuridade da extensão; o outro seria redundante, porque enunciaria coisas evidentes" (1395b22).

Acrescentemos que enunciar a conclusão (2) certamente seria inútil, uma vez que todo leitor, ao aplicar a lei de rebaixamento do primeiro termo da premissa maior e do segundo termo da premissa menor, chega facilmente à conclusão implícita, mas sobretudo isso não permitiria formular a conclusão publicitária visada, que diz respeito a um mel em particular, e não a todos os meles. A economia do discurso natural é aqui de natureza "poética", quer dizer, dominada pelo princípio do paralelismo. O acoplamento dos termos utilizados conduz a um resto quase anagramático: "As virtudes... Trubert."

Com a publicidade para a bebida Banga (3), a premissa não dita é sobretudo aquela que se quer ver reconstruir pelo leitor-interpretante. Ao não enunciar a premissa menor ("Ora, há apenas frutas em Banga"), o publicitário evita ver seu propósito cair por conta de uma acusação de publicidade mentirosa. O leitor-interpretante assume sozinho o dado implícito que permite levar à conclusão "Então não há bolhas em Banga" (e2). O entimema tem aqui a forma superficial do esquema inferencial argumentativo [SE *p*, ENTÃO *q*] e estamos muito próximos dos enunciados argumentativos clássicos:

(4) Se você sabe quebrar um ovo, você sabe fazer um bolo. (Alsa)
(5) Se SAAB produzisse seus carros em massa, nenhum SAAB seria o que ele é.

Nesses dois casos, o esquema [*dados* > *conclusão*] é evidente. Complica-se apenas no que diz respeito à construção de um mundo mais (5) ou menos (4) fictício. Em todos os casos, o modelo é o seguinte: no contexto de e1 (SE *p*), é pertinente enunciar a conclusão *q* (ENTÃO e2).[2] Com os exemplos publicitários e políticos que seguem, o esquema argumentativo se complica um pouco:

(6) Cada uma dessas questões comporta uma resposta clara. Eu não preciso lhes ditar, pois nós somos um país de liberdade [...].

Em (6), POIS altera a ordem progressiva da argumentação para uma ordem regressiva [*conclusão* < POIS < *dado–argumento*] e sobre seu corolário [SE não *p*, ENTÃO não *q*].

(7) Mesmo suas numerosas camadas sendo deliciosas, o segredo de nossas lasanhas permanece impenetrável. (Findus)

Em (7), MESMO deixa entender que se poderia normalmente tirar do *dado p* uma *conclusão* contrária ao valor negativo ("impenetrável") da proposição *q*. O esquema concessivo repousa sobre [SE *p*, ENTÃO *q*] e sobre seu corolário [SE não *p*, ENTÃO não *q*]:

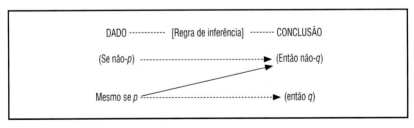

---

[2] Para uma análise detalhada, remeto ao meu estudo "Variété des usages SI dans l'argumentation publicitaire" (Adam, 2005).

Evidentemente, é preciso admitir uma regra de inferência um pouco delicada a ser estabelecida aqui, mas que deixa entender que o que é "delicioso" é "penetrável". O exemplo seguinte é um pouco mais simples de interpretar:

(8) Mesmo que a população canina esteja em baixa em nossas regiões [...], o amor pelo cachorrinho não sai de moda por isso.

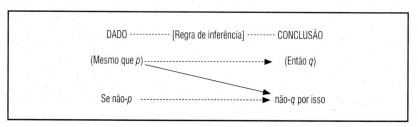

Aqui, o dado "baixa da população canina" deixa concluir o sentido "o amor do cachorrinho está, portanto, fora de moda". A característica de MESMO QUE (reforçado aqui por POR ISSO) é sublinhar que a inferência esperada é justamente posta em questão. Sendo esse exemplo um título de artigo de jornal, espera-se, é claro, que o corpo do artigo venha explicar a aparente contradição.

Devemos, portanto, admitir a existência de um modo particular de composição ligando enunciados segundo uma ordem *progressiva*: [dados > [inferência] > conclusão], ou segundo uma ordem *regressiva*: [conclusão > [inferência] > dados]. Na ordem progressiva [e1 > PORTANTO > e2], o enunciado linguístico é paralelo ao movimento do raciocínio: "*Extrai-se* ou se faz seguir uma consequência do que a precede, ao mesmo tempo, textual e argumentativamente" (Borel, 1991: 78). Na ordem regressiva [e1 < PORQUE < e2], a linearidade do enunciado linguístico é o inverso do movimento: "*Justifica*-se uma afirmação que textualmente é anterior, mas que, argumentativamente, vem em seguida" (Borel, 1991: 78). Enquanto a ordem progressiva visa concluir, a ordem regressiva é mais a ordem da prova e da explicação. Ressaltemos que, no oral, a ordem parece preferencialmente ser regressiva: "Afirma-se alguma coisa e, só em seguida, justifica-se, explica-se etc." (Apothéloz e Miéville, 1989: 249).

O desvio pelo silogismo e pelo entimema nos permite voltar à forma de dados representando as premissas e à conclusão. O movimento que conduz de uma *premissa* (ou *dado*) a uma *conclusão* merece uma atenção particular. Chaïm Perelman concebe esse movimento como uma transferência de adesão:

O protótipo da sequência argumentativa

> A argumentação não transfere premissas em direção a uma conclusão, uma propriedade objetiva, como a verdade – o que é o caso na demonstração –, mas se esforça por fazer passar para a conclusão a *adesão* concedida às premissas. Essa adesão é sempre relativa a um auditório, ela pode ser sempre mais ou menos intensa, conforme os interlocutores. (1983: 173)

Se a ideia de transferência de adesão é interessante, a distinção entre argumentação e demonstração não é, talvez, tão evidente. Perelman sustenta, no entanto, essa distinção:

> Num sistema formal coerente, cada um deve chegar, graças ao cálculo, ao mesmo resultado. Isso não acontece da mesma forma na argumentação, em que um discurso eficaz relativamente a um auditório de ignorantes pode não convencer mentes mais críticas. (1983: 174)

Essa distinção pressupõe, como vemos, um ideal lógico do discurso da ciência, que não é exatamente conforme a realidade. Como diz Geroges Vignaux, "Todo texto científico se constrói na argumentação e na controvérsia, sem falar dos elementos estilísticos que vão fundar, autenticar o que se percebe ou o que se sabe ser uma retórica da ciência" (1988: 51).

Considerando que os homens, como o sublinha a célebre fórmula de Pascal, governam-se "mais por capricho do que por razão" ("De l'esprit de géométrie" ["Do espírito geométrico"]), é preciso insistir sobre a escolha das premissas de uma argumentação. O fato de uma argumentação visar sempre a um auditório ou a um público específico explica a importância dessa escolha: "É necessário que [o locutor] faça, dentre outras, uma representação de seu auditório. Não apenas dos conhecimentos que ele tem, mas dos valores aos quais ele adere" (Grize, 1981: 30). Nessa perspectiva, compreende-se que Aristóteles, e Perelman depois dele, se tenham detido longamente na natureza das premissas. O raciocínio de Aristóteles é o seguinte: para convencer um interlocutor, é preciso colocá-lo em posição tal que ele se encontre na impossibilidade de recusar os enunciados propostos. Para ir no sentido de tal impossibilidade, é preciso que essas proposições sejam tão próximas quanto possível de alguma opinião ou autoridade geral. Para se ter uma ideia da complexidade da coleta de tais premissas endoxais, basta ver como Aristóteles descreve a recolha delas: "podemos reter as opiniões que são as de todos os homens, ou de quase todos, ou daqueles que representam a opinião esclarecida e, dentre esses, as de todos ou de quase todos, ou dos mais conhecidos, exceção feita àquelas que contradizem as evidências comuns" (*Tópicos* I, 14).

Seguramente, as premissas escolhidas denunciam a ideia de que o locutor constrói representações (conhecimentos, crenças, ideologia) do seu interlocutor.

UM ESQUEMA DA SUSTENTAÇÃO ARGUMENTATIVA DAS PROPOSIÇÕES

Neste estágio da reflexão, é necessário retornar ao que Jean-Blaise Grize diz sobre o modelo de Stephen E. Toulmin (1996: 11-17), complementando suas observações com comentários de Christian Plantin (1990: 22-34). Minha posição é, na verdade, mais nuançada do que a de Frans van Eemeren e Rob Grootendorst: "O modelo de Toulmin não pode ser aplicado ao discurso argumentativo cotidiano" (1996: 8).

Retorno ao esquema argumentativo de Toulmin

Os seis componentes do "esquema de argumentação" que S. E. Toulmin apresenta no capítulo III de *The Uses of Argument* (*Os usos do argumento*) (1993) são os seguintes:

1. **D**: Dados ("Data").
2. *portanto* **C:** Tese ou Conclusão ("*Claim*"): "Dados como D possibilitam tirar conclusões ou enunciar teses como C", ou ainda "dada a existência dos dados D, podemos supor que C" (1993: 121).
3. *visto que* **G (L):** Garantia ("Warrant"), Licença para inferir ou Lei de passagem L, em Plantin. Convém distinguir entre dados (D) e garantias (G-L): "aqueles são explicitamente invocados; estes, implicitamente" (1993: 122).
4. *dado que* **F (S):** Suporte ou Base de Garantia ("*Backing*"); S para Plantin. "A base de garantia que invocamos não deve ser expressa de maneira explícita – pelo menos inicialmente: pode-se aceitar as garantias sem questionar, e o fundamento delas permanecer assim subentendido" (1993: 130). O suporte ou fundamento de G (L) funciona, no modelo de Toulmin, como os axiomas, os postulados e as definições da geometria euclidiana, como as leis e outras disposições legais.
5. **Q (F)** *provavelmente/presumivelmente*: Indicador modal ("*Modal qualifier*") indicador de "força" ("*strength*"), força de convicção ou persuasão F, para Plantin. Q (F) significa *necessariamente* na lógica-sistema da demonstração geométrica, mas *provavelmente* na lógica-processo discursiva.

6. *a menos que / exceto se* R: Condições de Refutação; "Reserva" para Plantin. "Assim como uma garantia (G) não é um dado (D) nem uma afirmação (C), uma vez que ela implica, em si, alguma coisa que concerne tanto a D quanto a C – a saber, que a passagem de uma para outra é legítima –; da mesma forma, Q e R são, eles mesmos, distintos de G, já que trazem um comentário implícito sobre a relação entre G e essa passagem – os qualificadores (Q) indicam a força que a garantia confere a essa passagem, enquanto as condições de refutação (R) apontam as circunstâncias em que seria necessário anular a autoridade geral da garantia" (1993: 124).

Isso é sintetizado pelo famoso diagrama a seguir (as letras usadas referem-se às diferentes traduções):

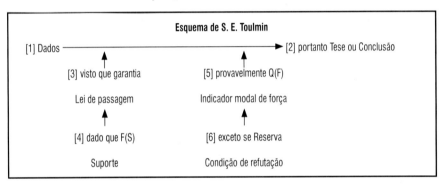

As principais limitações desse esquema residem no fato de que a *reserva* ou *condição de restrição-refutação* (R6) existe apenas para especificar a força quase estatística do *qualificador modal* Q5. Quanto mais R6 (EXCETO SE), menos o PROVAVELMENTE (Q5) é forte. Quanto menos houver R6, mais a *probabilidade* (Q5) aumenta. Resumo a seguir a simplificação proposta por Grize (coluna da direita) do esquema argumentativo de Toulmin (coluna da esquerda), uma simplificação que, ao mesmo tempo que reformula os seus componentes, deixa de lado o indicador de força ou de qualificação modal (Q):

Portanto C2 (Conclusão) = C (asserção conclusiva, ligada a F por P_p)
D1 (Data = Dado) = F (enunciado que tem valor de Fato-argumento)
Visto que G3 (Garantia) = Pp (Princípio, verdade geral e reconhecida, Lei de passagem que assegura a ligação de C a F)

Em virtude de F4 (Fundamento) = B (Base na qual se apoia P_p)
Exceto se R6 (Restrição) = R (Restrição-reserva)

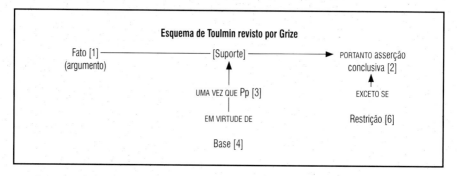

Grize sintetiza os possíveis movimentos argumentativos por duas fórmulas de encadeamento potencial de enunciados:

a. *Fato-argumento* portanto *Asserção conclusiva,* uma vez que <exceto se Restrição> *Princípio-lei de passagem* em virtude de *Base*.
b. *Asserção conclusiva* em razão de *Fato-argumento,* uma vez que <exceto se Restrição> *Princípio-lei de passagem* em virtude de *Base*.

Grize tem reservas quanto à forma excessivamente ideal desse tipo de apresentação da argumentação. Os *Princípios* [3] e a *Base* [4] não são dados explicitamente, na maior parte do tempo, e, como ele o diz:

> [...] O destinatário de uma argumentação que não explicita os *Princípios* dos quais ela se vale permanece livre de suas escolhas e [...] os membros de um auditório podem interpretar o que lhes é dito apoiando-se em suas próprias representações do mundo. Se existe alguma fraqueza "lógica", é ao mesmo tempo uma considerável vantagem prática, podendo um mesmo discurso ser aceito por diferentes destinatários. (Grize, 1996: 14)

No caso de uma crise, a explicitação dos *Princípio-Leis de passagem* e de seus fundamentos ou *Bases* pode se tornar indispensável (como o veremos mais adiante, com o estudo de um trecho do discurso de George W. Bush, de 17 março de 2003).

Com Plantin, examinemos as principais vantagens do esquema argumentativo de Toulmin:

a. O núcleo da argumentação reside na tríade [(1) *Dados (Fato)* > (3) *Garantia-Lei de passagem (Princípio)* > (2) *Asserção conclusiva*].

Do ponto de vista linguístico, o enunciado de um dado factual (D) só leva o seu estatuto de argumento para outro enunciado (C) em função de um terceiro enunciado, a lei de passagem (L), sobre a qual se estabelece definitivamente a construção argumentativa. [...] Introduzindo esse conceito na sua teoria da argumentação, Toulmin redescobriu a noção de *topos*, ou de lugar comum, na qual a velha retórica fundamentava as teorias da invenção*. (Plantin, 1990: 29)

b. Os outros componentes [(4) *Fundamento-base*], por um lado, e [(5) *Q-Indicador modal de força* e (6) *Restrição*], por outro lado, podem ser considerados potenciais movimentos argumentativos secundários que podem vir a se enxertar no núcleo da argumentação. Tocamos aqui em um ponto-chave dos movimentos textuais argumentativos e na complexidade dos encadeamentos sequenciais.

c. O indicador de força Q(F) é inseparável de uma objeção potencial (mecanismo de concessão R) e corresponde à consideração do ponto de vista de um adversário.

Esse ponto é bastante interessante e merece um olhar mais atento. Marc Dominicy, propondo-se a "enriquecer o esquema argumentativo de S. E. Toulmin" (1993: 241), considera este indicador modal de força Q(F), que Grize deixa de lado como ponto frágil do esquema. As leis de passagem conferem diferentes graus de força e de probabilidade às conclusões, e o indicador modal de força tem a função de marcar essas variações. Dominicy se pergunta, muito acertadamente, "se a singularidade do indicador F[Q] não reside no fato de que ele é o ponto de ancoragem da restrição R" (1993: 244). Em outras palavras, o indicador Q(F) é "uma qualificação modal que depende da existência e do número de proposições que figuram no seio do componente R, de restrição" (1993: 245). Dominicy tem a boa ideia de se livrar da redução de R, feita por Toulmin, à lista abstrata de circunstâncias nas quais a lei de passagem L(G) não se aplica, e o autor propõe abordar o problema de uma maneira diferente: "Pensando bem, nenhuma restrição poderia levar à conclusão oposta não-C sem que uma nova lei de passagem a autorizasse" (1993: 245). É nesse nível que Dominicy e Emmanuelle Danblon propõem introduzir no modelo o que Perelman

---

* N.T.: No sentido de *inventio* – escolha dos conteúdos de um texto; é uma das dimensões para as quais se deve atentar para a elaboração de um texto argumentativamente eficaz.

e Olbrecht-Tyteca chamaram de "dissociação de valores" (1983: 550-609). A dissociação de noções e valores permite "fundamentar uma conclusão oposta à de um adversário através de uma reinterpretação às vezes radical dos dados factuais" (1993: 245). Não tenho espaço para desenvolver esse ponto bem exemplificado em Herman e Micheli (2003). Enfatizo, sobretudo, que, em posição de *Reserva-Restrição* ou ainda de *Condição de Refutação* (R6), um segundo movimento argumentativo frequentemente se encaixa no primeiro (encaixante).

d. Plantin conclui sua apresentação do esquema de Toulmin com uma noção muito interessante de "célula argumentativa":

> Mas, acima de tudo, uma interpretação ampla do modelo de Toulmin – talvez uma extrapolação – lança as bases para uma unidade que poderíamos chamar de "célula argumentativa", articulada às dimensões de um texto. Essa célula integra os seguintes elementos:
>
> - uma argumentação, conectando um posicionamento (uma tese, uma conclusão) a um dado que a sustente (um argumento);
> - uma refutação, isto é, uma alusão ao posicionamento de um adversário que sustenta uma outra conclusão, e uma negação desse posicionamento. A organização dessa célula não depende de uma forma ou de um elemento textual específico; ela é tanto maquete quanto modelo reduzido; corresponde tanto a um enunciado quanto a um parágrafo (1990: 33).

Para explicar esse modelo, tomemos um exemplo extraído dos versos 371 a 386 da cena 2 do ato II de *Bérénice*, de Racine.

PAULIN

371 Não duvide disso, Senhor. Seja razão, seja capricho,
Roma não a imagina como sua Imperatriz.
Sabe-se que ela é charmosa; e tão belas mãos
Parecem vos pedir o império dos humanos.
375 Ela tem até, dizem, o coração de uma Romana;
Ela tem mil virtudes. Mas, Senhor, ela é rainha.
Roma, por uma lei que não se pode mudar,
Não admite com seu sangue nenhum sangue estrangeiro,
E não reconhece os frutos ilegítimos

O protótipo da sequência argumentativa

380　Que nascem de um hímen contrário às suas máximas.
　　Aliás, vós sabeis, banindo seus reis,
　　Roma, a esse nome tão nobre e tão santo outrora,
　　Uniu para sempre um ódio poderoso;
　　E, apesar de fiel a seus Césares, obediente,
385　Esse ódio, Senhor, permanece seu orgulho,
　　Sobrevive em todos os corações depois da liberdade.

Podemos abstrair desse texto dois tipos de estruturas argumentativas básicas, que correspondem a uma organização de raciocínio regressiva [*Conclusão*, PORQUE *Dado-Argumento*] ou a uma organização de raciocínio progressiva [*Dado-Argumento*, PORTANTO *Conclusão*]:

(9)　Bérénice é rainha (p), PORTANTO Roma não a imagina como sua Imperatriz (q).

(10)　Roma não imagina Bérénice como imperatriz (q), POIS ela é rainha (p).

Encadeamentos desse tipo podem ser considerados como frases periódicas argumentativas elementares na medida em que os conectores PORTANTO e POIS fornecem instruções de tratamento argumentativo das proposições p e q. Em ambos os casos, o enunciado *Bérénice é rainha* é transformado em dado-argumento para uma conclusão C: *Roma não a imagina como imperatriz*. A proposição p enuncia o dado ("*data*", de Toulmin) que justifica a conclusão q. No entanto, como ressalta o esquema argumentativo idealizado por Toulmin, para que esse encadeamento seja válido, deve-se ainda especificar como se pode passar do dado p para conclusão q. O que legitima a passagem da qualidade real de Bérénice à rejeição que a Roma republicana manifesta contra ela? Uma regra de inferência, um princípio geral ("*warrant*", de Toulmin) ou "licença de inferência" (De Pater, 1965: 95) lança de alguma maneira uma ponte entre *dado* (p) e *conclusão* (q). No discurso de Paulin de *Britannicus*, os versos 376 a 386 explicitam a "lei" que fundamenta a inferência e vem apoiar a passagem do *dado* à *conclusão*.

Acrescentemos, no entanto, que uma *Restrição* (refutação ou exceção) é potencialmente trazida pelos versos de 373 a 375, concluídos por "Ela tem mil virtudes". As inferências podem certamente ser apoiadas por várias justificações ou suportes ("*Backing*", de Toulmin), mas poderiam também, sob certas circunstâncias, não se aplicar; um lugar é previsto para uma eventual não aplicação das regras de inferência, ou mesmo para uma refutação.[3] Esse é todo o debate desta passagem da peça de Racine. As qualidades de Bérénice mencionadas nos versos 372-376 poderiam contrariar a lógica do silogismo. O dado-argumento é modalizado pelo imperativo no discurso de Paulin, enquanto um *dado* induz apenas PROVAVELMENTE ou POSSIVELMENTE (advérbio modal de *Força*) a uma *conclusão*. Uma *restrição* e uma *contra-argumentação* são sempre possíveis normalmente (A MENOS QUE).

A réplica de Paulin pode ser assim decomposta:

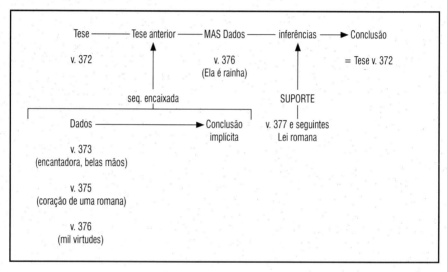

Em resumo, o esquema de base da argumentação é uma relação de dados com uma conclusão. Essa relação pode ser implícita ou explicitamente fundamentada (*garantia* e *suporte*) ou contrariada (*refutação* ou *exceção*). Se os dados são o elemento mais frequentemente explícito, o suporte é muitas vezes implícito e os outros componentes estão situados entre esses dois polos de implicação e explicitação.

A complexificação dessas estruturas de base é considerada por Toulmin: [*Dados*-Arg., PORTANTO *conclusão* C', PORTANTO *conclusão* C], conclusão C' sendo "a conclusão mais geral justificada com base nos dados D, da qual inferimos em seguida C, entre outras possibilidades" (1993: 132). Grize considera as seguintes organizações complexas de raciocínio:

---

[3] Plantin (1990: 33) observa que o componente *Restrição* é "uma alusão à posição de um oponente", pelo menos em potencial.

- C2 *em razão de /visto que* F1 *portanto/consequentemente* C2
  - C2 [Sejam prudentes ao pegar a estrada nesta manhã]
    visto que F1 [pois fez muito frio essa noite]
    (F1) *consequentemente* C2' [e há risco de ter gelo.]
- F1 *consequentemente* C2. [C2 = F1'] *consequentemente* C2'
  - *visto que* F1 [Como fez muito frio esta noite],
    consequentemente C2 [há risco de ter gelo.]
    [C2 = F1'] *consequentemente* C2' [Sejam prudentes ao pegar a estrada esta manhã!]

Das frases periódicas à sequência argumentativa

Para levar em conta a questão da extensão dos segmentos argumentativos, é útil distinguir entre duas unidades textuais não extremamente opostas, mas situadas em um *continuum* de complexidade crescente: as frases periódicas argumentativas e as "células" ou sequências argumentativas. Tomemos como exemplo o título de um artigo jornalístico e a legenda da foto que o acompanha. Essas unidades peritextuais de um artigo de jornal (*Le Nouveau Quotidien* de 24 de maio de 1994) são unidades linguísticas completas (mesmo que o todo seja constituído por um conjunto complexo: artigo, título (11), subtítulo (12), foto, legenda da foto (13), assinatura, intertítulo, legenda, indicação de rubrica). Os enunciados (11), (12) e (13) são frases periódicas.

(11) Se os atletas radicais se vendem, é para ganhar sua liberdade.
(12) Convidados pela Escola de Administração e de Comunicação de Vernier, Sébastien Bourquin, Eric Escoffier e Dominique Perret evocam seus desafios e o preço a pagar para viver emoções fortes.

O subtítulo (12) obviamente não é argumentativo. Ele cumpre uma função informativa e contrasta com o título (11), que adota a forma de um encadeamento regressivo explicativo: [SE enunciado *p* < *explicação* > É PARA enunciado *q*], do qual falaremos no capítulo seguinte: *p* é verdadeiro [os atletas radicais se vendem], mas POR QUÊ? PORQUE *q* [para ganhar sua liberdade]. O movimento inferencial parte do indício-fato observado (*p*) para recuperar a causa/razão (*q*). O contexto que constrói o enunciado [SE *p*] é o indício de um fato pertencente ao mundo que é nosso, ao contexto do mundo que caminha, um mundo problemático porque pode gerar inferências éticas negativas. Como os alpinistas e os esquiadores de altitudes elevadas podem abandonar seus valores e a gratuidade fundamental de suas ações? Esse contexto é apenas momentaneamente reconhecido [é verdade que *p – os esportistas se vendem*] para colocar mais ênfase na enunciação da causa/razão (*q*). O enunciado (*q*) reintroduz um valor: a liberdade, que resolve o problema subjacente. A propósito, é assim que termina o artigo:

> Liberdade, palavra-chave para ele e para seus colegas. Porque, com o risco, ela constitui a essência dos esportes radicais. E justifica todo o interesse dos patrocinadores em busca de fortes emoções para seus produtos que, paradoxalmente, lhes faltam, às vezes, cruelmente.

A legenda da foto apresenta um terceiro enunciado muito interessante:

(13) <1> Dominique Perret, esquiador radical: "<2> Nós não somos camicases suicidas: <3> com certeza, corremos riscos, <4> mas eles são calculados."

Esta afirmação é do artigo que segue:

> Isso não corresponde em nada ao que fazemos, exclama Dominique Perret. O termo [radical] é exagerado: então, tudo o que foge ao normal seria radical. *Nós não somos camicases suicidas: com certeza, corremos riscos, mas eles são, em sua maioria, calculados.* Tentamos eliminar riscos, preparando-nos da melhor maneira possível. Não poderemos jamais domar completamente a natureza.

Em um movimento de contestação dos próprios termos do debate para o qual o atleta foi convidado a participar ("Patrocínio e mídia: a aventura dos esportes radicais"), o locutor argumenta em um enunciado bastante abrangente para estar isolado em uma legenda de foto. O enunciado de controle <e1> não se contenta em atribuir o discurso citado, ele qualifica o enunciador atribuindo-lhe o qualificativo que ele está tentando reformular. As proposições enunciadas são unidas pela combinação dos conectores COM CERTEZA e MAS com o sinal de pontuação /:/. Entre pontuação e conector (Gracq, 1980), os dois-pontos indicam uma ligação conjuntiva, em vez de um conector. O conector COM CERTEZA, que segue os dois-pontos, salienta que o enunciado <e3> ("*corremos riscos*") é um fato (F), um argumento para uma conclusão subjacente à negação da proposição precedente: *poderíamos (portanto) acreditar que "nós [....] somos [....] camicases"* (C). O interpretante é convidado a tirar essa conclusão (C) do enunciado <e3>(proposição *p*). COM CERTEZA enfatiza um primeiro movimento de adesão ao encadeamento [proposição <e3> COM CERTEZA *p* > portanto > conclusão C]. O conector MAS inverte esta primeira lógica introduzindo um novo argumento pelo enunciado <e4>, que leva à asserção-conclusão (não-C) dado de entrada (enunciado <e2>), e que refuta, assim, o ponto de vista da opinião comum oposta (PdV1).

O conjunto dessa argumentação repousa sobre uma dissociação da noção de "esquiador radical" de acordo com dois pontos de vista antagônicos (PdV1 *vs* PdV2). Começar pela negação <e2> permite colocar a reformulação da noção de "esquiador radical" à frente do movimento e tornar identificável a conclusão C que o interpretante deve tirar de COM CERTEZA <e3>. O que vem por último na dinâmica do esquema de síntese seguinte é colocado à frente no enunciado-texto:

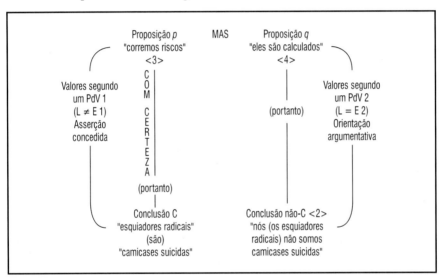

No movimento argumentativo realçado pelos conectores, a ligação entre *argumentos* e *conclusão* está condicionada a um sistema de normas. Ora, a característica de um sistema de normas é originar-se de um certo universo de sentido (constituído de *princípios* e *bases*) atribuível a um ou mais enunciadores. Um conector indica um ponto de vista enunciativo e o grau de comprometimento do locutor (L) com relação às enunciações atribuídas diretamente ou não aos enunciadores (El, E2). O conector COM CERTEZA primeiramente aponta a lógica de um primeiro ponto de vista (PdV1), atribuído a um enunciador do qual o locutor se distancia abertamente pela modalização ("poderíamos acreditar que": L ≠ E1). O locutor adere, por outro lado, às proposições <e2> e <e4> (L = E2).

Se aplicarmos o esquema de argumentação de Toulmin revisto por Grize, temos a confirmação do fato de que R é o local de inserção de um outro movimento argumentativo (com seus suportes em *princípios* Pp1 & Pp2 e com apoio nas *bases* B1 & B2):

<e2> [negPD.C] Não somos camicases suicidas:
<e3> [F1] com certeza, corremos riscos, <e4> [F2] mas eles são calculados.

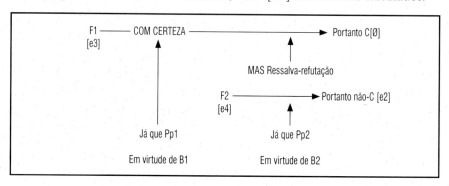

COM CERTEZA indica que o locutor admite que F1 (o fato de correr riscos) possa ser considerado um comportamento suicida (asserção subjacente <e2> neg-C). O suporte (*princípio* e *base*) não é explicitado. A interpretação adequada do Ponto de Vista 1 pode, no entanto, ser feita em torno do seguinte raciocínio: correr riscos é arriscar a vida [*Base*]; arriscar voluntariamente a vida é um comportamento suicida comparável ao dos combatentes japoneses na Segunda Guerra Mundial [*Princípio*]. O encadeamento se sustenta, por meio de um MAS argumentativo, na restrição R. Se correr riscos (F1) é um comportamento suicida (C), correr riscos calculados, em termos profissionais, corresponde a um "a menos que" exemplar. O fato F2 (correr riscos calculados <e4>) resulta em não-C (é um comportamento não suicida, mesmo que nem todos os perigos possam ser eliminados <e2>). Há uma sequência argumentativa que podemos representar assim:

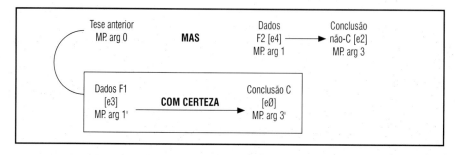

Passamos de um encadeamento periódico de proposições ligadas por conectores argumentativos a uma sequência argumentativa quando nos aproximamos, como em (15), de um modo de composição do tipo previsto por Oswald Ducrot, em *La Preuve et le dire (Provar e dizer)* (1973: 192; artigo retomado em *Les échelles argumentatives*):

> Vários textos literários, especialmente nos séculos XVII e XVIII, apresentam-se como raciocínios. Seu objetivo é demonstrar ou refutar uma tese. Para fazer isso, eles partem de premissas, nem sempre explícitas, aliás, supostamente incontestáveis, e tentam mostrar que não podemos aceitar essas premissas sem admitir também esta ou aquela conclusão – seja a conclusão a tese de provar, seja a negação da tese de seus oponentes, ou ainda a negação de certos argumentos de seus oponentes. E, para passar das premissas às conclusões, eles usam diferentes passos argumentativos que, segundo eles, nenhum homem sensato poderá se recusar a realizar. (1980: 81)

Apesar de se apoiar em formas muito elaboradas (literárias) de discursos argumentativos, essa definição tem o mérito de destacar dois movimentos: demonstrar-justificar uma tese e refutar outra tese ou certos argumentos de uma tese contrária. Em ambos os casos, o movimento é o mesmo, pois se trata de partir de premissas (*dados* Fato F) que não saberíamos admitir sem admitir também esta ou aquela *conclusão-asserção* (C). No meio disso, a passagem é garantida por "passos argumentativos" que assumem a aparência de encadeamentos de *argumentos-provas* correspondendo seja aos suportes de uma lei de passagem (*princípios*-Pp & *base*-B), seja a microencadeamentos de argumentos ou a movimentos argumentativos encaixados. O esquema simplificado de base corresponde ao que vimos anteriormente:

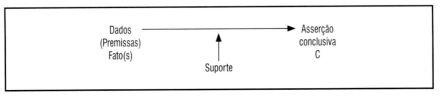

Esse esquema deve ser completado à luz de um princípio dialógico que permita levar em conta as *Restrições* (R6):

Um discurso argumentativo [...] se situa sempre em relação a um contradiscurso real ou virtual. O argumento é, como tal, inseparável da controvérsia. Defender uma tese ou uma conclusão resulta sempre na defesa dela contra outras teses ou conclusões, da mesma maneira que entrar numa controvérsia não significa somente um desacordo [...], mas, sobretudo, a posse de contra-argumentos. Esta propriedade que a argumentação tem de estar sujeita a refutações me parece ser uma das suas características fundamentais e a distingue claramente da demonstração ou da dedução, que, dentro de um determinado sistema, apresentam-se como irrefutáveis. (Moeschler, 1985: 47)

Propus dar à sequência argumentativa prototípica completa a seguinte forma complexa, que deixa espaço para a contra-argumentação em dois pontos da estrutura: ao nível de macroproposições argumentativas MP.arg.0 e MP.arg.4:

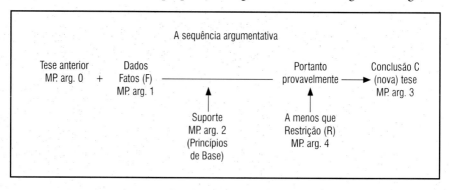

Esse esquema de base com três macroproposições (MP.arg.1, MP.arg.2 e MP.arg.3) apoia-se explicitamente sobre MP.arg.0 (*tese anterior*) no caso particular da refutação. Retenhamos que esse esquema prototípico não fixa uma ordem linear imutável de macroproposições: a (nova) tese (MP.arg.3) pode ser formulada logo de início e ser retomada ou não por uma conclusão que a duplique no final da sequência, a tese anterior (MP.arg.0) pode estar subentendida. Esse esquema comporta dois níveis:

- Justificativo (MP.arg.1 + MP.arg.2 + MP.arg.3): neste nível, a consideração do interlocutor é baixa. A estratégia argumentativa é dominada pelos conhecimentos relatados.
- Dialógico ou contra-argumentativo (MP.arg.0 e MP.arg.4): neste nível, a argumentação é negociada com um contra-argumentador (auditório) real ou potencial. A estratégia argumentativa visa a uma transformação de conhecimentos.

ANÁLISES SEQUENCIAIS

Depois de ter examinado tanto um fragmento do teatro clássico quanto um texto jornalístico, exploraremos o funcionamento da argumentação em uma narrativa autobiográfica de um escritor, um poema, um discurso de declaração de guerra e um texto publicitário. A variedade genérica dessas realizações no modelo da sequência argumentativa mostrará a flexibilidade e a presença insistente dela.

A argumentação na descrição-retrato

O exemplo do retrato de um "jovem serviçal chinês" de Lucien Bodard estudado no primeiro capítulo (seção "Tipos de proposições?") permite completar a análise anterior, observando como duas descrições sucessivas de um mesmo personagem, cada uma resumida em uma reformulação, podem ser argumentativamente relacionadas.

(14) [P1] O *jovem serviçal* chinês: quando penso nele! [P2] Qual não foi a nossa surpresa, para Anne-Marie e para mim, quando nós o fomos buscar na estação! [P3] Todo cheio de trejeitos de *gentleman*, amarelo em indumentárias de branco, com seu traje de risca de giz azul, sua gravata borboleta e seus sapatos de camurça, poderíamos dizer que era um carnavalesco. [P4] CONTUDO, grande e magro, rosto esculpido na madeira dura das selvas, olhos de tigre e ossos malares altos, era um verdadeiro Senhor da guerra. [P5] Ao vê-lo, fiquei exaltado, com o coração como um tambor: ter um destes homens formidáveis como serviçal ao mesmo tempo me atraía e me aterrorizava [...].

A primeira frase-sequência descritiva [P3] leva a uma reformulação: Proposição *p*: *O jovem serviçal* chinês [...] *poderíamos dizer que era um carnavalesco*. A segunda frase leva a essa outra reformulação: Proposição *q*: *O jovem serviçal* chinês [...] *ele era um verdadeiro Senhor da guerra*. O fato de essas duas reformulações estarem articuladas pelo conector concessivo *contudo* introduz uma estrutura argumentativa que podemos resumir assim:

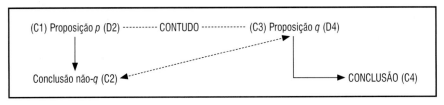

A proposição *p* pode ser analisada, em um primeiro movimento, como um tipo de *conclusão* (C1) extraída dos *dados* (D1) fornecidos pela descrição. Num segundo movimento, essa conclusão se torna um novo dado (D2), levando à *conclusão* não-q (C2), segundo um processo inferencial que não apresenta nenhum problema. A proposição *q*, da mesma maneira, é um tipo de *conclusão* (C3) dos *dados* (D3) fornecidos pelo resto da frase-sequência descritiva P4. Ela se torna um novo *dado* (D4), que, associado a D2 num movimento concessivo clássico, sustenta a *conclusão* (C4) da frase P5. Seria assim o esquema de suporte sucessivo às proposições:

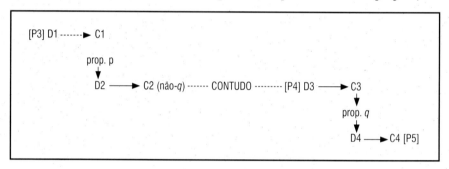

Segundo essa esquematização, vemos que as duas sequências descritivas são tomadas num movimento argumentativo. As reformulações, discutidas no primeiro capítulo, assumem aqui todo o seu sentido. A função sequencial da reformulação raramente foi destacada pelos linguistas: vemos bem aqui como a reformulação é um tipo intermediário de transição entre a sequência descritiva que ela encerra e o movimento argumentativo mais amplo.

Refutação e elipse da conclusão-nova tese

A conclusão/nova tese (MP.arg.3) pode ser subentendida sem que a legibilidade do movimento argumentativo sofra, em certas condições. Esse pequeno poema de Raymond Queneau – já citado na introdução e estudado por mim em detalhes em outro trabalho (1990: 227-236) – comprova isso admiravelmente:

(15) VIGÍLIA
   Se os incêndios na noite fizessem os sinais certos
   o medo seria um riso e a angústia um perdão
   mas os incêndios na noite desconcertam incessantemente
   o vigia franzino pela vigília e pelo frio.

Os versos 3 e 4 refutam, com base nos dados que eles enunciam (MP. arg.1), a tese anterior (MP.arg.0) exposta nos dois primeiros versos. As inferências a serem extraídas da proposição subsequente ao MAS (versos 3-4) levam a uma conclusão implícita que invalida as duas asserções hipotéticas do verso 2.

Seria assim um esquema geral desse texto:

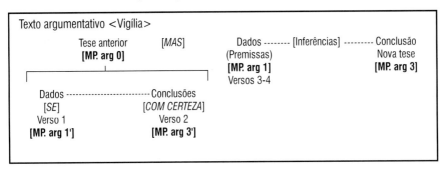

Como vemos, a macroproposição MP.arg.0 é, ela mesma, constituída de proposições argumentativas, compondo uma sequência completa que podemos chamar de inserida. O movimento argumentativo desse texto se apoia num quadrado argumentativo que garante as inferências (marcadas pelas flechas descendentes), que levam à conclusão implícita:

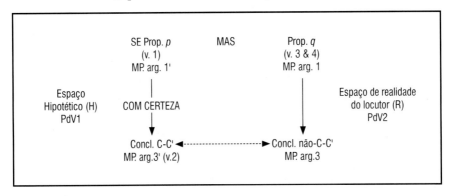

O movimento inferencial da esquerda se situa no mundo não real, marcado por um SE hipotético, pelo imperfeito e pelo condicional, isto é, aqui em um universo não assumido pelo locutor. Esse encadeamento argumentativo adquire, assim, um estatuto de tese anterior (MP.arg.0), ao passo que os dados afirmados no presente, depois do MAS, são aqueles que o locutor assume, dando a entender que ele reconhece ainda (CERTAMENTE) a validade das conclusões C e C' (verso 2), mas que ele situa a validade dessas inferências apenas no mundo hipotético. A regra de inferência que leva os *dados* do verso 1 às conclusões do verso 2 é, em seguida, reaplicada na medida em que, se reconhecemos que, [SE *p* > CERTAMENTE > Conclusões > C-C'], devemos admitir também que [se não-*p* > (ENTÃO) > não-C-C']. Ora, os versos 3 e 4 vêm exatamente negar a propriedade dada aos "incêndios da noite" do verso 1 ("fizessem sinais" e, num primeiro estado manuscrito do texto, "tivessem um sentido"). A rima "certamente"/"desconcertante" concentra, nela só, a inversão trágica do sentido ao não sentido, da comunicação à não comunicação.

G. W. Bush ou a argumentação sem "restrição"

O discurso pronunciado por George W. Bush em 17 de março de 2003 pode ser considerado um encadeamento do tipo [F1 >> C2], como em 16:[4]

(16) <F1> *The United Nations Security Council has not lived up to its responsibilities,* <C2> *so we will rise to ours.* [<F1> O Conselho de Segurança das Nações Unidas não esteve à altura de suas responsabilidades. <C2> Assim nós assumiremos as nossas.]

A análise do conector SO, que certamente traduziríamos por ASSIM, em vez de PORTANTO, ENTÃO ou CONSEQUENTEMENTE, é interessante. SO serve para introduzir a enunciação de uma consequência C2, mas o enunciador não parece responsabilizar-se pelo movimento de dedução ou a relação factual entre as proposições classificadas F1 e C2. Ele não apresenta seu enunciado como um raciocínio, mas como a expressão de uma simples relação factual que vai da causa (<F1> O Conselho de Segurança das Nações Unidas não cumpriu as suas responsabilidades) à consequência (<C2> Assim nós assumiremos as nossas).

O fato de que <F1> é um enunciado negativo obriga G. W. Bush a esclarecer a premissa que lhe permite dizer isso. E ele o faz um pouco antes, (re)definindo a missão da ONU de maneira a justificar o próprio conceito de "guerra preventiva":

---

[4] O conjunto do discurso ("Negação e decepção") estava acessível no site da Casa Branca (White House, presidente George W. Bush. Secretaria do escritório de imprensa, 17 de março de 2003).

(17) *We believe in the mission of the United Nations. One reason the U.N. was founded after the second world war was to confront aggressive dictators, actively and early, before they attack the innocent and destroy the peace.* [Nós acreditamos na missão das Nações Unidas. Uma das razões pelas quais as Nações Unidas foram criadas depois da Segunda Guerra Mundial foi se opor, ativamente e sem demora, a ditadores agressivos, antes que eles pudessem atacar os inocentes e destruir a paz.]

A essa base (B4), G. W. Bush acrescenta as resoluções da ONU, supostamente conhecidas por todos, que formam Pp3:

(18) *In the case of Iraq, the Security Council did act, in the early 1990s. Under Resolution 678 and 687 – both still in effect – the United States and our allies are authorised to use force in ridding Iraq of weapons of mass destruction. This is not a question of authority, it is a question of will.* [No caso do Iraque, o Conselho de Segurança agiu no início dos anos 1990. Sob as resoluções 678 e 687 – ambas ainda em vigor – os Estados Unidos e nossos aliados estão autorizados a usar a força para eliminar as armas de destruição em massa no Iraque. Isso não é uma questão de autoridade, é uma questão de vontade.]

Vejamos uma sequência (quase) completa, à qual falta, entretanto, a consideração de uma possível *restrição*:

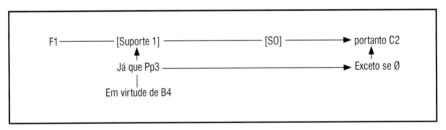

Toda a argumentação do governo americano consiste em apoiar-se sobre o suporte 1, relativo à posição da ONU, para justificar que os Estados Unidos se põem no lugar de substituir uma organização internacional acusada de ser falha e desprovida de vontade. Para isso, devemos colocar uma outra legalidade, por meio de uma outra sequência argumentativa:

Textos: tipos e protótipos

(19) <F1'> *The United States of America has the sovereign authority to use force assuring its own national security.* <Pp3'> *That duty falls to me, as Commander-in-Chief,* <B4'> *by the oath I have sworn, by the oath I will keep.* [<F1'> Os Estados Unidos da América têm autoridade soberana para usar a força assegurando a sua própria segurança nacional. <PP3'> Esta obrigação recai sobre mim, como Comandante-Chefe, <B4'> pelo juramento que eu fiz, pelo juramento que eu manterei].

Esse segmento do discurso de G. W. Bush se apresenta como uma sequência à qual falta a asserção conclusiva C. Essa asserção implícita é amplamente sustentada por PP3' e B4' e volta para reafirmar C2 (Nós assumiremos nossas responsabilidades), isto é, afirmar que os Estados Unidos estão prontos para entrar em guerra. Note-se que, também aqui, nenhuma *restrição* R6 está prevista:

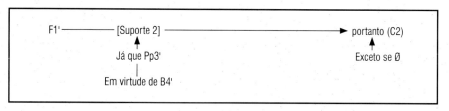

Essa falta de restrição é muito interessante: G. W. Bush a substitui por um ultimato: "Saddam Hussein e seus filhos devem deixar o Iraque dentro de 48 horas. Sua recusa em fazê-lo resultará em um conflito militar, iniciado no momento de nossa escolha".

Retorno a um texto publicitário: Mir Rose*

Dominique Guy Brassart (1990) dedicou um artigo a várias análises que, de 1976 a 1987, sucessivamente propus deste pequeno texto publicitário (respeito, tanto quanto possível, o arranjo tipográfico do documento original e designo as proposições laterais por uma letra, para facilitar a análise):

(20) [a] **Os homens amam as mulheres**
 [b] **que têm as mãos suaves.**

---

* N.T.: Linha de produtos de limpeza muito popular na França.

[c] Você sabe disso.

[d] Mas você sabe também [e] que
você lava a louça.

[f] Contudo não desista
do seu charme, [g] use
Mir Rose, [h] sua louça ficará
limpa e brilhante.

[i] E suas mãos, graças ao extrato
de pétalas de rosa contido no
Mir Rose, ficarão mais suaves e
mais bonitas.

[j] Elas não poderão lhe dizer nada além de
obrigado. [k] Seu marido também.

Doyle Dane Bernach Publicité.

Considerando meus diferentes estudos dessa publicidade, D. G. Brassart se pergunta se não se trata de um dos meus textos-fetiche... Para evitar contradizê-lo e para acrescentar mais uma peça a seu dossiê, não hesito em voltar a esse exemplo. De fato, só me permito essa volta ao local do crime porque tenho a impressão de poder, enfim, propor uma descrição ao mesmo tempo simples[5] e relativamente precisa desse pequeno texto. Ultrapassando progressivamente a teoria das superestruturas, que ficou por um longo tempo no rascunho (T. A. van Dijk reconheceu isso várias vezes), eu precisava elaborar um modelo prototípico da sequência argumentativa mais flexível e mais geral que o esquema superestrutural (Sprenge-Charolles, 1980: 77).

Em uma primeira análise, eu tinha apresentado uma descrição narrativa desse texto. Isso se explica pelo fato de que minha concepção de narração era, na época, ainda muito próxima da semiótica narrativa de Greimas. Ora, no modelo semiótico da École de Paris, a sintaxe narrativa deveria dar conta de todos os textos (Greimas, 1983: 17-18). A narratividade é mesmo definida como "o princípio organizador de todo discurso" (Greimas e Courtes, 1979: 249). Não dispondo ainda dos seis critérios apresentados no capítulo "O pro-

---

[5] Esse critério de simplicidade não é absolutamente aplicado por D. G. Brassart, que se refere, entretanto, como eu, ao modelo de Toulmin. Encaminho o leitor interessado por uma comparação de nossas descrições ao seu artigo da *Argumentation*, n. 4, 1990.

tótipo da sequência narrativa", parecia-me bem possível imaginar uma narrativização do conteúdo do texto.

Não entrando no detalhe do funcionamento e negligenciando o fato de que nenhum acontecimento é relatado, poderíamos aplicar o modelo semiótico dos actantes da narração e dos programas narrativos. De fato, o dom da doçura e da beleza acrescido às mãos invoca um *dom contrário*, sob a forma de agradecimentos de um *destinatário*. A louça representa o *oponente* e Mir Rose, o *adjuvante mágico* em uma busca que o sujeito "você" deseja alcançar. A divisão desse sujeito em pessoa total ("você") e parcial ("suas mãos", sinédoque exemplar) se explica perfeitamente pelo dispositivo actancial e pelos programas narrativos: o *sujeito de estado* é representado pelas mãos, e o *sujeito de fazer* é representado pela consumidora usuária de Mir Rose. Se esse último possui a modalidade QUERER (querer agradar a todos lavando até mesmo a louça) e a modalidade SABER (repetida duas vezes), é exatamente o QUERER agradar que lhe falta. O produto Mir Rose, devolvendo-lhe esse poder, torna o sujeito apto a todas as seduções.

Mesmo que seja muito aproximativa, tal leitura é possível e, apesar das falhas inegáveis, ela traça uma *interpretação* do texto. Isso confirma um ponto teórico que nos interessa muito diretamente. A compreensão de um texto é uma estratégia de resolução de problema, isto é, ao longo da leitura, o interpretante elabora hipóteses, da melhor maneira possível, sobre a organização do texto, pautando-se por estratégias que ele lembra que "se provaram úteis em sua experiência prévia" (Kintsch, 1981-82: 780). Nessas condições, tão surpreendente quanto possa parecer, a leitura narrativa que acabei de mostrar pode bem corresponder à interpretação de um leitor que só disporia, na memória de longo prazo, de esquemas prototípicos de narrativas. Leitores ingênuos e narratólogos*, um e outro, se confundem mais pela aplicação de um esquema pré-construído do que por uma real atenção à lógica específica do texto considerado.

Para voltar a essa lógica, partirei desse esquema simplificado da estrutura argumentativa de Mir Rose:

---

* N.T.: (Neologismo) (Literário) Que ou quem estuda as técnicas narrativas implementadas em um texto.

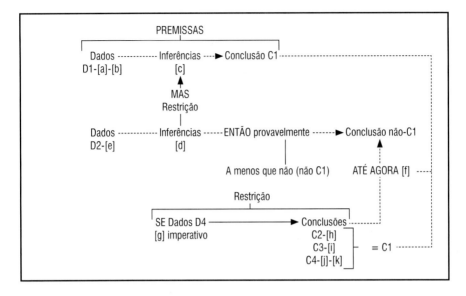

Essa esquematização permite resolver o essencial dos problemas que encontrei em minhas representações anteriores desse texto. Resta restabelecer tão claramente quanto possível os diferentes movimentos argumentativos, retornando aos principais suportes inferenciais.

O conector argumentativo MAS, que abre [d], articula entre si duas premissas que têm um valor de *dados* para duas *conclusões* opostas. As proposições [c] ("Você sabe disso") e [d] ("você sabe também") insistem no fato de que o interpretante-leitor ("você") pode realizar algumas inferências. Temos, portanto, uma primeira sequência argumentativa:

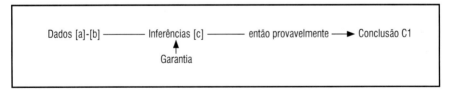

A proposição relativa [b] introduz uma propriedade que é quase uma *restrição* de [a]: *Somente as mulheres que têm mãos suaves podem ser amadas pelos homens.* Seja uma *conclusão* C1 apoiada em [c]: *Você sabe que, se você tem mãos suaves, os homens provavelmente a amarão.* É preciso acrescentar ainda o suporte das inferências sobre um saber compartilhado, a Garantia: "as mãos suaves são boas para carícias".

Textos: tipos e protótipos

O conector argumentativo MAS introduz uma *restrição* passível de bloquear a *conclusão* inferencial C1. A proposição [c] pode ser descrita como uma segunda sequência encaixada em posição de *restrição*:

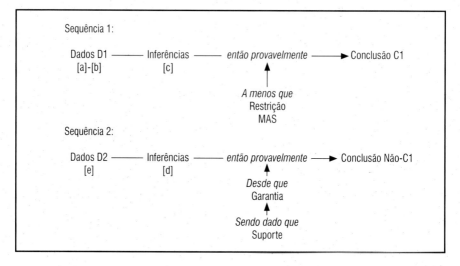

O *dado* (D2) ("você lava a louça") leva à aplicação de um processo inferencial: [então provavelmente não-C1]: *Os homens provavelmente não a amarão*. Essa conclusão não-C1 se apoia na regra de inferência garantida por: *desde que lavar a louça estraga as mãos*, bem como pelo suporte: *sendo dado que lavar a louça se faz com as mãos (sem luvas protetoras bastante eficazes e sem lava-louças)*.

Este último movimento argumentativo é, ele mesmo, passível de ser interrompido no seu desenvolvimento por uma terceira sequência:

A proposição [f] ("Então não desista do seu charme") dá a entender que o movimento argumentativo das duas primeiras sequências conduz a uma *conclusão* (desistir de agradar). Essa *conclusão* não-C1 é implicitamente trazida pelo *dado* D2 introduzido por MAS.

Esse movimento das duas primeiras sequências só pode ser bloqueado por uma razão passível de interromper tal encadeamento: para que não (não-C1) – não (desistir de agradar) – seja possível, é necessário refutar as inferências anteriores. O papel do conector CONTUDO é importante aqui. Esse conector destaca a consecução [D2 → conclusão não-C1], ou seja, uma conclusão não-C1 (não pode agradar aos homens), que implica uma renúncia ao charme, CONTUDO assinala que essa conclusão pode ser rejeitada, pois ela

O protótipo da sequência argumentativa

emana de um ponto de vista (de uma lógica) que não é a do locutor. A análise polifônica (Ducrot, 1984: 219-220) permite explicar a mudança de modalidade sintática. A passagem para o imperativo nas proposições [f] e [g] prova que os enunciados que sucedem o ENTÃO são assumidos claramente pelo locutor: este estabelece, de fato, o saber (proposições [b] e [d]) de seu leitor-interpretante como um ponto de vista para o qual propõe uma refutação. O conjunto do movimento precedente é, pela negação ("não desista..."), atribuído a um ponto de vista que é declarado inadmissível e que o locutor de forma implícita rejeita imperativamente.

O meio para essa rejeição (*restrição* A MENOS QUE) encontra-se inteiramente no uso do produto para louças Mir Rose (proposição [g]). Destacamos ainda que o futuro das proposições [h], [i] e [j] introduz uma predição das *conclusões* ligadas a esse novo *dado:* "Se você usar Mir Rose, ENTAO sua louça ficará..., suas mãos ficarão... etc." A *conclusão* C3 ("suas mãos ficarão mais suaves e mais bonitas") remete diretamente às inferências da primeira sequência (D1® C1). Quer dizer que a segunda *restrição* vem simplesmente para compensar a primeira (MAS D2-[e]).

Os efeitos enunciativos superficiais ligados às mudanças dos tempos verbais (presente, depois imperfeito, depois futuro) são sobretudo mudanças modais. Às proposições não assumidas pelo locutor (premissas no presente de verdade universal), sucedem as proposições diretamente assumidas por ele (imperativo e futuro com valor preditivo). Esses aspectos enunciativos participam do movimento argumentativo como intenção de influenciar o outro ("você") de alguma maneira.

O PROTÓTIPO
DA SEQUÊNCIA EXPLICATIVA

O termo "explicar" designa atividades muito diversas. Explicar o ponto de vista que se adota, explicar uma página de Proust e explicar como se faz um arroz crioulo certamente não remetem ao mesmo significado. Isso importa porque, para começar, deve-se colocar um pouco de ordem e, às vezes, tomar decisões arbitrárias.

Jean-Blaise Grize, 1981: 7

A EXPLICAÇÃO: DISCURSO E TEXTUALIDADE

Explicativo, expositivo e informativo

Na imprecisão das primeiras classificações tipológicas, às vezes confundimos[1] texto explicativo e texto expositivo, e até falamos facilmente de texto informativo. Uma definição como a do Littré*, sobre esse aspecto, dá lugar à confusão: "*Explicação*: 1. Discurso pelo qual se expõe alguma coisa de modo a lhe dar inteligência, razão. [...] 2. O que ajuda a encontrar a causa, o motivo de uma coisa ser difícil de conceber [...] 3. *Justificação*, esclarecimento". Em *Le Texte informatif, aspects linguistiques*, Bernard Combettes e Roberte Tomassone (1988) fornecem algumas respostas a questões que se tem o direito de perguntar sobre o estatuto de um tipo de texto chamado "informativo". Em sua introdução, os autores reconhecem que todo texto é, em certo grau, informativo e que "o termo 'expositivo' seria sem dúvida melhor do que o 'informativo',

---

[1] Este é o caso das minhas próprias propostas de 1985 e de 1987 que o presente trabalho tem o propósito de corrigir.

* N.T.: Um dos mais conhecidos dicionários de língua francesa.

Textos: tipos e protótipos

relativamente vago" (1988: 6). Se decidem, contudo, se ater a um termo comumente usado, eles distinguem nitidamente até mesmo o tipo informativo-expositivo do tipo argumentativo, que visa modificar crenças, representações, ao passo que o texto informativo-expositivo visa mais levar conhecimento do que transformar convicções. Eles também o distinguem da explicação:

> Explicar nos parece constituir uma intenção particular que não se confunde com a de informar; o texto explicativo tem, sem dúvida, uma base informativa, mas caracteriza-se, além disso, pela vontade de fazer compreender os fenômenos: daí, implícita ou explícita, a existência de uma questão como ponto de partida, que o texto se esforça para elucidar. O texto informativo, por outro lado, não visa estabelecer uma conclusão: ele transmite dados, certamente organizados, hierarquizados [...], mas não para fins demonstrativos. Não se trata, em princípio, de influenciar o auditório, de conduzi-lo a esta ou aquela conclusão, de justificar um problema que seria colocado. (1988: 6)

Posta a distinção entre informativo-expositivo e explicativo, resta dar o passo além que Combettes e Tomassone não ousaram dar, a saber, considerar o texto informativo-expositivo como um gênero do discurso enciclopédico fundado em encadeamentos sequenciais do tipo ou descritivo, ou claramente explicativo. Em outras palavras, o chamado tipo "expositivo" pode ser definitivamente excluído de nossa classificação de sequências prototípicas. Essa posição também é defendida por Dominique Guy Brassart:

> Propomos, portanto, não manter a exposição como tipo textual ou sequencial e descrever esses documentos de acordo com suas propriedades de organização estritamente textuais, seja como descrições (isso é quase sempre o caso, por exemplo, de registros zoológicos que são encontrados hoje em abundância em enciclopédias, livros didáticos, publicações para jovens como *Astrapi* ou em imagens publicitárias oferecidas com essa marca de chocolate [...]), seja como explicações. (1990b: 34)

Em um artigo de 1990, Bernard Combettes abandona a própria ideia de tipo de texto explicativo em favor de uma "conduta" ou de um "discurso" explicativo: "Vemos como se dá um tipo de deslizamento: a partir da importância das situações de explicação, deriva-se a existência do Texto explicativo, que é, no mínimo, discutível. Observo, além disso, atendo-me à revista *Pratiques*, a hesitação entre texto e discurso quando se trata do 'explicativo', enquanto o 'narrativo', o 'descritivo' e o 'argumentativo' aparentemente não causam a mesma oscilação e são caracterizados como tipos de *texto*" (1990: 14-15).

|178|

O protótipo da sequência explicativa

Para superar essa oscilação entre "texto" e "discurso" explicativo, convém proceder como na argumentação, evitando confundir as dimensões pragmática e discursiva das condutas explicativas, por um lado, e a textualidade típica de uma sequência explicativa, por outro.

Se o caso do relato de experiência é frequentemente citado como um exemplo de superestrutura do texto expositivo, é provavelmente por causa de uma confusão lamentável entre sequência, de um lado, e segmentação de um enunciado a partir de um plano de texto mais ou menos convencionalmente fixo, de outro. A meu ver, o esquema do relato de experiência de Kintsch e Van Dijk (1984: 117) é um plano de texto que organiza um discurso teórico de acordo com uma disposição genericamente regulada. O plano [INTRODUÇÃO + MÉTODO + RESULTADOS + DISCUSSÃO] cumpre, nesse caso, a mesma função de facilitar a leitura e organização da informação que o modelo de um jornal diário (tão difícil de mudar sem perder leitores). Não há, portanto, razão nenhuma para dar a ele um estatuto de estrutura prototípica, pelo menos não no nível da organização sequencial do discurso.

A distinção a ser feita entre exposição e explicação passa pela diferença entre POR QUÊ? e COMO?. A maioria das sequências em COMO não são explicativas. Assim é neste exemplo de publicidade:

(1) **Saia vencedor com o novo Civic 1.6 VTi**
Como ganhar um Honda? Nada mais simples: basta nos fazer uma visita e se instalar no volante do seu Honda preferido para um *test drive*. A nova linha do Civic vem com sete versões compactas, do modelo básico, particularmente vantajoso, à versão de luxo, com todo o conforto. Por exemplo, o Civic 1.6 VTi 3 portas (foto abaixo), com um motor "Sport VTEC", que desenvolve 160 cavalos, com direção hidráulica, travamento de portas central, teto retrátil e muitos outros benefícios por apenas 29.900 francos. Execução e acabamentos até nos mínimos detalhes, com base em 80% de materiais recicláveis. Na volta de seu *test drive*, escreva seu nome e seu endereço no cupom de participação Grand Prix, coloque-o na urna e torça. Quem sabe não será você o felizardo!

Honda

Podemos ver aqui que esse anúncio publicitário responde apenas à pergunta: "O que você faz para...?". E responde a essa pergunta com um procedimento descritivo exemplar: descrição de ações interrompidas por uma descri-

|179|

ção de estado ("A nova linha do Civic" e caso particular do Civic 1.6 Vti), em seguida, a descrição de ações-receita é retomada (a partir de "Na volta do seu *test drive...*"). Diferentemente do que escrevi em alguns trabalhos anteriores e diferentemente de Werlich, não me parece mais necessário considerar os textos expositivos em COMO como variantes do protótipo explicativo.

É necessário dizer ainda mais alguma coisa sobre uma forma particular de explicação: a *justificação*. Vou me contentar em seguir aqui Jean-Blaise Grize (1981b: 8), ao definir a justificação como uma resposta à pergunta "por que afirmar isso?", ao passo que a explicação propriamente dita deve ser considerada como uma resposta a "por que algo é/se torna assim, ou faz isso?". Em outras palavras, justificamos as falas ("*de dicto*") e explicamos os fatos ("*de re*").

Do discurso ao texto

Ao lado dos outros quatro grandes tipos, a explicação pode aparecer como um parente pobre, se comparada a tantas publicações sobre a narrativa, a descrição, a argumentação e o diálogo ao longo dos anos, particularmente, desde a década de 1960. Foi necessário, por outro lado, esperar até 1980 para que os estudos sobre o discurso e o texto explicativo se tornassem mais precisos e se multiplicassem.

Foi primeiro sobre a noção de conduta explicativa que teorizaram – seguindo a mesma tendência de suas análises da argumentação – os pesquisadores reunidos em torno de Jean-Blaise Grize no Centro de Pesquisas Semiológicas da Universidade de Neuchâtel: "Algumas reflexões sobre a explicação" (*Trabalhos de CdRS*, n. 36, 1980) e "O discurso explicativo" (*Trabalho de CdRS*, n. 39, 1981); número 56, tomo XIX, da *Revue européenne des sciences sociales* (1981), que reuniu importantes contribuições de Jean-Blaise Grize ("Logique naturelle et explication"), de Marie-Jeanne Borel ("Donner des raisons. Un genre de discours, l'explication"), assim como, entre outros, Joëlle Chesny-Kohler sobre os aspectos explicativos da paráfrase e Denis Miéville sobre o discurso didático em matemática. Deve-se também mencionar: "Aspects des discours explicatifs" (Chesny-Kohler, 1983) e "L'explication dans l'argumentation: approche sémiologique" (Borel, 1981b).

Fora a semiologia de Neuchâtel e as pesquisas formais (Hempel, 1965), é principalmente no campo da didática que o trabalho se multiplica. A revista *Pratiques* consagrou dois números a este assunto: "Les textes explicatifs" (n. 51,

1986) e "Les discours explicatifs" (n. 58, 1988), com os artigos de Danielle Coltier, Bernard Combettes, Jean François Halté e Anne Leclaire-Halté, aos quais vou me referir com frequência. Três números da revista *Repères*, do Instituto Nacional da Pesquisa Pedagógica Francesa, focaram na explicação: "Communiquer et expliquer au collège" (n. 69, 1986), "Discours explicatifs en classe" (n. 72, 1987) e "Le discours explicatif, genre et texte" (n. 77, 1989). Enfim, a revista *Recherches*, da Associação Francesa de Professores de Francês, de Lille, propôs um excelente desenvolvimento tanto teórico quanto didático em um número intitulado "Expliquer" (n. 13, 1990), introduzido por um debate entre Bernard Combettes, Michel Charolles, Jean-François Halté e eu mesmo sobre o lugar da explicação nas reflexões tipológicas. Retomo aqui algumas passagens da minha comunicação no grande colóquio interdisciplinar que ocorreu em Paris em 2001 e que só foi publicado em 2008: *L'explication. Enjeux cognitifs et interactionnels* (Hudelot et al. org.). Trata-se da maior síntese realizada sobre o assunto.

Na perspectiva pragmática e discursiva da semiologia, a explicação é um ato de discurso que pressupõe e estabelece ao mesmo tempo um contrato, cujas condições pragmáticas Grize resume assim:

1. O fenômeno a ser explicado é indiscutível: é uma constatação ou um fato. Ninguém procura, de fato, explicar algo que não toma por certo. [...]
2. O que está em questão está incompleto.
   Aqui, novamente, o caráter lacunar da situação deve prevalecer. Todos aqueles que têm tão pouca prática de ensino sabem bem os esforços que são necessários muitas vezes para levar o auditório a se persuadir de que a questão à qual um dado curso vai responder realmente procede.
3. Aquele que explica está em posição de o fazer.
   Isso significa que o interlocutor deve reconhecer-lhe as competências cognitivas desejadas. Ele ainda deve ser neutro e desinteressado. Certamente, uma explicação pode servir ao orador. Ele pode usar isso para argumentar e, especialmente, para aumentar o que Bourdieu chama de "capital de autoridade". Mas, em relação ao que ele explica, deve ser objetivo. (1981b: 9-10)

Como veremos mais adiante, o próprio Grize reconhece que a explicação tem uma textualidade específica (1981b: 11). Marie-Jeanne Borel se propôs a "refletir sobre *esses índices* que, no texto, permitem àquele que interpreta localizar uma explicação ou, em um movimento inverso, embora não simétrico, refletir sobre essas *marcas* com as quais o produtor do texto baliza seu percurso para que este possa ser identificado como explicativo" (1981b: 23). Depois de ter considerado o operador PORQUE como critério de explicação, Grize escreve: "O problema agora é localizar as sequências discursivas que são explicativas" (1990: 105). Essa identificação, como claramente escreve M.-J. Borel, se faz em diferentes níveis:

> Essa identificação se opera em diferentes níveis, exteriores e interiores ao texto: reconhecimento da autoridade, do saber do locutor e uma intenção de neutralidade e objetividade; reconhecimento da legitimidade e interesse pelo assunto, da existência do fato a ser explicado; da presença no texto de formas como "porque", ou de metatermos como "explicar", "causa", "razão" etc. (Borel, 1981a: 41)

Não vou me alongar aqui na distinção entre a explicação, que se refere mais a fatos e a estados de coisas (*de re*), e a justificação, que se relaciona mais com os fatos de fala (*de dicto*).

CONECTORES, SENTENÇAS PERIÓDICAS E SEQUÊNCIA EXPLICATIVA

Escopo dos conectores explicativos

O início do célebre discurso do general De Gaulle, no fórum de Argel, em 4 de junho de 1958, inclui duas frases periódicas, cujo objetivo é justificar a escolha das palavras "renovação" e "fraternidade" que acabavam de ser pronunciadas:

(2) Eu / compreendo vocês <Aplausos> ///
Eu sei // o que aconteceu / aqui <Apl.> ///
Eu vejo // o que vocês queriam fazer ///
Eu vejo que o caminho // que vocês abriram // na Argélia // é o da // renovação // e da fraternidade <Apl.> ///

(2a) Eu digo renovação // em todos os aspectos // mas muito justamente // vocês queriam // que começasse // pelo começo // isto é // pelas nossas instituições // E É POR ISSO QUE aqui estou /// <Apl.> ///

O protótipo da sequência explicativa

(2b) E eu digo // fraternidade // PORQUE // vocês oferecem // este espetáculo
magnífico // de homens // que de um extremo ao outro // quaisquer que
sejam suas comunidades // se comunicam no mesmo ardor // e se dão as
mãos <Apl.> [tosse] ///
E, bem, de tudo isso // eu faço registro // em nome da França <Apl.> ///
[...]

As frases periódicas (2a) e (2b) têm uma função metatextual de retorno no fim do enunciado (2). Ambas começam muito explicitamente com
"(e) eu digo" e são marcadas como explicativas por dois conectores cuja
orientação é inversa. Em (2a), "E É POR ISSO QUE" transforma o exposto anteriormente ("mas muito justamente vocês queriam que começasse pelo
início, isto é, pelas nossas instituições") em um enunciado explicativo da
causa q, seguida do fato que disso decorre: "aqui estou" (índice e efeito).
Em outras palavras, "É PORQUE [q] vocês queriam que a renovação começasse pelo começo, isto é, pelas nossas instituições, QUE [p] aqui estou". Por um
lado, uma ordem [q < *posição à esquerda* < E É POR ISSO QUE p] justifica, ao
mesmo tempo, a presença do general De Gaulle em Argel e seu dizer: "Eu
digo renovação". Por outro lado, (2b) justifica o dizer segundo a ordem inversa [p PORQUE > posição à direita > q]: "E eu digo fraternidade [p] PORQUE
vocês oferecem este espetáculo magnífico de homens que, de um extremo
ao outro, quaisquer que sejam suas comunidades, se comunicam com o
mesmo ardor e se dão as mãos [q]".

O texto do famoso cartaz, a seguir, frequentemente confundido com o
apelo de 18 de junho*, também apresenta dois segmentos explicativo-justificativos que operam em um sentido contrário e têm um escopo de amplitude
muito diferente:

(3) *A França perdeu uma batalha!*
Mas a França não perdeu a guerra!
Os governantes em combate podem ter se rendido, entrando em pâni-
co, esquecendo a honra, entregando o país à servidão. NO ENTANTO, nada
está perdido!

---

* N.T.: Discurso do general De Gaulle na rádio de Londres, a 18 de junho de 1940, na qual apelava à continuação dos combates contra a Alemanha nazista. É considerado o texto fundador da resistência francesa
durante a Segunda Guerra Mundial.

Textos: tipos e protótipos

(3a) Nada está perdido, PORQUE esta guerra é uma guerra mundial. No universo livre, forças imensas ainda não surgiram. Um dia, essas forças esmagarão o inimigo. É necessário que a França, neste dia, esteja presente na vitória. Então, ela vai recuperar sua liberdade e sua grandeza. Esse é meu objetivo, meu único objetivo!

(3b) É POR ISSO QUE eu convido a todos os franceses, onde quer que estejam, a se unirem comigo na ação, no sacrifício e na esperança.
Nossa pátria está em perigo de morte.
Lutemos todos para salvá-la!

Em (3a), o movimento é interno à sentença que vem retomar e justificar a afirmação problemática precedente, introduzida por um conector concessivo NO ENTANTO que marca o elemento problemático [p] a ser explicado: "Nada está perdido [p], PORQUE > posição à direita > esta guerra é uma guerra mundial [q]". Por outro lado, em (3b) a posição à esquerda do conector É POR ISSO QUE coloca o fato de dizer [p] "eu convido a todos os franceses..." como causado/justificado pelo contexto anterior: o movimento explicativo (3a) está consagrado no movimento explicativo (3b), cuja posição à esquerda engloba todo o contexto anterior.

Lembremo-nos desses dois movimentos textuais explicativos de base, às vezes combinados: um movimento à direita, aberto por um conector explicativo e aguardando por sua marca de fechamento – exemplos (2b), (3a) e (4) –, e um movimento à esquerda, levando a considerar, retrospectivamente, uma porção maior ou menor do cotexto anterior como explicativo – (2a), (3b) e (6).

A estrutura canônica completa é aberta por um PORQUE interrogativo – verdadeira interrogação nos diálogos ou falsa interrogação (chamada "retórica") nas estruturas monologais –, seguida de uma ou mais respostas em PORQUE:

(4) Os longos secos e os grandes murchos não têm mais vez
Viva os crocantes!
POR QUÊ?
PORQUE o Coop lhe oferece duas fornadas diárias de pão.
PORQUE todos os nossos produtos de panificação
são preparados com matérias-primas de primeira qualidade.
PORQUE o Coop lhe garante encontrar pão fresco

até a noite, em todas as suas lojas.
PORQUE você sempre encontrará,
entre nossos 30 tipos de pão,
um bom pão para agradar a qualquer hora.
COOP TEM O FRESCOR SEMPRE

O introdutor de segmento explicativo POR QUE pode, contudo, não ser explicitamente interrogativo e não ser seguido pelo conector PORQUE:

(5) Quando você navega por aqui, compreende imediatamente PORQUE nossa baía é chamada de Baía de Todos os Santos.
Águas quentes, ventos constantes e dezenas de praias e de ilhas paradisíacas fazem da Baía de Todos os Santos a maior e mais bela baía do Brasil. Venha para Salvador da Bahia e conheça um pouco mais da história, da cultura e da gastronomia de um povo que viveu na época das grandes navegações.

A operação de recategorização à esquerda a partir de um conector do tipo ISTO É / É POR ISSO QUE é possível tanto na literatura quanto na publicidade, mesmo que a complexidade da interpretação de (6) (não elucidação da causalidade e funcionamento muito particular da verdade) seja certamente maior:

(6) O HÁBITO
Todas as minhas namoradas são corcundas:
Elas amam a mãe delas.
Todos os meus animais são obrigatórios
Eles têm pés de móvel
E mãos de janela.
O vento se deforma
Ele precisa de um hábito sob medida
Desmedido.
Eis POR QUE
Eu digo a verdade sem dizê-la.

Paul Éluard, *Mourir de ne pas mourir*

O exemplo publicitário (7) apresenta uma estrutura dupla, apoiada nos conectores explicativos PORQUE e EIS POR QUE.

(7a) Porque se dissolve completamente,
Nej tem o máximo poder de eliminar manchas.
Os componentes exclusivos de Nej são da melhor qualidade e se dissolvem completamente em contato com a água.

(7b) EIS POR QUE Nej tem uma eficácia maximizadora na lavagem de louça.
Além disso, você nunca encontrará resíduos Nej na máquina após a lavagem. [...]

A estrutura de (7a) é, de fato, a seguinte:

(É) PORQUE se dissolve completamente [proposição $q1$]
(QUE) Nej tem o máximo poder de eliminar manchas [proposição $p1$]

Ao enunciado de causa (PORQUE q) se sucede o enunciado de consequência, de resultado (EIS POR QUE p). A ordem das proposições não muda em (7b), mas o marcador explicativo muda na medida em que não mais introduz a proposição q, mas a proposição p, desta vez:

Os componentes exclusivos de Nej são da melhor qualidade e se dissolvem completamente [proposição I2]
EIS POR QUE Nej tem uma eficácia maximizadora [proposição $p2$]

Isso pode ser resumido assim:

(EIS) POR QUE [$p2$] Nej tem uma eficácia maximizadora?
PORQUE [$q1$] se dissolve completamente.

PORQUE permite representar, por uma estratégia tipicamente publicitária, as proposições $p1$ e $q1$ como dois fatos estabelecidos. A explicação, portanto, apresenta-se como uma representação discursiva da ordem das coisas. A descrição adotada desde Ducrot et al. (1975) consiste em dizer que, aqui, as duas proposições são tomadas em um único e mesmo ato de asserção afirmando a relação de causalidade entre $p1$ e $q1$. É a afirmação dessa relação causal que é o objeto da interação explicativa. Daí a possibilidade de testes sintáticos de focalização (7c), de negação (7d) e de interrogação (7e) que o PORQUE propriamente explicativo admite:

(7c) É porque se dissolve completamente que Nej tem o máximo poder de eliminar manchas.

O protótipo da sequência explicativa

(7d) Não é porque se dissolve completamente que Nej tem o máximo poder de eliminar manchas.

(7e) É porque se dissolve completamente que Nej tem o máximo poder de eliminar manchas?

Por outro lado, o emprego de EIS POR QUE apresenta a proposição p como resultado de um movimento conclusivo. Como Grize diz, "Não são mais os nós de uma rede que contam, mas sua totalidade, sua globalidade" (1993: 337). É precisamente essa (re)totalização, essa globalização que os indicadores de fim de um segmento textual explicativo marcam. Eles apresentam especialmente p como sendo o elemento problemático. O elemento a que se refere o questionamento (e, portanto, a explicação) é, de acordo com a lógica publicitária, o incrível poder do produto valorizado.

O apresentativo EIS compartilha com É um papel mais geral. EIS tem certamente por propriedade retomar o cotexto anterior (q) como uma prova de p, mas os apresentativos não instauram somente um retorno referencial. A apresentação dos objetos do discurso tem a ver com a construção de um mundo e com o estabelecimento, entre quem explica e seu destinatário, de um contrato de credibilidade-verdade: "A apresentação de um objeto vale para um enunciador específico na origem da apresentação, de modo que a apresentação vale pragmaticamente como representação do objeto para (e por) o enunciador, assim como para (e por) o coenunciador, que é o leitor" (Rabatel, 2001: 113). Os apresentativos É e EIS [QUE] têm, ao mesmo tempo, um valor representativo e um valor enunciativo, que lhes confere um estatuto de "marcador existencial ampliado" (Rabatel, 2001: 135). Como ainda afirma Alain Rabatel, "O objeto é estabelecido de tal forma que pressupõe um sujeito de consciência [...]. A mera presença de *é* basta para criar um embrião de ponto de vista" (2001: 117). Isso não vale apenas para os contextos narrativos: "*Eis* se presta particularmente bem à expressão de pensamentos que são apresentados como resultado de um acontecimento ou de percepções anteriores explícitas ou sugeridas. Assim como os outros apresentativos, *eis* pressupõe, portanto, a existência de um sujeito de consciência" (2001: 133).

Elemento essencial para a explicação, a combinação do apresentativo com o interrogativo POR QUE leva à construção final de um compartilhamento de crenças que é diferente do conhecimento na origem do questionamento inicial. A explicação termina com um consenso sobre os fatos observados e sobre a causa que os relaciona. EIS enfatiza (o foco) na consequência (a eficácia máxima do produto de lavagem de louça no exemplo (7). É no argumento principal da persuasão que repousa o consenso construído por É e por EIS. Como mostra a análise ilocutória da explicação, a asserção das proposições *p* e *q* não garante que ela seja adequada a um estado do mundo, ela garante – e essa é toda a lógica da propaganda publicitária – que o mundo seja visto pelo leitor-consumidor potencial de acordo com a crença proposta pelo publicitário. Rabatel conclui sua análise dos apresentativos com uma observação que vai muito além dos usos unicamente narrativos que ele descreve:

> Os apresentativos manifestam uma formidável força argumentativa indireta, uma vez que, depois de ter participado de maneira decisiva na construção do universo ficcional e na construção dos personagens, eles nos convidam (leitores) a compartilhar com o focalizador as inferências extraídas da observação dos fatos, sobre o modo das evidências, que sabemos que nunca são tão eficazes quanto quando são compartilhadas, sem o nosso conhecimento. (2001: 142)

É nesse sentido que vai o enunciado após a conclusão de (7b): "ALÉM DISSO, você nunca encontrará resíduos Nej na máquina após a lavagem". Esse argumento apresentado pelo conector ALÉM DISSO, como se estivesse indo na direção da conclusão precedente, leva o leitor-consumidor a comprovar, com antecedência, sua utilização futura do produto. É literalmente o próprio leitor que constata a dissolução total do produto, apresentada como a causa de sua eficácia.

Essa crença compartilhada é apenas uma etapa: o objetivo final de uma crença compartilhada é um objetivo de ação, no caso da publicidade: comprar o produto em questão. A explicação aparece como um ato intermediário entre o objetivo ilocutório primário da asserção (compartilhar uma crença ou um conhecimento) e o objetivo final do ato (convencer para fazer agir). O exemplo (7) apresenta as duas etapas do processo: primeiro declarar a ligação entre *p* e *q*, e, em seguida, apresentar a conclusão asseverada como o resultado de uma demonstração. Esse mecanismo explicativo baseia-se na construção de um universo de discurso apresentado ao leitor/ouvinte como um objetivo, como um fato estabelecido. Marie-Jeanne Borel opunha, com base nisso, a justificação da ação (que requer um engajamento daquele que se empenha quanto ao valor da ação) à explicação, que "supõe um deslocamento de seu autor de uma posição de agente implicada pela significação da ação para uma posição de testemunha que identifica os acontecimentos e até as causas em intenções, motivos e finalidades. No discurso ordinário, essa distinção é frequentemente tênue" (1981a: 53). Os marcadores de colocação à esquerda E/É/EIS POR QUE inscrevem o segmento textual que eles encerram no consenso supostamente alcançado. O que diz Rabatel sobre esses apresentativos explica, na minha opinião, a associação dos apresentativos É ou EIS com o interrogativo POR QUÊ:

> [...] *eis aqui/eis* têm um papel quase tão eficaz quanto *é* apresentando os fatos contidos nos enunciados que se seguem ao apresentativo como o resultado de uma conexão válida primeiro para o enunciador, mas também para o coenunciador, aqui mais fortemente comprometido do que com *há*. Podemos também notar que *eis aqui/eis*, em razão da presença etimológica sempre perceptível do imperativo "veja aqui", "veja lá"*, integra o coenunciador mais fortemente (no sentido de que a implicação é mais liberal, menos restritiva) do que *é*. De fato, com *eis aqui/eis*, o coenunciador é levado a compartilhar com E2 [o enunciador na origem do ponto de vista] a conclusão que este último extrai dele, e este, ainda mais seguramente que o coenunciador, está associado à observação anterior de E2, neste ponto indiscutível. Como, além disso, a conclusão parece resultar da coobservação do enunciador e de seu coenunciador, segue-se que a conclusão de E2 se dá como uma coconclusão de E2 e seu coenunciador. (Rabatel, 2001: 141-142)

Do período à sequência

O funcionamento mínimo da explicação é perceptível em segmentos curtos. Assim é a forma de frase periódica exclusivamente no presente que combina SE com É QUE, É PORQUE ou É POR ISSO (QUE), como acontece nestas frases periódicas publicitárias:

(8) SE as mães querem a doçura Peaudouce, É PORQUE é bom para elas.

(9) SE o experimentador compara 20 tempos de reação a um único estímulo (lâmpada vermelha) em 20 tempos de reação a um estímulo a ser selecionado, entre 3 estímulos possíveis (lâmpadas vermelha, verde, amarela), É PORQUE ele prevê que o processo mental mais complexo no segundo experimento aumentará significativamente os tempos de reação. SE o en-

---

* N.T.: A "presença etimológica" a que Adam alude diz respeito ao fato de que as expressões *voici* e *voilà* (que, nesta parte da obra, optamos por traduzir como *eis aqui* e *eis*) apresentam a forma imperativa do verbo *voir* (ver).

Textos: tipos e protótipos

trevistador compara 100 crianças com 9 anos de idade a 100 crianças com 10 anos de idade, É QUE ele prevê que essa mudança sistemática na idade constituirá a fonte de uma variação significativa nos resultados dos testes. É claro que, SE as variações assim previstas não forem maiores do que as variações imprevisíveis, o psicólogo constatará que sua hipótese sobre o efeito das fontes de variação sistemáticas que ele acreditou ter introduzido no experimento ou na entrevista não se verificou.

Enquanto o segundo parágrafo de (9) está em conformidade com o movimento indutivo [SE *p* (ENTÃO) *q*], o primeiro parágrafo e o exemplo (8) repousam sobre um movimento inverso. Qualquer que seja o tipo de estrutura empregado [SE *p*, É PORQUE *q*], [SE *p*, É POR ISSO QUE *q*], [SE *p*, É POR CAUSA DE *q*], [SE *p*, É EM RAZÃO DE *q*], [SE *p*, É [QUE] *q*], [SE *p*, ISSO É DEVIDO A *q*], as frases periódicas explicativas em questão sustentam toda a transformação atestada no exemplo jornalístico (10) e na transformação de (8):

(10) É PORQUE um rei decidiu mudar a data do primeiro dia do ano QUE agora podemos entrar em piadas do dia 1º de abril. (início de parágrafo de um artigo de revista)

(8') É PORQUE isso é bom para eles QUE as mães querem a doçura de Peaudouce.

A estrutura é a seguinte: [É (PORQUE/PARA) *q* QUE *p*]. Ela é atualizada nos exemplos jornalísticos e publicitários seguintes:

(11) SE eu não apresento aqui uma discussão detalhada do conceito de *autor envolvido*, introduzido por W. Booth em *The Rhetoric of Fiction*, É EM RAZÃO DA distinção que faço entre a contribuição da voz e do ponto de vista para a composição (interna) da obra, e seu papel na comunicação (externa). (Ricoeur, 1984: 131)

(12) SE John Major (à direita) veio para a Suíça, FOI ACIMA DE TUDO PARA pleitear a candidatura olímpica de Manchester junto a Juan Antonio Samaranch, presidente do CIO. (Legenda de uma foto de imprensa. *Le Nouveau Quotidien*, 06/04/1993)

(13) SE a Ligúria é menos conhecida que a Toscana, É QUE aqui as torres são perfeitamente verticais. Nossas massas não estão em causa. (*AGNESI*)

A relação de orientação linear progressiva das frases periódicas hipotéticas [SE *p prótase* > indução > (em seguida) *q apódose*], que pode ser considerada, desde

O protótipo da sequência explicativa

Aristóteles, um modelo de inferência, inverte-se nas frases periódicas explicativas, em uma ordem regressiva: [SE *p apódose* < explicação < (É QUE/ISSO É DEVIDO A) *q prótase*]. Esses dois tipos de frases periódicas reúnem duas proposições enunciativas chamadas *prótase* (literalmente "colocado na frente" = proposição *p*) e apódose ("que segue de" = proposição *q*). A concepção gramatical clássica de proposição subordinada/proposição principal do sistema hipotético ganha em ser substituída por essa distinção, que apresenta a relação lógica, e não temporal, entre proposições. Remontamos a Aristóteles, de acordo com um diagrama de *Premiers Analytiques* (*Primeiros analíticos*) (II, 27, 70a e b), do índice (*p*) àquilo que indica (*q*): o efeito (*p*) indica a causa (*q*). Essa estrutura [É PORQUE *q prótase* QUE *p apódose*] se apresenta como um movimento inferencial que parte do índice-efeito (*p*) para remontar, então, à causa (*q*). É isso que atualizam muito claramente as duas partes de (14):

(14) Bravo, ainda mais impostos!
Primeiro a má notícia: (14a) SE a sua curva de lucro dispara, o fisco vai pedir-lhe para prestar contas. E agora a boa: (14b) SE o fisco lhe pede para prestar contas, É QUE sua curva de lucro disparou. [...]

Não se pode implementar melhor a reversão da indução (14a) [SE *p* > (ENTÃO) > *q*] em (14b) [SE *p* < É QUE *q*]. A estrutura binária estereotipada do plano de texto desse anúncio publicitário permite fragmentar em dois estágios os dois momentos: disfórico e eufórico (*cf.* o título "Bravo" eufórico *vs* "mais impostos" disfórico). Nessa estrutura, o contexto [SE *p*] é aceito como um fato pertencente ao mundo real – o que se confirma pelo emprego do presente ou do pretérito –, mas esse contexto é apenas momentaneamente reconhecido (É VERDADE QUE *p*) para enfatizar a enunciação da causa (*q*) mais do que a realidade da situação causada (*p*). Entendemos melhor, então, por que é muito difícil enunciar: "É PORQUE *q*, SE *p*": "É PORQUE sua curva de lucro disparou, SE o fisco lhe pede para prestar contas". É difícil apresentar aquilo a que já foi atribuída uma causa (*sua curva de lucro disparou*) como uma mera hipótese (*se o fisco lhe pede para prestar contas*). A enunciação de uma causa faz esperar a enunciação de um fato causado, isto é, de uma situação que é dada como real.
Para Jean-Blaise Grize, a "estrutura geral de uma sequência explicativa" (1990: 107) é a seguinte: um primeiro operador [POR QUE] faz passar de uma esquematização inicial S-i, que apresenta um objeto complexo (O-i), para uma esquematização S-q, que problematiza (objeto problematizador O-q), então

|191|

um segundo operador [PORQUE] permite passar de S-q para uma esquematização explicativa S-e (O-e). A sequência explicativa de Grize é a seguinte:

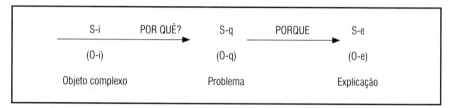

Estando a esquematização inicial (S-i) muitas vezes subentendida, dois tipos de POR QUÊ devem ser considerados: aqueles que retomam um elemento anterior e reesquematizam o problema posto e aqueles que não dispõem de um cotexto anterior e operam diretamente essa esquematização do problema (por que *p*?). É geralmente a isso que as perguntas retóricas se prestam. Esta é a estrutura que atualiza a publicidade francesa ADSL em que a questão é retomada em eco por uma suposta intervenção:

(15) POR QUE escolhi a transparência de Alice?
PORQUE eu economizo o preço da assinatura de telefone!

Os pesquisadores estão de acordo em retomar o núcleo do modelo de Grize e em acrescentar um elemento à direita. Isso dá um outro modelo ternário da sequência de base de Danielle Coltier (1986: 8): [Fase de questionamento > Fase de resolução > Fase de conclusão]. Encontramos a mesma estrutura em três fases em Marie-Madeleine de Gaulmyn (1986) e em Elisabeth Gülich (1990), que assumem as "*side sequences*" de Gail Jefferson (1972). Gülich chama de "sequências conversacionais explicativas" as "sequências acessórias" que, nas interações orais, se desenvolvem em três fases. Gülich e Gaulmyn definem essas três fases da seguinte maneira:

- *Fase 1* Constituição de um objeto a explicar (reconhecido e aceito, que pode estar presente na situação ou ser linguageiro) e dos papéis de sujeito que explica e de sujeito ao qual se destina a explicação e/ou que a recebe.
- *Fase 2* Núcleo explicativo.
- *Fase 3* Ratificação: sanção da explicação e fechamento da sequência. Essa fase de ratificação corresponde ao que dissemos, mais acima, do suposto consenso obtido ao final da explicação.

As autoras insistem no fato de que, desde 10 ou 11 anos, as crianças chegam a controlar o conjunto do processo: "A explicação torna-se, verdadeiramente, uma resolução interativa de um problema complexo que prova ser comum aos dois alocutários e cuja resolução é obtida pela colaboração deles" (Gaulmyn, 1986: 127).

Isso leva à estrutura sequencial de base que eu propunha no número 56 de *Pratiques* (1987a: 72) e que completo aqui considerando a esquematização inicial facultativa da qual fala Grize e que chamo aqui de MP.expl.0 (ou seja: macroproposição explicativa 0):

Sequência explicativa prototípica		
0.	Macroproposição explicativa 0	Esquematização inicial
1. Por que X? (ou Como?)	Macroproposição explicativa 1	Problema (pergunta)
2. Porque	Macroproposição explicativa 2	Explicação (resposta)
3.	Macroproposição explicativa 3	Ratificação-avaliação

O primeiro operador [POR QUE] introduz a primeira macroproposição (MP.expl.1), o segundo [PORQUE] traz a segunda macroproposição (MP.expl.2); há, geralmente, uma terceira macroproposição (MP.expl.3), que pode ser apagada (efeito de elipse), e o conjunto é, frequentemente, precedido de uma descrição que corresponde a uma esquematização inicial (MP.expl.0) destinada a trazer o objeto problemático que tematiza a primeira macroproposição.

Consideremos, a título de exemplo primeiro, esta passagem de um artigo de um jornal suíço francófono, cuja orientação política será, sem esforço, identificada pelo leitor:

(16) (a) Nós achamos pertinentes as razões alegadas pelo Senhor Le Pen. (b) Não é o caso do Senhor Levaï, nem o da *totalidade* dos jornalistas que comentaram o programa no dia seguinte.

(c) Por quê?

(d) Senhor Le Pen alega sua inocência com convicção, ele *é* antissemita, (e) é desejável, é necessário que ele o seja. (f) Sua culpabilidade foi reconhecida desde o início. (g) Suas justificativas não têm nenhuma importância [...]

(h) Nada vai mudar, (i) o senhor Le Pen odeia os judeus.

(j) Talvez a família do senhor Levaï tenha sofrido com o nazismo, (k) talvez ele deseje se vingar. (l) Talvez ele se sobressalte quando vislumbra a sombra do fantasma da "besta imunda". (m) Isso explica o tom apaixonado dele, (n) nós o compreendemos muito bem. [...]

J. Perrin, *La Nation* n. 1254, 18-1-1986.

Duas sequências explicativas seguem aqui:

Sequência 1:
MP.expl.0: (a)
MP.expl.1: Por que (b)?
MP.expl.2: Porque (d), (e), (f), (g), (h) e (i)

Sequência 2:
MP.expl.1: Por quê (m)?
MP.expl.2: Porque (j), (k) e (l)
MP.expl.3: (n)

Essas duas sequências se completam: a primeira comporta a introdução (MP.expl.0), que falta à segunda, e esta última é fechada pela conclusão (MP.expl.3), que falta à primeira. A atualização incompleta, nos dois casos, do protótipo da sequência explicativa é, por assim dizer, compensada pelo encadeamento das duas sequências. Observamos, aqui, diversos fenômenos do lugar dos operadores e da ordem das macroproposições. O operador POR QUÊ pode muito bem estar implícito (sequência 2); ele pode, igualmente, vir depois do próprio conteúdo da pergunta que ele faz (sequência 1). Ele se situa, de fato, depois da descrição da esquematização inicial MP.expl.0 (a) e depois da esquematização do objeto problemático MP.expl.1 (b). Segue muito naturalmente (sem formulação explícita do operador PORQUE) a esquematização explicativa (MP.expl.2), que estabelece o objeto explicado (O-e):

Sequência 1:
MP.expl.0: Proposição (a) = S-i [O-i]
POR QUÊ?
MP.expl.1: Proposição (b) = S-q [O-q]
(PORQUE)
MP.expl.2: Proposições (d) a (i) = S-e [O-e]

A segunda sequência é um pouco mais complexa. É preciso, de fato, ir procurar o objeto problemático (O-q) na proposição (m) que enfatiza, por meio do anafórico "isso" e do emprego explícito do verbo "explicar", a inversão da ordem das macroproposições. Por consequência, a estrutura periódica ternária precedente (proposições j – k – l) constitui a explicação (S-e) ou MP.expl.2, modalizada pelo emprego de "talvez". A proposição (n) é uma conclusão-avaliação

(MP.expl.3) exemplar. Não há dúvida de que ela, dificilmente, pode fechar um movimento argumentativo. Segue, efetivamente, um parágrafo que dá uma ideia clara da conclusão geral do texto: "O que nós compreendemos menos é que ele venha dar lições de tolerância. Vê-se bem que este belo princípio se desfaz ao menor sopro. Basta uma suspeita de antissemitismo para que ele se apague atrás da má-fé."

É mesmo evidente que essas duas sequências explicativas são tomadas em um movimento argumentativo-polêmico mais geral do que a análise do conjunto do artigo permitiria, sozinha, descrever. Sem ir até lá, eu me contentarei em falar um pouco da função pragmática do recurso à forma sequencial explicativa. Como o observa Borel, o recurso à explicação permite ao locutor apresentar-se como uma simples testemunha, observador objetivo dos fatos: "Explicar requer uma tomada de distância do locutor, uma espécie de descentração com relação aos valores, uma recusa de investimentos subjetivos" (1981b: 24). É mesmo todo o sentido do movimento da segunda sequência. Os investimentos afetivos sendo atribuídos ao jornalista Ivan Levaï, o locutor pode se dar o luxo da máscara da objetividade e concluir, mesmo fingindo compreender (proposição n): "O sujeito que explica dá de si mesmo a imagem de uma *testemunha* e não do agente da ação" (Borel 1981b: 24). Dar-se por aquele que não avalia o que se fala, mas que empenha a inteligência em toda objetividade, tal é o sentido de toda *estratégia explicativa*.

O caráter elíptico da maioria dos textos explicativos deve ser destacado. Grize (1990: 107) cita um exemplo que não comporta macroproposição conclusivo-avaliativa [MP.expl.3] e que não mostra explicitamente os operadores [POR QUÊ?] E [PORQUE]. Ele se apresenta somente em dois parágrafos que correspondem muito precisamente às duas primeiras macroproposições:

(17) Observa-se que as pinças da lareira e outros instrumentos de ferro que se mantêm comumente em uma posição vertical, assim como as barras de ferro que se coloca sobre os sinos, adquirem, com o tempo, uma força magnética bastante perceptível; nota-se também que uma barra de ferro batido em uma posição vertical, ou incandescente no fogo, estando de molho na água fria na mesma situação, torna-se um pouco magnética, sem a aproximação de nenhum ímã.

Para saber a razão desse fenômeno, V.A. somente precisa se lembrar de que a Terra é, ela mesma, um ímã e, consequentemente, rodeada de um turbilhão magnético, cuja declinação e cuja inclinação da agulha imantada mostram, por toda parte, a verdadeira direção; então, se uma barra de ferro se encontra por muito tempo nessa posição, nós não podemos ficar surpresos com o fato de que ela se torne magnética. Nós vimos também que a inclinação da agulha imantada está em Berlim a 72 graus, e que, em quase toda a Europa, ela é, aproximadamente, a mesma, essa inclinação difere somente em 18° da posição vertical; dessa forma, a posição vertical não difere muito da direção do turbilhão magnético: uma barra de ferro que se mantém muito tempo nessa posição será, enfim, penetrada pelo turbilhão magnético e deve adquirir, por consequência, uma força magnética.

> L. Euler, *Lettre à une Princesse d'Allemagne sur divers sujets de physique et de philosophie*, Berne, 1775. [*Carta a uma Princesa da Alemanha sobre diversos assuntos de física e de filosofia*, Berne, 1775.]

O primeiro parágrafo expõe bem um conjunto de fatos problemáticos ("Observa-se que...", "nota-se também que..."): como é que os objetos citados, postos em uma dada posição, tornam-se um pouco magnéticos sem, entretanto, a aproximação de um ímã sequer? Como o indica o início do segundo parágrafo: "Para saber a razão desse fenômeno...", uma explicação pode ser dada, um PORQUE pode vir a responder a um POR QUÊ implícito do parágrafo anterior. A natureza racional da explicação é reforçada pelos conectores "dessa forma" e "por consequência". Grize (1990: 107-108) distingue ainda três subesquematizações: uma primeira esquematização (S-i) apresenta um objeto complexo (O-i): [*pinças da lareira, instrumentos de ferro, barras de ferro, objetos imantados*], ou MP.expl.0; depois, uma esquematização que expõe o problema (S-q) introduzindo uma transformação do objeto inicial na macroproposição MP.expl.1: objetos imantados sem a aproximação de nenhum ímã; enfim, a esquematização explicativa (S-e), na última macroproposição MP.expl.2, acrescenta ao feixe constitutivo do objeto problemático um novo elemento (O-e): *objetos situados no campo magnético terrestre*.

Sobre o mesmo assunto, várias enciclopédias se contentam em descrever o fenômeno do magnetismo terrestre. Encontrei, todavia, um parágrafo interessante no capítulo "Geografia física" da edição de 1988 do *Quid*:

(18) *Causas do magnetismo terrestre.* A magnetização das rochas terrestres só pode explicar anomalias locais e superficiais: elas deixam de ser magnetizá-

veis acima de uma certa temperatura (ponto de Curie). O essencial do campo deve ser produzido por um dínamo autoexcitado por rotação do globo, funcionando graças a deslocamentos de matéria condutora se produzindo no núcleo líquido. A energia que sustenta esses movimentos viria: 1º seja do empuxo de Arquimedes produzido pelas diferenças de temperatura; 2º seja da energia gravitacional liberada pela deformação de matérias pesadas dentro do manto ou do núcleo. (Robert Laffont, 1988: 81.)

A presença do verbo "explicar" ("não pode explicar"), no início deste capítulo, indica claramente que o desenvolvimento é uma resposta implícita à questão: "(Quais são as) causas do magnetismo terrestre(?)" (MP.expl.1). Uma primeira resposta é apresentada como uma explicação claramente insuficiente. Então, seguem hipóteses explicitamente apresentadas como respostas-MP.expl.2 possíveis: "deve ser", "viria seja de... seja de...". Aqui também, nenhuma conclusão-MP.expl.3 vem avaliar a completude da resposta trazida.

Igualmente elíptico e, no entanto, construído sobre o modelo da sequência explicativa, podemos citar o poema de Raymond Queneau, publicado em *Les Ziaux*, intitulado "A explicação das metáforas". Cito apenas as quatro primeiras estrofes, na medida em que dois blocos de quatro estrofes retomam, em seguida, ainda duas vezes, exatamente a mesma estrutura:

(19) **A explicação das metáforas**

    Longe do tempo, do espaço, um homem está desorientado,
    Magro como um cabelo, amplo como a aurora,
    As narinas de espuma, os olhos revirados,
    E as mãos na frente para sentir a decoração
5   — Aliás inexistente. Mas qual é, digamos,
    A significação desta metáfora:
    "Magro como um cabelo, amplo como a aurora
    E por que essas narinas fora das três dimensões?
    Se eu falo do tempo, é que ele não é ainda,
10 Se eu falo de um lugar, é que ele desapareceu,
    Se eu falo de um homem, ele estará morto em breve,
    Se eu falo do tempo, é que ele já não é mais.
    Se eu falo de espaço, um deus vem destruí-lo,
    Se eu falo dos anos, é para aniquilar,

15 Se eu ouço o silêncio, um deus vem rugir nele
    E seus gritos repetidos somente podem me prejudicar. [...]

Raymond Queneau, Les Ziaux, Gallimard.

Os quatro primeiros versos e o início do verso 5 descrevem uma situação que podemos considerar como formando a primeira macroproposição (MP.expl.0). A pergunta que ocupa a sucessão da segunda estrofe estabelece bem o problema – MP.expl.1. A resposta – MP.expl.2 é dada aqui como uma justificação (*"de dicto"*) sempre desenvolvida em dois tempos. Uma prótase do tipo [SE proposição *p*] insiste no caráter justificativo da "explicação das metáforas"; ela é seguida de uma apódose do tipo [É QUE proposição *q*] nos versos 9, 10 e 12; do tipo [É PARA *q*] no verso 14; e do tipo [(ENTÃO) *q*] nos versos 11, 13, 14-15. Inútil dizer o quanto a ausência de conclusão-MP.expl.3 pesa aqui fortemente sobre a interpretação!

Mais simples, a publicidade seguinte me parece seguir bem de perto o esquema prototípico:

(20) A máquina de lavar do lago de Gaube

(a) Bem no alto da cadeia dos Pireneus, ao pé do Vignemale, encontra-se o lago de Gaube. (b) Subir lá de carro está fora de questão, pois apenas um caminho estreito nos leva lá.

(c) Entretanto, nas margens do lago, há um pequeno albergue: o da Senhora Seyrès. (d) E dentro deste albergue uma máquina de lavar Radiola.

(e) Por que uma Radiola? (f) escutem a Senhora Seyrès:

(g) "Mesmo aqui é preciso uma máquina de lavar, (h) Para nossa roupa, para começar.

(i) E depois, mesmo isolados como estamos, em um albergue há sempre muitas toalhas e lençóis para lavar."

(j) "Mas é preciso uma máquina que não estrague, (k) porque é muito difícil para as pessoas que a consertam subir até aqui."

(l) "Então, é preciso algo robusto. (m) Sempre tivemos uma Radiola. (n) E nunca tivemos aborrecimentos com ela."

(o) Da Radiola, não há somente máquinas de lavar que não dão problema: as lava-louças, os fogões, os refrigeradores e os congeladores são também fabricados para durar, tanto quanto a máquina de lavar do lago de Gaube.

Radiola
Aparelhos eletrodomésticos sem problemas.

O protótipo da sequência explicativa

Um processo descritivo cobre os dois primeiros parágrafos e configura uma primeira representação (MP.expl.0). Por inclusões sucessivas de tipo metonímica, passamos da cadeia dos Pireneus ao Vignemale, depois ao lago de Gaube e ao albergue da Senhora Seyrès para chegar enfim à máquina de lavar Radiola. Mas, no lugar de descrever classicamente esse objeto (tema-título declarado no enunciado-título da publicidade), uma sequência explicativa se abre nitidamente e parece ter por única função afirmar uma propriedade: a solidez (sob reformulações diversas: "que não estrague", "algo robusto", "nunca tivemos aborrecimentos com ela", "sem problemas"). Pode-se dizer que, nesse texto, a descrição é levada pelo movimento explicativo que incide sobre o enunciado da propriedade principal do que poderia constituir um tema-título. A sequência explicativa propriamente dita (MP.expl.1) começa com a formulação da pergunta (objeto problemático O-p): "Por que uma Radiola?". Todo o discurso direto tem por função trazer a resposta a essa pergunta (MP.expl.2), enquanto o último parágrafo apresenta uma conclusão (MP.expl.3) que vem alargar a amplitude da aplicação dessa resposta.

O conjunto da resposta (MP.expl.2) trazida pelo discurso direto (introduzido pela proposição f) aparece como uma sequência completa, inserida no movimento explicativo que acabei de descrever.

Sequência inserida:

MP.expl.0: (g), (h), (i) = É preciso uma máquina de lavar (O-i)
MP.expl.1: Por quê (j)?
MP.expl.2: Porque (k)
MP.expl.3: Então conclusão (l), (m), (n)

Assim é a estrutura textual seguinte:

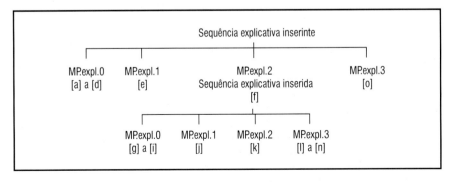

ANÁLISES SEQUENCIAIS DE CASOS DE HETEROGENEIDADE

Descrever e explicar no discurso de vulgarização

Em um curto artigo do número 13 da revista *Recherches*, Isabelle Delcambre (1990: 152-153) coloca em destaque o que diferencia descrição e explicação e propõe comparar duas declarações sobre os golfinhos:

(21) [...] [a] O golfinho é muito bem equipado para o nado. [b] Sua coluna vertebral se prolonga, na parte traseira, por uma nadadeira horizontal que impulsiona o animal a 40 km/h em velocidade máxima, [c] um torpedo vivo. [d] O segredo de sua rapidez? [e] Sua pele. [f] Quando um animal se desloca na água, redemoinhos se formam na superfície do corpo e retardam sua progressão. [g] A pele do golfinho se deforma para facilitar o fluxo da água nos flancos, [h] os redemoinhos gerados pelo nado desaparecem por encantamento.

Trecho de Sciences et Vie Junior, n. 17, 1990.

(22) [...] [a] Foi em 1936 que o naturalista J. E. Gray enunciou seu famoso "paradoxo", segundo o qual a massa muscular dos golfinhos, considerando o tamanho e a forma deles, era totalmente incapaz de explicar as velocidades que esses cetáceos atingem efetivamente. [b] *A fortiori*, de acordo com esse paradoxo, eles são mesmo incapazes de pular!
[c] Ora, todos sabem que esses animais pulam mesmo muito bem...
[d] Como explicar essa distorção que existe entre os cálculos teóricos, impecáveis, dos especialistas em hidrodinâmica, e a mais evidente visível realidade? [e] Várias hipóteses foram difundidas sobre esse assunto. [f] Uma delas faz intervir as propriedades particulares da pele dos cetáceos. [g] O que freia o avanço dos objetos nos fluidos (água ou ar) são os redemoinhos que essa progressão marinha produz. [h] Todavia, a pele dos golfinhos e de seus primos teria a capacidade, deformando-se no local de maneira reflexa, de "matar" as turbulências parasitas. [i] Disso resultaria um fluxo quase laminar da água em torno do corpo deles, [j] e é o que explicaria as extraordinárias performances deles. [...]

(Texto encontrado no verso de um anúncio que constituía a
isca comercial das correspondências enviadas por quase toda a
França pelo comandante Cousteau.)

Isabelle Delcambre considera (22) "um texto explicativo típico" (1990: 156). Podemos, realmente, considerar que o paradoxo MP.expl.0 é exposto pelas proposições [a], [b] e [c], e que [d] constitui a primeira macroproposição MP.expl.1 A resposta (MP.expl.2) é dada pelas proposições [e] a [i] e a conclusão (MP.expl.3) pela proposição [j].

Não se encontra essa estrutura no texto (21), que aborda, no entanto, o mesmo tema. A descrição o expressa claramente nas proposições [a], [b] e [c] (reformulação metafórica exemplar). A sucessão dessa descrição é, contudo, um pouco mais complexa. A questão retórica [d] incide sobre a propriedade ("rapidez") expressa pela proposição [b] e pela reformulação metafórica [c]. A resposta [e] é dada pela remissão a uma parte do animal (procedimento de subtematização clássica dentro da descrição): sua pele. Uma comparação (proposição [f]) permite apoiar a propriedade apresentada pela proposição [g]. Percebemos, todavia, uma contaminação da descrição por um tipo de resto de estrutura explicativa: o problema colocado em [d] encontra uma primeira resposta em [e] antes de ser recolocado em [f] e de encontrar sua resposta em [g] e [h]. Essa mistura do texto (21) deve ser levada em conta: a descrição é, por assim dizer, dinamizada por microencadeamentos de natureza mais explicativa que descritiva. A dominante permanece claramente descritiva, mas o fato de haver uma explicação implícita tem por consequência uma composição nitidamente menos clara que nessa descrição extraída de uma outra espécie de informativo sobre um animal marinho, em que não resta o mínimo traço de explicação:

(23) Os pinguins, esses curiosos pássaros dos mares meridionais e das regiões antárticas, apresentam uma extraordinária adaptação à vida aquática. [...] Os mais ágeis atingem velocidades de 40 a 50 km/h. Em nado rápido, eles se impulsionam à maneira dos golfinhos, perto da superfície, emergindo com agilidade em um ritmo regular, para respirar.
O corpo é maciço, mas afilado; por consequência do aumento do esqueleto, sua densidade é próxima da água, o que facilita o nado em imersão. [...] O aparelho impulsionador é constituído pelas asas, cujos ossos achatados e solidamente ligados fazem delas verdadeiros remos, análogos às nadadeiras dos cetáceos. O esterno é um forte casco, a que vêm se juntar poderosos músculos. Esse aparelho permite ao pinguim excelentes acelerações; ele pode saltar literalmente fora da água para atingir a borda da

superfície de gelo a dois ou três metros de altura. Em nado rápido, as asas batem até 200 vezes por minuto. As patas, rígidas, bem atrás do corpo, servem como leme, assim como sua curta cauda. Apesar da massa deles, os pinguins são igualmente capazes de mergulhar de uma boa altura; seu esterno alongado protege a barriga do efeito do choque.

Étude zoologique, Éditions Rencontre, Lausanne, 1977.

A complexidade e a heterogeneidade das formas usuais de conduta explicativa estão, provavelmente, na origem das asserções dos adversários de toda abordagem tipológica. Um texto como (21) é efetivamente de uma heterogeneidade que impede de considerá-lo como uma manifestação de um dado protótipo. Esse fato não vem, para mim, lançar dúvida sobre a utilidade da reflexão tipológica, mas somente confirmar o fato de que os textos reais atualizam de uma maneira mais (textos (22) e (23), por exemplo) ou menos precisa (texto (21) mais evidente) os protótipos de base.

A posição defendida na presente obra permite também ultrapassar outras dificuldades. O modelo sequencial nos deixa, antes de tudo, atentos à inserção de sequências heterogêneas: presença de uma explicação em uma narrativa ou de uma narrativa dentro de uma explicação, por exemplo. Sobre as relações, em um nível textual, da narrativa e da explicação, remeto ao excelente artigo de Anne Leclaire-Halté: "Explicação e narrativa em textos de ficção" (1990). Sua noção de "laço explicativo" como discurso segundo (cf. também Halté, 1988) corresponde ao que chamo de sequência inserida em uma sequência inserinte de um outro tipo (aqui narrativo). Uma sequência explicativa pode, certamente, se desenvolver em um conjunto narrativo (ver um pouco mais à frente uma passagem de *Splendeurs et misères des courtisanes* (*Esplendores e misérias das cortesãs*), mas uma narrativa pode muito bem vir a se inserir em uma sequência explicativa (ela mesma inserida em um outro conjunto) em posição de macroproposição 2-Resposta. É o caso deste fim do discurso de V. Giscard d'Estaing ao qual já fiz alusão várias vezes.

Relato e explicação no discurso político giscardino

O final do "Discurso da boa escolha", do presidente Valéry Giscard d'Estaing (janeiro de 1978), pronunciado na ocasião das eleições legislativas, é saturado de segmentos explicativos:

O protótipo da sequência explicativa

(25) Minhas caras francesas e meus caros franceses, eu lhes falei da boa escolha para a França. **(25a)** Eu a fiz, vocês viram, com uma certa severidade. **É preciso que eu lhes diga** POR QUÊ, e eu lhes contarei, PARA ISSO, uma lembrança de infância.

Quando eu tinha treze anos, assisti em Auvérnia à derrocada do exército francês. Para os meninos da minha idade, antes da guerra, o exército francês era uma coisa impressionante e poderosa. E nós o vimos ficar em migalhas. Na pequena estrada, perto da cidadezinha onde eu ia votar em março, como simples cidadão, **(25b) interrogamos os soldados para tentar entender**: "O que aconteceu?"

A resposta veio a nós, sempre a mesma: "Nós fomos enganados, nos enganaram."

Ainda ouço essa resposta quarenta anos depois, e eu digo a mim mesmo que **(25c)**, SE eu um dia assumisse responsabilidades, nunca permitiria que os franceses dissessem: "Nos enganaram".

(25d) É POR ISSO QUE eu vos falo claramente. As consequências de sua escolha, para vocês mesmos e para a França, cada uma e cada um de vocês pode conhecê-las. [...]

[...] A força e a fraqueza da França são que seu destino nunca é definitivamente fixado entre a grandeza e o risco de mediocridade. **(25e)** SE, no fundo de mim mesmo, como vocês o sentem bem e, como eu o penso, as borgonhesas e os borgonheses o sentiram durante esses dois dias, se no fundo de mim mesmo eu confio em vocês, É PORQUE estou certo de que no momento de escolher, esquecendo por um momento os rancores, as tensões, os apetites, vocês pensarão que se trata de uma outra coisa e que, quem quer que vocês sejam, desconhecidos ou famosos, fracos ou poderosos, vocês detêm uma parte igual do destino de nosso país. E então, como vocês sempre fizeram, vocês farão a escolha certa para a França!

Publicado no jornal Le Monde, de 29-30 de janeiro de 1978.

Anunciando (25a), no início da peroração do discurso, o presidente põe um primeiro fato problemático que remete aos quarenta primeiros minutos de sua intervenção e que é um fato do discurso: "Eu lhes falei [...]. Eu a fiz, vocês viram, com uma certa severidade." Trata-se do enunciado do problema p [MP. expl.0], confirmado pelo enunciado seguinte: "**É preciso que eu lhes diga** POR QUE p" [MP.expl.1]. A explicação-justificação do tom geral dos quarenta primei-

|203|

ros minutos do discurso [MP.expl.2] é, então, desviada para uma narrativa: "e eu lhes contarei, PARA ISSO, uma lembrança de infância." No final dessa narrativa autobiográfica (estudada em Adam, 2011a), em (25d), em posição de ratificação [MP.expl.3], um indicador de fechamento da sequência explicativa aparece: "É POR ISSO QUE" colocado à esquerda "eu lhes falo claramente [p']". A importância de colocar esse conector à esquerda remonta a (25a): "É preciso que eu lhes diga POR QUE p", "colocado à direita". Da mesma forma, a ação de colocar à direita de (25a) termina com (25d). Tem-se, aqui, um enlaçado exemplar de sequência explicativa complexa que corresponde a uma parte de um plano de texto. Sua dupla marcação se explica, provavelmente, pela amplitude e pela complexidade do segmento explicativo que abre a peroração do discurso. No centro dessa sequência, a narrativa autobiográfica, que ocupa o lugar de MP.expl.2, dá-se sem dificuldade para se decompor, ela própria, como uma sequência explicativa dialogal.

> Quando eu tinha treze anos, assisti em Auvérnia à derrocada do exército francês. Para os meninos da minha idade, antes da guerra, o exército francês era uma coisa impressionante e poderosa. E nós o vimos ficar em migalhas. Na pequena estrada, perto da cidadezinha onde eu ia votar em março, como simples cidadão, **interrogamos os soldados para tentar entender**: "O que aconteceu?"

As crianças reconhecem a autoridade e a competência explicativa dos soldados. A legitimidade da questão que elas lhes fazem mantém a disparidade entre as expectativas e o resultado desastroso. A escolha do verbo "entender" tematiza bem a necessidade de explicação e transforma a pergunta feita em POR QUE [p]? e a resposta em PORQUE [q].

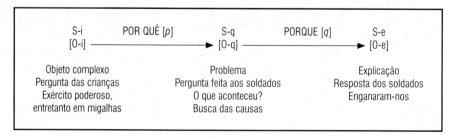

O fechamento (25c) – ao mesmo tempo avaliação final MP.expl.3 e "moral" da narrativa – comporta um conector SE característico da indução de tipo [SE p ENTÃO q]: "SE [p] eu um dia assumisse responsabilidades, [q] nunca permitiria que

O protótipo da sequência explicativa

os franceses dissessem: "Fomos enganados". Esse SE argumentativo difere do SE explicativo que se encontra em (25e) e que precisa ser relacionado com a locução conjuntiva muito nitidamente explicativa É PORQUE: "SE, no fundo de mim mesmo, como vocês o sentem bem e, como eu o penso, as borgonhesas e os borgonheses o sentiram durante esses dois dias, se no fundo de mim mesmo eu confio em vocês [*p*], É PORQUE [...] vocês farão a escolha certa para a França [*q*]". Esses dois empregos de SE (hipotético e explicativo) diferem em particular pelo uso dos tempos verbais: modo (mundo) irreal-ficcional em (25c) e modo (mundo) real-atual em (25e). A ficção de (25c) se mantém com relação ao fato de fazer o ato de enunciação em curso realizar um compromisso assumido na infância. A natureza claramente explicativa do SE de (25e) é verificável pela transformação que consiste em substituir SE por QUE e em inverter a ordem das proposições: "É PORQUE [*q*] QUE [*p*]".

Como o prova esse exemplo, um movimento explicativo pode se desenvolver em uma unidade textual complexa que insere uma narrativa, ela mesma estruturada por uma sequência explicativa completa, ou simplesmente por uma frase periódica de tipo [SE *p*... É PORQUE *q*]. A função dessa narrativa inserida é servir de justificação, a narrativa tem por tarefa trazer a resposta ao problema colocado em MP.expl.1. A coda da narrativa, que corresponde à macroproposição MP.expl.3, manifesta bem o retorno ao nível da sequência explicativa inserida: "[l] É por isso que eu lhes falo claramente". A passagem da *gravidade* à *clareza* corresponde a uma conclusão-avaliação interna e depois intervém uma conclusão-avaliação externa: os longos aplausos que foram ouvidos até o fim da narrativa. Como já o mostrei antes, esta breve narrativa autobiográfica não tem certamente só essa função de "resposta-MP.expl.2". É preciso considerar essa função de justificação em sua relação com uma operação de legitimação. A estrutura textual seguinte é assim:

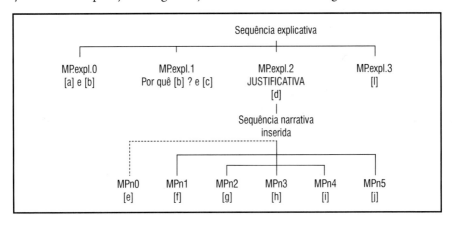

|205|

Textos: tipos e protótipos

Uma narrativa etiológica ou "conto do por quê"

A narrativa etiológica é representativa do gênero dos mitos de origem das coisas do mundo, sendo também chamadas de "contos dos por quês". Essa pequena narrativa apresenta uma estrutura completa, clara o suficiente para ser tomada como uma realização do gênero do modelo da sequência narrativa.

(26) COMO OS COELHOS APRENDERAM A SALTAR?

Anteriormente, o mais velho de todos os coelhos decidiu convocar seus semelhantes para lhes comunicar sua reflexão:

— Sobre a terra, ele lhes diz, qualquer animal pode fazer medo aos outros. Ora, pobres de nós, nós temos medo de todos, mas nenhum tem medo de nós. Tudo nos assusta, até o mínimo ruído de folhas! Como é triste! Procuremos um meio de remediar isso.

Eles se colocaram em fila, bem tristemente. No caminho, encontraram uma gralha que lhes disse:

— Ah, meus pobres coelhos! Onde vocês vão assim, com essa cara de derrota?

— Ninguém tem medo de nós, e nós, nós temos medo de tudo, respondeu o velho coelho. Mais vale se jogar em um poço profundo do que continuar a viver assim.

— Que decisão estúpida!

— Não, não, não é besta de jeito nenhum: não há outra solução.

— Escutem, continuou a gralha, eu vou, agora mesmo, dar-lhes um conselho. Fiquem todos enroscados, amontoados na grama. Quando um rebanho de ovelhas passar para beber água no rio, vocês todos saltarão de uma vez só. Vocês me dirão em seguida o que aconteceu. Nesse momento, vocês verão mesmo quem de nós disse a verdade.

Os coelhos seguiram o conselho da gralha. Eles se organizaram bem perto uns dos outros. Mais tarde, um rebanho de ovelhas, guiado por um pastor, passou perto deles e todos os coelhos saltaram de uma vez só no prado. As ovelhas tiveram tanto medo que fugiram para todos os lados. O pastor bateu em vão nelas para que eles parassem, elas continuavam a correr. Os coelhos, erguidos nas patas de trás, estavam muito surpresos de ver nesse estado as ovelhas. Desde então, os coelhos tiveram o hábito de se enroscar, de se deslocar saltando e de se erguer nas patas traseiras.

A. Desjacques e T. Soukhbaatar, *Contos e narrativas da Mongólia*, Nathan, coleção "Arc em Poche", 1992: 21-23.

O protótipo da sequência explicativa

O título cumpre o papel de *entrada-prefácio* ou *resumo* MPn0, identificado na prática da narração oral e anunciando o assunto da narrativa, preparando a entrada no mundo narrativo (aqui ficcional). O primeiro parágrafo e a declaração do coelho mais velho dão uma *situação inicial* (MPn1) caracterizada por um estado de *falta* de coletividade. Podemos considerar a injunção final "Procuremos um meio de remediar isso" e o início do parágrafo seguinte como o *nó* da narrativa (MPn2): busca que aparece como um desejo dos sujeitos sobre o saber e o poder que lhes faltam. O encontro com a gralha e o longo diálogo constituem o *núcleo* da sequência (MPn3) durante o qual o saber é adquirido pelo sujeito-herói coletivo. A aplicação desse saber (quatro primeiras frases do último parágrafo) ou a passagem do saber ao poder que manifesta a competência dos sujeitos constitui um *desfecho* exemplar (MPn4) que leva à *situação final* (MPn5): "Os coelhos [...] estavam muito surpresos [...]." Enfim, a última frase é uma *avaliação final* (MPnΩ) em forma de *coda* ("Desde esse tempo..."), que nos leva ao presente do leitor, ao estado do mundo atual, segundo o funcionamento do gênero da narrativa etiológica.

O título da narrativa ("Como os coelhos...") faz a *pergunta* (MP.expl.1) para a qual a narrativa traz uma *resposta* (MP.expl.2). A avaliação final-coda da narrativa ("Desde esse tempo...") é, igualmente, uma forma de fechamento-tipo de uma explicação (MPnΩ – MP.expl.3). A heterogeneidade dessa narrativa etiológica aparece, aqui, como um fato de inserção bastante clássico de uma narrativa dentro de uma estrutura explicativa elementar. Se pudemos hesitar aqui entre inserção e simples caso de dominância, a narrativa se encontra, de todo modo, enquadrada pela explicação. Podemos considerar essa forma de enquadramento elementar como característica desse gênero singular de narrativa mítica de origem do mundo.

O PROTÓTIPO DA
SEQUÊNCIA DIALOGAL

O diálogo, no sentido restrito do termo, é, certamente, apenas uma das formas, é verdade que a mais importante, das interações verbais. Porém, pode-se entender o diálogo em sentido amplo, compreendendo por isso não somente a comunicação direta e em voz alta entre uma pessoa e outra, mas também toda comunicação verbal, qualquer que seja a forma.

M. Bakhtin, *in* Todorov, 1981: 171.

DO DIALOGISMO AO DIÁLOGO

Chegando a este quinto tipo de sequência, certamente nos depararemos com um modo de composição aparentemente menos estruturado que os outros quatro. A conversa ordinária pode ser, como se diz, "formal", bastante ritualizada, porém a maior parte do tempo predomina uma impressão de desordem e de heterogeneidade. De fato, se a maior parte dos analistas concorda – mais ou menos – quanto aos quatro protótipos precedentes, eles recusam principalmente o diálogo-conversa em suas tipologias. Robert de Beaugrande (1980) é um dos raros a integrar o diálogo nos grandes modos de textualização. A tendência geral é colocar o diálogo-conversação nitidamente à parte, quer concedendo-lhe um lugar de destaque, quer ignorando-o. Essas duas soluções, tanto uma quanto a outra, me parecem prejudiciais.

A maneira como Tuija Virtanen e Brita Warvik criticaram meu posicionamento representa muito bem os argumentos geralmente utilizados, o que justifica que paremos para examiná-los de perto:

> Parece que a "conversa" não forma um tipo textual, mas, antes, integra a tipologia de Werlich. Em outros termos, uma conversa pode consistir em fragmentos argumentativos, narrativos, instrucionais etc., assim como

conter naturalmente realizações da função fática, que tem como objetivo único manter a comunicação. O que distingue os empregos conversacionais dos outros empregos dos tipos textuais é o caráter dialógico da conversação. Assim, o monólogo não permite as intervenções de um interlocutor, diferentemente do diálogo. Além disso, a conversa é diferenciada por seu caráter de improviso e por todos os fenômenos que isso acarreta, como a hesitação, as correções, a tomada de turno etc. (1987: 100-101).

O fato de um diálogo poder comportar momentos (sequências monologais) narrativas, descritivas, explicativas ou argumentativas não constitui um argumento de diferenciação pertinente. Em função do que eu disse da textualidade e da sua forma composicional, o diálogo é potencialmente de uma heterogeneidade comparável à da narrativa, com suas sequências descritivas, dialogais, explicativas. A hipótese sequencial dá conta da heterogeneidade composicional do diálogo assim como das outras formas de textualização. Essa hipótese não nos coloca na obrigação de conceder um lugar à parte a um tipo face aos outros, mesmo se, como ressalta a citação de Bakhtin da epígrafe deste capítulo, ou como esta frase de Volochinov: "O diálogo – a troca de palavras – é a forma mais natural da linguagem" (*in* Todorov, 1981: 292).

A segunda objeção – que é também a mais evidente – diz respeito ao caráter monológico das quatro primeiras formas de textualização. Assumida por vários locutores (pelo menos dois), uma sequência dialogal é, ela mesma, por definição, poligerida. Não mantenho essa objeção por duas razões. Ela negligencia primeiramente o fato de que as sequências monogeridas são sempre, também elas, consideradas numa coenunciação. Jakobson, referindo-se a Peirce e a Vygotsky, já observava isso em seus *Essais de linguistique générale* (*Ensaios de linguística geral*): "todo discurso individual supõe uma troca" (1963: 32). Com relação ao enunciado dialogal, no qual as intervenções dos interlocutores se sucedem, o monólogo se caracteriza pelo caráter aparentemente homogêneo da intervenção de um único sujeito falante. Mas os pensadores antigos já consideravam o discurso interior como um *diálogo interior,* e todos os linguistas, posteriores a Lev Vygotsky (1934), reconhecem hoje que o "o diálogo está subentendido até em um discurso interior" (Jakobson, 1963: 32). Como o escreve Émile Benveniste: "O 'monólogo' é um diálogo interiorizado, formulado em uma 'linguagem interior', entre um eu locutor e um eu ouvinte" (1974: 85). Numa estrutura dialogal, as vozes dos interlocutores se respondem, suas intervenções se sucedem, conservando uma certa autonomia, mas, como lembra Volochinov:

O protótipo da sequência dialogal

> Os enunciados longamente desenvolvidos e ainda que tenham um único interlocutor – por exemplo: o discurso de um orador, a aula de um professor, o monólogo de um ator, as reflexões em voz alta de um homem sozinho – são monológicos por sua única forma exterior, entretanto, por sua estrutura semântica e estilística, são de fato essencialmente dialógicos. (citado *in* Todorov, 1981: 292).

O diálogo, como forma textual, é apenas a mais evidente manifestação de um mecanismo enunciativo complexo. É necessário distinguir entre sucessão de réplicas e presença de várias vozes (enunciadores) no seio de uma mesma intervenção (monologal): estrutura polifônica que se opõe, às vezes, à estrutura diafônica que vê o locutor retomar e reinterpretar, no seu próprio discurso – com a ajuda de um *visto que*, ou de um enunciado retomado em eco –, palavras atribuíveis a seu interlocutor. Podemos, assim, colocar no próprio centro da atividade enunciativa, uma *polifonia* e um *dialogismo* constitutivos. Essa heterogeneidade fundamental da fala não é explorada apenas pelos linguistas, psicanalistas e por outros psicólogos, é todo o sentido da obra de escritores como Dostoiévski ou Nathalie Sarraute.

O "princípio dialógico" do Círculo de Bakhtin relativiza bastante, então, as distinções que procuramos apresentar para opor as formas monologais (narrativa, descrição, argumentação e explicação) à forma dialogal e excluir o diálogo de qualquer reflexão tipológica. Qualquer que seja o grau de acordo ou mesmo de violento desacordo entre as partes de uma interação dialogada, estas cooperam, queiram ou não, para a produção de uma unidade perfeitamente identificável, que contém um início e um fim e modos de encadeamento de turnos de fala. Como comenta Johannes Schwitalla:

> Se nenhuma das contribuições está mais ligada à precedente [...], um diálogo deixa de ser um diálogo: torna-se uma sucessão de monólogos tal como vemos em certas situações de comunicação, em que vários locutores fazem seu comentário sobre um assunto a cada vez, sem levar em conta o que dizem os outros. (1978: 166).

Isso completa muito apropriadamente Catherine Kerbrat-Orecchioni:

> Para que se possa verdadeiramente falar de diálogo, é necessário não apenas que pelo menos duas pessoas se encontrem na presença uma da outra, falando em seu turno de fala, e demonstrem, por seu comportamento não verbal, o "engajamento" na conversação, mas também que seus respectivos enunciados sejam *mutuamente determinados*. [...]

Uma conversação é um "texto" produzido coletivamente, cujos diversos fios devem, de uma certa maneira, se entrelaçar – sem o quê, fala-se de conversação "descosturada", para usar uma metáfora que provém, ela também, dessa isotopia do tecer. (1990: 197).

Os trabalhos recentes acentuam todos o fato de que um diálogo-conversação é uma coconstrução, uma "realização interativa" (Schegloff, 1982) que se apresenta não somente como uma sucessão de "trocas" (Roulet, 1981), mas como uma "estrutura hierarquizada de trocas" (Remi-Giraud, 1987). Podemos, assim, perguntar se um texto dialogal não é uma sucessão hierarquizada de sequências denominadas de troca. Coloca-se, então, a questão de saber se essa sequência-troca é a unidade constituinte do texto dialogal da mesma forma que as sequências de um conto são as unidades constituintes desse gênero narrativo particular, e se é importante que essa forma de textualização seja poligerida (intervenção de vários sujeitos) – os intervenientes sucessivos sendo envolvidos, queiram eles ou não, na coconstrução de um texto único.

Antes de tentar responder a essas perguntas, algumas distinções terminológicas são necessárias e vou aproveitar a oportunidade para fazer um breve desvio histórico, porque certos conversacionalistas esquecem que o diálogo-conversação sempre interessou à estilística e à retórica.

DA CONVERSAÇÃO AO DIÁLOGO

Diálogo e conversação[1] são geralmente sinônimos e fala-se de *análise conversacional* em geral. Acho preferível dizer que o diálogo e a conversação representam dois pontos de vista sobre a fala alternada. É melhor considerar a conversação, de um ponto de vista psicossociodiscursivo e como um gênero de discurso da mesma maneira que o debate, a entrevista, a conversação telefônica etc. O diálogo não é mais que uma unidade de composição textual, uma forma particular de encadeamento poligerida de enunciados na oralidade e uma representação de enunciados poligeridos na escrita.

Quando a forma do diálogo filosófico, como se fazia na Antiguidade, deixou de estar na moda, essa maneira de textualização literária foi frequentemente denegrida. Com um século de distância, Francis Wey e Maurice Blanchot veem aí, tanto um quanto o outro, um sinal de preguiça e de facilidade:

---

[1] Retomo aqui alguns elementos do artigo escrito com Sylvie Durrer para o *Atlas des littératures* da *Encyclopaedia Universalis*.

Vende-se aos jornais sua alma por coluna, até por linha. Ora, o diálogo, uma dificuldade para os novatos, é, para aqueles que conhecem muito bem *seu âmago*, de uma facilidade, de uma elasticidade prodigiosas. Ele tem a vantagem de encurtar as linhas seguindo o capricho e o apetite do escritor. A interjeição ah! vale de sete a oito tostões, como a linha mais rigorosamente comprimida; e sob a pluma daqueles que se qualificam de marechais literários, a arte consiste em multiplicar os brancos (estilo mercantil). (Wey, 1845 II: 483).

Nos romances, a parte considerada dialogada é a expressão da preguiça e da rotina, as personagens falam para preencher brancos sobre uma página e para imitar a vida onde não há narrativa, mas conversas; é preciso, assim, de tempos em tempos, nos livros, dar a palavra às pessoas; o contato direto é uma economia e um repouso (para o autor ainda mais que para o leitor). (Blanchot, 1959: 208-209).

Falta precisão às categorias geralmente utilizadas. Nada opõe estruturalmente os *Diálogos* de Platão e os *Dialogues des mortes* (*Diálogos dos mortos*) de Lucien, Fénelon ou Fontenelle nas *Entretiens sur la pluralité des mondes* (*Diálogos sobre a pluralidade dos mundos*) do próprio Fontenelle: diálogo e entrevista (*entretien*) aqui parecem sinônimos. Dentre as raras tentativas de classificação, Joseph de Maistre, em *Les Soirées de Saint-Pétersbourg* (1821), define *diálogo* como uma unidade de composição textual: "Essa palavra representa apenas uma ficção, uma vez que supõe uma conversa que nunca existiu. É uma obra puramente artificial [...]; é uma composição como qualquer outra". A *conversação*, que admite um número ilimitado de interlocutores, nunca tem objetivo predefinido e "oferece um certo desordenamento de pensamentos, fruto das transições as mais bizarras, que nos levam frequentemente a falar, num período de quinze minutos, da existência de Deus e da ópera-cômica". A *entrevista* só se distingue da conversação pelo número necessariamente limitado de participantes (dois ou três, no máximo) e pela seriedade de suas opiniões. Em outros termos: "A *conversação* divaga por natureza [...]. Porém, a *entrevista* é muito mais comportada".

Ainda que limite o diálogo ao fenômeno textual escrito e à escrita literária, essa classificação tem o mérito de distinguir o produto textual que é o diálogo das práticas discursivas, englobando a noção de conversação em sentido amplo (a entrevista sendo uma subcategoria, com a conversação em sentido restrito). Na continuação deste capítulo, chamarei de diálogo tanto o produto textual das interações sociais orais, como os turnos alternados entre personagens de um texto de ficção (peça de teatro, novela ou romance).

Le chevalier de Méré (*De la conversation*, 1669) propôs uma definição mais sociológica da conversação. Ele ressalta, primeiramente, sua participação nas mais diversas relações sociais (encontros ao acaso, viagens com amigos ou pessoas desconhecidas, falas à mesa ou falas de amor); ele detalha, em seguida, o seu objetivo principal: o divertimento, uma vez que, "quando as pessoas se reúnem para deliberar, ou para tratar de negócios, a isto se chama Conselho e Conferência, em que, normalmente, não se deve nem rir nem brincar". Méré acrescenta, enfim, alguns indicadores que chamaríamos hoje de pragmáticos: "aquele que fala, se quiser tratar os outros de maneira que gostem dele e que o achem uma boa companhia, só deve aspirar, no que depender dele, tornar felizes aqueles que o escutam. [...] É a conformidade que faz com que tenhamos prazer juntos, e que a gente se goste com uma afeição recíproca. De tal modo que tanto a polidez quanto a perfeição podem ficar comprometidas, e mesmo, às vezes, com prejuízo de uma e de outra, devemos nos adaptar ao máximo às pessoas que queremos conquistar". Essa posição se encontra também em La Bruyère: "Parece-me que o espírito da polidez é um certo cuidado a ter de modo que por nossas palavras e por nossas maneiras os outros fiquem contentes conosco e com eles próprios" ("De la société et de la conversation", 1696, fim do *Fragment 32*). O autor dos *Caractères* define ainda, na 9ª edição revista sob seus cuidados (*Fragment 16*):

> A alma da conversação consiste bem menos em mostrá-la em demasia do que em fazer com que os outros a encontrem; aquele que sai de uma conversa contente consigo mesmo e com o seu espírito também o está em relação a você. Os homens não gostam nem um pouco de admirar você, querem agradar; procuram menos serem instruídos e até admirados do que serem amados e aplaudidos; e o prazer mais delicado é dar prazer a outrem.

Se o século XVII viu florescer, sob a pena do cavaleiro de Méré ou de Nicolas Faret, os verdadeiros guias da conversação, o século XIX não fica atrás com o espantoso *Dictionnaire de la conversation et de la lecture* (1835) de Jules Janin, cujo plano, evocado no artigo "Conversação", é ainda mais ambicioso do que o da *Encyclopédie*: "Ele contém tudo o que há de sério, mas também tudo o que há de fútil para saber [...]. Em uma palavra, não é um livro, é realmente uma *conversa*, mas uma *conversa* de gente espirituosa e da ciência, uma conversa de todas as opiniões e de todos os sistemas e de toda a Europa; uma longa e interessante conversação". A definição de Jules Janin amplia a de Méré e a opinião geral:

> A conversação não é toda fala que sai da boca do homem, é sua fala aperfeiçoada, erudita, delicada; é a linguagem do homem em sociedade, porém

O protótipo da sequência dialogal

numa sociedade bem-feita, elegante, polida; a *conversação* é o supérfluo da fala humana [...]; a conversação é uma espécie de murmúrio caprichoso, sábio, amável, carinhoso, debochado, poético, sempre elogioso, mesmo no seu sarcasmo; é uma polidez recíproca que os homens utilizam uns com os outros; é uma língua à parte na língua universal.

Quase três séculos mais tarde e em contextos, no entanto, muito diferentes, as descrições dos socioetnólogos americanos Erving Goffman, Penelope Brown ou Stephen Levinson vão na mesma direção, definindo a conversação antes de tudo como uma atividade ritual, cuja aposta é a confirmação e a manutenção do tecido social. Para um certo número de interacionistas atuais, mais ainda do que as restrições comunicativas, são as restrições rituais que influenciam a forma e a estrutura da conversação. Nas interações verbais, o comportamento dos indivíduos seria essencialmente determinado pela necessidade de *preservar a face*, protegendo – tanto quanto possível – a dos outros. A noção de conformidade do cavaleiro de Méré se encontra na de *"trocas confirmativas"* que correspondem aos agradecimentos e às saudações com as quais terminam necessariamente as conversas. A confirmação recíproca aparece em vários interacionistas, não somente como a etapa final, mas como a própria finalidade da conversação.

O ideal do consenso parece atravessar um grande número de abordagens sobre a conversação. As formas escritas do diálogo, em contrapartida, como unidades de composição textual, escapam parcialmente à restrição ritual ou, em todo caso, dificilmente podemos conceder a essa restrição uma posição central. As trocas *"confirmativas"* estão, por certo, na maior parte das vezes, ausentes nos diálogos teatrais, romanescos e filosóficos. Leitores e espectadores raramente veem as personagens se saudarem quando chegam ou quando saem. E, quando acontece, é em geral menos para sublinhar a confirmação de uma relação do que para marcar uma ruptura, desejada ou sofrida de uma relação social ou amorosa. De maneira mais geral e de um ponto de vista mais textual, enquanto há uma tendência do diálogo oral se apresentar sobretudo como uma estrutura completa e hierarquizada de trocas constituídas de réplicas que se encadeiam segundo modos específicos de organização, o diálogo escrito obedece à tendência inversa, sendo, a maior parte das vezes, fragmentário. Trocas verbais desse tipo (das quais falaremos mais tarde) são moeda corrente na literatura romanesca:

Como ele passava por Vassonville, percebeu, no fundo de uma vala, um menino sentado sobre a relva.

|215|

"O senhor é o médico?" – perguntou a criança.

E, com a resposta de Charles, ele pegou seus tamancos nas mãos e se pôs a correr diante dele.

O oficial de saúde, durante o caminho, entendeu pela conversa de seu guia que o Sr. Rouault devia ser um cultivador dos mais abonados. Ele havia quebrado a perna na véspera, à noite, voltando da festa do *Dia de Reis* na casa de um vizinho. Sua mulher morrera havia dois anos. Ele só tinha consigo sua governanta, que o ajudava a manter a casa. (Flaubert, *Madame Bovary*, 1-2).

Para Maurice Blanchot, as narrativas de James "têm todas como ponto crucial algumas conversações capitais, em que a verdade secreta, apaixonada e apaixonante, difusa em todo o livro, tenta aparecer no que ela tem de necessariamente dissimulada ("La douleur du dialogue", 1959). O consenso de que havíamos falado acima aparece aqui deslocada e tematizada de outra forma, como observa Blanchot:

> James consegue [...] colocar *em terceiro plano* nas conversas a parte de obscuridade que é o centro da aposta de cada um de seus livros e fazer dela não somente a causa dos mal-entendidos, mas a razão de uma ansiosa e profunda afinidade. O que não se pode exprimir é o que nos aproxima e que atrai umas às outras nossas falas que estariam de outra maneira separadas. É em torno do que escapa a toda comunicação direta que se reconstitui sua coletividade.

As formas do diálogo de ficção têm o mérito de nos levar para bem longe da civilizada e pacífica conversação, do espírito de polidez, e das célebres "máximas conversacionais" de H. Paul Grice, que desenvolve o que chama de "princípio de cooperação". Se as máximas de "quantidade" (*Que sua contribuição contenha tanto quanto – e não mais – informações do que é pedido),* de "qualidade" (*não afirme o que acredita ser falso ou algo para o que lhe faltam provas),* de "modalidade" (*Seja claro*) são feitas para serem transgredidas, a mais importante – "*be relevant*" (*Fale com propósito, seja pertinente*) – mostra a que ponto as interações estão sujeitas ao império do sentido e submetidas ao olhar do outro. Como ressalta François Flahaut: "Tomar a palavra é sempre *pelo menos* ter a responsabilidade de atestar que se tem fundamento para fazê-lo, [...]. A visão de pertinência é constitutiva da enunciação." (1979: 74-75), o que não impede que, como ressalta o próprio La Bruyère:

> Falamos impetuosamente nas conversas, com frequência por vaidade ou por humor, raramente com atenção suficiente; muito ocupados em querer responder a quem nada ouve, seguimos ideias e as explicamos sem que

O protótipo da sequência dialogal

haja a menor consideração com relação aos raciocínios do outro; estamos muito longe de encontrar juntos a verdade, ainda não chegamos a um acordo sobre aquilo que procuramos.

Desde 1925, Charles Bally leva também em conta essa realidade conflituosa, inerente à atividade enunciativa do sujeito falante:

> Para um observador superficial, [a conversação mais inócua] não oferece nada de particular; porém, examine mais de perto os procedimentos empregados: a língua aparecerá como uma arma que cada interlocutor maneja com vistas à ação, para impor seu pensamento pessoal. A língua da conversação é regida por uma retórica instintiva e prática. [...]
> O contato com os outros sujeitos confere à linguagem uma dupla característica: ora aquele que fala concentra seus esforços sobre a ação que ele quer produzir, e a mente do interlocutor é como uma fortaleza que ele quer tomar de assalto, ora é a representação de um outro sujeito que determina a natureza da expressão; não se calcula mais os golpes a serem dados, almeja-se aqueles que se poderia receber (1965: 21-22).

Sem me alongar sobre as formas do discurso indireto, do indireto livre ou sobre os modos de fusão do diálogo com seu contexto, realizados por Dostoiévski, Virginia Woolf, James Joyce ou Albert Cohen, prefiro insistir sobre o que só foi analisado por Jean-François Marmontel: *os tipos de diálogos*. Nos *Éléments de littérature* (1787), Marmontel consagra um artigo ao "Diálogo poético" e distingue quatro formas de "cenas". Num primeiro tipo de diálogo, "os interlocutores se abandonam aos movimentos de sua alma, sem outra razão senão desabafar; essas cenas só convêm à violência da paixão; em qualquer outro caso, elas devem ser banidas do teatro, como frias e supérfluas". No segundo tipo, "os interlocutores têm um objetivo comum que eles elaboram em conjunto, ou segredos interessantes que eles comunicam uns aos outros". No terceiro, "um dos interlocutores tem um projeto ou sentimentos que ele quer inspirar no outro [...]. Como um dos personagens que se encontra nessa situação é apenas passivo, o diálogo não poderia ser nem rápido nem variado". No último tipo, "os interlocutores têm pontos de vista, sentimentos, paixões que se opõem, e esta é a forma mais favorável no teatro. Em 1876, Gustave Vapereau (*Dictionnaire universel de littérature*, tomo 1) retoma essas categorias, precisando somente que o diálogo participa do *monólogo*, da *conferência*, do *discurso solene* e da *disputa*.

As categorias propostas por Marmontel e Vapereau mostram bem que os diálogos obedecem a regularidades. Entretanto, em razão da heterogeneidade dos critérios utilizados, elas são imprecisas demais e deveriam ser revistas à luz dos esquemas de interação *didática, dialética* e *polêmica* propostos por Sylvie Durrer (1990) a respeito da arte romanesca do século XIX, ou ainda à luz da "tipologia dos diálogos" e rotinas das conversas estudadas por Gilbert Dispaux (1984) advindas diretamente das distinções filosóficas clássicas entre os diálogos *crítico, dialético* e *erístico*. Nos enfrentamentos erísticos, o desejo de vencer é dominante, trata-se literalmente de "fazer o outro limpar o chão", sem se preocupar com a verdade dos comentários proferidos. São aplausos que se buscam. "Comprometendo-se a dialogar, mostra-se a intenção de chegar a um consenso, ainda que parcial. Se essa vontade não existir, a relação dialética se esgota no jogo-espetáculo do diálogo erístico" (Dispaux, 1984: 55). Ao distinguir diálogos de estratégias, de especialistas, de ideólogos e de surdos, Dispaux situa-se evidentemente em um nível mais conversacional do que dialogal e é absolutamente necessário tentar retomar o problema de forma completamente diferente, perguntando se um núcleo prototípico comum a todas as formas de diálogos não é imaginável.

A ORGANIZAÇÃO SEQUENCIAL DO DIÁLOGO

Como Catherine Kerbrat-Orecchioni salienta na seção mais linguística de *L'Interaction verbale* (1990) do primeiro tomo de sua apresentação de síntese, nossa proposta consiste essencialmente em "extrair as regras que regem a organização sequencial dos enunciados produzidos por uma parte e por outra durante uma conversação" (1990: 198). Naturalmente, uma grande parte dos princípios de organização linguística (coerência, marcadores enunciativos, coesão isotópica e conexão) aplicam-se quando se presta atenção tanto à coesão, à coerência quanto à conexão interna de uma intervenção de um dado locutor, ou do conjunto de intervenções de tal ou tal locutor, ou ainda dos encadeamentos consecutivos de intervenções de diferentes locutores. Aqui, mais do que em qualquer outro lugar, as coerções específicas desse tipo de textualidade determinado pela interação agem sobre as formas linguísticas no sentido de mobilizar um conjunto de coerções ligadas a regras linguísticas: "O discurso alternado obedece a certas regras de coerência interna, que lhe são *mais ou menos específicas*. Mas essas regras são também mais ou menos coercivas, quer dizer, a gramática que serve de base à organização das interações verbais é, dependendo do caso, mais ou menos maleável ou rígida" (Kerbrat-Orecchioni, 1990: 200).

O protótipo da sequência dialogal

Em vez de nos deixar desencorajar pela mobilidade e diversidade, as propostas que seguem tentam extrair o núcleo duro – prototípico por excelência – do encadeamento das sequências dialogais. Esse esquema prototípico não é, mais do que os precedentes, um esquema normativo. Sob a pressão da interação verbal, ele é, certamente, mais do que os precedentes, sujeito a elipses e realizações cuja incompletude é evidente.

John Heritage e John Maxwell Atkinson definem a sua unidade de análise de uma maneira muito próxima daquela que aqui desenvolvemos: "Para a análise da conversação, são as sequências e os turnos de fala numa sequência, mais do que as frases e os enunciados isolados, que se tornam a unidade da análise" (1984: 5). Entre essa noção de "sequência" e a de "turno de fala", é preciso, de qualquer forma, acrescentar outras unidades e, de acordo com o modelo usado até agora, perguntar se realmente diz respeito ao modelo hierárquico [Sequência < macroproposições < proposições] ou se esse modelo deve ser adaptado. Se algumas adaptações forem necessárias, será que elas levantariam dúvidas quanto à descrição unificada que está no centro da proposta da presente obra?

Os especialistas estão de acordo em propor a existência de uma macrounidade: o *texto dialogal* – que eles preferem denominar "interação", "incursão", "evento de comunicação" ou ainda " encontro". O texto dialogal pode ser definido como uma estrutura hierarquizada de sequências chamadas geralmente de "troca". Dois tipos de sequências devem ser diferenciadas:

- as *sequências fáticas* de abertura e de término de uma interação,
- as *sequências transacionais* que constituem o corpo da interação.

A ideia de uma delimitação participativa demarcada pelo encontro e pela separação de pelo menos dois actantes num determinado tempo e lugar parece, de início, uma boa definição. Basta, contudo, considerar como é impreciso o corte de uma peça de teatro em cenas – porém delimitadas, em princípio, pelas entradas e saídas das personagens – para perceber a complexidade dessa definição aparentemente simples. Os limites do ato que reenvia todos aos bastidores já são um pouco mais claros. De fato, uma pessoa pode deixar uma interação em curso e voltar eventualmente sem que a unidade tenha sido obrigatoriamente quebrada. A unidade de uma interação tem certamente alguma coisa a ver com o ou com os temas abordados (as "mudanças de assunto", como se diz). Essa questão é tão delicada que Kerbrat-Orecchioni pode propor apenas a definição a seguir: "Para que se trate de uma só e mesma interação, é necessário e suficiente que se tenha um grupo modificável

|219|

de participantes, mas sem ruptura, que num enquadramento espaço-temporal modificável, mas sem ruptura, falem de um mesmo objeto modificável, mas sem ruptura" (1990: 216). Mesmo as delimitações que representam as sequências fáticas não são absolutamente indispensáveis: acontece de uma interação começar sem entrar num assunto e/ou terminar abruptamente, mas isso sempre tem um sentido.

As sequências de abertura e de fechamento, bastante ritualizadas, são claramente mais estruturadas do que as sequências transacionais. Prefiro defini-las como sequências fáticas. Desde as observações de Jakobson e Benveniste (1974: 86-88) – que se referem um e outro à teoria pragmática da linguagem de Bronislav Malinowski (Adam, 1995) – sabemos que a abertura e o final de uma interação (de um texto dialogal) comportam uma fase ritual extremamente delicada e, dependendo das sociedades, mais ou menos longa. Jakobson fala da possibilidade de uma "troca profusa de fórmulas ritualizadas" (1963: 217), e até mesmo "de diálogos inteiros cujo único objetivo é prolongar a conversa" (1963: 217). Como pondera Benveniste: "Estamos aqui no limite do 'diálogo'" (1974: 88). Insistindo sobre o caráter delicado da abertura e do fechamento das interações, os especialistas da análise conversacional têm sistematicamente descrito essas sequências como as mais bem estruturadas.

Mesmo que a fronteira entre saudação e início da primeira sequência transacional seja às vezes um pouco frouxa, podem-se identificar encadeamentos transacionais. Estes só terminam com saudações de fechamento que podem, também elas, estender-se muito, começando, contudo, por preparativos mal separados do corpo da interação. Para fechar as mudanças de sequências transacionais, o critério temático é útil. Mudaremos, então, certamente, de sequência transacional, mudando de assunto (um exemplo, em seguida, ilustrará esse caso).

Como veremos, ainda que sejam diálogos diferidos no tempo, em razão da ausência física do interlocutor, as trocas epistolares têm uma estrutura baseada na definição do texto conversacional que acaba de ser proposta. De fato, as fórmulas de endereçamento e as saudações finais – que assinalam o gênero com a indicação das marcas espaçotemporais e da identidade dos coenunciadores – correspondem com exatidão às sequências fáticas, e o corpo da correspondência, às sequências transacionais. A única diferença está, é claro, no caráter monogerido dessa interação.

Para passar da *sequência* – unidade constitutiva do *texto dialogal* definido como a maior unidade dialogal – à unidade que a constitui, é necessário primeiramente definir a *troca* como a menor unidade dialogal. Diremos assim que os pares elementares:

> A1 – Bom dia!
> B1 – Bom dia!

ou ainda:

> Ax – Até logo.
> Bx – Até logo.

são trocas que constituem, respectivamente, uma sequência fática de abertura e uma sequência fática de fechamento elementares. O fato de ser imperativo responder à saudação A1 por uma outra saudação B1 confere a tais pares – considerados "pares adjacentes" – uma unidade determinada pela ligação de uma intervenção inicial (A1 e Ax) à de uma intervenção reativa (B1 e Bx). É assim que se constitui, de maneira mínima, a unidade de base chamada *Troca*. Percebemos que uma troca é um encadeamento de *intervenções* (anotadas por uma letra identificando cada locutor e um número de ordenação interligando cada intervenção de cada locutor). A estrutura de sequência-troca pode ser binária, como acabamos de ver, mas ela parece poder ser também ternária:

> A1 – O que você está lendo?
> B1 – Um livro de Orsenna: *La grammaire est une chanson douce* (*A gramática é uma canção doce*).
> A2 – Pelo menos você não terá enxaqueca!

Temos, então, uma tríade: *intervenção inicial* (A1) + *intervenção reativa* (B1) + *intervenção avaliativa* (A2). As variantes dessa terceira intervenção vão da simples retomada em eco até morfemas mais ou menos carregados de valores emotivos ou apreciativos. Como Kerbrat-Orecchioni sublinha: "O termo 'avaliação' não deve ser tomado aqui no seu sentido usual: ele designa simplesmente o terceiro tempo da troca, por meio do qual [A] encerra essa troca, a qual ele próprio abriu, sinalizando a [B] que registrou sua intervenção reativa e que a considera satisfatória." (1990: 236). Na maioria dos casos, se a terceira intervenção (A2) é negativa, a completude interativa parece questionável e (pelo menos) uma troca suplementar se torna, então, indispensável.

Não farei a distinção aqui entre trocas binárias (chamadas às vezes "confirmativas") e trocas ternárias ("reparadoras"). Como sugere Kerbrat-Orecchioni (1990: 140-241), pode-se considerar a maioria das sequências ternárias como compostas, na realidade, de duas trocas (Pergunta-Resposta marcada como "a", em seguida Favor-Agradecimento marcado como "b"):

Textos: tipos e protótipos

```
A1 – Que horas são? ---------------------------------------------------- ] [a]
B1 – São seis horas. --------------------------------------------------- ] [a'-b] ---------- ]
A2 – Obrigado. --------------------------------------------------------- ]        [b']
```

Vemos que, se as intervenções A1 e A2 são de certa forma simples, B1 é uma intervenção dupla que fecha o primeiro par (troca a), mas abre ao mesmo tempo uma segunda (troca b). Isso pode ainda se complicar quando as intervenções são evidentemente constituídas por duas unidades distintas, desta vez:

T2
A1 – Desculpe-me [a]. O senhor tem horas? [b-c]
B1 – Claro [b']. São seis horas. [c']
A2 – Obrigado [d].

Esse texto comporta, de fato, três trocas (a, b e c) que correspondem a cada uma das sequências analisadas anteriormente: sequência fática de abertura-preparação (a), que não é fechada por uma intervenção verbalizada (um movimento de cabeça e um olhar bastam, de fato, para responder faticamente). Seguem uma sequência transacional complexa e a sequência fática de fechamento (d). Como ressalta Kerbrat-Orecchioni (1990: 259), a pergunta "O senhor tem horas?", que abre o intercâmbio transacional, é, ao mesmo tempo, uma pergunta (b) e um pedido (c). Essa dupla intervenção inicial explica o desdobramento da resposta de B: resposta à pergunta (b') e resposta ao pedido (c'). Ou seja, é um esquema imbricado, ligado à bifuncionalidade da pergunta formulada e, igualmente, da resposta ao pedido (favor):

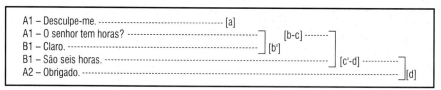

Vê-se a utilidade da distinção entre uma unidade denominada *sequência* – constitutiva do texto dialogal e constituída de trocas – e uma unidade chamada *troca*, ela mesma constituída de microunidades interligadas. No banal pequeno texto 2, a sequência transacional comporta três trocas imbricadas. Resta definir quais unidades constituem a troca. Evidentemente, a intervenção ou o turno de fala não é uma unidade hierárquica. É apenas a maior unidade monologal. É a me-

O protótipo da sequência dialogal

nor unidade monologal que importa: os encadeamentos [a], [b], [b'], [c], [c'], [d] e [d'] anteriormente extraídos. Essas unidades parecem muito com as proposições enunciadas das quais havíamos falado e que, reagrupadas em blocos, constituíam macroproposições nas análises dos capítulos precedentes. A natureza específica do diálogo – comportamento ao mesmo tempo verbal e mímico-gestual, que até os diálogos literários tentam reproduzir – coloca-nos na obrigação de dar a essa menor unidade constitutiva da sequência dialogal um valor peculiar.

Os especialistas da análise da conversação falam geralmente de "atos". Kerbrat-Orecchioni considera "a ideia de que as conversas são constituídas, no nível básico, não de unidades de informações, mas sim de atos de linguagem" (1990: 211) como sendo objeto de um consenso. Podemos, mais precisamente, com Alain Berrendonner e Marie-José Béguelin, falar de proposições enunciadas que têm valor de *cláusula*, a função específica não sendo a de "marcar diferenças de sentido, mas de *servir à realização de um ato enunciativo*" (1989: 113). Para mim, eles definem de modo interessante:

> Um ato enunciativo não se reduz à expressão de um valor ilocutório ou "interativo" (no sentido de Roulet et al., 1985: 27), ainda que ele comporte comumente esses aspectos. É, mais amplamente, um comportamento ao mesmo tempo verbal e mímico-gestual, apto a operar transformações na memória discursiva ("o estoque estruturado de informações M que gerenciam cooperativamente os interlocutores). Uma cláusula é, assim, uma unidade mínima virtual de comportamento, um papel linguageiro elementar. (1989: 113)

Diremos, então, que uma troca (unidade constitutiva da sequência) é composta de cláusulas (marcadas adiante por [a], [b], [c] etc.). Significa que um gesto pode muito bem substituir uma intervenção e constituir, então, um elemento da troca com o mesmo valor de um enunciado verbalizado. Ressaltemos aqui que, no quadro da inscrição de um diálogo numa narrativa, é frequente ver o narrador comentar um encadeamento em vez de dar seu fechamento. É muito frequente encontrar uma intervenção-cláusula [a] no discurso direto e uma narrativização da reação mímico-gestual [a']. No teatro, uma didascália pode assinalar qual gesto constitui a "réplica" de um personagem.

A intervenção, constituída pelo "turno de fala" de um locutor, maior unidade monologal, pode muito bem se alongar e ser constituída por uma narrativa completa ou por uma sequência de explicação encaixada em um ponto da troca em curso. Contudo, uma interrupção monologal um pouco longa deve sempre ser cuidadosamente negociada.

Textos: tipos e protótipos

Para progredir paulatinamente em direção a mais complexidade, partamos de exemplos rudimentares de interação bastante clássicos nos trabalhos sobre o assunto.

T3
A1 – Desculpe-me. O senhor tem horas?
B1 – O senhor não tem relógio?
A2 – Não.
B2 – São seis horas.
A3 – Obrigado.

Esse texto se assemelha ao precedente, mas, por um lado, a pergunta (b) é interpretada somente como um pedido, e não foi respondida pelo desdobramento observado anteriormente; por outro lado, a réplica B1 vem complicar seriamente o encadeamento, dando ao conjunto da interação um tom de conflito:

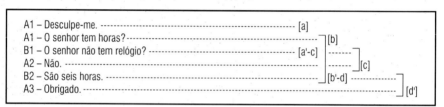

Podemos hesitar em considerar B1 como uma aceitação da troca, contudo proponho a seguinte descrição hierárquica deste texto conversacional elementar:

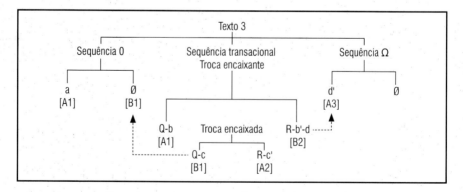

Essa descrição, um pouco mais detalhada do que as precedentes, permite chamar a atenção para vários fenômenos mencionados anteriormente:

O protótipo da sequência dialogal

- Notamos, primeiro, a ausência de trocas fáticas rituais do tipo "Bom dia!" (A0 e B0) e "Até logo" (A4 e B3). Essa ausência é substituída por uma intervenção que se pode chamar de fática de tomada de contato [A1-a], que, sob a forma de um pedido de desculpa, tenta claramente abrir uma interação, buscando atenuar o efeito da incursão de A sobre o "território" de B. A intervenção [B1] é, aliás, uma reação cuja inegável violência responde à "violência" inevitável da incursão.[2] O fechamento é seguramente elíptico também. Poderíamos muito bem imaginar que B viesse fechar a troca, por sua vez, compensando sua impaciência inicial com um: "Não há de quê". Essa ausência de fechamento fático recíproco confirma o desequilíbrio inicial. Em outros termos, vemos que um defeito de estrutura pode ser revelador de uma relação de força: as coisas não são, então, tão anárquicas quanto se quer dizer nas conversas comuns.
- As transições entre sequências fáticas e sequências transacionais são garantidas de maneira desigual. Não podemos dizer realmente que B1 seja uma cláusula [a'] e [c] ao mesmo tempo. Em contrapartida, B2 é ao mesmo tempo resposta [R-b'] da sequência transacional encaixante, e favor solicitado [d], pedindo um agradecimento. Em consequência desse fato, A3 é ao mesmo tempo agradecimento [d'] e fechamento da interação.
- A ausência de resposta à pergunta [A1-b], que abre a primeira sequência transacional, conduz naturalmente ao encaixamento de uma segunda troca. Podemos falar aqui de encaixamento na medida em que a resposta [R-c'] condiciona [R-b']. Acrescentemos que essa ausência de resposta de B à pergunta feita por A é um sinal de desacordo e uma fonte de conflito. A demora para dar uma resposta é sempre um risco para a interação.

Como conclusão dessa primeira análise de um exemplo simples e inventado, espero que a formalização proposta não seja derrubada pela crítica formulada por Kerbrat-Orecchioni relativamente ao modelo hierárquico da escola de Genebra: "Eu me pergunto", ela escreve, "se esse tipo de representação não atribui *estrutura em demasia* aos objetos a serem descritos e se esse 'conjunto-hierárquico' não 'acrescenta' um pouco em relação às realidades empíricas" (1990: 243).

---

[2] Sobre isso, Alain Finkielkraut escreve: "Por onde começar? Pela desculpa. [...] É a esmagadora responsabilidade das primeiras palavras: encontrar uma brecha na fortaleza do que diz respeito a si mesmo, conseguir a absolvição, começando pelo escândalo de começar" (*Le Nouveau Désordre amoureux*, Paris, Le Seuil, 1977: 291).

Textos: tipos e protótipos

O primeiro exemplo autêntico que utilizarei para análise é retirado de um texto ficcional da série policial dos "Reiner", de Claude Klotz. Sua natureza teatral e a falta de funcionalidade que o orienta levaram-me a escolhê-lo.

T4 A série de entrevistas televisivas que se segue não passou na TV durante os dias de angústia. Aliás, que nós saibamos, elas nunca foram programadas. Um jornalista e um *cameraman* da ORTF foram fazer as mesmas perguntas em diferentes bairros de Paris, sobre os acontecimentos em curso, a pessoas isoladas pertencentes a diversas categorias sociais. [...] Terceira entrevista: (Jardim de Luxemburgo – Uma moça, visivelmente uma estudante, faz tricô sentada num banco; ela tem os longos cabelos crespos e sujos).

Jornalista [J1]: [1] Será que você poderia, para a televisão, dar a sua opinião sobre os acontecimentos atuais?

Moça [M1] (olhar muito abatido): [2] E a minha opinião adianta para você? (Silêncio)

Jornalista [J2]: [3] Bom... é... é interessante saber o que as pessoas pensam. [4] Você, por exemplo, não gosta de saber o que os outros pensam?

Moça [M2]: [5] Sim, claro, [6] gostaria de saber, por exemplo, o que você pensa!

Jornalista [J3]: [7] Sobre o quê?

Moça [M3]: [8] Sobre os acontecimentos.

Jornalista [J4]: [9] Bom, na minha opinião, vai mal, muito mal mesmo.

Moça [M4]: [10] Você acha que é a guerra?

Jornalista [I5]: [11] Eu tenho de tomar cuidado [12] porque tenho um temperamento naturalmente pessimista, [13] mas eu não acho que, desta vez, vamos poder evitá-la. [14] É, aliás, a opinião da minha mulher.

Moça [M5]: [15] Vocês são casados há bastante tempo?

Jornalista [J6]: [16] Vai fazer quinze anos.

[...] *Moça* [M9]: [41] Muitíssimo obrigada, [42] a você Cognac-Jay. (Ela abaixa a cabeça sobre o seu tricô.)

Claude Klotz-Reiner, *Cosmos-Cross*, Ed. Christian Bourgois.

A ausência das sequências fáticas rituais de abertura e de fechamento com cumprimentos explica-se muito bem aqui pelo gênero entrevista televisiva. À elipse de toda a sequência fática de abertura responde, de qualquer forma, a sequência fática de fechamento ritual (intervenção M9): agradecimentos e volta da comunicação para os estúdios de televisão. Todo o humor ficcional reside aqui, é claro, na inversão de papéis: o entrevistador entrevistado perde o poder, e é a própria moça que o substitui para assegurar a comunicação televisiva. Compreendemos que, nessas condições, como faz notar a abertura dessa passagem bastante singular e autônoma com relação ao romance, essa entrevista delirante nunca havia sido programada. Em consequência dessa derrapagem, a pergunta que abre a sequência transacional nunca receberá resposta. Ou melhor, se a entrevista pode terminar com os agradecimentos usuais, é que, na realidade, a resposta veio apesar de tudo. Ela está ao final da retomada da pergunta [Q-a1] do jornalista pela moça [Q-a6] no início da terceira sequência encaixada. Nessas condições, a resposta [Q-a6'] esperada da moça é deslocada nas sequências 3 e 5: [Ra'9] e [Re'11] do jornalista (em seguida, a entrevista se bifurca em outra coisa: a vida particular do jornalista-entrevistado).

Esse exemplo permite evidenciar vários modos de articulação das trocas transacionais: o tipo encaixado do qual já tratamos anteriormente e duas formas de ligação coordenada.

- Encaixamento da troca engendrado por uma ausência de resposta:

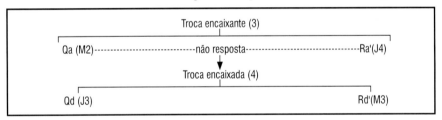

- Ligação coordenada de trocas em intervenções sucessivas (sem mudanças de papéis):

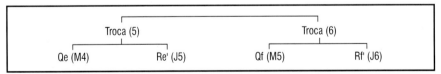

- Trocas coordenadas no seio de uma mesma intervenção (alternância de papéis):

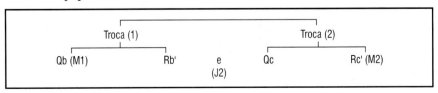

Encontramos aqui as grandes formas de articulação das unidades descritas no capítulo "O protótipo da sequência narrativa", a respeito da narrativa, o caso das trocas alternadas é até concebível: é o exemplo do diálogo de surdos no qual duas conversas prosseguem simetricamente sem se encontrar.

Podemos resumir a estrutura do trecho de *Cosmos-cross* da maneira seguinte (numero as intervenções J1, J2 etc., de um lado, e as cláusulas a1, b2, b'3 etc. de outro):

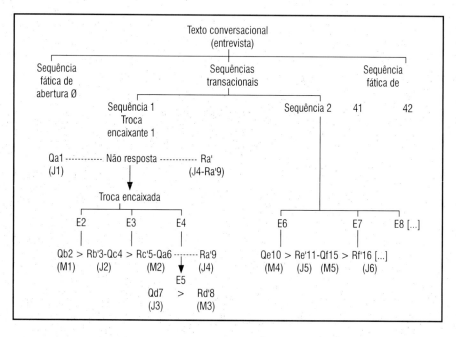

Não desenvolvo, mas percebe-se facilmente a complexidade da descrição de um texto um pouco mais interessante dos que os que são geralmente citados.

UM GÊNERO DIALOGAL MONOLOGADO: O EPISTOLAR

Reconhecendo a diversidade das práticas discursivas epistolares, é evidente que convém dividir a macrocategoria da forma epistolar em diversos gêneros que têm uma historicidade e que são diretamente ligados à diversidade das práticas sociodiscursivas nas quais os sujeitos estão engajados. Os gêneros epistolares são, como todos os gêneros, diretamente ligados às condições da interação em

O protótipo da sequência dialogal

curso: aos parâmetros do tempo e do lugar social, aos interlocutores engajados na interação, ao objeto do discurso e, além disso, a uma dada língua. Esse conjunto complexo de parâmetros pragmáticos impõe suas leis à realização do texto particular de cada carta. Contudo, apesar de uma inegável diversidade genérica, a forma epistolar[3] apresenta um certo número de constantes macrocomposicionais da ordem do que chamamos, na introdução, de plano de texto condicionado pelo gênero. Para a tradição medieval, uma carta comporta, efetivamente, cinco partes: a *salutatio*, a *captatio benevolentia*, a *narratio*, a *petitio* (pedido ou objetivo da carta) e a *conclusio*. A tradição clássica hesita entre cinco ou três grandes unidades: a tomada de contato com o destinatário da carta, que corresponde ao *exórdio* da retórica; a apresentação e o desenvolvimento do objetivo do discurso, para o qual a noção retórica de *narratio* não recobre todas as possibilidades; e, por último, a interrupção final do contato ou conclusão. Com os dois extremos, o inicial e o final, desdobrando-se ou não em unidades peritextuais e zonas fronteiriças de abertura e de fechamento, temos ou três ou cinco partes.

Esse plano de texto é muito próximo da estrutura dos textos dialogais-conversacionais: *sequências fáticas* de abertura e de fechamento, por um lado; *sequências transacionais* constituindo o corpo da interação, por outro. A forma epistolar, apesar de monogerida, retoma, à sua maneira, o plano de texto do oral, cujos diferentes gêneros epistolares regulam as variações tanto formais quanto estilísticas. Distinguiremos, portanto, simplesmente, em toda forma epistolar, o plano de texto de base seguinte:

Abertura	Exórdio	Corpo da carta	Peroração	Fechamento
Termos de endereçamento e indicações de lugar e de tempo				Cáusula (fórmula de polidez e assinatura)
<1>	<2>	<3>	<4>	<5>

Facultativas e mais ou menos desenvolvidas, as partes do plano de texto <2> e <4> são zonas discursivas de transição (introdução-preparação e conclusão-coda) entre os momentos inicial <1> e final <5> até a dominante fática

---

[3] Para síntese, remeto a Geneviéve Harocche-Bouzinac (1995), Marie-Odile Grassi (1998), Jürgen Siesse dir. (1998), Jürgen Siess e Séverine Hutin dirs. (2005).

Textos: tipos e protótipos

e ao corpo da carta <3> propriamente dito. Elas comportam todas as características que a retórica concede tradicionalmente ao exórdio <2> e à peroração <4>: preparar a recepção da troca, protegendo a face do outro (do familiar ao mais solene) e introduzindo a proposta, por um lado <2>, e, por outro <4>, recapitular e acabar por convencer, introduzindo, eventualmente, aspectos mais patéticos e preparando as futuras interações com o destinatário (em particular a sua resposta). Um primeiro texto do século XVII nos permitirá ilustrar essa estrutura textual global.

T5   RELAÇÃO DO QUE SE PASSOU NA MISSÃO DOS PADRES DA COMPANHIA DE JESUS NOS HURONS, REGIÃO DA "NOUVELLE FRANCE". ANOS 1648 E 1649.

Ao reverendo Padre, o Padre Claude de Lingendes
Provincial da Companhia de Jesus
na Província da França

Meu reverendo Padre,

A relação dos hurons que envio a Vossa Reverência, fá-lo-á ver a desgraça e a desolação dessas pobres Nações do alto, o massacre da flor de nossos Cristãos, a morte gloriosa de três de seus Pastores, e sua retirada, com uma parte de seu rebanho, para uma Ilha de seu grande Lago.

Depois de tudo, o Batismo de mais de dois mil Selvagens, a coragem e a esperança no futuro, para o qual Deus preenche os espíritos e os corações de todos aqueles que estão entre os hurons, fazem-me ter esperança quanto ao futuro.

O Senhor d'Ailleboust, nosso Governador, fez o possível para socorrer o país naquela ocasião, enviando tropas e munições para resistir aos inimigos: cerca de sessenta franceses lá subiram este ano em dois bandos, sendo que o primeiro deve retornar neste outono e o outro, invernar no país: nós não sabemos ainda o sucesso de sua viagem. Peço a Deus que seja feliz.

Envio este ano outra Relação a Vossa Reverência, além da dos hurons, não que nos falte assunto para dar tanto consolo a Vossa Reverência sobre as Missões aqui desta terra, cuja continuação sem trégua, particularmente numa Relação tão extraordinária dos países do alto, poderia parecer inoportuna e pernóstica.

O protótipo da sequência dialogal

Os iroqueses deram-nos um pouco de tranquilidade aqui; entretanto, não sei se será por muito tempo: nosso consolo é que as diferenças dos tempos estão tão sujeitas aos desígnios de Deus quanto as dos lugares, e que a nós só cabe estar muito satisfeitos de tudo o que a Sua Divina Majestade agradará ordenar.

O que quer que seja, Vossa Reverência vê suficientemente que nós precisamos de um socorro extraordinário de seus Santos Sacrifícios e preces, é o que rogamos muito humildemente que nos oferte e o que esperamos inteiramente de sua bondade e caridade em nosso favor,

De Vossa Reverência,
De Kébec,
Neste oito de setembro de 1649,

Servidor muito humilde e muito obediente em Nosso Senhor,
Hiérôme Lallement

In Reichler, 1991: 33-34.

< 1 **Endereçamento formal** > Ao reverendo Padre, [...] na Província da França
< 1 **Endereçamento direto** > Meu reverendo Padre,
< 2 **Exórdio** > A Relação dos hurons [...] para uma Ilha de seu grande Lago.
< 3 **Corpo da carta** > [...] Os iroqueses [...] Sua Divina Majestade agradará ordenar.
< 4 **Peroração** > O que quer que seja [...] e caridade em nosso favor
< 5 **Cláusula de fecho** > De Vossa Reverência,
(**deslocamento de < 1 >** De Kébec, neste oito de setembro de 1649
seguido da <5 **Cláusula de fecho** > Servidor muito humilde e muito obediente em Nosso Senhor,
< 5 **Assinatura** > Hiérôme Lallement

Em torno de uma dominante que, apesar da ausência de réplicas, podemos chamar dialogada, o corpo de toda carta compreende momentos (sequências mais ou menos desenvolvidas ou simples construções periódicas) descritivos, narrativos, explicativo-justificativos, argumentativos. O corpo de uma carta pode muito bem ser constituído apenas pela preparação de um ato de linguagem delicado (agradecimento, pedido, condolências etc.). Na realidade, todas essas possibilidades composicionais se combinam muito livremente. O corpo da carta < 3 > passa, mais ou

|231|

menos livremente, de acordo com os gêneros de correspondência, de um assunto a outro. Esta variação determina o plano do corpo da carta e sua segmentação eventual (mudanças de parágrafos ligadas a mudanças de objetivo do discurso).

As variações entre gêneros epistolares provêm das diferenças entre situações sociais de interação. Essas diferenças nas condições sociodiscursivas de interação se traduzem, por um lado, por variações marcadas pela importância dada a um ou a outro parâmetro enunciativo; e, por outro lado, pela estrutura temática, composicional e estilística. A assinatura fica ocultada ou totalmente ausente na *carta anônima*. O destinatário visado é desmembrado para além do único destinatário postiço na *carta aberta*, que apresenta também o interesse de questionar o caráter secreto ou protegido da correspondência. O *telegrama* obedece a uma lei de economia ainda maior do que a do *bilhete*. É uma banalidade dizer que a *correspondência amorosa ou a amigável* tematizam fortemente a ausência do outro e fazem da distância espaço-temporal um dos assuntos importantes, ou até o único, da carta; os dêiticos se relacionando, por um lado, ao *aqui-agora* da enunciação e, por outro, ao *lá-adiante-mais tarde* da leitura, são mais numerosos do que em todas as outras espécies de escritos pessoais (diário íntimo e memórias, por exemplo). Da parte do enunciador, as cartas de amor e de amizade autorizam a ênfase numa subjetividade maior e mais livre do que a da carta de negócios.

Todas as formas de cartas têm como particularidade o fato de propor uma imagem do outro. A ausência torna possível e favorece essa construção, com os riscos relacionados ao fato de propor a seu interlocutor uma imagem de si mesmo... A esse respeito, *cartas de amor* e *cartas de negócios* só se diferenciam pela natureza das relações de poder entre os parceiros da troca que se mostram nas fórmulas de abertura < 1 > e de fechamento < 5 > e nas zonas de transição < 2 > e < 4 >.

Após o gênero de carta-relatório (T5), examinemos um caso de carta-petição: um pedido dirigido a Colbert, em 1678, por Corneille que, antes de ser esquecido, havia sido inscrito na lista de pessoas de ofício a receber pensão e havia, por isso, agradecido ao Rei em versos, em 1663:

T6   < **1- Abertura** > A Colbert

VOSSA SENHORIA

< **2- Exórdio** > Na infelicidade que me abate há quatro anos, de não mais receber as gratificações com as quais Sua Majestade honra as pessoas de ofício, só posso recorrer de forma justa e favorável a V.Sa., a quem sou inteiramente grato pelo que recebia. < **3- Corpo argumentativo da carta** >

O protótipo da sequência dialogal

Nunca mereci tais gratificações, contudo pelo menos me esforcei para não me tornar completamente indigno pelo emprego que fiz delas. Nunca as apliquei às minhas necessidades particulares, mas, sim, para sustentar dois filhos no exército de Sua Majestade, um foi morto em serviço no cerco de Grave; e o outro serve há quatorze anos, e é atualmente capitão da Cavalaria. Desse modo, VOSSA SENHORIA, a retirada desse favor, ao qual me acostumou, me é sensível em último grau, não por meu interesse pessoal, ainda que esta seja a única vantagem que eu tenha recebido em cinquenta anos de trabalho, mas porque foi uma gloriosa marca de estima que agradou ao Rei fazer ao talento que Deus me deu, e que esta desgraça me torna incapaz de sustentar, ainda durante algum tempo, este filho no serviço em que ele consumiu a maior parte dos meus poucos bens para cumprir com honra o posto que ele ocupa. < 4- **Peroração** > Ouso esperar, VOSSA SENHORIA, que tenha a bondade de me dar sua proteção e de não deixar destruir sua obra. Que, se eu sou tão infeliz de me enganar nesta esperança e continuar excluído dessas graças que me são tão preciosas e tão necessárias, peço a V.Sa. a justiça de crer que a continuação da má influência não enfraquecerá em nada nem o meu zelo pelo serviço do Rei, nem os sentimentos de reconhecimento que lhe devo pelo passado, < 5- **Cláusula**> e que, até o último suspiro, terei a glória de ser, com toda a paixão e respeito possível,

VOSSA SENHORIA,

Vosso muito humilde, muito obediente
servidor que vos deve servir,

< 5 > Corneille

Esse pedido apresenta um grau evidente de elaboração, determinado pela complexidade da troca em curso e pela identidade dos interactantes. Como diz Bakhtin, quando a esfera de atividade social (a formação sociodiscursiva) se complexifica na sua organização, as práticas discursivas (gêneros) que ela exige se tornam complexas. A elegância da escrita de Corneille, Paul-Louis Courier, Guez de Balzac ou o gênio de Rimbaud e de Flaubert não transformam, no entanto, nenhum de seus escritos epistolares em obra literária.

A carta seguinte, de Jean-Louis Guez de Balzac, é um interessante exemplo de carta de agradecimento, no quadro de uma correspondência familiar ampliada. Observa-se, sobretudo, a maneira como o ato de discurso – agradecimento – acha-se preparado e ampliado, como diria a retórica, sob a pluma de um dos melhores autores epistolares do grande século:

T7 < **1** > Ao Senhor de Forges, comandando uma companhia na Holanda.

Caro senhor meu primo,

< **2** > Creio estar rico com os bens que o senhor me deu; um outro tivesse recebido o mesmo presente não lhe seria tão agradecido. < **3** > Entretanto, a opinião sobre as coisas é a medida do seu valor; e porque não tenho nem a alma nem os olhos avarentos, acho as esmeraldas de vossos pavões* de preço tão alto quanto os dos joalheiros. Pelo menos, o que está morto e imóvel entre eles, vive e se mexe no meu quintal. Conheço minhas riquezas e todos as conhecem e, após ter lido até não ver mais nada, acabo de relaxar a minha visão trabalhada neste admirável verde, que me é, ao mesmo tempo, um divertimento e um remédio. Os feios objetos não ofendem somente a minha imaginação: eles provocam ainda minha bílis, e penso que eu só receberia uma macaca do melhor dos meus amigos para mandar matá-la. Mas reconheço que a beleza me agrada em qualquer lugar que eu a encontre. Contudo, uma vez que ela é perigosa no rosto das mulheres, prefiro considerá-la com segurança sob as penas das belas aves e nas pinturas das belas flores. Prazeres tão castos podem ser compatíveis com a quaresma e, sem ofender a Deus, divirto-me com isso todos os dias, durante uma hora, agradavelmente. < **4** > Agradeço-lhe de todo o coração, < **5** > e sou, com paixão,

Caro senhor meu primo,

Vosso, etc...........

< **1 deslocado** > A Balzac, VII março MDCXXXIV.

A representação do relatório (T5), do pedido (T6) e do agradecimento (T7) são bons exemplos do grau de elaboração do gênero epistolar na sociedade culta do século XVII. O gênero epistolar dedicatória é um interessante gênero argumentativo da epistolaridade. Tomo o exemplo deste texto dedicado à filha do irmão do rei, Mademoiselle, segundo seu título, Elisabeth Charlotte d´Orléans. Esse texto que estudo detalhadamente em Heidemmann e Adam (2010) serve ao mesmo tempo de prefácio às *Histoires ou contes du temps passé: Avec des Moralitez* (1697), de Perrault, e apresenta a particularidade de ser assinado pelo seu filho Pierre Perrault Darmancour:

---

* N.T.: A palavra para "pavão", em francês, é "paon", que pode significar também "brasão". Mantivemos "pavão", pois, se na primeira menção a referência é a "brasão", a seguir há o trocadilho com referência à ave.

T8

A

MADEMOISELLE

< 1 > MADEMOISELLE,

< 2 > Não se achará estranho que uma Criança tenha-se divertido em compor os Contos dessa Seleção, mas causará espanto que ela tenha tido a coragem de vos apresentá-los. < 3 > Contudo, MADEMOISELLE, qualquer desproporção que haja entre a simplicidade dessas Narrativas e as luzes de vosso espírito, se examinarmos bem esses Contos, veremos que não sou tão condenável como eu parecia no começo. Eles contêm todos uma Moral muito sensata e que se descobre mais ou menos, segundo o grau de penetração dos que os leem; aliás, como nada caracteriza tanto a largueza de um espírito como poder se elevar ao mesmo tempo às maiores coisas e se abaixar às menores, não surpreenderá que a mesma Princesa, a quem a Natureza e a educação tornaram familiar o que há de mais elevado, não desdenhe de se divertir com tais bagatelas. É verdade que esses Contos dão uma imagem do que se passa nas menores Famílias, em que a louvável impaciência de instruir as crianças leva a imaginar Histórias desprovidas de razão, para se adequar a essas mesmas crianças que não têm ainda razão; porém, a quem convém melhor conhecer como vivem os Povos, senão as Pessoas que o Céu destina a conduzi-las? O desejo desse conhecimento levou Heróis, e mesmo Heróis de vossa Raça, até palhoças e cabanas, para ver ali de perto e por eles mesmos o que se passava lá de mais especial: esse conhecimento lhes parecendo necessário para sua perfeita instrução. < 4 > O que quer que seja, MADEMOISELLE,

O que poderia eu melhor escolher para tornar verossímil
O que a Fábula tem de incrível?
E nunca Fada nos tempos de outrora
Deu à jovem Criatura,
Mais dons, e dons encantadores,
Que vos deu a Natureza?

< 5 > Com o mais profundo respeito,
MADEMOISELLE,
De Vossa Alteza Real,
O muito humilde e muito obediente servidor,

P. Darmancour

Tomando a forma – cenografia – da carta-dedicatória, esse texto adota o plano de texto canônico desse tipo de carta. O lugar de cada enunciado em uma ou outra parte do plano de texto é determinante para esta estabelecer seu valor ou sentido no discurso.

< 1 > Abertura: (com termo de endereçamento repetido duas vezes): À MADEMOISELLE [...] MADEMOISELLE.

< 2 > Exórdio: *Não se achará estranho [...] vos apresentá-los.*

< 3 > Corpo da carta propriamente dito: *Contudo,* MADEMOISELLE, *qualquer desproporção que haja [...] necessária para sua perfeita instrução.*

< 4 > Peroração (versificada): O *que quer que seja,* MADEMOISELLE, *[...] que vos deu a Natureza?*

< 5 > Fechamento com fórmulas de polidez estereotipadas: *Com o mais profundo respeito,* MADEMOISELLE, *de Vossa Alteza Real* [...], e com uma assinatura canonicamente precedida de determinações estereotipadas no esquema de comunicação desigual do século XVII: O *muito humilde e muito obediente servidor, P. Darmancour.*

Sublinhemos a presença repetida, nas fronteiras das cinco partes da carta, do termo de endereçamento "Mademoiselle", que não somente designa o alocutário, mas exerce o papel de pontuar o plano: ele satura a abertura < 1 > e marca o início do corpo da carta < 3 >, enquadrando assim o exórdio; ele abre a peroração < 4 > e reaparece no início do fechamento < 5 >. A natureza gramatical fora da estrutura dos termos de endereçamento confere-lhes um estatuto enunciativo de frase monorremática em incisa e um estatuto textual importante. Essas interrupções enunciativas da cadeia verbal assinalam faticamente as partes do plano da carta.

As fronteiras das três partes centrais são indicadas por conectores (CONTUDO e O QUE QUER QUE SEJA) cuja função é menos local (encadeamento de duas orações) do que global (articulação de extensos pedaços inteiros de texto). O corpo da carta < 3 > está saturado de conectores, balizando sua articulação apesar da ausência de segmentação em parágrafos: CONTUDO, QUALQUER QUE, SE, ALIÁS, COMO, É VERDADE QUE, MAS e MESMO.

A peroração < 4 >, constituída de duas frases, que são as duas últimas perguntas retóricas, é parcialmente versificada, porém inteiramente estruturada por um ritmo silábico. Essa peroração é introduzida por um conector reformulativo não parafrástico O QUE QUER QUE SEJA, particularmente interessante. Essa locução é uma espécie de proposição concessiva fixa, próxima da forma truncada de uma concessiva alternativa do tipo *Que seja ou não o estado de coisas X, em nada muda* *a veracidade de q.* Em outros termos, somos sempre levados por esse conector a nos perguntar se não poderíamos ter feito economia do estado de coisas ao qual se refere o pronome *"en"*.* Na sua *Syntaxe du français moderne*, Georges e Robert Le Bidois seguem nessa direção, considerando O QUE QUER QUE SEJA como uma fórmula de indeterminação muito usada que enuncia uma concessão provisória: "Ela marca, para o sujeito falante, uma indiferença (real ou simulada) quanto à verdade de alguma coisa que acaba de ser dita." O fato de que O QUE QUER QUE SEJA introduz a peroração da carta instiga-nos a pensar que ele tem um alcance bem mais amplo à esquerda e que ele opera uma revisão de toda a argumentação anterior, convidando a fazê-la. Essa função de fechamento da sequência e da introdução da peroração de uma carta encontra-se em numerosas cartas dos séculos XVII e XVIII.

A figura retórica que consiste, no fim da carta, em introduzir um *ethos* de locutor que se apresenta como não se levando muito a sério, é uma postura enunciativa. O elogio versificado que se segue, leve e adulador, vem senão suprimir, ao menos distanciar, as inferências sérias e graves que podemos tirar do corpo argumentativo da carta. As asserções correlatas sob as interrogações retóricas tomam, na peroração, a forma do elogio. A retórica do elogio hiperbólico característico do louvor respeita as regras do gênero e do código social. É necessário, argumentativamente, separar essa peroração do resto do corpo do texto, que, por ser igualmente elogioso, passa, na sequência argumentativa encaixada, por um conselho que esconde uma crítica à nobreza.

DESCREVER E ARGUMENTAR NO DIÁLOGO
Uma descrição dialogada

Os terráqueos imaginados de forma premonitória por Ylla K., logo no início das *Chroniques martiennes* de Ray Bradbury (Tradução Denoël, Coll. "Présence du futur", Paris, 1955: 10-12) são descritos por proposições descritivas difratadas de réplica em réplica, segundo uma ordem [diálogo dominante > descrição dominada].

T9   Ela se ergueu como se seu sonho lhe tivesse dado um tapa na cara.
      [A1] – Estranho, ela murmurou, muito estranho o meu sonho.
      [B1] – Oh?
      Claramente, ele só tinha vontade de uma coisa: voltar para o seu livro.

---

* N.T.: Sem correspondente em português, o pronome *en* tem função de retomada anafórica, mas apresenta algumas peculiaridades gramaticais, dentre elas ser invariável, funcionar como objeto direto, colocar-se em geral antes do verbo, dentre outras.

Textos: tipos e protótipos

[A2] – Eu sonhei com um homem.

[B2] – Um homem!

[A3] – Um homem muito alto. Quase um metro e oitenta e cinco.

[B3] – Ridículo; um gigante monstruoso.

[A4] – NO ENTANTO, diz ela, buscando as palavras. Ele tinha o ar normal. Apesar da sua altura. E ele tinha... oh eu sei que você vai me achar uma idiota... Ele tinha os olhos *azuis!*

[B4] – Os olhos azuis! Meu Deus! Exclamou Mr. K. Com o que você vai sonhar da próxima vez? Imagino que ele tinha os cabelos negros?

[A5] – Como você adivinhou?

Ela estava excitadíssima.

[B5] – Escolhi a cor mais improvável, ele responde friamente.

[A6] – É, NO ENTANTO, verdade. Eram negros! E ele tinha a pele muito branca; oh, ele era completamente extraordinário! Com um uniforme estranho. Ele descia do céu e me falava muito delicadamente.

Ele começou a sorrir.

[B6] – Descer do céu, que besteira!

[A7] – Ele chegava num aparelho de metal que brilhava ao sol.

Ela fechou os olhos para encontrar a forma.

[A7] – Eu estava sonhando com uma coisa brilhante que atravessava o céu, era como uma peça lançada ao ar; de repente ela ficava enorme e pousava levemente sobre o solo. Uma espécie de engenho longo, prateado, desconhecido. Aí uma porta se abria do lado da máquina, e esse gigante saía.

[B7] – Se você trabalhasse um pouco mais, você não teria esses sonhos esquisitos.

[A8] – MAS eu estava muito contente, ela respondeu. Eu nunca pensei ter tanta imaginação; cabelos negros, olhos azuis e uma pele branca! Que homem estranho... E, NO ENTANTO, tão lindo!

[B8] – Falta pouco para você tornar seu desejo realidade.

[A9] – Como você é desagradável. Eu não inventei de propósito. E a imagem dele me veio à cabeça enquanto eu cochilava. Era tão inesperado, tão... diferente de tudo. Ele me olhava e me dizia: estou chegando do terceiro planeta com o meu foguete. Eu me chamo Nathaniel York...

[B9] – Que nome grotesco, é bizarro!

[A10] – Claro que é bizarro, JÁ QUE é um sonho, ela explicou com calma. Em seguida, ele dizia: é a primeira travessia intersideral. Só somos dois a bordo de nosso foguete, meu amigo Bert e eu.

[B10] – Mais um nome bizarro.

[A11] – E ele dizia: Nós viemos de uma cidade na *Terra*; é o nome de nosso planeta. A *Terra*, foi a palavra que ele pronunciou. E ele usava também uma outra língua e, NO ENTANTO, eu o entendia. Na minha cabeça. A telepatia, provavelmente.

Mr. K. virou-lhe as costas. Ela o parou com uma palavra:

[A12] – Yll? Ela disse com uma voz calma. Você algum dia já se perguntou se havia seres vivos no terceiro planeta?

[B11] – A vida é impossível no terceiro planeta, disse o marido com um ar paciente, Nossos cientistas já disseram e repetiram que sua atmosfera era muito rica em oxigênio!

[A13] – MAS seria assim tão maravilhoso se houvesse habitantes? E se eles pudessem circular no espaço com não sei que tipos de aparelho?

[B12] – Por favor, Ylla. Você sabe que detesto essas crises de alucinação. Continuemos nosso trabalho!

O interesse dessa passagem é nos fazer conhecer as normas descritivas do mundo no qual nós entramos. A banalidade de um homem (tema-título) medindo 1,85 metros (propriedade), de olhos (parte) azuis (propriedade), com cabelos negros (propriedade) e a pele (parte) branca (propriedade) é transformada pela encenação dialogal (avaliações sucessivas), em descrição extraordinária ao olhar de M. e Mme. K. As adições metonímicas (roupas, foguete) vêm, em seguida, completar essa descrição, vê-se, por outro lado, completamente canônica. Sem entrar nos detalhes de uma análise que tomaria muito espaço, notemos somente que esse diálogo, inserido num cotexto narrativo, é uma forma muito clássica de ruptura do bloco descritivo, cuja leitura se torna mais "viva" pela dinâmica do diálogo e pelo jogo de focalização que ele permite. É, sobretudo, uma interessante descrição *em espelho*, informando mais o leitor sobre os marcianos do que a respeito dos visitantes do planeta (objeto da descrição). Os saberes enciclopédicos dos marcianos devem ser inferidos pelo leitor, em contraste com seus próprios conhecimentos. O que é comum e mal informado no mundo de um leitor anglo-saxão e mais amplamente ocidental em Bradbury torna-se subinformado no mundo do personagem, colocado em posição de receptor, Mr. K, e de sua própria mulher. "Bizarro", "ridículo", "monstruoso", "inverossímil", "estúpido", "estranho", "inesperado", "diferente de tudo", "insensato", são tantos qualificativos para traduzir o ponto de vista marciano sobre o objeto do discurso (terráqueos descritos). O estado enciclopédico dos interlocutores é assim progressivamente estabelecido, segundo uma lei da ficção científica perfeitamente dominada por Ray Bradbury. A heterogeneidade composicional desse trecho é bastante extraordinária. Ele se apresenta tipograficamente (plano da segmentação) como um discurso direto entrecortado somente de frases curtas de controle, sob a responsabilidade de uma voz narrativa. Esse diálogo se apresenta como uma descrição estendida, porém bem sistemática. As operações descritivas são metodicamente aplicadas. Contudo, como essas operações descritivas são distribuídas em diversas réplicas e são coavaliadas pelos dois interlocutores, o diálogo as supera, segundo um princípio em conformidade com a ideia de dominância sequencial:

DESCRIÇÃO DO TERRÁQUEO:
- Operação de ancoragem (fixando o tema-título objeto do discurso): *Um homem* (A2).
- Operação de reformulação: *Um gigante* (B3), *Nathaniel York* (A9).
- Operação de aspectualização 1 (propriedades do todo): *muito alto*, *1,85* (A3), *extraordinário* (A6), *estranho* (A8), *lindo* (A8).
- Operação de aspectualização 2 (fragmentação do todo em partes e propriedades destas partes): *olhos [PROPRIEDADE] azuis* (A4), *cabelos [PROPRIEDADE] negros* (B4 e A6), *pele [PROPRIEDADE] muito branca* (A6).
- Operação de relacionamento: *terno [PROPRIEDADE] estranho* (A6), *máquina espacial* (A7') – para sua descrição, ver a seguir.

Diferentemente dessa descrição expandida, a réplica [A7] aparece como uma narrativa de sonho, isto é, de fato, como uma intervenção estruturada com relação a ações e à descrição (da máquina espacial dos terráqueos). Tem-se, assim, primeiramente, uma sucessão de acontecimentos (a) e uma sucessão temporal (t) cuja linearidade é ressaltada pelos organizadores temporais que compensam a fraqueza do imperfeito (tempo apropriado à narrativa de sonhos, mas incapaz de marcar uma sucessão ordenada):

- a1 (t1): *uma coisa atravessava o céu.*
- a2 (t2): *DE REPENTE ela ficava enorme.*
- a3 (t3): *E pousava.*
- a4 (t4): *AÍ uma porta se abria.*
- a5 (t5): *E esse gigante saía.*

O protótipo da sequência dialogal

Essa sucessão de acontecimentos vem acompanhada de proposições descritivas para dar progressivamente consistência a um outro objeto desconhecido:

DESCRIÇÃO DA MÁQUINA ESPACIAL:

- Operação de ancoragem: *Uma coisa.*
- Operação de aspectualização (propriedade do todo): *brilhante.*
- Operação de reformulação e de relacionamento (reformulação comparativa): *ERA COMO UMA peça lançada no ar.*
- Segunda reformulação: *UMA ESPÉCIE de máquina.*
- Operação de aspectualização (propriedades): *longo, prateado, desconhecido.*
- Terceira reformulação: *a máquina.*

Na medida em que é impossível falar sem referir e, portanto, construir, mesmo sucintamente, uma representação discursiva que se responsabiliza por um ponto de vista enunciativo, a descrição é inevitável. Do ponto de vista que me interessa, esse caráter inevitável da descrição não implica, contudo, a escolha de uma forma de textualização descritiva. Podemos dizer que é pelo diálogo, aqui, que se apresenta o mundo – marciano – do texto. A descrição é inteiramente absorvida pela composição dialogal. Seguindo a mesma ordem de ideias, o que é da ordem da argumentação?

A argumentação no diálogo

Assim como é impossível não descrever, é impossível não argumentar (no sentido amplo da ação operada sobre outrem). A pergunta é a mesma que a anterior: entre uma argumentação subjacente à interação e uma textualização (composição) argumentativa, há uma distância. Diferentemente das operações descritivas que subestruturam a progressão do conjunto do diálogo, a composição argumentativa, através de conectores, só estrutura localmente (por períodos) o diálogo. Observamos nas intervenções os dois tipos de movimentos argumentativos em períodos dos quais falamos antes:

- movimentos progressivos:
  [B7] – Se você trabalhasse um pouco mais, você não teria esses sonhos idiotas.
  se proposição p [Argumento] (ENTÃO) > proposição q [Conclusão]

|241|

- e movimentos regressivos:
  [A13] – Mas seria tão maravilhoso se tivesse habitantes lá? E se eles pudessem circular no espaço com não sei que tipo de aparelho?
  Proposição q [Concl.] < SE *proposição p [Arg.]* E SE *proposição p' [Arg.]*

Nesse caso, uma prótase de tipo [SI p & p'] no imperfeito, apesar de reconhecida como contrafactual, apresenta um contexto que torna possível a asserção de uma proposição q. Esta última proposição está na fonte não somente do tom adotado pela personagem descritora Ylla K., mas do conjunto do texto de ficção científica que começa e que o leitor está lendo.

[A10] – Naturalmente que é sem sentido, JÁ QUE é um sonho, ela explicou calmamente,
Proposição q [Concl.] < JÁ QUE *proposição p [Arg.]*

Usando o conector JÁ QUE, o locutor diz reconhecer que as asserções sonhadas (p) são todas semanticamente sem sentido, isto é, por definição, desprovidas de valor de verdade no mundo de referência. Em outros termos, o discurso descritor de Ylla K. apresenta-se como submetido a uma lógica ficcional emancipada das coerções lógicas do mundo marciano de referência.

As estruturas periódicas concessivas se destacam amplamente nesse diálogo. Elas articulam ou os encadeamentos de intervenções ou a estrutura interna de certas intervenções.

[B3] – Ridículo; um gigante, um gigante monstruoso.
[A4] – NO ENTANTO, disse ela, escolhendo as palavras. Ele tinha o ar normal, APESAR da sua altura.

Em A4, a argumentação concessiva – que opera a inversão de uma conclusão esperada e, aliás, escolhida por Mr. K. – está, ao mesmo tempo, na base do encadeamento B3-A4 e da estrutura interna de A4. O conector concessivo NO ENTANTO é responsável pela articulação das intervenções:

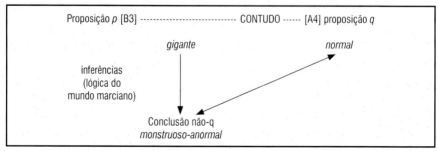

O conector concessivo APESAR estrutura também sob a forma de períodos o conteúdo proposicional do encadeamento da intervenção A4.

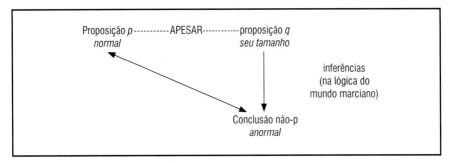

O encadeamento B5-A6 tem como base o mesmo movimento argumentativo concessivo:

[B5] – Escolhi a cor mais improvável, ele respondeu friamente.
[A6] – É, NO ENTANTO, verdade. Eles eram negros!

A propriedade descritiva p (*ter os cabelos negros*) é definida, na lógica do mundo marciano de referência como uma proposição contrafactual (*a cor mais improvável*). O conector concessivo NO ENTANTO reconhece a clareza dessa primeira inferência também salientando que, no mundo do sonho (lógica ficcional), ela é, porém, verdadeira-possível (como, de resto, o encadeamento das *Chroniques martiennes* não vai demorar a provar):

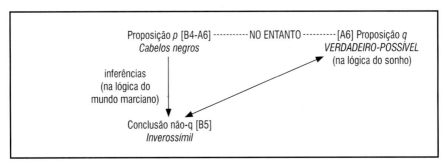

A estrutura periódica das respostas A8 e A11 é mais simples: enquanto uma proposição descritiva de conteúdo p deveria levar a uma conclusão de tipo não-q, é o conteúdo q que é afirmado:

Textos: tipos e protótipos

[A8] – Que homem estranho... E, NO ENTANTO, tão bonito!
[A11] – [...] Ele usava também uma outra língua E, NO ENTANTO, eu o compreendia.

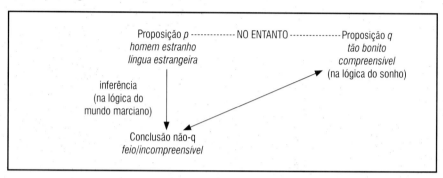

Esse exemplo romanesco permite ver como uma estruturação composicional dialogal (plano A2 de organização) é localmente estruturada por períodos concessivos que problematizam as proposições descritivas e fazem afastar qualquer possiblidade de as encadear linearmente numa sequência descritiva unificada canônica. A descrição inadmissível evidencia-se sob o impacto da organização periódica local em um conflito interno nas intervenções de Ylla K. (A), por um lado, e nas trocas interacionais dos dois personagens, por outro. A estrutura composicional dialogal é posta em evidência pela segmentação tipográfica em turnos de fala muito pouco interrompidos pelo discurso citante da voz narrativa. Apesar de sua quantidade, os microencadeamentos concessivos não desembocam, no entanto, numa composição sequencial argumentativa.

A INSCRIÇÃO DO DIÁLOGO NA NARRATIVA

Heterogeneidade e integração do discurso representado

A inserção de diálogos sempre causou problemas aos escritores – problemas técnicos e estéticos. Umberto Eco, porém, especialista em narratologia e em semiótica, se expressa nos termos seguintes na sua *Apostille au Nom de la rose*:

> As conversações me causavam grandes problemas que resolvi escrevendo-as. É uma temática pouco discutida pelos teóricos da narratividade, que é a dos turnos auxiliares, isto é, os artifícios graças aos quais o narrador passa

O protótipo da sequência dialogal

a palavra aos diferentes personagens. [...] É um problema de estilo, um problema ideológico, um problema de "poesia", tanto quanto a escolha de uma rima, de uma assonância ou a introdução de um paragrama. Trata-se de encontrar certa coerência. (Eco, 1985: 37 e 39)

Em "Conversação e subconversação" (1956), Natalie Saraute examina também essa "convenção embaraçante". Os casos de extremo domínio do diálogo que ela cita (Ivy Compton-Burmett e Hemingway) não são, contudo, inteiramente inovações e devem ser completados pelos de Gyp, de Abel Hermant, pelas 350 páginas de puro diálogo de *Jean Barois*, de Roger Martin du Gard, e pelas 500 páginas de perguntas e repostas de *L'Inquisitoire*, de Robert Pinget. Como ressalta Nathalie Sarraute, casos como esses aproximam-se mais do teatro do que do gênero romanesco. No outro extremo, intervindo nos diálogos e recorrendo à análise, a tentativa proustiana é mais especificamente romanesca. Ela traz aos leitores "o que eles têm o direito de esperar do romancista: um aumento de sua experiência não em extensão (o que lhes é dado melhor, e de modo mais eficiente, pelo documento e pela reportagem), mas em profundidade." (Sarraute, 1956). A invenção dos *Tropismos* consistirá "em mergulhar o leitor nas ondas daqueles dramas subterrâneos que Proust não teve tempo de sobrevoar". A subconversação aqui evocada já existe como semente na obra de Henry James.

Por trás da questão relativa à inserção do diálogo no corpo de uma narrativa, existe a pergunta concernente aos discursos relatados: direto, indireto, indireto livre e discurso narrativizado. Essa questão foi objeto de uma literatura bastante abundante, de forma que não a desenvolvo aqui. Lembremos que, de nosso ponto de vista, duas perguntas se colocam. A do efeito de dominância da narrativa sobre o diálogo, no caso do discurso indireto, do indireto livre e do narrativizado. Apenas o discurso direto mantém certa autonomia. A inserção é assegurada pelos verbos atributivos geralmente utilizados. Permanece ainda a questão do grau de desenvolvimento das sequências dialogais. A forma do diálogo dominante puxa o romance para o teatro, a forma da narrativa dominante tem como resultado sequências truncadas, das quais o pequeno trecho de *Madame Bovary* citado anteriormente (página 216) é um exemplo típico: a resposta de Charles Bovary à pergunta apresentada pela criança é narrativizada ("Sobre a resposta de Charles") e as palavras da criança passam do discurso direto no manuscrito escrito pelo próprio Flaubert ("Há bastante tempo que eu o espero, acrescentou ele, Sinhazinha Emma me mandou esperá-lo, logo que Borel voltou. É que o nosso Senhor está sofrendo muito, ele xinga desbragadamente") em um estilo indireto livre, que neutraliza as marcas de oralidade e ressalta somente, com os itálicos, a palavra de outrem. A decisão de transformar o discurso de um personagem, fazendo-o passar de um primeiro plano (sequência dialogal completa ou truncada) a um segundo plano, é uma decisão genética significativa. Podemos formular aqui a hipótese de uma escolha para não dar importância a um personagem secundário. A narração continua concentrada num Charles silencioso.

Retorno a "O Lobo e O Cordeiro", de La Fontaine

A título de exemplo de inscrição de um diálogo em uma narrativa, retornemos à fábula de La Fontaine cuja análise narrativa, no fim do capítulo "O protótipo da sequência narrativa", só poderia ser considerada insuficiente. Desenvolvendo a análise sequencial desse diálogo, completo, então, ao mesmo tempo, a análise narrativa do capítulo "O protótipo da sequência narrativa" e a reflexão geral sobre os tipos de diálogo.

[L1] – [1] O que te faz assim tão ousado a ponto de turvar a minha
beberagem?
Diz esse animal cheio de raiva.
[2] Tu serás castigado por tua audácia.
[A1] – [3] Senhor, responde o Cordeiro, que Vossa Majestade
Não se aborreça,
[4] Mas antes de considerar
Que eu vou saciar minha sede
Na corrente,
Mais de vinte passam por cima dEla
[5] E, consequentemente, de algum modo,
Eu não turvei, de resto, sua água.
[L2] – [6] Tu a turvaste, repreende aquele bicho cruel
[7] E eu sei que, a mim, tu maldisseste ano passado.
[A2] – [8] Como eu teria feito isso se eu nem existia ainda?
Replica o Cordeiro, [9] eu ainda mamava na minha mãe.

O protótipo da sequência dialogal

[L3] – [10] Se não era tu, era então teu irmão.

[A3] – [11] Eu nem tinha apontado ainda. [L4] – [12] Era, então, qualquer um dos teus.

[13] Porque o senhor não me poupa,

Nem o senhor, nem seus pastores nem seus cães.

[14] Disseram a mim: [15] é preciso que eu me vingue.

Pouco se falou da fábula de La Fontaine quando se descreveu simplesmente sua estrutura narrativa. Nada se disse do humor ácido da moral, transposição irônica do modelo latino do fabulista: "Esta fábula é escrita contra aqueles que, sob pretextos inventados, oprimem os inocentes" (Fedra). Pode-se falar de ironia, na medida em que o que a fábula "mostra" é tão imenso que não se pode tomar a moral proposta somente no primeiro nível.

A análise do diálogo mostra um não respeito ao modelo prototípico: nenhuma sequência fática de abertura e de fechamento. O diálogo é imediatamente dado na sua fase transacional. Duas explicações podem ser apresentadas: uma lei de economia ligada ao gênero narrativo da fábula, mas podemos também considerar que a violência da interação torna totalmente inútil qualquer atitude fática ritual. A violência é justamente a negação dos princípios de cuidado com o outro e de consenso que presidem os rituais fáticos.

O corpo da interação é bastante complexo. O Lobo abre e fecha a transação (L1 e L4), o que prova que ele domina tomando a iniciativa e tendo a última palavra.

A primeira intervenção do Lobo (L1) dá o tom: ele faz primeiramente uma pergunta [1], depois profere uma ameaça [2], que anuncia o fim da interação, uma vez que o Cordeiro é bem "castigado por sua temeridade" no fim do texto. Esse encadeamento *Pergunta + Ameaça* incita-nos a rever a natureza interrogativa da pergunta inicial: não seria uma falsa pergunta para prometer ao Lobo afirmar, por pressuposição, um fato e concluir disso uma promessa de castigo?

A longa interação (A1) do Cordeiro constitui uma espécie de resposta argumentada à pergunta feita: na realidade, mais do que uma resposta a uma falsa pergunta, o objetivo do Cordeiro apresenta-se como uma verdadeira empreitada de refutação dos pressupostos da pergunta inicial. De fato, quando a pergunta se refere à "audácia" – "temeridade" do Cordeiro, ela pressupõe,

|247|

como um fato dado, que este último tenha vindo turvar a água do Lobo. O movimento argumentativo das palavras do Cordeiro é o seguinte:

[3] Preparação, reenquadramento da interação
[4] MAS: exposição de um fato físico (dado irrefutável)
[5] CONSEQUENTEMENTE (Conclusão): negação do pressuposto: "eu não posso turvar"

Podemos dizer que o Cordeiro reenquadra a interação, propondo ao Lobo passar da violência ("não ficar com ódio") ao arrazoado ("que ele considere"). Perelman mostrou que a decisão de argumentar é renunciar à força. O Cordeiro deve recorrer à fala argumentativa – ao diálogo dialético, buscando as provas, afirmando a verdade e denunciando-demonstrando a falsidade – para tentar bloquear a violência inicial. Com relação ao Lobo que enceta, com a falsa pergunta, um "falso" diálogo – um diálogo erístico[4] –, o Cordeiro entra numa empreitada de convicção (é, evidentemente, sua única arma).

A intervenção L2 do Lobo confirma que o diálogo no qual ele se engajou é um diálogo erístico. A asserção [6] vem justamente reafirmar o pressuposto da questão inicial, reduzindo a nada todas as objeções do Cordeiro. Aos próprios fatos, demonstrados pelo Cordeiro, opõe-se um outro fato, este não demonstrado. O Lobo prossegue, contudo, sua argumentação erística. A cláusula anotada assinalada como [7] é uma acusação que aparece como uma segunda razão para colocar a ameaça [2] em execução.

A réplica A2 do Cordeiro [8] e [9] vem contestar, por um fato objetivo, o pressuposto da asserção [7] do Lobo. A intervenção seguinte do Lobo (L3) parece aceitar a objeção do Cordeiro e corrigi-la [10]. O Cordeiro replica, por sua vez (A3), de acordo com a mesma dialética de refutação dos pressupostos [11].

O mecanismo dos encadeamentos não pode ser descrito simplesmente em termos de Pergunta>Reposta, considerado anteriormente. Se a pergunta aparece como a mais evidente das aberturas de uma troca e a resposta, como a componente reativa do par, é necessário notar que uma asserção permite também tomar a iniciativa e abrir uma troca. Uma asserção coloca

---

[4] Erístico vem de "éris", que significa disputa. Protágoras é tido como o criador dessa arte da controvérsia, cara aos sofistas, que permitia fazer triunfar o absurdo e o falso.

um fato, um dado, uma tese que o interlocutor deve admitir ou recusar. Uma troca é, então, claramente aberta tanto por um ato interlocutivo de interrogação quanto por um ato de asserção. Além do mais, o valor ilocutório de uma cláusula pode ser em aparência assertivo ou interrogativo e visar de fato a uma ação completamente diferente: as reprovações formuladas pelo Lobo tomam assim, na superfície, o aspecto de uma interrogação [1] ou de uma simples asserção [7].

A natureza erística do diálogo escolhido pelo Lobo é evidente até o fim: trata-se de colocar o adversário em dificuldade *o que quer que ele diga*. As premissas-pressupostos não desempenham um papel importante no diálogo erístico. O Cordeiro, de sua parte, tem razão em procurar situar a interação num outro tipo de diálogo, pois no caso dos diálogos dialético e crítico dos Antigos – conhecidos, evidentemente, por La Fontaine –, o papel das premissas é importante e a adesão dos interlocutores é indispensável. O fato de o Lobo não se preocupar com isso materializa bem sua ótica erística. Como assinala Gilbert Dispaux: "Comprometendo-nos a dialogar, manifestamos estar dispostos a obter um acordo, mesmo que seja parcial. Se essa vontade é ausente, a relação dialética esgota-se no jogo-espetáculo do diálogo erístico" (1984: 55).

A maneira pela qual o Lobo vai encerrar a interação é a mesma de antes: passagem da responsabilidade direta do Cordeiro [7] à de seu irmão [10] e, em seguida, de sua família [12] e mais amplamente de sua classe ou de seu clã ("vós"). O último argumento é conduzido por PORQUE [13] e é o que enuncia de forma mais clara as razões do Lobo: um enfrentamento que Louis Marin (1986) mostrou ser o do mundo da natureza (o do Lobo) e do mundo da cultura (o do Cordeiro, dos cachorros e dos pastores). Esses dois mundos não obedecem às mesmas leis.

Na minha opinião, se a moral ironiza, é para interrogar a ordem do mundo: o artifício da argumentação ou a paródia de processo que revela o diálogo erístico prova que nós vivemos num universo de barbárie ainda não regulado pela fala.

É necessário ainda salientar a estranha cláusula [14], que parece relativizar a única razão justa do Lobo. Passando de uma evidência natural que poderia justificar o seu ato [15] a um "disseram", o Lobo prova que nem mesmo ele foi diretamente vítima da agressão apresentada em [13]. O edifício dialético se desmonta totalmente para que vença somente o sofisma erístico.

Textos: tipos e protótipos

Perguntas a respeito de um plágio paródico de Érik Orsenna

A fábula de La Fontaine, cuja análise acabamos de ler, foi parodiada e plagiada bastante pontualmente, e sutilmente, para que o procedimento seja pouco reconhecível.[5] Esse fato, de fraca amplitude e muito engraçado, não mereceria atenção caso não colocasse dois problemas. Primeiramente, a generalização do plágio assumido e banalizado por pessoas públicas, como o jornalista Patrick Poivre-d'Arvor (plagiando uma obra sobre Faulkner); o ex-ministro alemão da Defesa, Karl-Thodor zu Guttenberg (cuja tese de Direito Comparado se revelou escrita por montagem de citações não assinadas). O que eu achei engraçado no plágio parodístico de Orsenna tornou-se um problema ético e cultural de amplitude muito grande para não ser colocado em evidência e denunciar o fato de que ninguém o havia assinalado de modo algum. A outra questão, importante aos meus olhos, é a de elaborar uma crítica ao ensino da gramática francesa, muito legítima, recorrendo a um estudo de teoria linguística, a um discurso técnico por definição e de forma nenhuma destinado aos alunos. Não é impossível que o texto visado não seja a edição precedente da obra, porém uma cópia difundida num contexto de formação de professores que aparece no capítulo XV, transformando os estágios pedagógicos em campos de correção. É incontestavelmente engraçado, mas o que objetiva esse riso, a questão do ensino da língua e da necessária reflexão sobre a linguagem, é uma questão séria demais para deixá-la à raiva panfletária – o humor e o talento da pluma não desculpando tudo – de um "Imortal" da Academia Francesa.

O capítulo XV da fábula de Orsenna pratica um uso bastante paradoxal em relação aos outros discursos. As últimas páginas (97-98) citam entre aspas as definições da aposição e do valor dos tempos verbais, e os referenciam em notas de rodapé (ver os *Programmes et accompagnement* do ministro francês da Educação Nacional, 1999, página 55, para as turmas de sexta série do sistema francês). Em contrapartida, o início do capítulo, página 94 a 96, não coloca entre aspas introdutoras de citação e não dá a referência dos trechos das páginas 69, 165 e 167 da primeira edição da obra, que destaco adiante em negrito. O plágio foi elaborado por alguém muito pouco informado para que um erro aconteça no texto. Trabalho de

---

[5] O único leitor que o percebeu, ou pelo menos o único que o disse publicamente, foi Jean-François Jeandillou, fino detector desse tipo de procedimento parodístico. Tomei o cuidado de não falar a respeito, mas, depois dessa publicidade, sou obrigado a tomar minimamente uma posição.

um "negro" de Orsenna ou traço do documento fabricado a partir de minha análise num contexto de formação dos professores? A técnica é próxima daquilo que fazem alunos e estudantes: não citar continuamente e trazer modificações locais.

No corredor, uma voz.
Uma voz de antes do naufrágio.
Uma voz que eu reconhecia entre todas.
"A análise do diálogo entre o lobo e o cordeiro **mostra um não respeito ao modelo prototípico: nenhuma sequência fática de abertura ou de fechamento"** [*p. 165; aqui mesmo p. 247*]
Eu tapava os meus ouvidos, mas a voz escorregava entre meus dedos, como uma cobra gelada.
"As premissas-pressupostos não desempenham nenhum papel na argumentação **erística** escolhida pelo lobo. [*página 167; aqui mesmo p. 249*]
Impossível fugir, a polícia me segurava pelos ombros.
— Pronto, ele me disse. Chegamos. É a porta da tua sala de aula. Até de noite. [...]
[...] E Madame Jargonos retomou a aula. Sua canção incompreensível:
— Pelo "disseram-me" do verso 26, **o edifício dialético se desmonta** totalmente **para que vença somente a sofística** do lobo. Passemos agora ao fim da fábula: (*página 167: aqui mesmo p. 249*)
Lá em cima, no fundo da floresta (27)
O lobo o leva e depois o come, (28)
Sem mais delongas. (29)
Os versos de 27 a 29 são constituídos por duas proposições narrativas que têm por agente S2 (o lobo) **e por paciente S1** (o cordeiro), **os predicados levar/comer** sendo **completados por uma localização espacial** (floresta). Nessa frase narrativa final, **a falta (fome de S2), introduzida** desde o início **como desencadeador-complicador, encontra-se** elipticamente **resolvida.** Vocês têm perguntas? [páginas 69; *aqui mesmo p. 142.*]

Reconheço que gostei de ter lido, durante o verão de 2003, *La Grammaire est une chanson douce* e ter preferido a Mademoiselle Laurencin, a professora com o bonito sobrenome que lembra Apollinaire, à terrível Madame Jargonos, a quem meus escritos permitiram parcialmente reforçar o discurso. Gostei da relação estabelecida entre a língua e a música sob a figura tutelar de Henri Salvador. Gostei da imagem final dos escritores mortos mantidos vivos pelas palavras e frases que eles escreveram, mesmo que os vejamos perfilarem-se grosseiramente por detrás do fantasma do "imortal". Compartilho totalmente a crítica a um discurso pedagógico que confundiria pesquisa e ensino, mimetismo e assimilação de um pensamento. Esse plágio é, para mim, uma boa oportunidade de ressaltar que o que escrevo não é diretamente voltado para o ensino. O trabalho dos didatas é precisamente o de *transpor* os trabalhos de pesquisa universitária, e essa operação tem a ver com sua responsabilidade enunciativa. Querer transformar crianças em pequenos Jargonos seria tão absurdo que a questão nem me passa pela cabeça. Em contrapartida, fazer com que as crianças reflitam sobre a língua e os textos, sobre as questões de linguagem, é uma obrigação da escola onde todos os aprendizados não podem ser "doce canção". É no trabalho de transposição didática que aparece o dever de imaginar, entre Laurencin e Jargonos, um compromisso que articula exigências de formação do pensamento e coerções da pedagogia. No lugar de dividirem de forma binária os bonzinhos e os maus em Laurencin e Jargonos, em "apaixonados fervorosos" e "sábios austeros", para retomar o celebre primeiro verso dos gatos, é o amor *à* língua e *às* línguas que deve animar a pesquisa, a formação inicial e contínua dos professores, assim como o próprio ensino.

A paródia do início do capítulo xv do livro de Orsenna trata menos de gramática do que de análise narrativa dos textos e, paradoxalmente, dos saberes herdados da retórica e da filosofia clássica ("dialética", "sofística", "erística"). Em contrapartida, a tese geral do livro é ambígua. Pelo intertexto que o título mobiliza, devemos ler: "*A gramática é uma doce melodia... que me cantava minha mãe*". Essa imagem da língua materna é lindamente nostálgica, somente isso. A ideologia veiculada pelo acadêmico induz a uma confusão entre gramática e língua materna. A gramática é uma construção teórica dos gramáticos desde Panini até os linguistas contemporâneos. A gramática não expressa o aspecto natural da língua, ela constrói uma teoria, categoriza as unidades em "partes do discurso" formais. O termo "conjunções" não é mais evidente do que "conectores". A ilusão mantida pela fábula de Orsenna, de maneira reacionária, é que a gramática da nossa infância é a boa, a verdadeira, a doce, a materna. Há aí um "efeito Petit Nicolas" bem conhecido: a tendência a idealizar o passado. Vejo, aí, uma negação do trabalho dos (verdadeiros) escritores e dos gramáticos e linguistas que trabalham, uns explorando e transformando a língua, outros explorando e compreendendo os mecanismos dessas transformações infinitas.

Quando a pedagogia ridiculariza os conhecimentos e não vai ao encontro das necessidades das crianças, eu a combato como Orsenna, e só posso lamentar o fato de os meus próprios trabalhos servirem a objetivos tão ambíguos.

DISCURSO PROCEDURAL E OUTROS GÊNEROS DE INCITAÇÃO À AÇÃO

Por que eu não chamo de arbitrárias as regras da cozinha e por que eu sou tentado a chamar de arbitrárias as da gramática? Porque a "cozinha" é definida pelos fins que ela persegue, ao passo que o "falar" não é. É porque o emprego da linguagem é autônomo em certo sentido, sentido no qual a cozinha ou a lavagem não são. Cozinhando segundo outras regras, distintas das regras corretas, você cozinha mal; mas, jogando de acordo com outras regras diferentes das do xadrez, você joga um outro jogo; e, falando de outras regras gramaticais diferentes destas ou daquelas, você não fala propriamente delas, você fala de outra coisa.

Ludwig Wittgenstein, *Fiches*, Paris, Gallimard, §320, 1970: 90

FLUTUAÇÕES NA CATEGORIZAÇÃO

A maioria das classificações tipológicas dá lugar a três grandes grupos que vão dos textos injuntivos e procedurais às diferentes formas de conselhos. Nos trabalhos anteriores (particularmente, Adam 1987: 65-68), seguindo as proposições tipológicas de Werlich e de Longacre, eu mesmo considerei a receita culinária, a instrução de montagem, as ordens, os regulamentos, as regras de jogo, os guias de viagem, o horóscopo e mesmo a profecia e até o boletim meteorológico como representantes de um tipo de texto. Em 1992, na primeira edição da presente obra, eu abandonei essa hipótese e insisti na importância da descrição em seus planos de textos: listagem dos ingredientes das receitas ou elementos dispersos das instruções de montagem; descrição das ações para ações futuras a serem realizadas.

Para voltar a esse ponto, escolhi reservar o último capítulo a esta questão, começando pela falta de convergência das proposições existentes.[1]

---

[1] Este capítulo é uma síntese dos meus artigos de números 141 de *Langages* (Adam, 2001a) e 111-112 de *Pratiques* (Adam, 2001b), volumes muito interessantes consagrados, respectivamente, aos "Discursos procedurais" e aos "Textos de instruções".

Egon Werlich (1975) distingue cuidadosamente o arranjo temporal das ações e dos eventos reais ou imaginários próprios da narrativa do arranjo das instruções-prescrições, que visam ao comportamento esperado do destinatário, e até do próprio locutor. Enquanto a narrativa relata as ações, as instruções-prescrições incitam diretamente à ação. Em torno de um processo cognitivo comum – a capacidade de fazer planos –, o autor agrupa as receitas, os manuais e as instruções de montagem, o sermão, os artigos de lei, o contrato e a oração.

Algirdas Julien Greimas (1983: 157-169) reconhece, no discurso procedural, um programador competente que transfere um conhecimento para um realizador a quem se recomenda seguir escrupulosamente as indicações dadas nas fases ou etapas sucessivas de um processo a ser executado. O autor classifica, na "subclasse do discurso que se apresenta como *manifestação de competência atualizada*, anteriormente à sua realização" (1983: 160), *as receitas de cozinha, as partituras musicais* e *as plantas dos arquitetos.*

Horst Isenberg (1984) classifica as instruções de montagem em um tipo chamado de "ergotrope", incluindo com exemplos a *carta comercial*, a *reportagem, a lição.* A razão desse estranho agrupamento deve-se ao fato de que esses textos visam totalmente ao domínio de uma problemática objetiva e de alguma eficácia objetiva.

Bice Mortara Garavelli (1988: 157-168) classifica numa categoria de textos reguladores ("*testi regolativi*") os textos que visam regular um comportamento (imediato, habitual ou não) de um destinatário, indivíduo ou grupo, presente ou ausente, determinado ou não. A autora integra nessa categoria as instruções de uso, as *receitas* e todas as formas de *manuais* em geral, os *textos jurídicos* (códigos, leis, decretos, regulamentos), os *manuais de etiquetas*, a *propaganda política e comercial*, bem como diversos tipos de *memorandos* (agendas pessoais, convites).

Heinz-Helmut Lüger (1995: 147-151), em um estudo da imprensa alemã, classifica as instruções de uso ("*Handlungsanleitungen*") e os conselhos ("*Ratgebungen*") em uma categoria de "*instruirend-anwei-send Text*", que corresponde muito bem à categoria de textos de conselho que invadem cada vez mais a imprensa contemporânea (e não só as revistas femininas).

Várias questões se colocam. As regularidades microlinguísticas observadas são numerosas demais para constituir "um tipo de texto", malgrado as diferenças das práticas discursivas em jogo? Essas regularidades microlinguísticas se traduzem por regularidades sequenciais comparáveis às que observamos no caso das sequências narrativas, descritivas, explicativas e argumentativas (que lembro se tratarem de microunidades de composição textual)? Ou se trata de regularidades impostas de um nível superior (gêneros discursivos de uma formação social e ações linguageiras realizadas)? Em outros termos, essas regularidades microlinguísticas não são diretamente determinadas pelos dados da interação sociodiscursiva? Entre o procedural (receitas, manuais e instruções de montagem), o injuntivo (conselhos, regulamentos, regras de jogo, manuais de etiqueta) e todas as categorias que têm a ver com conselho (do horóscopo aos conselhos de beleza, do modo de preencher sua declaração de imposto aos conselhos que se encontram nas revistas), as diferenças não são menos importantes que as semelhanças? Tantas perguntas não são passíveis de respostas sem um quadro epistemológico adaptado à complexidade dos problemas apresentados.

Os textos que entram nessa vasta e confusa categoria são decididamente factuais e todos visam a uma finalidade prática (mesmo o horóscopo, que se aproxima mais do conselho do que da programação). Esses textos são destinados a facilitar e a guiar a realização de uma tarefa ou macroação do sujeito que a deseja ou que é responsável por fazê-la. A presença de um léxico relevante de um domínio especializado se explica pela precisão pretendida e pelo fato de que o universo de referência é comum ao produtor e ao leitor-destinatário. Os conhecimentos de mundo, os *scripts*, um léxico e uma série de unidades fraseológicas são, portanto, compartilhados.

A grande característica desses textos é a presença massiva de predicados de ação: da proibição da ação ("Proibido fumar") à injunção para agir de maneira procedural (toque a campainha e entre), passando pela representação de ações sucessivas e de protocolos de ação. Essas ações estão no infinitivo, no imperativo, no futuro ou no presente. Devido à densidade dos predicados de ação, esses textos incluem muitos organizadores e advérbios temporais (especificando a sucessão e/ou a duração das operações ou suboperações) bem como organizadores e advérbios locativos (principalmente os guias de viagem, de passeio, de excursão, mas também manuais para indicar a parte precisa de um objeto sobre o qual uma operação deve ser realizada). Encontramos, por outro lado, poucos conectores argumentativos e muito menos ainda concessivos. O caráter obrigatório e o grau de restrição de atos de discursos imperativos variam de um gênero a outro: a liberdade de não seguir a injunção-recomendação é muito baixa para todos os gêneros reguladores (instruções e regulamentos), muito alta para os conselhos e outros horóscopos, média para os gêneros procedurais (receitas, guias, instruções de montagem). Como veremos, se o sujeito da enunciação é frequentemente apagado, em contrapartida, o lugar do destinatário é solicitado, mas fica vazio, sob a forma de um simples pronome pessoal de segunda pessoa na maior parte das vezes; ele é destinado a ser ocupado pelo próprio leitor, chamado a se tornar sujeito-agente. O aspecto enunciativo mais importante é certamente este lugar deixado livre, esperando uma ocupação implicada pelo imperativo, apagada pelo emprego do infinitivo em que a ação fica à espera de um tempo e de um sujeito, isto é, de uma atualização.

Essa grande unificação pelo tema-tópico e pelo ato de discurso explica a homogeneidade pragmático-semântica e até mesmo o verbo-visual dos diferentes gêneros de incitação à ação. As formas linguísticas observáveis são impostas, a partir de um nível mais alto que o da sequência, pelos gêneros discursivos de uma formação social e pelas ações linguageiras realizadas. Em outros termos, essas regularidades são diretamente determinadas pelos dados da interação sociodiscursiva (parte superior do Esquema 1 da página 35 e níveis N6, N7 e N8).

Os gêneros discursivos seguintes (os textos numerados como T remetem aos exemplos que seguem) apresentam, em graus diferentes, esses tipos de regularidades:

- Enunciados injuntivos, textos de lei, instruções e regulamentos (laicos ou religiosos) [T1 a T4, T8].
- Instruções de montagem.
- Regra de jogo.
- Títulos das mídias (revistas, jornais, rádio e televisão) [T9, T11, T12, T14] e obras de ensinamento moral, de educação, de saúde etc. [T10].
- Receitas de cozinha (desde o livro de um grande *chef* até a simples indicação sobre a embalagem de um produto [T25], passando pelas receitas culinárias das revistas) [T20, T21, T23, T24].
- Guias de itinerários (de trilha, de alpinismo, de visita turística a um lugar cultural ou natural) sob a forma de formulário [T22, T26] ou de livro [T27].
- Receitas médicas e farmacêuticas [T18].
- Didascálias teatrais dando instruções de montagem e de encenação dos atores.
- Manuais ou fichas de bricolagem, jardinagem, adestramento etc. [T5, T6, T7, T15].
- Modos de funcionamento e manuais de utilização (instruções explicativas) de produtos, máquinas, aparelhos, softwares etc. [T16, T17].
- Manuais de precaução de uso e manutenção.
- Manuais de regra de conduta e de etiqueta.

Discurso procedural e outros gêneros de incitação à ação

- Manuais de procedimento (farmácia e química).
- Promessas eleitorais (promessas de fazer) e publicitárias [T13].
- Horóscopos [T19].

Podemos considerar todas essas formas discursivas como gêneros, na medida em que eles se originam das "esferas de atividade humana" que, como o diz Bakhtin, elaboraram, no curso de seu desenvolvimento e de sua complexificação, formas genéricas que vão se diferenciando, complexificando-se e multiplicando-se. Isso é verdade tanto para as receitas de cozinha quanto para as guias de itinerários ou para os conselhos, que seguiram uma evolução paralela à do turismo de massa, da prática das trilhas, da escalada e do alpinismo ou do jornalismo. Poderíamos dizer a mesma coisa dos guias de viagem, dos manuais de autoinformação (*manuels d'autoformation**) e das bulas de remédio.

Alguns autores, como Algirdas Julien Greimas (1983) ou Robert Bouchard, consideram um texto de incitação à ação do tipo receita de cozinha como uma espécie de narrativa.

> [...] Sequencialmente [os gêneros narrativos] dão a ler uma sucessão de eventos relacionados, transformando uma realidade em uma outra.
>
> Desse ponto de vista, as instruções de uso, a receita, pertencem perfeitamente ao discurso narrativo, mas a um discurso narrativo funcionalmente particular, proativo. (Bouchard, 1991: 51)

Essa confusão é engendrada pela presença de predicados de ação e de uma temporalidade. Uma definição menos fina de narrativa do que aquela que colocamos no capítulo "O protótipo da sequência narrativa" leva a considerar todas as transformações de um estado inicial a um estado de chegada como um movimento narrativo. Esquece-se de uma diferença fundamental: os textos procedurais ou programadores não envolvem nenhuma reflexão sobre o agir humano e sobre a inscrição do homem no tempo. Para assimilar receita e narrativa, é necessário, além disso, negligenciar a importância do valor ilocucionário dos verbos utilizados (infinitivo no modo imperativo, imperativo ou futuro prediti-

---

* N. T.: O mais próximo, em português brasileiro, para este gênero, talvez sejam os *manuais didáticos* ou *pedagógicos*. Em francês, os *manuels d'autoformation* são um tipo de guia informativo técnico, por exemplo, instruindo farmacêuticos sobre como ajudar fumantes a parar de fumar, ou relatando experiências para professores de língua sobre que escolhas metodológicas podem ser mais acertadas, ou ainda contendo informações que compõem um módulo de um curso técnico etc.

vo) e a força explicitamente diretiva dos textos de incitação à ação. O valor diretivo das narrativas é, por outro lado, indireto. Quando é localizado nas morais explícitas das fábulas ou nas "moralidades" dos contos de Perrault, por exemplo, está manifestamente fora da narrativa e dentro de uma forma genérica diferente. Enquanto as narrativas produzem um sentido sempre a ser interpretado, os textos de incitação à ação devem somente ser entendidos. Eles ajudam, facilitam e guiam a realização de uma tarefa problematizada pelos manuais e instruções procedurais, todos ocorrendo em uma temporalidade linear, simplificada. Como esquecer, além disso, o caráter exclusivamente factual e prático desses textos informativos orientados para o futuro de uma realização? A narrativa, por outro lado, apresenta a particularidade de poder ser mais ficcional do que factual e, com exceção do caso da reportagem, de ser voltada para o passado.

Em comparação com o desenvolvimento da narratologia, a falta de interesse teórico que concerne aos textos de incitação à ação pode surpreender, uma vez que sua presença no discurso religioso poderia, por si mesma, justificar o estudo. As religiões se expressam, com efeito, tanto por grandes narrativas quanto por seus preceitos, princípios e recomendações. Assim, para tomarmos apenas um exemplo, os capítulos do Corão, vejamos:

T1   Ó humanos! Oremos a Deus, que vos criou e aos vossos antepassados, a fim de que pudésseis ficar longe de todo tipo de mal. (Surata Bakara, versículo 21)

T2   Faz corretamente a namaz (oração) que protege dos males. (Surata Ankebut, versículo 45.)

T3   Eu vos ordenei jejuar como vossos antepassados, para o vosso próprio benefício. (Surata Bakara, versículo 183)

T4   Então seja honesto, como lhe foi prescrito. (Surata Hud, versículo 112)

Além dos imperativos da prescrição, as recomendações e as injunções religiosas se lexicalizam em verbos como "ordenar" (T3) ou "prescrever" (T4).

Para tomar um outro exemplo da importância sociocultural desses gêneros, examinemos um dos monumentos da tradição latina: as *Geórgicas*, de Virgílio. Esse longo poema descritivo se apresenta como uma sucessão de elogios ao trabalho do campo, mas esse discurso epidítico passa por uma sucessão de fragmentos de incitação direta ou indireta à ação. Como o verbo *loër* (*louvar*) do francês antigo o confirma: se *laudare* é derivada de *laus/laudis*, do latim (elogio, louvor, mérito, glória) e se *laudatio* designa o apelo dirigido à morte por ocasião de um elogio fúnebre, entre os séculos XI e XVI, *"louer"* ("louvar") tinha também o sentido de "aconselhar". É verdade que fazer epiditicamente os louvores a alguém – ou como Virgílio nos trabalhos do campo – é glorificar os valores e, por conseguinte, aconselhar e incitar um auditório a seguir esses valores coletivos e a agir nesse sentido.

A Canção II das *Geórgicas* explica a técnica do enxerto por um tipo de instrução:

T5   Não é apenas um modo de enxerto por incisão ou por mudas. Pois no lugar onde botões saem do meio da casca e furam as finas camadas, faz-se no próprio nó um corte estreito e introduz-se aí um broto de uma árvore estranha, que aprende a se desenvolver no caule úmido. Ou, então, ao contrário, faz-se uma incisão nos troncos sem nós e, com cunhas, faz-se na própria madeira uma abertura profunda e introduz-se aí a muda que deve fecundá-la; em pouco tempo, uma grande árvore com ramos férteis ergue-se para o céu e fica surpresa ao ver sua nova folhagem e seus frutos que não são dela. (versos 73-82; tradução [para o francês] de Maurice Rat, GF-Flammarion, 1967: 117)

Apesar da falta de imperativos ou de infinitivos de valor injuntivo, essa sequência de ações diz como fazer para realizar um corte. Encontramos mais canonicamente, na Canção IV, as recomendações (um "conselho" seguido de injunções no infinitivo, no futuro e no imperativo) sobre os cuidados para se tratar uma colmeia doente:

T6   Se as abelhas (porque a vida delas é sujeita aos mesmos acidentes que a nossa) são acometidas de um triste mal que as faz padecer [...]. Eu te aconselho a queimar na colmeia alguns ramos de gálbano e introduzir mel com bulbos de junco, estimulando, provocando, assim, as abelhas estressadas a tomar seu alimento familiar. É bom também adicionar a isso noz-de-galha colhida, que é muito saborosa, rosas secas, vinho doce reduzido no calor do fogo, uvas passas secadas ao sol, tomilho de Cécrope e centáureas de forte odor. Também há nas pradarias uma flor, que os cultivadores chamam de cinerária, e que é uma planta fácil de encontrar: porque, de um único torrão, cresce uma enorme floresta de talos, e a flor é de ouro. [...]. Os pastores as colhem nos vales, perto das águas sinuosas do Mella. Cozinhe as raízes dessa planta em Baco carregado de temperos [vinho aromatizado] e coloque, nas portas das colmeias, cestas cheias dessa pasta. (Ch. IV, vers. 248-280; 1967: 163)

Encontramos também uma receita lendária, que permitiria reconstituir uma colmeia após a morte das abelhas. Essa receita, emprestada dos egípcios, incita Virgílio a retomar a tradição que levou Arquelau a chamar as abelhas "rejeitos alados de um boi morto":

T7 [...] Todos os países veem neste procedimento um remédio salutar e seguro. Primeiro escolhe-se um local estreito, reduzido para o uso mesmo; cerca-se esse local com paredes cobertas por um telhado de telhas estreitas e fazem-se quatro janelas, orientadas para os quatro ventos e recebendo uma luz oblíqua. Depois, procura-se um bezerro, cuja fronte de dois anos já tem chifres crescendo; bloqueia-se, apesar da sua resistência, as suas duas narinas e o orifício da respiração e, quando ele cai, sob os golpes, atingimos as vísceras para desintegrá-las sem danificar a pele. Abandona-se o animal nesse estado, no curral, colocando sob ele ramos, tomilho e dafnes frescos. Essa operação é feita quando os zéfiros começam a agitar as ondas, antes que as campinas se emoldurem de novas cores, antes que a andorinha chilreadora suspenda seu ninho nas vigas. No entanto, o líquido é suavizado nos ossos macios e fermenta, e pode-se ver então seres com formas estranhas: primeiro sem patas, eles logo batem suas asas, se misturam e se elevam mais e mais no ar leve, até o momento em que eles alçam voo, como a chuva que espalha as nuvens no verão, ou como as flechas que lança o nervo do arco, quando talvez os partas ligeiros comecem a lutar. (Ch. IV, vers. 294-314; 1967: 164)

Essa descrição de ações no presente gnômico, recheada de organizadores temporais (*primeiro, depois, quando, antes que, então, até o momento em que*) coloca em cena os atos necessários, especifica quando realizá-los (na primavera) e os materiais indispensáveis. Optando pela descrição de ações gerais (com o uso do elemento indeterminador "se" associado ao presente que traduz as formas passivas e impessoais do latim) em vez das formas francamente injuntivas, Virgílio (e seus tradutores) não rompe estilisticamente a natureza descritiva do poema. No quadro da ficção, esse fragmento tem um valor de incitação à ação para o pastor Aristeu, cujas abelhas todas acabaram de morrer e que se pergunta sobre o motivo desse desastre e sobre como resolver isso.

Encontramos também, nas *Geórgicas*, as recomendações culturais do tipo daquela que, no fim da Canção IV, deve, segundo Cirene, permitir a seu filho Aristeu obter o perdão das ninfas (Proteu acaba de revelar-lhe que o aniquilamento de suas colmeias é devido ao envolvimento delas na morte acidental de Eurídice). O rito imposto pelas ninfas é o seguinte:

T8 Então vá, suplicando, levando-lhes oferendas, pedindo a paz e venerando as napeias indulgentes: assim, perdoando-te, elas concederão teus desejos e acalmarão seus ressentimentos. Mas eu quero primeiramente te dizer ponto por ponto o modo como imploramos a elas. Escolhe quatro desses touros magníficos com belos corpos, que passam agora por ti, pelas cúpulas do Liceu verdejante, e tantas novilhas cujos pescoços ainda não foram tocados pelo jugo. Ergue-lhes quatro altares perto dos altos santuários das deusas, faz jorrar de suas gargantas um sangue sagrado e abandona seus corpos sob o arvoredo do bosque sagrado. Depois, quando a nona aurora despontar, tu lançarás nas manes de Orfeu as papoulas de Lete, tu apaziguarás e honrarás Eurídice, sacrificando para ela uma novilha; e tu imolarás uma ovelha negra e retornarás ao bosque sagrado. (Ch. IV, vers. 534-547; 1967: 171-172)

Tendo seguido estritamente esse ritual, no nono dia, Aristeu constata o prodígio anunciado em T7:

> Então, prodígio súbito e maravilhoso a dizer, vemos, entre as vísceras liquefeitas, abelhas zumbindo que, preenchendo os flancos e se livrando das costelas quebradas, espalham-se em nuvens imensas, depois se acasalam no ápice de uma árvore e deixam seu grupo pendurado em seus flexíveis galhos. (Ch. IV, vers. 554-558; 1967: 172)

DESCRIÇÃO DOS GÊNEROS DA INICIAÇÃO À AÇÃO E DO CONSELHO

Na linguagem religiosa do final do século XVII, aparecem, ao lado dos textos com função de preceitos (como os dez mandamentos da tradição judaico-cristã), os "conselhos evangélicos", complementares, mas cuidadosamente distintos dos anteriores. A ideia religiosa e teológica de uma sabedoria e de princípios que regem a vida das pessoas se secularizou nas instituições, surgidas muito cedo na França. Elas vão do Conselho de Estado (desde o século XVI) aos conselhos municipais (final do século XVIII), passando pelo Conselho Geral (final do século XIX), pelos conselhos regionais e pelo Conselho da Europa (surgidos, aproximadamente, no final dos anos 1970). Ao lado de títulos inspirados nessas instituições, do conselho fiscal ao conselho de engenharia,

Textos: tipos e protótipos

vê-se multiplicar, desde o fim do século passado, o número de conselheiros. Pergunta-se, às vezes, com a generalização do modelo empresarial, se os Estados governam ou se eles não são, frequentemente, governados pelas diferentes formas de auditoria por eles encomendada (do inglês *audit*, "controlar no plano das finanças e da gestão"). A injunção de origem política ou legislativa tem cada vez mais tendência a se confundir com os diferentes tipos de "conselhos", provenientes dessas "auditorias" econômicas. Em nossa sociedade do início do século XXI, os confessores e os dirigentes espirituais são substituídos por gurus, conselheiros e consultores, que influenciam cada vez mais os eleitos e acabam por dirigir nossa vida.

Acontece o mesmo nas revistas que acompanham nossos jornais. Recheadas de conselhos práticos para a vida cotidiana, elas parecem ter por função guiar nossas vidas desorientadas pelo desaparecimento dos grandes modelos filosóficos e religiosos. Grosse e Seibold, no seu *Panorama de la presse parisienne* (1996), foram um dos primeiros a ressaltar a importância crescente dessa "zona de transição" entre os gêneros redacionais e a publicidade. Como já vimos anteriormente, quanto à imprensa alemã, Lüger (1995: 147-151) propôs, muito apropriadamente, distinguir bem, dentro da categoria englobante dos textos de conselho, duas subclasses: os manuais de instrução e os conselhos propriamente ditos.

Mergulhando nessa ideia e partindo da constatação sociocultural anterior, podemos dizer que a categoria do *discurso procedural* é bastante vaga. Falar de discursos procedurais é dar mais importância ao *fazer* do que à sua instrução, às injunções-instruções e, principalmente, aos conselhos que a acompanham. De fato, ganha-se ao falar mais amplamente de *discurso de incitação à ação*. Poderíamos também falar globalmente de *gêneros de conselho*, sob a condição, no entanto, de designar os textos, cujo valor ilocutório é diretivo, mas que recobrem, todos, o campo lexical do "conselho". Aconselhar é indicar a alguém o que deve ou não fazer, e essa orientação vai de *sugerir, recomendar* e *propor* até *pressionar, incitar, levar (a)*, passando por *advertir, avisar, guiar, persuadir, convencer, dirigir*. Um leque muito amplo de atos de linguagem – do conselho-recomendação à ordem – pode ser agrupado na categoria do *falar de*, a qual Dan Spencer e Deidre Wilson (1989) consideram, adequadamente, como uma das três categorias de atos de base, ao lado de *dizer que* e *perguntar se*.

Os conselhos de revistas da imprensa contemporânea tomam a seguinte forma:

T9 Como fazer sua declaração
Você está prestes a fazer sua declaração do imposto de renda? Eis aqui alguns conselhos de última hora de François de Witt, redator-chefe da revista *Mieux vivre votre argent* e articulista de France Info. [...]

Textos publicitários também seguem esse modelo, nessa confusão entre os gêneros jornalístico e publicitário, que chamamos de publinformação. Assim é este pseudodiálogo, claramente assinalado como "publicidade":

T10 O conselho de SUPRA: Fadiga primaveril – O que fazer?
Na primavera, quando a natureza renasce, um clássico cansaço acomete vários de nós durante a estação: a fadiga primaveril. Perguntamos ao serviço médico de SUPRA: O que devemos saber sobre fadiga primaveril?

Conselho médico de SUPRA:
A fadiga da primavera não é uma doença, mas um sintoma. Ela indica que nosso corpo apresenta uma insuficiência de substâncias vitais, como as vitaminas, as enzimas, os oligoelementos e os sais minerais. O corpo gastou suas reservas durante o frio do período invernal [...]. Assim, não é de se espantar que sejamos acometidos de estados depressivos, de falta de motivação, de energia no trabalho, assim como de um déficit de sono.

O que fazer contra a fadiga primaveril?
Conselho médico de SUPRA:
Prepare-se para uma vida saudável durante as semanas seguintes. É bom comer muitos legumes, frutas e saladas. Evite alimentos gordurosos e açucarados. Faça esporte em meio à natureza verdejante: faça uma trilha na floresta ou um passeio ciclístico. Elimine igualmente do seu corpo as disfunções ligadas ao estresse, criando para você situações de relaxamento e descanso, visando encontrar a paz interior.

Simplesmente SUPRA
Caixa assistencial
0848 848 878

Esse texto é bastante representativo do gênero. Ele comporta uma primeira parte informativa (amplamente descritiva) e uma segunda parte que responde à questão "o que fazer?" e apresenta todas as formas linguísticas de conselho. É particularmente interessante constatar que o representante do plano de saúde, cujo nome deve ser anunciado, do qual se faz publicidade, ostenta o título de "conselho médico". Aos muitos imperativos, mistura-se uma forma impessoal ("convém") às instruções.

A expressão linguística mais comum do conselho é a dos dois excertos seguintes, da revista feminina *Elle* (21/02/2000):

T11 A QUESTÃO

Como escolher seu antiolheiras?

- Se as olheiras estão bem localizadas (canto interno do olho e cavidade da pálpebra inferior), utilize lápis, bastões ou texturas compactas aplicadas com um pincel fino: fórmulas ideais para uma posição precisa e uma dissolução perfeita.
- Se a pálpebra inferior está da cor de fuligem em toda a superfície, utilize texturas fluidas (em flaconetes com aplicador musse ou pincel). Elas se espalham mais facilmente e marcam menos o contorno do olho.

Sobre a cor:

- Escolha bem a nuance do seu antiolheiras. A correção funciona se você apostar em um jogo de cores complementares: bege-damasco, se as olheiras estão azuladas (o mais frequente); bege rosado claro, se as olheiras estão para cinza-esverdeado ou se sua pele está pálida ou rosada.
- Escolha um tom abaixo do da sua pele. Se for muito claro, você acentuaria o efeito óptico de volume e de inchaço, se houver bolsas... E um halo branco ao longo do olho não fica mais estético que as olheiras ao natural!

A estrutura gramatical SE + *Imperativo* (empregada aqui sete vezes) permite dividir os subconjuntos acionais. Encontra-se, igualmente, a estrutura do tipo PARA + *Infinitivo*, que, situada no início, como em T12, estende seu escopo para toda o encadeamento do texto, enquanto, em posição não inicial, seu escopo se limita ao fragmento (frase ou parágrafo) considerado (assim como no fim do primeiro parágrafo de T11):[2]

T12 **Nécessaire de sobrevivência**

Para manter o sorriso cintilante, a tez fresca e o olho aguçado em todas as circunstâncias, sem precisar levar sua toalete inteira dentro da bolsa, The Body Shop planejou tudo. Uma escolha de aliados indispensáveis (da pasta de dente à máscara facial) em versão míni, compactada em uma caixa grande como um estojo de óculos. Kit 5 a 7, 150 F.

---

[2] Conferir, quanto ao assunto, Marie-Paule Péry-Woodley (2001: 43-44).

Os textos expositivos em COMO são, certamente, uma subcategoria dos textos de incitação à ação. A publicidade os integra, como no anúncio seguinte:

T13 Saia vencedor com o novo Civic 1.6 VTi
Como ganhar um Honda? Nada mais simples: basta nos fazer uma visita e se instalar no volante do seu Honda preferido para um *test drive*. A nova linha do Civic vem com sete versões compactas, do modelo básico, particularmente vantajoso, à versão de luxo, com todo o conforto. Por exemplo, o Civic 1.6 VTi 3 portas (foto abaixo), com um motor "Sport VTEC" [...]. Na volta de seu *test drive*, escreva seu nome e seu endereço no cupom de participação Grand Prix, coloque-o na urna e torça. Quem sabe não será você o felizardo!

HONDA

A descrição elogiosa do produto é enquadrada pela estrutura COMO (fazer para)...?, seguida de "basta" e dos imperativos ("escreva", "coloque", "torça"). Esse anúncio parece com o exemplo prototípico seguinte, tirado de um suplemento de um periódico de fim de semana (*Paris-Normandie*) – revista constituída de uma mistura de publirreportagens, de conselhos de beleza publicitários (T14) ou ainda do modo como gravar em objetos (T15). Ele apresenta a vantagem de misturar a estrutura em COMO + *Infinitivo* (que, como PARA + *Infinitivo* no início, tem um efeito geral) com a estrutura SE + *Imperativo*:

T14 CONSELHOS DE PRO
Como camuflar uma verdadeira tatuagem?
Se você quer esquecer, por uma noite, a maravilhosa tatuagem desenhada em sua canela (foto à direita), utilize uma maquiagem dermatocosmética, vendida em farmácia e drogaria que cubra toda mancha ou imperfeição do corpo (*Perfect legs*, de Coverdem, 159 F). De aspecto cremoso, trata-se de uma base de boa cobertura, que se espalha facilmente e dura 24h. Aplique uma quantidade mínima na região desejada, pressione com os dedos, hidrate com a ajuda de um lenço úmido e deixe secar. Se você deseja ver desaparecer definitivamente o erro da sua juventude em forma de dragão em cima dos seus ombros, resta-lhe o laser, com os dermatologistas especializados [...].

Diferentemente de PARA (no início) e de COMO, cujo efeito se estende ao texto todo, os dois conectores SE têm um efeito limitado aos segmentos que eles abrem. O segundo SE fecha o fragmento anterior e abre um novo. Essa estrutura é a base da divisão em casos (aqui, dois, muito mais em T11).

Os gêneros dominados pelo conselho comportam, geralmente, encadeamentos de atos menos numerosos que nos gêneros mais puramente procedurais, como o manual de bricolagem (T15), o manual de instruções (T16 e T17), a receita (T20, T21, T23, T24 e T25) ou os guias de trilha (T22) e de escalada-alpinismo (T26 e T27). Nos gêneros procedurais, os conselhos são os mais difundidos, e a estrutura em SE ou PARA é claramente menos frequente.

T15 GRAVAR SUAS LEMBRANÇAS

Transformar copos comuns em um presente original: um trabalho de precisão para os mais minuciosos.

COMO FAZER

- **Limpe o copo com álcool combustível e um pedaço de pano.**
- **Reproduza a gravura** em um papel escuro cujas bordas você vai recortar até que ele consiga se encaixar nas curvas do copo.
- **Coloque a imagem dentro do molde a ser gravado** e fixe-o com a ajuda de um pedacinho de fita adesiva.
- **Utilize sua caneta para gravar,** segurando firme o copo. Para os primeiros esboços, é preferível fazer uma tentativa em um outro suporte.
- **Comece gravando os contornos,** sem forçar nem apoiar. Quando tudo estiver traçado, retire o molde de papel.
- **Lustre o interior das gravuras** depois de ter colocado dentro do copo um pano de cor escura que lhe permitirá distinguir melhor os contrastes. Escolha um polidor adequado à estampa a ser polida e retire a poeira com uma esponja úmida.
- **Seque com um pano** antes de recomeçar a gravar.
  [segue uma importante parte em imagens que explicam parcialmente cada ação, reproduzindo o objeto]

MATERIAIS

- Um suporte de vidro: bocal, vaso, copo...
- Uma caneta para gravar e as pontas: manual (a partir de 145 F) ou elétrica (a partir de 399 F na Rougié & Plé).
- Um polidor para preencher as gravuras.
- Um pano de cor escura.
- Papel de cor escura.
- Cola ou fita adesiva.

Modelo tirado de *Gravure sur verre*, de Violaine Lamérand. Editora Fleurus, 99 F. Esse livro apresenta a técnica da gravura em vidro e propõe aproximadamente duzentas gravuras, classificadas por temas. Nossas preferidas: art déco, folhagem, frutas e legumes.

Um conselho é dado em separado: "Para os primeiros esboços, é recomendável tentar em outro suporte" (o efeito de PARA, aqui, é puramente local). Os seguintes modos de uso são o exemplo do que se encontra em algumas embalagens:

T16 **Filtros *Épilacire* nova fórmula**

Graças a esses filtros especiais, você poderá filtrar facilmente sua cera após cada depilação realizada no seu Épilacire CALOR.

Modo de usar: ponha o termostato do seu Épilacire na posição Δ. Coloque no fundo da cuba o filtro que você utilizou para encher as tiras de cera usada.

Aguarde a cera ter derretido por completo.

É necessário contar 30 minutos para que a cera fique bem quente.

Retire o filtro segurando pelas pontinhas laterais. Os pelos ficarão no fundo do filtro, e a sua cera ficará totalmente limpa, pronta para uma nova utilização.

Jogue o filtro fora.

A modalização das incitações à ação tende muito mais claramente para o conselho no seguinte manual de instruções (que também se encontra na caixa do produto; cito a redação do texto na íntegra, pois ele é representativo do gênero):

T17 **Ronstar TXJ**

HERBICIDA SELETIVO PARA ROSEIRAS, CONÍFERAS E PLANTAS PERENES

Composição

2% de oxadiazona

1,5% de carbetamida

Homologação nº 8400447

Doses homologadas

12g/m² para roseiras e plantas perenes.

18g/m² em plantações de arbustos ornamentais.

Uso autorizado para jardins

Herbicida seletiva para roseiras, coníferas, árvores e arbustos ornamentais e algumas plantas perenes. Sob a forma de finos grãos, é seletivo com relação aos vegetais lenhosos e a diversas plantas perenes ornamentais (alyssum, aquilegia, íberis sempreviva, campânula, íris sanguínea...)

Mantém o solo limpo destruindo as ervas daninhas habituais desde a germinação.

Sua ação persistente permite que o solo fique limpo durante vários meses.

ÉPOCAS DE USO

	•	••	••	••	•	•	•	•	•		
J	*F*	*M*	*A*	*M*	*J*	*J*	*A*	*S*	*O*	*N*	*D*

• Período favorável para o tratamento •• Período ideal para o tratamento
Deve-se aplicar o produto sobre um solo limpo e úmido no final do inverno ou da primavera. Para obter uma maior eficácia do herbicida, tratar, de preferência, desde o nascer da planta.

É recomendado fazer uma primeira aplicação na primavera, antes do renascer das plantas, e renová-la a cada três ou quatro meses, aproximadamente, tão logo se perceba o nascimento das ervas daninhas.

É possível utilizar durante o plantio. No caso de plantas jovens, esperar, no entanto, uns 15 dias. No caso de plantas perenes ornamentais, tratar apenas das plantas de raiz que pegaram bem.

Retirar as ervas daninhas, aplicar o produto e depois regar abundantemente. Não há perigo algum para as árvores que se quer conservar.

No caso de uso no verão, seguir o tratamento de rega abundante.

MODO E DOSE DE USO

Uma dose = 17g para 1m²	APLICAÇÃO
Árvores ornamentais e coníferas – 18g por m²	Aplicar regularmente com a caixa ou com o dosador
Roseiras e plantas perenes – 12g por m²	

PRECAUÇÕES DE USO

- Respeitar a dose de uso indicada.
- Usar em solo limpo, fresco e não arado.
- Evitar o uso se as folhas das árvores estiverem molhadas.

- Não arar o solo nos três meses seguintes à aplicação.
- Lavar as mãos depois do uso.
- Conservar o produto na sua embalagem original, fora do alcance das crianças, dos animais e longe de alimentos e bebidas.
- Não utilizar em lugares com plantas bulbosas (jacintos, tulipas...).

Encontram-se construções frásicas do tipo "Para obter" (não situada no início do texto, PARA tem uma influência limitada na frase na qual aparece), "Se se tratar.../No caso de...". Os infinitivos jussivos atenuam o valor ilocutório injuntivo. O texto oscila, assim, entre "deve-se" (força diretiva máxima), "pode-se utilizar em" (força diretiva atenuada) e "recomenda-se" (conselho). A parte descritiva, em itálico, do início desse texto, é um exemplo muito bom de valor de enunciado de definição (evidenciado por M.-P. Péry-Woodley, 2001: 33). Quando se escreve, acerca do herbicida em questão, que "sua ação duradoura permite manter o solo limpo por vários meses", o leitor deduz um enunciado subjacente: "Para manter o solo limpo por vários meses, utilize Ronsar TXJ". A transformação da estrutura verbal "permite manter" em "para manter" é representativa das instruções procedurais presentes nas partes descritivas dos textos.

As bulas de remédio estão muito próximas das instruções anteriores, mas elas comportam características próprias suplementares que ilustram bem esse exemplo prototípico, o qual, por causa do seu tamanho e da repetitividade própria do gênero, só pode ser citado parcialmente aqui:

T18 **Doliprane** 500 mg, comprimido

PARACETAMOL

COMPOSIÇÃO
Paracetamol, 500mg. Excipientes: lactose, amido pré-gelatinizado, amido de trigo, talco carboximetilamido, esterato de magnésio para um comprimido.

FORMA FARMACÊUTICA
Comprimido – caixa de 16
[...]

EM QUE CASOS UTILIZAR ESTE MEDICAMENTO?
Este medicamento contém paracetamol. É indicado em caso de dor e/ou de febre, como dores de cabeça, estados gripais, dores de dente, dores musculares, dores menstruais. [...]

EM QUE CASOS NÃO UTILIZAR ESTE MEDICAMENTO?

Este medicamento NÃO DEVE SER utilizado nos casos seguintes:

- alergia conhecida ao paracetamol
- doença hepática grave
- intolerância ao glúten

EM CASO DE DÚVIDA, É INDISPENSÁVEL CONSULTAR SEU MÉDICO OU SEU FARMACÊUTICO.

CUIDADOS ESPECIAIS

Em caso de superdosagem ou em caso de tomar uma dose elevada por equívoco, consulte imediatamente seu médico. [...]

PRECAUÇÕES DE USO

Se a dor persistir por mais de cinco dias, ou a febre permanecer por mais de três dias, ou em caso de eficácia insuficiente ou de surgimento de algum outro sintoma, não continuar o tratamento sem o conhecimento do seu médico. Em caso de doença grave do fígado ou dos rins, é necessário consultar seu médico antes de tomar paracetamol.

EM CASO DE DÚVIDA, NÃO HESITE EM CONSULTAR SEU MÉDICO OU SEU FARMACÊUTICO.

[...]

COMO UTILIZAR ESTE MEDICAMENTO?

POSOLOGIA

Indicado a adulto e criança a partir de 27 kg (isto é, em torno de 8 anos)

Para **adultos** e crianças cujo peso seja **superior a 50 kg** (a partir de 15 anos, aproximadamente), a posologia diária máxima recomendada é de 3.000 mg de paracetamol por dia, ou seja, 6 comprimidos [...].

Para a **criança**

[...] **Se você não souber o peso da criança, é preciso pesá-la a fim de ministrar a dose mais adequada.** [...]

A posologia usual é:

- **para crianças entre 27 e 40 kg** (aproximadamente de 8 a 13 anos): 1 comprimido de 500 mg por vez, repetindo se necessário ao final de 6h, **sem passar de quatro comprimidos por dia.**

- **para crianças entre 41 e 50 kg** (aproximadamente de 12 a 15 anos): 1 comprimido de 500 mg por vez, repetindo se necessário ao final de 4h, **sem passar de seis comprimidos por dia.**

EM CASO DE DÚVIDA, É INDISPENSÁVEL CONSULTAR SEU MÉDICO OU SEU FARMACÊUTICO.

[...]

CONDUTA EM CASO DE SUPERDOSAGEM

Em caso de superdosagem ou de intoxicação acidental, procurar com urgência um médico.

As construções frásticas dessa bula de remédio acumulam estruturas tipo: "PARA adultos/crianças", "SE necessário/ SE você não conhecer o peso, "EM/ NO CASO DE dúvida/dor/superdosagem". As recomendações são não somente multiplicadas, mas repetidas e colocadas em evidência pela tipografia (negrito, sublinhado, maiúsculas menores em itálico).

Como nas instruções T15 e T16, os conselhos de horóscopos se encontram frequentemente sob a forma de imperativos cuja força ilocutória é mais uma recomendação do que uma injunção (exemplo retirado da revista-suplemento *Fémina Hebdo*, do *Journal du Dimanche*, de 18/01/1998: 50):

T19 **HORÓSCOPO**   **Donatella Roberti**

AQUÁRIO de 21 de janeiro a 18 de fevereiro
VIDA SOCIAL Habilidoso, você luta para defender seus projetos. Sobretudo, não abuse de sua autoridade. Respeite a opinião dos outros. **CORAÇÃO** Ou você vive uma história de amor longe dos olhares indiscretos. Ou você morre de paixão por um ser inacessível, que ignora você solenemente. Seja realista! **ESTADO DE ESPÍRITO** Cheio de bom humor. Para canalizar esse fluxo de energia, tire partido da sua criatividade.

O horóscopo mistura a descrição de ações ("você luta para defender seus projetos", "ou você vive uma história de amor [...]", "cheio de bom humor") e a recomendação ("Sobretudo, não abuse de sua autoridade. Respeite a opinião dos outros", "Seja realista!", "Para [...], tire partido de sua criatividade"). O plano de texto é, aliás, muito preciso, determinado pelos signos do zodíaco (às vezes, os diferentes decanos) e um certo número de seções (vida social, coração, saúde/estado de espírito).

Textos: tipos e protótipos

A fim de evitar a hesitação entre a recomendação e a injunção, nos gêneros mais procedurais, como a receita de cozinha, o conselho se localiza, às vezes, em uma seção. Assim acontece no final dessas duas receitas:

T20 **Cozido de atum com cogumelos cantarelas** [Seção de culinária da revista *Elle*]

30 minutos

Retire as extremidades dos cantarelas, lave-os, seque-os. Faça saltear em uma metade da frigideira, com óleo, a posta de atum, dos dois lados. Salgue, apimente, regue com vinho branco e deixe cozer a descoberto de 12 a 15 minutos. Durante esse tempo, faça saltear rapidamente na frigideira os cogumelos, no restante do óleo, até que toda a água deles se evapore. Misture os cogumelos com o atum, adicione creme de leite e deixe ferver tudo por 5 min.

Para 6 pessoas   **Preparação: 10 minutos**
1 posta de atum de 1 kg   **Cozimento: 20 minutos**
600 g de cogumelos cantarelas
½ copo de óleo de amendoim
250 g de creme de leite
1 copo de vinho branco seco
Sal, pimenta

NOSSA DICA: **Quando você for lavar os cogumelos, adicione meio copo de vinagre de álcool.**

T21 **Rabanada com queijo e presunto**
Para 4/5 pessoas – Preparação: 15 minutos – Cozimento: 25 minutos
- **12 fatias médias de pão de forma (200 g aprox.)**
- **3 fatias de presunto de Paris**
- **3 ovos**
- **30 cl de leite**
- **12 fatias de queijo para *croque-monsieur***
- **50 g de parmesão ralado**
- **60 g de manteiga**
- **Sal, pimenta**

Modo de preparo [réalisation]
- Preaqueça seu forno a 180 °C.
- Unte a forma.
- Corte as fatias de presunto em quatro.

- Bata os ovos em omelete com leite. Salgue e apimente-os.
- Unte as fatias de pão em apenas um lado, depois, mergulhe-as rapidamente na mistura de leite com ovos.
- Arrume-as em seis na forma, depois, coloque, sobre cada uma, um quarto de fatia de presunto e uma fatia de queijo.
- Procedendo da mesma forma, cubra com uma segunda camada de pão, de presunto e de queijo.
- Cubra o resto com a mistura de ovos e leite. Apimente. Salpique o parmesão. Coloque a forma no forno e deixe gratinar por 25 minutos.
- Quando a superfície ficar bem dourada, sirva diretamente na forma. Acompanhe com uma salada variada.

Dica: você pode substituir o pão de forma por um pão rústico. Tenha, nesse caso, quatro grandes fatias cortadas em dois ou oito pedaços. A receita, assim, ficará mais rústica, porém saborosa da mesma forma.

Assim como a receita, o gênero bastante procedural *guias de alpinismo e de trilha* (ao qual retornaremos na quarta parte) gera, de outro modo, o conselho. O exemplo seguinte é um guia de trilha sob a forma de ficha (*Montagnes Magazine*, n. 239, agosto-setembro de 2000, Paris, ed. Nivales). Informações, recomendações e instruções se sucedem e se misturam:

T22 **Trilha**

QUEYRAS
Rochedo de l'Eissassa (3.048 m)

Duração: 4h30 (no total).
Ponto de partida: Estacionamento de Chaurionde (1.967 m).
Desnível da subida: 1.081 m.
Desnível da descida: 1.081 m.
Mapas e guias: IGN TOP 25-3537 ET e 3637 OT Didier Richard n. 10.
Acesso: a partir de Guillestre, pela D 902 (garganta do Guil), depois, à direita na Maison du Roy, na D 60, até a entrada de Ceillac, que se deixa para subir à direita no vale de Mélezet até sua extremidade, no estacionamento de Chaurionde.
Itinerário: tomar, no bosque, o carreiro do desfiladeiro Tronchet e seguir por ele até a trilha íngreme sob o desfiladeiro. Na primeira curva à direta, abando-

nar o carreiro para atravessar à esquerda no nível dos monólitos e chegar num pequeno vale visível (flanco esquerdo coberto de vegetação, flanco direito, de pedras) ao pé da encosta oeste do rochedo do Eissassa. Subir até o limite da vegetação e da pedreira até uma bifurcação, depois seguir à direita uma picada entre as pedras que leva até um desfiladeiro íngreme de pedras instáveis e de rochedos. Escalá-lo da melhor forma, auxiliando-se dos rochedos da margem esquerda. Quando ele se tornar demasiadamente rochoso, ir por um pequeno desfiladeiro secundário à esquerda (a alguns metros, há um *cairn** visível na saída). Desemboca-se num grande plano inclinado de pedras e de monólitos (altura aproximada de 200 m), pelo qual se sobe até o cume. Alcança-se, facilmente, à esquerda, ao *cairn* mais alto sobre uma pequena fortaleza rochosa. Atenção para o pico da encosta leste. Vasto panorama, do Chambeyron aos Écrins, até o Mont-Blanc. Mirante sobre o Font-Sancte.

Dificuldade: caminhada esportiva exigente: fora do carreiro íngreme e resvaladiço, há alguns rochedos fáceis. Arredores do desfiladeiro difícil para a descida – é necessária uma corda para os menos experientes. Cuidado com as quedas de pedras no desfiladeiro.

Material: sapatos de qualidade (palmilhas semirrígidas). Utilizar bastão para caminhada. Pela nossa experiência, utilizar corda.

Período: julho a outubro.

Nota: beleza e sossego garantidos neste cume escarpado. O passo Tronchet (2.661 m), que se abre até a Haute-Ubaye, é bastante frequentado.

Gérard Grossan

Constatamos, aqui, que se inserem, na parte procedural, recomendações relativas aos perigos ("Cuidado com as quedas de pedras no corredor", "atenção para o pico da vertente leste"). As quatro últimas seções correspondem, por seu turno, à sucessão de recomendações próprias do gênero, de que falaremos mais tarde.

CARACTERÍSTICAS LINGUÍSTICAS COMUNS

Como acabamos de ver, os textos que atualizam a incitação à ação oscilam entre um domínio procedural e um domínio de conselho. A mistura dos conse-

---

* N.T.: Pequena pirâmide de pedras erguida por alpinistas e exploradores como ponto de referência.

lhos-recomendações e das instruções procedurais, no entanto, é a forma mais frequente. Essas práticas sociodiscursivas são certamente bem diferentes, mas elas apresentam muitas regularidades linguísticas comuns, por isso brota daí um "ar de família". Retomando as diferentes propriedades dos enunciados, de que fala Bakhtin, examinaremos, desse modo, a "construção composicional" (C6), o "conteúdo temático" e seus efeitos sobre o léxico (C3), a complexidade da organização e as conexões dos canais de ação (C4 e C5). Veremos que aquilo que Bakhtin chama de "estilo" deve ser abordado enunciativamente (C1). De fato, esses textos não comportam somente encadeamentos de proposições de ação, mas também de proposições descritivas de estado. Por outro lado, as proposições argumentativas marcadas são muito raras. As proposições de ação, agrupadas na parte procedural, possuem um valor ilocutório diretivo. Portanto, é necessário partir do fato de que cada proposição enunciada é, de um ponto de vista referencial (*dictum*), uma representação de ações ou de estados e, de um ponto de vista ilocutório (*modus*), um ato de discurso do tipo diretivo (dizer de) ou simplesmente declarativo (dizer que). Cada uma das proposições dos textos de incitação à ação deve ser examinada em suas dimensões de ato de referência e ato de discurso, mas também de ato de enunciação ligado a um enunciador que assume a verdade do conteúdo proposicional e visa a um destinatário (C2). De tudo isso, derivam as seguintes características.

Características enunciativas (C1)

Um paradoxo aparente regula enunciativamente os textos de incitação à ação. Eles vêm de um *expert* cuja presença enunciativa é apagada. Com o locutor (instância da marca, do laboratório etc.), os indicadores da situação de enunciação são também apagados. Constituem uma exceção as assinaturas (acompanhadas às vezes de uma foto) dos horóscopos (T19), dos guias (T22, T26, T27), de certas receitas (T20, T24), mas, mesmo nesse caso, os traços explícitos do tema da enunciação estão ausentes dos enunciados (veremos que só T26 foge parcialmente a essa regularidade). A presença do profeta, em T3, não põe em causa essa observação geral. Da mesma forma, a presença do enunciador em T6 ("eu te aconselho") e em T8 ("eu quero primeiramente te dizer") está situada apenas na margem (fronteiras inicial ou final; ver também T9 e T10) do fragmento da incitação à ação. A presença do *nós* no início de T13 e no fim de T24 se explica pela natureza publicitária dos dois documentos (a receita T24 é integrada ao anúncio publicitário). Esse aparecimento do locutor continua sendo pontual e muito localizado.

O lugar do sujeito-agente (destinatário) é deixado pronominalmente aberto (você). Ele pode assim ser ocupado por cada leitor-usuário. O pronome de segunda pessoa é, às vezes, substituído por *on* com o futuro e com o presente (T5 *corta-se [on incise]* etc.; T17 *deve-se aplicar [on doit appliquer]*; T22 *desemboca-se/alcança-se, que se deixa, abandona-se [on débouche/on rejoint, qu'on laisse, on le quitte]*; T27 que se escala *[que l'on gravit]*) ou pelas formas impessoais do tipo: *é recomendado, se se trata, não há nenhum perigo* (T17). O infinitivo permite as estruturas impessoais: *é necessário pesar e é indispensável/ necessário prevenir, não hesite em, tomar, sem passar de* (T18). Por outro lado, o imperativo mantém todo o seu valor conativo e a ausência do pronome é, nesse caso, apenas um efeito de superfície, sem valor de apagamento.

Contrato de verdade e promessa de sucesso (C2)

Entre o *expert* e o leitor, passa-se um contrato de verdade relativo às informações fornecidas. Esse contrato implícito garante ao destinatário que, se ele se conforma com todas as recomendações e se respeita os procedimentos indicados, alcançará o objetivo visado. Esse objetivo é prometido ao leitor sob condições. As condições são multiplicadas nos casos em que a realização é delicada (bulas de medicamentos e guias de alpinismo, por exemplo), mas isso não diminui em nada o contrato de verdade e a promessa de sucesso. É esse tipo de contrato que Greimas destaca nos textos programadores, como a receita de cozinha, as partituras musicais e os planos arquitetônicos: "Se você executar corretamente todas as indicações dadas, então você obterá a sopa ao pesto" (1983: 159). Sob esse aspecto, o horóscopo não difere das diversas formas de instrução e de outros guias.

Esse contrato de verdade explica muito bem o apagamento do sujeito da enunciação. Seu apagamento garante o caráter não subjetivo das informações dadas. Só T26 autoriza, na parte introdutória e no corpo do texto, vários parênteses avaliativos (aos quais retornaremos mais tarde), sem que, todavia, esses vestígios de subjetividade quebrem o contrato de verdade e de objetividade.

Encontramos, nos últimos anos, a indicação de uma liberação jurídica da fonte enunciativa no caso de acidente. É, em particular, o caso dos guias, como o *Via Ferrata des Alpes Françaises*, que enfatiza explicitamente a fonte de *expertise*, sem reivindicar, no entanto, por causa de sua não atualização regular, uma força qualquer de lei:

O autor e o editor declinam de toda responsabilidade em caso de acidentes ou incidentes ocorrendo nos itinerários descritos na obra. Os praticantes de trilha e os alpinistas são informados dos riscos que correm e permanecem senhores de seu destino e das escolhas que fazem com relação à montanha. Dado o seu caráter não periódico, esse livro não pode, em nenhuma situação, atuar como especialista junto aos tribunais. (P. Sombardier, Glénat e Grenoble, 2000: 144)

Léxico especializado (C3)

A cada gênero, corresponde um léxico próprio de um domínio de especialidade. O léxico é imposto pela precisão informacional buscada e pelo fato de o conhecimento do universo de referência (esporte, jardinagem, bricolagem especializada, medicina, cozinha etc.) ser supostamente comum aos coenunciadores. Deveriam ser compartilhados o conhecimento de mundo, os *scripts* de ação (T20: *fazer saltear, regar*; T21 *cobrir*), do vocabulário técnico ou científico (T6: *gálbano, cinerária*; T10: *enzimas, oligoelementos*; T14: *dermatocosméticos*; T17: *oxadiazona, carbetamida, alyssum, aquilegia*; T18: *paracetamol, excipientes, amido pré-gelatinizado, carboximetamido* etc.; T22: *cume, cimeira, entrada secundária*) e mais globalmente a fraseologia de domínio. A nominalização das ações resulta em formações lexicais de especialidade em -gem (T17: *regagem*), -ção (T10: *motivação*; T16: *utilização, depilação*; T17: *homologação, aplicação, plantação, germinação*; T20: *preparação*; T21: *realização*), -mento (T10: *disfunção, relaxamento*; T11: *inchaço*; T17: *tratamento*).

Representação de ações e força ilocutória (C4)

Uma das mais importantes características dos textos de incitação à ação é a abundância de predicados representando ações temporais sucessivas e atualizadas verbalmente no infinitivo, no imperativo, no futuro ou no presente. Indicações complementares modalizam certas ações informando muito precisamente sobre o *modo* de fazer e/ou acrescentando a isso os verbos modais do tipo *poder* e *dever*. A segunda grande característica de superfície é a presença de um grande número de proposições de valor ilocutório forte, em particular, de atos diretivos sucessivos (*dire de*) muito marcados no imperativo e um pouco menos no infinitivo. No presente e no futuro, o valor é mais assertivo (*dire que*) e mais particularmente preditivo com o futuro. Essa forte caracterização ilocutória não se estende, porém, ao conjunto das proposições: ela se localiza na parte instrucional-procedural (vimos isso a propósito de T17). As partes descritivas desses textos têm, portanto, um duplo valor inseparavelmente referencial (informativo) e instrucional (ordem).

|277|

Marcas de conexão (C5)

Já falamos da importância dos indicadores do escopo de *para/como + infinitivo e se/em caso de + imperativo ou infinitivo jussivo*. Esses conectores desempenham um papel importante. No entanto, sua frequência é reduzida, por exemplo, nas receitas e nos guias. É necessário, sobretudo, sublinhar o contraste entre a raridade dos conectores argumentativos e a abundância dos organizadores temporais (T26, citado por essa razão e estudado mais adiante, foge a essa regra). Os organizadores temporais permitem precisar a sucessão e/ou a duração das operações e das suboperações. A presença de muitos organizadores locativos caracteriza, principalmente, os guias de viagem, de caminhada, de excursão, mas eles servem também para indicar a parte precisa de um objeto sobre a qual se dá uma operação conforme instruções de uso, manuais de instalação e instruções de montagem.

Macrossegmentação tipográfica (C6)

Os textos de incitação à ação têm como propriedade comum uma grande segmentação e uma ampla exploração das possibilidades de formatação tipográfica. Uma grande visilegibilidade resulta das indicações alfanuméricas, das linhas frequentemente sobremarcadas por "chips", pela presença de componentes icônicos (fotografias, desenhos e/ou infografia sob a forma de mapas, de esquemas) que vão da simples ilustração à informação principal. Cada vez mais, desenhos e esquemas, com o apoio de uma numeração, substituem parcial ou totalmente a enumeração verbal das ações nas instruções de montagem de um móvel ou de uma maquete e nos guias. Em todos esses casos, não se trata simplesmente de *dizer,* mas de *mostrar como fazer.*

Essas características de segmentação tipográfica colocando o plano de texto em evidência são também próprias dos discursos didáticos e da imprensa escrita. Elas são bem mais importantes nos textos de incitação à ação por razões pragmáticas de articulação limitada do dizer ao fazer prático, na passagem à ação programada. Os planos de texto adotados são mais específicos de cada gênero e subgênero do que gerais para todos os textos de incitação à ação. Guias de viagem ou de alpinismo adotam suas próprias constantes e variáveis em torno de normas composicionais próprias do interdiscurso e/ou do intertexto da formação discursiva considerada e em função do campo prático (cozinha, viagem, excursão, visita, instalação, medicação). As diferenças entre uma atividade que se desenvolve no mundo natural (alpinismo, trilha, escalada, jardinagem) ou no mundo cultural (viagem, visita a uma cidade, a um lugar ou a um país) e uma atividade que cria o objeto (receita de cozinha ou instrução de montagem) não são insignificantes. Vemos nisso as consequências sobre os componentes dos planos de texto. De fato, as listas claramente separadas da parte procedural (listas de ingredientes, de partes dispersas de um objeto a construir, de equipamento necessário etc.) não se encontram nos gêneros que se relacionam com um referente já constituído; elas não apresentam conselhos, projeções proféticas (folhetos políticos anunciando o que os candidatos farão se forem eleitos), nem horóscopos.

Todos esses gêneros só são aparentados porque eles enumeram sucessões de ações apoiadas sensivelmente nas mesmas configurações de tempos verbais e em procedimentos muito semelhantes de agrupamento e fragmentação de unidades textuais. É nesses dois pontos que nós precisamos insistir no momento, limitando a investigação aos casos de receita e de guias de escalada e de trilha.

PLANOS DE TEXTO E CADEIAS DE AÇÃO: O EXEMPLO DAS RECEITAS E DOS GUIAS DE ALPINISMO

Às receitas T20 e T21 e ao guia de trilhas T22, acrescentemos as três receitas seguintes e os dois guias de escalada-alpinismo. Primeiramente, uma publicidade das lojas COOP (T23), seguida de duas formas mais reduzidas: uma publicidade-receita (T24) e um texto que figura na embalagem de um sachê de purê instantâneo (T25):

T23 **Frango ao molho de funghi morchella**
Ingredientes para quatro pessoas:
2 frangos grandes
50g de manteiga
1 chalota
½ cabeça de alho
1 sachê de mochella
100 dl de vinho branco
200 dl de caldo ou fundo de galinha
Sal
Pimenta-do-reino moída
1 pitada de mostarda
1 pitada de caldo concentrado de carne

200 dl de nata fresca integral

Modo de preparo

Cortar os frangos em pedaços, lavá-los com água fria e secá-los antes de pôr sal e pimenta. Colocá-los para dourar por inteiro, reservar. Mergulhar os funghi na água quente e lavá-los cuidadosamente. Na manteiga de cozimento do frango, refogar delicadamente o alho e a chalota cortada em pedaços miúdos, adicionar o funghi e temperar. Regar com o vinho branco e deixar reduzir antes de adicionar o caldo de galinha, a mostarda e o caldo de carne. Colocar a ave no molho, cobrir e deixar cozer por 20 min em fogo brando. Tirar os pedaços de frango e reservar quente. Afinar o molho com a nata, sempre mexendo, até ferver. Cobrir os pedaços de frango com esse molho e servir bem quente. Servir acompanhado de ervilha torta, arroz selvagem e legumes.

Apesar de curta, a publicidade-receita T24, diferentemente da apresentação clássica em T23, apresenta uma característica interessante: a ausência de uma lista de ingredientes, provavelmente por se tratar de uma publicidade de um alimento preparado. Acontece a mesma coisa com T25, que apresenta, além disso, a propriedade de numeração de grupos de ação:

T24 CODORNAS DESOSSADAS RECHEADAS
DE *FOIE GRAS* (**4 pessoas**)
Saltear de 6 a 8 codornas desossadas recheadas de *foie gras* numa mistura de manteiga e óleo,
assá-las por um período de 20 a 25 min. Colocá-las em um prato, reservar quente.
Despejar fora o excesso de gordura da frigideira,
regar com 50 dl de conhaque, flambar
ou reduzir.
Adicionar 25 g de manteiga e 4 g de
caldo em cubo. Derreter e misturar
tudo com 1 dl de creme, deixar reduzir.
Cobrir as codornas com o molho e
servir com macarrão, arroz natural ou
com o nosso delicioso risoto milanês.

Desejamos a todos Boas Festas!

La Carcailleuse

Discurso procedural e outros gêneros de incitação à ação

T25 MIFLOC **ao leite**

Purê de batata instantâneo

Para preparar exclusivamente na água

Preparar o purê exatamente como indicado

Preparo para um sachê

(2 a 3 porções)

1. Ferver ½ l de **água** com aproximadamente 15 g de manteiga.
2. Colocar a **água** da panela em **uma legumeira fria.**
3. Despejar o conteúdo do sachê na água não borbulhante, adicionar delicadamente os flocos no líquido. Deixar descansar por 1 minuto e depois misturar levemente, sem bater.

O purê está pronto.

Adicionemos o exemplo de um mesmo guia de alpinismo sob forma de ficha, como o T22, mas, dessa vez, para escalada-alpinismo (revista *Vertical*, n. 62):

T26 ALTA-SABOIA **(74)**

Maciço das Aiguilles Rouges

Tour de Crochues: caminho De Galbert

Entre os clássicos na saída do Index, o caminho De Galbert, na Tour de Crochues, goza de um merecido sucesso. Rochedo sólido, dificuldades homogêneas e passagens bem tipificadas fazem dele algo "incontornável". A escalada consiste em uma sucessão de passagens curtas em fissuras e fendas muito íngremes, mas dotadas de bons pontos de apoio. Aqui e ali, alguns ganchos delicados são necessários para o escalador, astúcias típicas das **Aiguilles Rouges.**

[Esse parágrafo introdutório é acompanhado de uma foto em cores do paredão]

Acesso: nos Praz de Chamonix, pegar o teleférico de la Flégère, depois a telecabine do Index. Na estação superior, tomar a trilha do Lago Blanc. Abandoná-la um pouco antes do paredão vertical para ganhar posição.

Período: de maio a outubro, dependendo, no entanto, da abertura dos teleféricos de La Flégère e do Index (final de junho ao final de setembro). Senão, pode-se também partir de Planpraz (aberto mais tarde durante a temporada), atravessar até La Flégère e alcançar o Index, mas o caminho se torna, então, desproporcional pela distância da escalada... ao passo que a tranquilidade é garantida. Vale retornar no outono, para se aproveitar da luz suave dessa bela estação.

Abertura: Denise Escandre e P. de Galbert, em 9 de setembro de 1970.

Altura: 170m.

Altitude: 2.589m.

Dificuldade: D – (passagens de 4/4+).

Duração: 45 minutos de caminhada e 2h de escalada.

Equipamento: pitões e grampos são úteis.

Descida: ou, de modo mais fácil, pela encosta do lado do Lago Blanc e pelo teleférico de La Flégère (em 1h30min via Lago Blanc, opção que se pode evitar, mas seria uma pena!) ou por um corredor à direta da via (visto por baixo), escarpado, mas rápido (1h até o Index).

Bibliografia: guia compilado pelo autor durante a escalada. Pode-se também consultar o Guia Arthaud, *Les Aiguilles Rouges*, de Pierre Bossus (1974), e o *Topo du massif du Mont-Blanc*, de Michel Piola (tomo 1), editora Équinoxe (1988).

[Segue uma infografia que representa a linha geral e as dificuldades dos diferentes comprimentos de corda para a subida]

Jean-Luc Tafforeau

Consideremos, por fim, um exemplo de guia clássico de alpinismo (*Massif des Écrins*, tomo 1, L. Devies, F. Labande, M. Laloue, Arthaud, Paris, 1976: 65; trata-se do centésimo itinerário da coleção):

T27 **Groupe du Râteau**
Pico W, 3.766m
Pela encosta S
Três itinerários percorrem essa encosta, oferecendo pilares paralelos e vizinhos, dos quais os dois mais importantes estão em torno do Pico W.
Pilar Candeau
Narcisse Candeau, sozinho, 7 de agosto de 1966. Rel. Candeau, Roques.
É o pilar da esquerda que termina na aresta W do pico W, a pouca distância deste.
D. – Aconselhada.
100. Do abrigo de la Selle, seguir a 99 até o pé da encosta S do Râteau (2h30).

Atacar os dois pilares por um corredor. Passar a fenda entre a geleira e a rocha e seguir o corredor por 30 m, depois, dirigir-se até o pilar da esquerda, no nível do ressalto inicial. Um cruzamento ascendente para a esquerda leva ao topo do ressalto. Escalar uma pequena fenda, em seguida, vir até o fio do pilar pelas lajes (III). Seguir no fio do pilar até que ele se torne vertical (III e IV). O fio é cortado por uma laje de 6 m sobre uma grande plataforma. Escalar a laje (IV, um passo de IV sup.), depois subir pelas lajes em direção à esquerda (III e III sup.) para encontrar o fio do pilar, aos pés de um grande ressalto vermelho.

Subir a primeira saliência pela direita (5m, V, difícil, exposto). Do degrau que sobe para a saliência, subir direto o flanco esquerdo do pilar mais próximo do fio pelas canaletas (V), depois, o próprio fio do pilar até o pico do ressalto (mais fácil). Subir até o pé de um segundo salto vertical que se escala (III, III sup.) e seguir até uma agulha. Descer entre duas lâminas, onde está situada uma estrada, à beira do precipício, e atravessá-la. Seguir à direita para alcançar a aresta da cumeeira. Croquis n. 2 e 3.

Cadeias de ações: complexidade dos arranjos de proposições

As receitas comportam um grande número de predicados acionais, seja no imperativo (T20, T21), seja no infinitivo (T23, T24, T25). Se essa mesma alternância de infinitivo e de imperativo se encontra nos manuais de instrução, ao contrário, os guias de escalada e de trilha não utilizam o imperativo. Esse gênero comporta, todavia, mais variedades verbo-temporais. Além da frequência da forma modal, "pode-se (também) + infinitivo (partir/evitar/consultar)" (T26) e dos tempos presentes com o indeterminador SE, já assinalados (T22: *desemboca-se, junta-se* etc.; T26: *pode-se* etc.; T27: *sobe-se*), tempos presentes são atribuídos a fragmentos do espaço percorrido: *quando ele [corredor] se torna bastante rochoso* (T22); eles também são empregados descritivamente: *o fio [do pilar] é cortado por uma laje* (T27). Na mesma veia descritiva, encontram-se também os particípios: *uma plataforma dominada por uma laje* (T27). O infinitivo utilizado nas receitas permite, além disso, articular duas ações: *mexer e ferver* (T23).

Uma operação de segmentação fundamental para a legibilidade agrupa as ações em subgrupos frásticos (T21) e, às vezes, em parágrafos: um só para T20, T22, T23 e T27, três para T25, quatro para T24, o início da ação em diferentes parágrafos e a transferência da parte acional principal (itinerário de ascensão) em uma infografia são típicos de T26.

Agrupamentos acionais nas receitas

Em T25, as seis operações (a) necessárias para a fabricação do purê são exemplarmente agrupadas em quatro frases (P) e três parágrafos (§) numerados, o todo arrematado por uma frase final (*O purê está pronto*):

§ 1 P1, a1: Ferver ½ l de água com aproximadamente 15 g de manteiga.

§ 2 P2, a2: Colocar a água da panela em uma legumeira fria.

§ 3 P3, a3: Despejar o conteúdo do sachê em água não borbulhante.

a4: Adicionar delicadamente os flocos no líquido.

P4, a5: Deixar descansar por um minuto,

a6: depois misturar levemente, sem bater.

A segmentação de T24 e os agrupamentos das 13 ações é um pouco mais complexa em razão da ausência de agrupamento assinalado por numeração. O procedimento se apresenta em seis frases, distribuídas em quatro parágrafos, que não correspondem às macroações a realizar:

§ 1 P1 a1: Colocar de 6 a 8 codornas desossadas recheadas de *foie gras* numa mistura de manteiga e óleo,

a2: Assá-las de 20 a 25 min.

P2 a3: Colocá-las em um prato,

a4: reservar quente.

Essa primeira sequência de atos (macroação A1, versando sobre a preparação do frango) é unificada pela anáfora pronominal: a1 – *codornas* < a2 –*las* < a3 –*las* < a4 Ø. Segue-se uma segunda sucessão de atos (macroação A2), que concerne à preparação do molho (*o todo*):

§ 2 P3 a5: Despejar fora o excesso de gordura da frigideira,

a6: regar com 1/2 dl de conhaque,

a7: flambar ou reduzir.

§ 3 P4 a8: Adicionar 25 g de manteiga e 4 g de caldo em cubo.

P5 a9: Derreter

a10: e misturar tudo com l dl de nata

a11: deixar reduzir.

A associação do referente de A1 (*as codornas*) com o do A2 (*o molho*) salienta a mudança de macroação, o conector E separando a última operação (a3) da ação de servir (A4):

Discurso procedural e outros gêneros de incitação à ação

§ 4 P6 a12: Regar as codornas com o molho A3
           a13: e servir A4
                 com macarrão, arroz natural
                 ou o nosso delicioso risoto milanês. A5

Entre a12 (A3) e a13 (A4), convém não se esquecer de preparar o acompanhamento (*script* implícito da preparação dos diferentes componentes do acompanhamento que a receita não menciona). É necessário, efetivamente, antes de servir, ter preparado os pratos, o arroz ou o risoto (A5).

O segmento de T23 é exclusivamente frástico. Essa receita comporta 27 ações distribuídas em dez frases. Só a última frase não comporta ação nenhuma. As outras propõem de duas a cinco ações. Sem segmentação em parágrafos, os subconjuntos de macroações devem ser reconstruídos pelo leitor e a linearidade cronológica das sucessões de ações deve ser examinada de perto. Podemos decompor esse parágrafo em oito macroações:

P1 a1: Cortar os frangos em pedaços
     a2: lavá-los com água fria
     a3: e secá-los
     a4: antes de pôr sal
     a5: e de pôr pimenta
P2 a6: colocá-los para dourar por inteiro
     a7: reservar.

Essa primeira macroação (A1 – preparação do frango) é ligada por anáforas em *los*. A ação a7 deixa prever a evolução do objeto dos procedimentos:

P3 a8: Mergulhar os funghi na água quente
     a9: e lavá-los cuidadosamente
P4 a10: Na manteiga de cozimento dos frangos, cozer delicadamente
     a11: o alho e a chalota cortada em pedaços miúdos, *[ato preliminar subentendido]*
     a12: adicionar o funghi
     a13: e misturar.
P5 a14: Regar com vinho branco
     a15: e reduzir
     a16: antes de adicionar o caldo de galinha, a mostarda
           e o caldo de carne.

Essa segunda sucessão de atos (A2) concerne à preparação do molho funghi. O retorno ao referente principal (*o frango*) leva à macroação A3 (cozimento do frango no molho funghi).

> P6 a17: Colocar o frango no caldo,
> a18: Cobrir
> a19:   e deixar cozer por 20 min em fogo brando.

As três ações enumeradas são concluídas por um E final que funciona assim desde o começo do texto (fechamento das ações contidas em P3, P4 e P6, P7, P8, P9), às vezes articulado com o ANTES DE (P1 e P5). Uma quarta sucessão de atos (A4 separação do frango e do molho) abre-se assim:

> P7 a20: Tirar os pedaços de frango
> a21:   e reservar

Ela permite retornar ao molho (A5):

> P8 a22: Depurar o molho com a nata
> a23:   Mexer
> a24:   Ferver

O fim da quinta sucessão de atos se abre nas três últimas macroações:

> P9 a25: Regar os pedaços de frango com esse molho   A6
> a26:   e servir bem quente.   A7
> P10 a27: Servir acompanhado de ervilha torta, arroz selvagem
>   e legumes.   A8

A ordem dessas últimas ações não é cronológica: a preparação do acompanhamento (A8), inferível pelo leitor à base de *scripts* de preparação culinária convocados a partir de uma primeira leitura destinada a prever o que deve ser antecipado, situa-se entre A6 e A7.

Nas receitas, a ordem cronológica da maioria dos encadeamentos é ressaltada pelo organizador temporal DEPOIS (de longe, o mais frequente). Encontramos também: *durante esse tempo, até que* (T20), *antes de* (T23) ou ainda *quando* (T21). As indicações de duração são todas naturalmente numerosas: *30 minutos, 12 a 15min, 5min* (T20), *25min* (T21), *durante 20min* (T23), *20 a 25min* (T24), *durante 1min* (T25).

A ação nos guias de alpinismo

DEPOIS é igualmente frequente nos guias de trilha e de escalada (encontramos, também, QUANDO, em T22, por exemplo), mas o organizador mais empregado, junto de DEPOIS, é ATÉ. Seu valor mais espacial que temporal indica que o referente da proposição, cuja preposição ATÉ tem a propriedade de exprimir um fim, deve ser atingido: *até a entrada, até a extremidade, até um pequeno vale* etc. (T22), *até la Flégère, até o Index* (T26), *até que ele se torne vertical, até uma agulha, até o pico* (T27). A ação pode ser vislumbrada do início até o seu fim no par DE/DESDE + ATÉ: *Do alojamento... até o pé da vertente sul do Râteau* (T27). De maneira comparável, um organizador como *um pouco antes* (T26) toma um valor essencialmente espacial. Ele indica que a ação deve ser interrompida antes de atingir certo ponto referencial.

Os organizadores mais importantes têm a ver naturalmente com a orientação no espaço (relação de um sujeito com o referente ou de referentes entre si): *à direita, à esquerda, margem esquerda, flanco direito, aresta W, à pouca distância, em direção ao pilar esquerdo, acima, pela direita, direto* etc. (T27). Acrescentemos que PARA, como indicador de finalidade, nesse *corpus* funciona apenas muito pontualmente (seu uso é, em T27 e T22, por exemplo, limitado à frase na qual eles aparecem).

Nesse *corpus*, é frequente propor-se uma escolha: *pode-se também partir de, pode-se evitá-lo, descida ou* POR... *ou* POR... (T26). Não é por acaso que conectores argumentativos apareçam precisamente em duas das possibilidades de T26. No segundo itinerário de descida, trata-se da questão de um corredor "escarpado, *mas rápido*". Uma descrição como essa pode ser argumentativamente assim analisada:

Escarpado	o valor descritivo desse adjetivo é um argumento	ARG 1
	que vai no sentido de uma primeira conclusão:	CONCL. C.
MAS	o conector opera uma inversão que incita considerar	ARG 1
	como menos determinante que o argumento derivável	
	do que segue	
Rápido	o valor descritivo desse adjetivo é um argumento	ARG 2
	que vai no sentido de uma conclusão:	CONCL. não-C

A propriedade descritiva *escarpado* pode ser interpretada como um argumento que tem o sentido de um desaconselho: tomar esse corredor é perigoso (Concl. C). Mas a propriedade seguinte (*rápido*) tem, argumentativamente, sentido inverso e aconselha, então, a escolher esse itinerário, a despeito das dificuldades de percurso que ele apresenta (Concl. não-C). O movimento argumentativo é dado pela estrutura conselho/desaconselho, que consideramos anteriormente como uma propriedade de gêneros de incitação à ação.

Todo o parágrafo T26, dedicado ao período ideal de percurso da trilha De Galbert, obedece à mesma lógica:

> **Período:** de maio a outubro, dependendo, NO ENTANTO, da abertura dos teleféricos de La Flégère e do Index (final de junho ao final de setembro). SENÃO, pode-se também partir de Planpraz (aberto mais tarde durante a temporada), atravessar até La Flégère e alcançar o Index, MAS o caminho se torna, ENTÃO, desproporcional pela distância da escalada... AO PASSO QUE a tranquilidade é garantida. Vale retornar no outono, para se aproveitar da luz suave dessa bela estação.

A alternativa (*aproveitar ou não os teleféricos no começo e, sobretudo, no fim da estação*) segue um movimento um pouco complicado. Se se escolhe o período que precede o fim de junho e segue até o fim de setembro, ENTÃO, o caminho se torna desproporcional. MAS introduz esse argumento como um desaconselho manifesto (Concl. não-C). Entretanto, o texto traz uma bifurcação com AO PASSO QUE, avançando com um novo argumento, o da *tranquilidade*, argumento que a frase seguinte reforça ainda mais tomando de empréstimo as qualidades da luz e da suavidade do outono. Dá-se um conselho (Concl. C) que ganha sentido inverso ao argumento introduzido por MAS.

O terceiro emprego do conector confirma esse valor de conselho. Falar do Lago Blanc como opção evitável "MAS que seria uma pena!" é recomendar claramente não o evitar. A exclamação é o traço da subjetividade de um enunciador que se compromete com uma avaliação e com conselhos pessoais. Se essa atitude enunciativa não está de acordo com as regras do gênero, o valor de conselho dos argumentos é, ao contrário, como já dissemos, próprio dos textos de incitação à ação.

Examinemos rapidamente como a parte procedimental de T27 é dividida:

ACESSO:

P1 **a1.** Do abrigo de la Selle, **seguir** a 99 ATÉ o pé da encosta do S do Râteau (2h30)

P2 **a2.** **Atacar** os dois pilares POR um corredor.

P3 **a3.** **Passar** a fenda entre a geleira e a rocha

     a4. E **seguir** o corredor por 30m,

     a5. DEPOIS, **dirigir-se** até o pilar da esquerda, no nível do ressalto inicial.

ITINERÁRIO:

P4 **a6.** Um cruzamento ascendente para a esquerda **leva** ao topo do ressalto.

P5   **a7.** **Escalar** uma pequena fenda,

      a8. EM SEGUIDA **vir** até o fio do pilar PELAS lajes

[avaliação descritiva (III)]

P6   **a9.** **Seguir** no fio ATÉ que ele se torne vertical

[avaliação descritiva (III e IV)]

P7   **[proposição descritiva:** O fio é cortado por uma laje de 6 m sobre uma grande plataforma.

P8   **a10.** **Escalar** a laje

[avaliação descritiva (IV, um passo de IV sup.)]

      a11. DEPOIS **subir** pelas lajes em direção à esquerda

[avaliação descritiva (III e III sup.)]

      a12. PARA **encontrar** o fio do pilar no pé de um grande ressalto vermelho.

P9   **a13.** **Subir** a primeira saliência PELA direita

[avaliação descritiva (5m, V, difícil, exposto)]

P10 **a14.** Do degrau que sobe para a saliência, **subir** direto o flanco esquerdo do pilar mais próximo do fio PELAS canaletas.

[avaliação descritiva (V)]

      a15. DEPOIS, o próprio fio do pilar ATÉ o pico do ressalto

[avaliação descritiva (mais fácil)]

P11 **a16.** **Subir** ATÉ o pé de um segundo salto vertical

      a17. que se **escala**

[avaliação descritiva (III, III sup.)]

      a18. E **seguir** ATÉ uma agulha.

P12 **a19.** **Descer** ENTRE duas lâminas, onde está situada uma estrada,

      a20. **Atravessá**-la.

P13 **a21.** **Seguir** à direita PARA **alcançar** a aresta da cumeeira.

Encontramos, nessa passagem, os organizadores DEPOIS, ATÉ e as várias indicações espaciais que favorecem, evidentemente, a orientação no rochedo. Constatamos que as abundantes proposições descritivas intercaladas não são tão subjetivas quanto as de T26. Destinadas a fornecer uma indicação relativa ao grau de dificuldade das passagens da escalada (de III a V aqui), elas se apoiam em uma escala de cotação técnica o mais objetiva possível. Essas informações, a despeito de uma margem de apreciação pessoal da dificuldade, fazem parte do contrato de verdade instituído entre os coenunciadores. Elas repousam em um consenso entre os especialistas (T26 refere-se a essas avaliações numeradas no esquema de infográfico da ficha).

A estrutura de T22 não é muito diferente. As indicações espaciais preenchem o esquema "acesso/subida":

> **A partir de** Guillestre, **pela** D 902 (garganta do Guil), DEPOIS, **à direita na Maison du Roy**, a D 60 ATÉ a entrada de Ceillac, que se deixa PARA subir à **direita** no vale de Mélezet ATÉ sua extremidade, no estacionamento de Chaurionde.

Quanto à parte "itinerário", pode-se também a decompor em dez frases que alternam o infinitivo e o presente com SE (as proposições descritivo-avaliativas são aqui rejeitadas no fim, em P8, P9 e P10):

P1	a1.	**Tomar**, no bosque, o carreiro do desfiladeiro Tronchet
	a2.	E **segui por ele** ATÉ a trilha íngreme sob o desfiladeiro.
P2	a3.	NA primeira curva à direta, **abandonar** o carreiro
	a4.	PARA **atravessar** à esquerda no nível dos monólitos ATÉ chegar num pequeno vale visível (flanco esquerdo coberto de vegetação, flanco direito, de pedras) ao pé da encosta oeste do rochedo do Eissassa.
P3	a5.	**Subir** até o limite da vegetação e da pedreira ATÉ uma bifurcação,
	a6.	DEPOIS, **seguir** à direita uma picada entre as pedras que leva a um desfiladeiro íngreme de pedras instáveis e de rochedos.
P4	a7.	**Escalá-lo** da melhor forma, auxiliando-se dos rochedos da margem esquerda.
P5	a8.	QUANDO ele se tornar demasiadamente rochoso, ir POR um pequeno desfiladeiro secundário à esquerda (a alguns metros, há um *cairn* visível na saída).
P6	a9-9bis	**Desemboca-se** NUM grande plano inclinado de pedras e de monólitos (altura aproximada de 200 m), **pelo qual se sobe** até o cume.
P7	a10.	**Alcança-se**, facilmente, à esquerda, ao *cairn* mais alto sobre uma pequena fortaleza rochosa.
P8	**Cuidado:**	Atenção para o pico da encosta leste.

P9 **Proposição descritiva:** Vasto panorama, DO Chambeyron AOS Écrins, ATÉ o Mont-Blanc.

P10 **Proposição descritiva:** Mirante sobre o Font-Sancte.

Ao contrário das receitas, a estrita linearidade das ações não impõe reagrupamento de subações. As proposições descritivas dos lugares e dos pontos de importância são fundamentais. Enfim, o tempo e o espaço são bastante ligados: o percurso do espaço é (toma) tempo.

Planos de texto e visilegibilidade da segmentação

Como se vê, os textos são estruturados flexivelmente, e a importância dos planos de texto é preponderante. Os textos que não comportam organização sequencial canônica são organizados pelo parâmetro de outros níveis de organização, semântica e/ou ilocutória; as marcas de conexão em geral, e, sobretudo, a segmentação tipográfica exercem um papel fundamental. Esses planos são, geralmente, fixados pelo estado histórico de um gênero ou de um subgênero.

Plano das receitas

As receitas de cozinha comportam uma caracterização planificada muito forte: a lista dos ingredientes e a descrição procedural da preparação constituem as duas principais partes que uma fotografia geralmente vem completar, para apresentar a realização potencial do todo. Notemos na passagem que é praticamente a mesma coisa – com a adição de desenhos e esquemas que, às vezes, com a ajuda de uma numeração, substituem totalmente a parte verbal – como nos guias de montagem (de um móvel ou de uma maquete). Assim, T15 é composto de uma descrição procedural de ações, de uma descrição-lista e de uma referência publicitária ao manual do qual é tirada a instrução. Como em T20, T21, T23 e T24, a segmentação tipográfica tem um papel essencial de estruturação das unidades (fragmentos) em conjuntos (blocos com subtítulos de partes facultativas). Todos esses textos apresentam um plano de texto de base bem simples:

a. Nome da receita (ou do produto da atividade de instrução), lexema superordenado que serve de tema-título (conforme a operação de ancoragem das sequências descritivas).

b. Lista de ingredientes/do material (T15: *material escolar*, T23: *ingredientes*) necessários que – grau zero da descrição – corresponde à enumeração dos componentes (ainda não organizados) do todo ("a"). Essa parte não tem sempre um subtítulo próprio, nem lugar fixo, mas ela é tipograficamente identificável.

c. Descrição do encadeamento de ações a se executar corretamente para se alcançar o objetivo esperado ("a"). O lugar dessa parte (antes ou depois de "b") não é fixo e os subtítulos variam: "Instruções a seguir" (T15), "Manual de instruções" (T16), "Realização" (T21), "Modo de Preparo" (T23).

d. Infografia dando uma ideia do todo ("a") realizado (objetivo do procedimento acional).

e. Conselhos, recomendações (facultativos).

Os elementos da parte da lista (b) são retomados sistematicamente na enumeração da série de atos (c). O algoritmo de transformação é o seguinte: um encadeamento ordenado de operações permite passar de um estado inicial (conjunto de ingredientes diversos ou de elementos esparsos [b]) até um estado final (todo finalizado [a] – [d]). Essa estrutura permite ser assimilada a um processo de condensação lexical: por meio [c] de verbos de ação, passa-se da lista [b] a um lexema superordenado [a], que serve de tema-título para a receita. Tal processo corresponde, do ponto de vista sequencial, a uma estruturação descritiva na qual o programativo introduz um movimento: [a] só é obtido se se operar sobre [b] uma série de atos [c]. O processo de *desmultiplicação*, que permite passar de [a] até à lista [b] dos ingredientes, assemelha-se à operação descritiva de *aspectualização*, característica dos desenvolvimentos descritivos. O processo inverso de *condensação*, que faz passar de [c] a [a], assemelha-se muito à orientação descritiva de *afetação*, o que pode ser resumido assim:

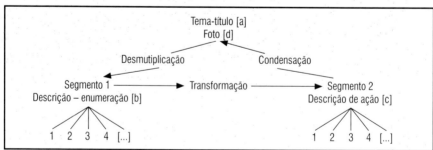

Plano dos guias de alpinismo

Não acontece o mesmo com os guias de alpinismo e trilha. As partes que comportam esses textos são mais complexas, mas também identificáveis tipograficamente. A parte [c], em particular, é mais subdividida:

Discurso procedural e outros gêneros de incitação à ação

[a] **1. Nome** do pico ou do itinerário (com, cada vez mais frequentemente, uma foto ilustrativa).

T22: Queyras. Rochedo do Eissassa (3.048 m); T26: Maciço das Aiguilles Rouges. Tour de Crochues: trilha De Galbert; T27: Pilar Candeau.

[b] **2. Informações diversas** (sob a forma de lista):

2.1. Altitude

T22: (3.048 m); T26: Altitude: 2.589 m; T27: Pico W, 3.766 m.

2.2. Duração da trilha e da subida ou da caminhada

T22: Duração: 4h30 (global); T26: Período: 45 minutos de trilha e 2h de escalada; T27: (2h30), Ø.

2.3. Nível de dificuldade

T22: Dificuldade: caminhada esportiva exigente: fora do carreiro íngreme e resvaladiço [...];

T26: Dificuldade: D – (passagens de 4/4+); T27: D.

2.4. Ambiente geral

T22: Nota: beleza e sossego garantidos neste cume [...]; T26: Entre os clássicos da saída do Index, a trilha De Galbert, em Tour de Crochues, goza de um merecido sucesso [...]; T27: Aconselhado.

2.5. Ponto de partida

T22: Ponto de partida: estacionamento de Chaurionde (1.967 m); T26 e T27: Ø.

2.6. Desnível da subida/descida ou altura da trilha

T22: Desnível da subida: 1.081 m/ Desnível da descida: 1.081 m;

T26: Altura: 170 m; T27: Ø.

2.7. Informação sobre a primeira subida

T22: Ø; T26: Abertura: Denise Escandre e P. de Galbert, 9 de setembro de 1970; T27: Narcisse Candeau, só, 7 de agosto de 1966.

2.8. Mapas

T22: Mapas e guias: IGN TOP 25-3537 ET e 3637 OT Didier Richard n. 10; T26 & T27: Rel. Candeau, Roques.

2.9 Autoria

T22: Gérard Grossan; T26: Jean-Luc Tafforeau ; T27: RP Candeau, Roques.

[e] **3. Informações complementares** (conselhos):

3.1. Conselhos relativos ao material e/ao equipamento

T22: Material: sapatos de qualidade (palmilhas semirrígidas). Utilizar bastão para caminhada. Pela nossa experiência, utilizar corda; T26: Equipamentos: utilizar pítons e ganchos; T27: Ø.

Textos: tipos e protótipos

3.2. Conselhos relativos ao período do ano
T22: Período: julho a outubro; T26: Período: maio a outubro, dependendo, entretanto, da abertura [...]; T27: Ø.

3.3. Conselhos de leitura, bibliografia
T26: Bibliografia: Guia escrito pelo autor durante a escalada. Pode-se também consultar [...]; T22 & T27: Ø.

[c] **4. Acesso** = Macroação C1
T27: Do alojamento de La Selle, seguir a 99 até o pé da encosta S do Râteau.

[c] **5. Itinerário de subida** = Macroação C2

[c] **6. Itinerário de descida** = Macroação C3
Precisado unicamente por T26.

[d] **Infografia** que permite situar os lugares completando, substituindo, às vezes, C2 (T26)
T27: Croquis n. 2, 3.

Como vimos, o encadeamento das ações constitutivas das macroações é recortado em cadeias de atos, graças ao conhecimento de mundo e dos *scripts* do domínio de referência.

Por conta do caráter muito estrito desses planos de texto e das marcas de superfícies também muito específicas, podemos ficar tentados a considerar os textos procedurais e injuntivo-instrucionais como um tipo textual bastante individualizado, situado, dentro de um *continuum*, entre a narrativa e a descrição (muito próximo da narrativa, segundo Greimas (1983) e Bouchard (1991), extremamente próximo da descrição, para mim). Espero ter explicado com clareza por que eu não acho útil criar um sexto protótipo de sequência. Para mim, não é o caso de se propor um protótipo sequencial, mas, sim, uma família de gêneros discursivos fortemente determinados por componentes semântico-pragmáticos comuns: visada ilocutória injuntiva, lugar enunciativo vazio destinado a ser ocupado pelo leitor, mundo representado não funcional.

PARA CONCLUIR: UM EXEMPLO DE LITERARIZAÇÃO DO GÊNERO DA RECEITA

Em *Le Chien à la Mandoline*, completando os 11 textos da terceira seção de *L'Instant fatal*, intitulado também "Por uma arte poética", Raymond Queneau utiliza parodisticamente o gênero receita:

T28 POR UMA ARTE POÉTICA

(*continuação*)
Pegue uma palavra pegue duas
bote-as pra cozer como ovos
pegue uma pitada de sentido
depois uma grande porção de inocência
cozinhe tudo em fogo brando
no fogo brando de uma técnica
despeje um molho enigmático
salpique em cima umas estrelas
apimente e depois bote os véus*

mas o que você pretende?
Escrever?
Ah é? Escrever?

Esse poema se parece com as receitas examinadas anteriormente. Sua tessitura procedural leva em conta a presença de ações, de organizadores temporais marcando o encadeamento e da preposição do título ("Por..."). Situada, assim, no começo da frase, ela dá ensejo a uma enumeração de ações que permite chegar ao objetivo pretendido: escrever um poema (como o confirmam os dois últimos versos). Essa visada se traduz pela mistura de uma isotopia culinária estereotipada – *cozer, ovos, uma pitada de, cozer em fogo brando, despejar o molho, salpicar, apimentar* – e de uma isotopia poética – *palavra, sentido, técnica, enigmático* – que termina em uma isotopia do cosmos – *estrelas*. Segmentado tipograficamente em 12 versos divididos em duas estrofes, o poema pode ser decomposto em uma sucessão de dez atos diretivos (a) tomados no âmbito da preposição POR:

v.1	a1.	Pegue uma palavra
	a2.	pegue duas
v.2	a3.	bote-as para cozer como ovos
v.3	a4.	pegue uma pitada de sentido

---

* N.T.: No poema original, a palavra usada é *voiles*, que pode ser traduzida como *véu* ou *vela*. Julgamos que ambas as traduções são pertinentes nesse contexto. Optamos por *véu* em virtude de, na análise do poema, Adam sugerir que há um componente que indica o aspecto *misterioso* do fazer poético.

Textos: tipos e protótipos

v.4 a5. DEPOIS [elipse do imperativo] uma grande porção de inocência
v.5 a6. cozinhe tudo em fogo brando
v.6   no fogo brando da técnica
v.7 a7. despeje um molho enigmático
v.8 a8. salpique em cima umas estrelas
v.9 a9. apimente
    a10. E DEPOIS bote os véus

A linearidade aparente (enumeração de ações-injunções) desse bloco de 9 versos* é trabalhada por uma estrutura rítmica marcada pelas rimas, pelas retomadas da mesma forma verbal (imperativo) e pelo organizador temporal DEPOIS (introdutor a cada vez de um elemento semântico em ruptura com relação à isotopia culinária: *grande porção de inocência* (v. 4) e *bote os véus* (v. 9):

AÇÕES	[1-2-3-4-(5)]	[6]	[Ø 7-8-9-10]
RIMAS**	[a-a + b-b = Q1]	[A]	[c-c + d-d = Q2]
IMPERATIVOS	[2 – 1 & 1 – 0]	[1]	[Ø – 1 & 1 – 2]

Pela rima, o verso central pertence ao primeiro Q. Ele está semanticamente (verbo fazer + cozimento) e foneticamente (rima) em elisão com o verso 2, mas também introduz o verso 6, desprovido de verbo e que reformula o fim do verso central, que, por seu turno, pertence, pela rima, ao segundo quarteto. O *fogo brando da técnica* (v. 6), entre Q1 e Q2, faz com que o poema paire entre um mundo *enigmático* e cósmico (estrelas, véus).

Rima A + 2 IMPERATIVOS
    Rima A + 1 IMPERATIVO
    Rima B + 1 IMPERATIVO
    Rima B + IMPERATIVO Ø + DEPOIS   = Q1
Rima A + 1 IMPERATIVO   **eixo de simetria**
    Rima C + IMPERATIVO Ø
    Rima C + 1 IMPERATIVO
    Rima D + 1 IMPERATIVO
    Rima D + 2 IMPERATIVOS + E DEPOIS   = Q2

---

* N.T.: No poema original, os versos 1 a 9 são octassílabos. A quantidade de sílabas dos versos 10 a 12, informada posteriormente, equivale, também, à quantidade presente no poema original.

** N.T.: O padrão de rimas equivale ao poema em francês: a-a – "*deux*" e "*oeufs*"; b-b – "*sens*" e "*innocence*"; c-c – "*technique*" e "*énigmatique*"; d-d: "*étoiles*" e "*voiles*".

O segundo bloco-parágrafo apresenta também retomadas de significante (mesma rima, retomada do segundo verso no terceiro), porém, com um encadeamento bem diferente das proposições. A mudança ilocutória é clara: passa-se do imperativo ao interrogativo, e um diálogo aparece com a finalidade assinalada pelo título do poema. À ligação cronológica das ações, sucede uma ligação dialogal de completude ilocutória. A pergunta requer uma resposta, e esta exige uma forma de fechamento (na qual o ponto de interrogação marca ainda mais a entonação):

v.10	Rima E (7 sílabas)	Pergunta de B.
v.11	Rima E (3 sílabas)	Resposta de A que confirma o título.
v.12	Rima E (5 sílabas)	Avaliação de B (com a retomada da resposta).

Essa sequência transacional incita a reler a primeira parte do poema como uma intervenção de um locutor (A) levando a pergunta de um interlocutor (B) ao verso 10. O conjunto pode ser, então, recategorizado como uma construção dialogal. Assim trabalhada pela construção textual dialogal e pelo ritmo poético, a receita entra em uma complexidade de agenciamentos que distingue fundamentalmente esse texto das receitas examinadas anteriormente. Esse procedimento de trabalho sobre um gênero da linguagem comum é largamente explorado em todas as obras de Queneau e, além disso, pelo discurso literário em geral. A despeito do que François Rastier diga sobre o assunto, a heterogeneidade não é uma característica romântica apenas do macrogênero romanesco: trata-se de uma operação de trabalho sobre as formas de qualquer língua, constitutivamente ligadas ao gênero do discurso.

CONCLUSÃO

No fim deste percurso, alguns desafios se revelam. A complexidade dos fenômenos estudados nos obrigou a ir além da constatação que desenvolvia Valentin N. Volochinov nos anos 1930:

> A construção da frase complexa (o período), eis tudo o que a linguística pode levar em conta. Quanto à organização do enunciado completo, ela remete a competência a outras disciplinas: a retórica e a poética. A linguística não tem método para abordar as formas de composição de um todo. É por isso que não há nem transição progressiva, nem mesmo qualquer ligação entre as formas linguísticas dos elementos do enunciado e as da totalidade que ele constitui. É somente dando um salto qualitativo que se passa da sintaxe às questões de composição. Isso é inevitável, uma vez que só se pode perceber e compreender as formas de um enunciado enquanto totalidade, fundamentando-se em outros enunciados, que formam, eles próprios, uma totalidade na unidade de uma mesma esfera ideológica dada. (Volochinov, 2010: 281)

Textos: tipos e protótipos

A linguística felizmente avançou um pouco desde essa constatação que levava Bakhtin e Volochinov a falarem de "metalinguística" para situar seus trabalhos. Os capítulos que acabamos de ler testemunham uma perspectiva linguística decididamente aberta ao conjunto de ciências da linguagem e às ciências dos textos. Eu insisti, em cada capítulo, nos aportes e em certos conhecimentos da retórica antiga e moderna, da poética para as questões da narrativa (capítulo "O protótipo da sequência narrativa"), da descrição (capítulo "O protótipo da sequência descritiva") e do diálogo (capítulo "O protótipo da sequência dialogal"), da semiologia da escola de Neuchâtel para os capítulos "O protótipo da sequência argumentativa" e "O protótipo da sequência explicativa", consagrados à argumentação e à explicação. Da narratologia à semiótica narrativa (de Greimas a Eco), passando pelos trabalhos sobre as interações e sobre a análise conversacional, pelas teorias poéticas e discursivas dos gêneros, pela psicolinguística textual, um grande número de trabalhos me auxiliou a ultrapassar os limites tanto da gramática de texto e das tipologias de textos quanto da linguística do discurso limitada aos fenômenos interfrásticos. O desafio era descrever os fatos linguísticos transfrásticos de nível mesotextual.

Além dessa *interdisciplinaridade arrazoada*, outra escolha epistemológica guiou estas páginas: a recusa de três abordagens, a meu ver, globais demais dos fatos de discurso. Inicialmente, recusei a hipótese do *todo narrativo* da semiótica da Escola de Paris. Na perspectiva de Greimas, tudo era narrativo e não se podia mais pensar o que distingue uma fábula de uma receita de cozinha ou de uma oração fúnebre. A hipótese do *todo conversacional-dialogal* domina, por necessidade de *corpus*, os trabalhos centrados nas interações orais. Ela é justa do ponto de vista geral da discursividade, pois não há discurso, mesmo monologal, que não seja, a um certo nível de seu funcionamento, dialógico; mas isso não quer dizer que ele seja dialogal na materialidade de sua textualização. Mas é precisamente a diversidade linguística das formas de textualização que está no centro da presente obra. A hipótese do *todo argumentativo* é justa do ponto de vista da teoria pragmática geral: uma narrativa, uma descrição, uma explicação possuem uma orientação argumentativa. Como o diz Jean Blaize Grize, "Todo discurso pode ser uma argumentação", mas ele acrescenta: "Tomado em si mesmo [...] um enunciado não é nem argumentativo nem não argumentativo. [...] O caráter argumentativo de um discurso repousa, antes de tudo, sobre a finali-

|300|

Conclusão

dade daquele que o produz" (1996: 18-19). Para retomar um exemplo caro a Grize, o enunciado "Deixai vir a mim as criancinhas", que remete a locutores como Cristo, o Ogro do *Pequeno Polegar* ou o sinistro pedófilo belga Dutroux, toma um sentido totalmente diferente. Essas identidades locutivas são inseparáveis de um co(n)texto: O Novo Testamento, os contos de Perrault ou um *fait divers* contemporâneo.

A fim de discutir as teorias que integram os textos injuntivos e procedurais nas tipologias de base, o capítulo "Discurso procedural e outros gêneros de incitação à ação" dedicou-se a um exame o mais rigoroso possível de propriedades linguísticas comuns a certo número de gêneros discursivos. Vimos como esses gêneros organizam a matéria verbal em planos de textos variados e fortemente tipificados. A análise permitiu justificar o fato de que eu não extraio, dessa família bastante vasta de gêneros, regularidades composicionais semelhantes às regularidades sequenciais descritiva, narrativa, argumentativa, explicativa e dialogal. Vimos que, nesse nível de complexidade, não se atinge diretamente o nível textual de composição, pois as sequências são apenas meso-unidades da estrutura composicional dos textos.

Essas meso-unidades podem entrar em combinações que explicam que alguns textos articulam um número mais ou menos elevado de sequências geralmente diferentes. A caracterização global de um texto resulta de um efeito de dominância: o todo textual é caracterizável, na sua globalidade e sob forma de resumo, como mais ou menos *narrativo, argumentativo, explicativo, descritivo* ou *dialogal*. O efeito de dominância é determinado seja pelo maior número de um dado tipo de sequência presente no texto, seja pelo tipo da sequência encaixante. Se é frequentemente difícil determinar que tipo um texto global atualiza, é porque a maioria dos textos se apresentam como misturas de vários tipos de sequências. Os textos homogêneos (monotipos) são mais raros que os textos heterogêneos (pluritipos), compostos, por definição, de sequências que atualizam, elas próprias, protótipos diferentes. Um texto heterogêneo é geralmente classificado em função do tipo enquadrante. Vimos que uma fábula como "O lobo e o cordeiro" é definida como narrativa, em primeiro lugar, porque se trata do gênero fábula e, depois, porque a narrativa orienta o longo diálogo entre os dois protagonistas. Quantitativamente, o diálogo a supera, mas o tipo enquadrante narrativo decorre do pertencimento do texto ao gênero da fábula. Quanto à

|301|

"Moral", que perpassa argumentativamente o texto, ela se acrescenta à complexidade dessa heterogeneidade constitutiva. A estrutura composicional global é organizada pelo plano de texto, que, no século XVII, compreendia também a vinheta situada entre o título e o texto propriamente dito, fazendo da fábula clássica um iconotexto.

Vimos que um texto de *dominância narrativa* é geralmente composto de relações de ações, de acontecimentos, de palavras e de pensamentos representados, mas que comporta também momentos descritivos mais ou menos desenvolvidos. Falar, nesse caso, de modo redutor, de "texto de tipo narrativo" remete a apagar a complexidade específica do texto em questão. Efetivamente, é na dosagem das relações entre esses diversos constituintes composicionais que cada texto constrói seus efeitos de sentido, e às vezes até suas intenções estéticas. A teoria composicional das sequências tem por tarefa enfatizar tais dosagens (de descritivo no narrativo, de narrativo no dialogal, de narrativo no explicativo etc.) e as novas soluções inventadas para cada texto. É menos interessante dizer que um discurso, por exemplo, político é do "tipo argumentativo" do que examinar sua dinâmica, atentando para o modo como sequências e períodos se articulam no seio de um plano de texto global. O estudo das modalidades de inserção de sequências narrativas em cotextos argumentativos, explicativos ou dialogais é muito mais útil do que o apagamento do heterogêneo em um texto artificialmente tipologizado na sua globalidade. A estilística, a explicação do texto e a análise de discurso necessitam de uma teoria dos arranjos textuais que atente para essas diferenças e para a complexidade da articulação de elementos heterogêneos.

Um texto não é apenas uma sucessão linear de partes (parágrafos correspondendo a um simples período, a uma macroproposição ou a uma sequência); ele é, ao mesmo tempo, um todo de sentido semântico-pragmático, um conjunto reticular e uma unidade configuracional quase sempre resumível por um título (dado ou a deduzir). É a sua primeira maneira de fazer sentido para alguém: nome do prato para a receita de cozinha, nome da cidade ou do monumento a visitar para os guias de viagem e as descrições, designação do problema para os conselhos e as explicações. Compreender um texto é sempre poder responder a uma pergunta pragmática: por que, para realizar qual objetivo, qual visada argumentativa, esse texto foi produzido? Compreender a ação linguageira engajada (macroato de discurso implícito ou não) é uma outra maneira de resumir um texto e, portanto, de interpretá-lo em sua globalidade. No caso dos gêneros reguladores, como vimos no último capítulo, a ação discursiva é englobada no *dizer sobre fazer*. Uma forte unificação configuracional pelo tema-tópico e pelo ato de discurso vem compensar a fragmentação dos componentes do plano de texto e explicar a homogeneidade escrito-visual e pragmático-semântica dos diferentes gêneros.

Deduz-se das análises dos capítulos precedentes que não se deve minimizar a heterogeneidade constitutiva dos textos e dos enunciados. A reflexão tipológica não tem por objetivo reduzir o complexo ao simples. Ela deve, ao contrário, permitir que se reflita sobre a complexidade composicional dos discursos.

A hipótese sequencial é uma resposta a uma fuga, sempre possível em matéria de análise de discurso. Sendo todo texto tomado num jogo de remissões intertextuais infinitas, podemos nos perguntar quais são, efetivamente, os limites de nossa unidade de análise. Catherine Kerbrat-Orecchioni descreveu bem essa vertigem a respeito da análise das interações verbais:

> Pouco a pouco, a unidade verdadeiramente superior é de fato o conjunto de todos os discursos que foram intercambiados ao longo da história da humanidade... Mas, para descrever, é necessário *recortar* um objeto num *continuum*, e isso a partir de critérios aos mais razoáveis possível, mas cuja aplicação comporte necessariamente certa dose de arbitrário. (1990: 217)

A hipótese sequencial é apenas uma parte da reflexão mais global sobre a textualidade que a introdução sucintamente apresentou. Minha concepção da sequencialidade parte do fato de que um leitor confere certa coesão a um encadeamento textual, apoiando-se parcialmente em operações de classificação. Em outros termos, é uma operação de leitura-interpretação que confere a um texto certa estrutura composicional. Temos às vezes uma tendência excessiva a separar leitura e produção. A natureza textual dos fatos de língua tem por consequência a produção de agenciamentos de formas frásticas, interfrásticas e transfrásticas que guiam certamente a leitura/escuta de um enunciado concluído, mas que guiam também a primeira de todas as leituras/escutas: aquela operada pelo próprio produtor no curso do processo de produção de seu texto. Antes de se abrir para o espaço interpretativo de todas as leituras possíveis, a natureza sequencial dos fatos de língua e a existência de esquemas prototípicos guiam e materializam o processo interpretativo do próprio produtor.

Propus uma descrição unificada dos protótipos sequenciais. Vimos que a atualização do protótipo dialogal é certamente a mais flexível das cinco. Diferentemente das outras formas elementares de composição, a estrutura de base do texto dialogal em seu conjunto é muito regrada. As sequências fáticas e transacionais que compõem o texto dialogal não são constituídas de um número restrito de macroproposições. Cada sequência – fática ou transacional – é composta de trocas cujo número não é previsível. Cada troca – correspondendo ao nível macroproposicional do modelo geral – é composta de determinado número de intervenções-cláusulas (*iniciativas* e *reativas* e facultativamente *avaliativas*). Essa estrutura hierárquica, apesar da extrema mobilidade das estruturas dialogais, se inscreve, portanto, no modelo geral considerado.

Recusando atribuir uma prioridade ao discurso "usual, comum" oral, eu considero a maior parte dos escritos como igualmente "cotidianos". A despeito da orientação dominante da linguística contemporânea em direção ao oral, à pragmática e às interações, assumo o fato de trabalhar sobretudo com as formas do escrito, com o escrito constante feito para a oralização (discursos políticos, elogios fúnebres, textos de teatro), ou mais simplesmente do oral escrituraliza-do (entrevista da imprensa escrita), até mesmo estilizado (estilo oralizado dos romances). Sem precisar falar da necessidade de duas linguísticas distintas, constato que os *corpora* diferem consideravelmente e que a instrumentação necessária para estudar o oral ou o escrito instaura diferenças tanto de dados quanto de métodos. A maior parte dos trabalhos linguísticos se situa em um meio termo impreciso e, sob o pretexto de privilegiar "a língua", negligenciam as materialidades discursivas. As diferenças de materialidade dos regimes oral e escrito têm consequências sobre a gestão da continuidade do fluxo verbal tanto na produção quanto na recepção. A complexidade dos agenciamentos de enunciados não é a mesma no oral e nas diferentes formas de escrita. Para dar apenas um exemplo, a noção de período que foi colocada em relevo pelos trabalhos de Claire Blanche-Benveniste (1994), de Michele Prandi (2013) e pelo Grupo de Fribourg (2012), e da qual eu assimilo a noção de "parágrafo oral", de Mary-Annick Morel e Lurent Danon-Boileau (1998), difere daquela que eu utilizo para descrever textos escritos, noção extraída da arte oratória, quer dizer, de uma forma de escrita feita para ser dita, e que apresenta a imensa vantagem de ser historicamente anterior à invenção da frase.

REFERÊNCIAS

ADAM, J.-M. 1978: "La cohésion des séquences de propositions dans la macrostructure narrative", Langue française 38, 101-117.

- 1982: "The Macro-Structure of the Conventional Narrative", Poetics Today Vol. 3, nº 4, 135-168.
- 1984: Le Récit, Paris, PUF, coll. Que sais-je? nº 2149.
- 1985a: "Réflexion linguistique sur les types de textes et de compétences en lecture", L'Orientation scolaire et professionnelle 4, XIV, 293-304.
- 1985b: "Quels types de textes?", Le Français dans le monde 192, 39-43.
- 1986: "Dimensions séquentielle et configurationelle du texte", Degrés 46-47, b1-b22.
- 1987a: "Types de séquences textuelles élémentaires", Pratiques 56, 54-79.
- 1987b: "Textualité et séquentialité: l'exemple de la description", Langue française 74, 51-72.
- 1989a: "Pour une pragmatique linguistique et textuelle", in L'Interprétation des texte, C. Reichler dir., Paris, Minuit, 183-222.
- 1989b: "Éléments de pragmatique textuelle", TLE 6, P. U. Vincennes, 113-137.
- 1990a: Éléments de linguistique textuelle, Liège, Mardaga.
- 1990b: "Une rhétorique de la description", in Figures et conflits rhétoriques, M. Meyer e A. Lempereur éds., éd. de l'Université de Bruxelles.
- 1991: "Cadre théorique d'une typologie séquentielle", Études de linguistique appliquée 83, 7-18.
- 1993: La Description, Paris, PUF, coll. Que sais-je? nº 2783.
- 1994a [1985]: Les Texte narratif, Paris, Nathan-Université.
- 1994b: "Décrire des actions: raconter ou relater?", Littérature 95, 3-22.
- 1995 [1990]: "Aspects du récit en anthropologie", in J.-M. Adam, M.-J. Borel, C. Calame, M. Kilani dirs., Le Discours anthropologique, Lausanne, Payot, 227-254.
- 1996: "L'argumentation dans le dialogue", Langue française 112, 31-49.
- 1997a: "Une alternative au 'tout narratif': les gradients de narrativité", Recherches en communication 7, Université catholique de Louvain, 11-35.

Textos: tipos e protótipos

- 1997b: "Unités rédactionnelles et genres discursifs: cadre général pour une approche de la apresse écrite", *Pratiques* 94, 3-18.
- 1997c: "Genres, textes, discours: pour une reconception linguistique du concept de genre", *Revue belge de philologie et d'histoire* 75, 665-681.
- 1997: *Le Style dans la langue*, Paris-Lausanne, Delachaux et Niestlé.
- 1998: "Les genres du discours épistolaire", in *La Lettre, entre réel et fiction*, J. Siess dir., Paris, SEDES, 37-53.
- 1999: *Linguistique textuelle. Des genres de discours aux textes*, Paris, Nathan.
- 2001a: "Types de textes ou genres de discours? Comment classer les textes qui *disent de* et *comment faire?*", *Langages* 141, 10-27.
- 2001b: "Entre conseil et consigne: les genres de l'incitation à l'action", *Pratiques* 111/112, 1-33.
- 2001c: "En finir avec les types de textes", in *Quelles grammaires enseigner à l'école? Discours, genres, texte, phrase*, Cl. Garcia, J.-P. Confais et M. Grandaty dirs. Paris-Toulouse, Delagrave et CRDP Midi-Pyrénées, 25-43.
- 2001d: "Un 'infini tourbillon du logos'. La rhétorique épidictique de Francis Ponge", chapitre 8 de *La Mise em scène des valeurs. La rhétorique de l'éloge et du blâme*, M. Dominicy e M. Frédéric dirs., Lausanne-Paris, Delachaux et Niestlé, 233-269.
- 2001e: «Analyse des discours. Types et genres», in *Communication et interprétation*, M. Ballabriga dir., Toulouse, Éditions Universitaires du Sud, 42-59.
- 2002a: "Conditions et degrés de narrativisation du poème", *Degrés* 111, a1-a26.
- 2002b: "De la période à la séquence. Contribuition à une (trans)linguistique textuelle comparative", in *Macrosyntaxe et macrosémantique* H. L. Andersen et H. Nølke dirs., Berne, Peter Lang, 167-188.
- 2002c: "De la grammaticalisation de la rhétorique à la rhétorisation de la linguistique. Aide mémoire", in *Après Perelman: quelles politiques pour les nouvelles rhétoriques?*, R. Koren e R. Amossy dirs., Paris, L'Harmattan, 23-55.
- 2003: "Entre la phrase et le texte: la période et la séquence comme niveaux intermédiaires de cohésion", *Québec français* 128, 51-54.
- 2004: "Une approche textuelle de l'argumentation: schéma, séquence et phrase périodique", in *L'Argumentation aujourd'hui*, M. Doury et S. Moirand dirs., Paris, Presses Sorbonne Nouvelle, 77-102.
- 2005a: "Variété des usages de SI dans l'argumentation publicitaire", in *Argumentation et communication dans les médias*, M. Burger e G. Martel éds., Québec, Nota Bene, 81-109.
- 2005b: "Conte écrit et représentation du discours autre. Le cas Perrault", in *Dans la jungle des discours. Genres de discours et discours rapporté*, J. M. Lopez Munoz, S. Marnette e L. Rosier éds., Cadiz, P.U. Cadiz, 27-44.
- 2008a: "Essai de définition linguistique du récit", *Actes de savoirs* 4, "Le récit", Paris, Institut universitaire de France-PUF, 113-127.
- 2008b: "La construction textuelle de l'explication", in *L'Explication. Enjeux cognitifs et communicationnels*, Ch. Hudelot, A. Salazar Orvig e Edy Veneziano dirs., Leuven-Paris, Peeters, 23-40.
- 2011a: *Genres de récits. Narrativité et généricité des textes*, Louvain-la-Neuve, Academia Bruylant.
- 2011b: *La Linguistique textuelle. Introduction à l'analyse textuelle des discours*, Paris, A. Colin.
- 2012a: "Le modele émergentiste en linguistique textuelle", *L'information grammaticale* 134, Paris, Peeters, 30-37.
- 2012b: "Discursivité, généricité et textualité. Distinguer pour penser la complexité des faits de discours", *Recherches* 56, Lille, P.U. du Septentrion, 9-27.
- 2013: "Macro-propositions, séquences et plans de textes: discussion des propositions d'André Avias", *Semen* 36, Besançon, 205-223.
- 2014: *Problèmes du texte. Leçons d'Aarhus, Pré-Publications* n° 200/2013, Arhus Universitet, Fransk institut for æstetik og kommunikation.

Referências

- 2015a: "Le paragrafe e la séquence: unités méso-textuelles", in *Testualità. Fondamenti, unità, relazioni*, A. Ferrari, L. Lala, R. Stojmenova (dir.), Florence, Franco Cesati Editore, 13-28.
- 2015b: *Faire text. Fronteires textuelles e operations de textualisation* (dir.), Besançons, Presses Universitaires de Franche-Comté.

ADAM J.-M. e BONHOMME M. 1997: *L'Argumentation publicitaire*, Paris, A. Colin.

ADAM J.-M., BOREL M.-J., CALAME C e KILANI M. 1995 (1990): *Le Discours anthropologique*, Lausanne, Payot.

ADAM J.-M. e DURRER S. 1988: "Les avatars rhétoriques d'une forme textuelle: l ecas de la description", *Langue française* 79, 5-23.

ADAM J.-M. e HEIDMANN U. 2004: "Des genres à la généricité", *Langages* 153, 62-72.

- 2006: "Six propositions pour l'étude de la généricité", in R. Baroni e M. Macé dirs., *Le Savoirs des genres, La Licorne* 79, Presses universitaires de Rennes, 21-34.
- 2009: *Le Texte littéraire. Pour une approche interdisciplinaire*, Louvain-la-Neuve, Academia Bruylant, coll. "Au cœur des textes".

ADAM J.-M., HERMAN Th., LUGRIN G. (dirs.) 2000a: *Genres de la presse écrite e analyse de discours, Semen* 13, Presses universitaires de Franche-Comté.

- 2000b: *La Presse écrite: des genres aux mélanges de genres, Études de Lettres* 3-4, Université de Lausanne.

ADAM, J.-M. e LORDA C.-U. 1999: *Lingüística de los textos narrativos*, Barcelone, Ariel.

ADAM J.-M., LUGRIN G. et REVAZ F.1998: "Pour en finir avec le couple récit/discours", *Pratiques* 100, 81-98.

ADAM J.-M. e PETITJEAN A. 1989: *Le Texte descriptif*, Paris, Nathan-Université.

ADAM J.-M. e REVAZ F. 1996: *L'Analyse des récits*, Paris, Seuil, coll. Mémo, n° 22.

ADAM J.-M. e VIPREY J.-M. (dirs.) 2009: *Corpus* 8, "Corpus de textes, textes en corpus".

ADAMZIK K. 1985: *Textsorten – Texttypologie: Eine kommentierte Bibliographie*, Münster, Nodus.

- 2000 (dirs.): *Textsorten. Reflexionen und Analysen*, Tübingen, Stauffenburg.
- 2004: *Textlinguistik. Eine einführende Darstellung*, Tübingen, Niemeyer.
- 2009: "O que é a pesquisa dos gêneros textuais orientada pela Pragmática?", in *Gêneros e Sequências Textuais*, Recife, EDUPE, 15-44.

ALBALAT A. 1900: *L'Art d'écrire enseigné en vingt leçons*, Paris, Armand Colin (6ᵉ éd. ; 1ʳᵉ éd. 1896).

- 1905: *Les Ennemis de l'art d'écrire*, Paris, Librairie universelle.
- 1932: *La Formation du stylepar l'assimilation des auteurs*, Paris, Armand Colin (15ᵉ éd.; 1ʳᵉ éd. 1901).

AMOSSY R. 2006: *L'Argumentation dans le discours*, Paris, Armand Colin.

ANIS J. 1988: *L'Écriture,théories et description*, Bruxelles, De Boeck-Wesmael.

APOTHELOZ D. e MIEVILLE D. 1989: "Matériaux pour une étude des relations argumentatives", in *Modèles du discours. Recherches actuelles en Suisse romande*, Ch. Rubattel éd., Berne, Peter Lang.

APOTHELOZ D., BOREL M.-J. e PEQUEGNAT C.1984: "Discours et raisonnement", in *Sémiologie du raisonnement*, J.-B. Grize éd., Berne, Peter Lang, 247-260.

APOTHELOZ D., BRANDT P.-Y. et QUIROZ G. 1989: "De la logique à la contre-argumentation", *Travaux du Centre de recherches sémiologiques* 57, Université de Neuchâtel.

APOSTEL L. 1980: "Communication et action", in *Langage et contexte*, H. Parret e L. Apostel dirs., Amsterdam, Benjamins.

ARABYAN M. 1994: *Le Paragraphe narratif*, Paris, L'Harmattan.

- 2003: *Le paragraphe* (dir.), *Modèles linguistiques* n° 48, XXIV-2.
- 2012: *Des lettres de l'alphabet à l'image du texte*, Limoges, Lambert-Lucas.

ARISTOTE 1980: *La Poétique*, tradução de R. Dupont-Roc e J. Lallot, Paris, Le Livre de Poche.

|307|

Textos: tipos e protótipos

ATKINSON J. M. e HÉRITAGE J. (éds.) 1984: *Structure of Social Action. Studies in Conversation Analysis*, Cambridge University Press et Paris, éd. de la Maison des sciences de l'homme.

BAKHTINE M. 1970: *Problèmes de la poétique de Dostoïevski*, Moscou, 1963; trad. fr., Paris, Seuil.
- 1978: *Esthétique et théorie du roman*, Paris, Gallimard.
- 1984: *Esthétique de la création verbale*, Paris, Gallimard.

BAL M. 1977: *Narratologie,* Paris, Klincksieck.

BALLY Ch. 1965 (1925): *Le Langage et la Vie*, Genève, Droz.

BARTHES R. 1966: "Introduction à l'analyse structurale des récits", in *Communications* n° 8, Paris, Le Seuil.
- 1973: *Le Plaisir du texte*, Paris, Seuil.
- 2002 [1971]: "De l'œvre au texte", *Œvre complètes*, tomo III, Paris, Seuil, 908-916.

BARLETT Sir F. Ch. 1932: *Remembering*, Cambridge University Press.

BATAUT B. de 1776: *Essai sur le récit ou entretiens sur la manière de raconter*, Paris, Ch.-P. Breton, libraire.

BATTEUX Abbé Ch. 1753: *Cours de belles-lettres ou Principes de la littérature*, tomo 1, Paris, Desaint et Saillant.

BEACCO, J.-C. 1991: "Types ou genres ? Catégorisations des textes et didactique de la compréhension et de la production écrite", *Études de liguistique appliquée* 83, 19-28.
- 1999 (dir.): *L'Astronomie dans les médias. Analyses linguitiques de discours de vulgarisation*, Paris, Presses de la Sorbonne Nouvelle.

BEAUGRANDE R.-A. de 1980: *Text, Discourse and Procedd: Toward a Multi-disciplinary Science of Texts*, Advances in Discourse Processes, vol. 4, Nor-wood, N. J.: Ablex.

BEAUGRANDE R.-A. de e DRESSLER W. U. 1981: *Einführung in die Textlinguistik*, Tübingen, Max Niemeyer.

BENVENISTE E. 1966: *Problèmes de linguistique générale I*, Paris, Gallimard.
- 1974: *Problèmes de linguitique générale II*, Paris, Gallimard.

BEAUGRANDE R. A. de 1982: "The story of Grammars and the Grammar of stories", *Journal of Pragmatics* 6, North-Holland Publishing Company, 383-422.

BEAUGRANDE R. A. de e DRESSLER W. U. 1981: *Introduction to textliguistic*, London, Longman.

BEREITER C. et SCARDAMALIA M. 1982: "From Conservation to Composition: The Role of Instruction in a Developmental Process", in *Advances in Unstructional Psychology*, vol. 2, R. Glaser dir., Hillsdale, Lawrence Erlbaun Ass.
- 1987: *The Psychology of Written Composition*, Hillsdale, Lawrence Erl-baum Ass.

BERRENDONNER A. 1997: "Schématisation et topographie imaginaire du discours", in *Logique, discours et pensée*, Berne, Peter Lang, 219-238.
- 2002: "Morpho-syntaxe, pragma-syntaxe, et ambivalences sémantiques", in *Macro-syntaxe et macro-sémantique* H. L. Andersen et H. Nølke dirs., Berne, Peter Lang, 23-41.

BERRENDONNER A. e REICHLER-BEGUELIN M.-J. 1989: "Décalages: les niveaux de l'analyse linguistique", *Langue française* 81, 99-125.

BHATIA V. K. 1993: *Analysing Genre*, London, Longman.
- 1997: "Genre Analysis today", *Revue belge de philologie et d'histoire* 75, 629-652.

BIASI-RODRIGUES B., GOMES BEZERRA B. e MAGALHÃES CAVALCANTE M. (dirs.) 2009: *Gêneros e Sequências Textuais*, Recipe, Edupe.

BIBER D. 1992 (1988): *Variation Across Speech and Writing*, Cambridge, Cambridge University Press.
- 1989: "A Typology of English Texts", *Linguistics* 27, 3-43.
- 2006 (1995): *Dimensions of Register Variation. A Cross-Linguistic Comparison*, Cambridge, Cambridge University Press.

BLAIR H. 1783: *Cours de rhétorique et de belles-lettres*, Paris, Auguste Delalain libraire, trad. de l'anglais de P. Prévost, 2 vol. (2ᶜ éd. 1821).

Referências

BLAIR H. 1830: *Leçons de rhétorique et de belle-lettres*, suivies des opinions de Voltaire, Buffon, Marmontel, La Harpe etc., sur les principiales questions de littérature traitées par H. Blair, Paris, Ledentu libraire, trad. J.-P. Quénot, 3 vol. (2ᵉ éd.).

BLANCHE-BENVENISTE C. 1994: *Approches de la langue parlée en français*, Paris, Ophrys.

BLANCHOT M. 1959: "La douleur du dialogue", *Le Livre à venir*, Paris, Seuil.

BOREL M.-J. 1981a: "Donner des raisons. Un genre de discours, l'explication", *Revue européenne des sciences sociales* 56, Tomo XIX, 37-68.
- 1981b: "L'explication dans l'argumentation: approche sémiologique", *Langue française* 50, 20-38.
- 1991: "Notes sur le raisonnement et ses types", *Études de lettres* 4, 67-85.

BOREL M.-J., GRIZE J.-B. e MIÉVILLE D. 1983: *Essai de logique naturelle*, Berne, Peter Lang.

BOUCHARD R. 1991: "Repères por un classement sémiologique des événements communicatifs", *Études de linguistique appliquée* 83, 29-61.

BRASSART D. G. 1990a: "Retour(s) sur 'Mir rose' ou comment analyser et représenter le texte argumentatif (écrit) ?", *Argumentation* 4, Kluwer Académie Publishers, Netherlands.
- 1990b: "Explicatif, argumentatif, descriptif, narratif et quelques autres. Notes de travail", *Recherches* 13, 21-59.

BRMOND C. 1964: "Le message narratif", *Communications* 4, 4-32.
- 1966: "La logique des possibles narratifs", *Communications* 8, 60-76.
- 1973: *Logique du récit*, Paris, Seuil.

BRES J. 1989: " À la recherche de la narrativité: éléments pour une théorisation praxématique", *Cahiers de praxématique* 11, 75-100.
- 1994: *La Narrativité*, Louvain-la-Neuve, Duculot.
- 1999: « Textualité narrative orale, genres du discours et temps verbal », in J.-M. Barbéris et al., *Le Français parlé. Variétés et discours*, Université de Montpellier III, 107-133.
- 2001: "De la textualité narrative en récit oral: l'enchaînement des propositions », *Revue québécoise de linguistique*, vol. 29, n° 23-49.

BRETON Ph e GAUTHIER G. 2000: *Histoire des théories de l'argumentation*, Paris, La Découverte.

BRINKER K. 1985: *Linguistische Textanalyse*, Berlin, Schmidt.

BRONCKART J.-P. 1997: *Activités langagières, textes e discours*, Paris-Lausanne, Delachaus & Niestlé.
- 2008: "Genres de textes, types de discours e "degrés" de langue ", *Texto!* XIII-1.

BROWN P. e LEVINSON S. 1987: *Politeness*, Cambridge, CUP.

BRUNER J. 1997 [1990]:... *Car la culture donne forme à l'esprit*, Genève, Eshel-Georg.
- 2002: *Pourquoi nous racontons-nous des histoires ?*, Paris, Retz.

BURGER M. e MARTEL G. (dirs.) 2005a: *Argumentation et communication dans le médias*, Québec, Nota Bene.

CANVAT K. 1996: "Types de textes et genres textuels. Problématique et enjeux ", *Enjeux* 37/38, CEDOCEF, Namur.
- 1996b: *Questions de genre. Contribuition à une théorie et à une didactique du texte littéraire*, Thèse de doctorat, Université Catholique de Louvain.

CARON J. 1983: *Les Régulations du discours*, Paris, PUF.

CHAROLLES M. 1980: "Les formes directes et indirectes de l'argumentation ", *Pratiques* 28, 7-43.
- 1988: "Les plans d'organisation textuelle: périodes, chaînes, portées et séquences ", *Pratiques* 57, 3-13.
- 1990: "Points de vue... ", *Recherches* 13, 9-13.

CHAROLLES M. e COMBETTES B. 1999: "Contribuition pour une histoire récente de l'analyse du discours", *Langue française* 121, 76-115.

CHAROLLES M. e LAMIROY B. 2002: "Syntexe phrastique et transphrastique: du but au résultat ", in *Macrosyntaxe et macro-sémantique*, H. L. Andersen et H. Nølke dirs., Berne, Peter Lang, 383-419.

CHESNY-KOHLER J. 1981: "Aspects explicatifs de l'activité discursive de paraphrasage ", *Revue européenne des sciences sociales* n° 56, Tome XIX, Genève, Droz.
- 1983: "Aspects des discours explicatifs ", *Logique, argumentation, conversation*, P. Bange et al. éds., Berne, Peter Lang.

CHISS J.-L. 1987: "Malaise dans la classification ", *Langue française* 74, 10-28.

COIRIER P., GAONAC'H D. e PASSERAULT J.-M. 1996: *Psycholinguistique textuelle. Approche cognitive de la compréhension et de la production des textes*, Paris, A. Colin.

COLTIER D. 1986: "Approches du texte explicatif ", *Pratiques* 51, 3-22.

COMBE D. 1989a: *Poésie et récit. Une rhétorique des genres*, Paris, Corti.
- 1989b: ""La marquise sortit à cinq heures...". Essai de définition linguistique du récit", *Le Français moderne*, tome LVII, 3/4, 155-166.
- 2002a: "Retour du récit, retour au récit (et à *Poésie et récit*)?", *Degrés* 111, b1-b16.
- 2002b: "La stylistique des genres ", *Langue française* 135, 33-49.

COMBETTES B. 1986: "Le texte explicatif: aspects liguistiques", *Pratiques* 51, 23-38.
- 1988: "Fonctionnement des nominalisations et des appositions dans le texte explicatif ", *Pratiques* 58, 107-119.
- 1990: "Points de vue... ", *Recherches* 13, novembre, Revue de l'A.F.E.F de Lille.

COMBETTES B. e TOMASSONE R. 1988: *Le Texte informatif, aspects linguistiques*, Bruxelles, De Bœck-Wesmael.

CONOD F. 1987: *Ni les ailes ni le bec*, Lausanne, B. Campiche éditeur.

COSERIU E. 1994 (1980): *Textlinguistik: Eine Einführung*, Tübingen-Basel, Francke.
- 2007: *Lingüística del texto. Introducción a la hermenéutica del sentido*, édition et annotation d'Oscar Loureda Lamas, Madrid, Arco/Libros.

CULICOVER P. W. e JACKENDOFF R. 1997: "Semantic Subordination despite Syntatic Coordination", *Linguistic Inquiry* 28-1, 195-217.
- 2005: *Simpler syntax*, Oxford/New York, Oxford University Press.

DAMOURETTE J., PICHON Éd. 1911-1936: *Des mots à la pensée. Essai de grammaire de la langue française*, vol. V, Paris, D'Artrey.

DANBLON E. 1996: "Manipulation rhétorique et structure argumentative. Le schéma argumentatif de Toulmin dans le contexte d'un discours politique", *Rapport de recherche n° 4 du projetc* ARC "*Typologie textulle et théorie de la signification*", Université libre de Bruxelles, 2-15.
- 2002a: "Éthique et rhétorique: entre les faits et les normes", in *Après Perelman: quelles politiques pour les nouvelles rhétorique ?*, Roselyne Koren et Ruth Amossy éds., Paris, L'Harmattan, 91-122.
- 2002b: *Rhétorique et rationalité*, Édition de l'Université libre e Bruxelles.
- 2004: *Argumenter en démocratie*, Bruxelles, Labor.
- 2005: *La Fonction persuasive*, Paris, Armand Colin.

DANON-BOILEAU L. e MOREL M.-A. 1998: *Grammaire de l'intonation*, Paris, Ophrys.

DEBRAY-GENETTE R. 1988: *Métamorphose du récit*, Paris, Seuil.

DE CERTEAU M. 1980: *L'Invention du quotidien 1. Arts de faire*, U.G.E., coll. 10/18 n° 1.363 (repris dans Gallimard, coll. Folio essais n° 146).

DE CERTEAU M., GIARS L. e MAYOL P. 1994: *L'Invention du quotidien 2. Habiter, cuisineri*, Gallimard, coll. Folio essais n° 238.

DELCAMBRE I. 1990: "Voilà pourquoi ce texte est un texte explicatif typique", *Recherches* 13, 149-156.

DENHIÈRE G. (dir.) 1984: *Il était une fois*, P. U. Lille.

DENIZOT N. 2005: "Classements en genres et autres classification textuelles", *Recherches* 42, 37-60.

DÉON M. 1973: *Un texi mauve*, Paris, Gallimard, coll. Folio n° 999.

DE PATER W.A. 1965: *Les "Topiques" d'Aristote et la dialectique platonicienne. Méthodologie de la définition*, Études Thomistes, vol. X, Fribourg, St Paul.

DESCLÉS J.-P. e GUENTSCHÉVA Z. 1987: "Fonctions discursives. Passé simples et imparfait", in *Le Texte comme objet philosophique*, J. Greisch dir., Paris, Beauchesne, 111-137.

DIJK T. A. van 1972: *Some Aspects of Text Grammars*, The Hague, Mouton.
- 1973: "The Grammar and Text Logic", in *Studies in Text Grammar*, J. S. Petöfi et H. Reiser dirs., Dordrecht, Reidel, 17-78.
- 1977: "Semantic Macro-Structures and Knowledge Frames in Discourse Comprehension", in Marcel A. Just & Patricia A. Carpenter (eds.), *Cognitive processes in comprehension*, New York, Lawrence Erlbaum Ass., 3-32.
- 1978: *Tekstwetenschap*, Utrecht, Spectrum.
- 1980: *Macrostructures. An Interdisciplinary Study of Global Structures in Discourse, Interaction and Cognition*, Hillsdale, Lawrence Erlbaum Ass.
- 1981a: "Le Texte: structures et fonctions. Introduction élémentaire à la science du texte", in *Théorie de la littérature*, A. Kibedi Varga dir., Paris, Picard.
- 1981b: "Episodes as units of discourse analysis", in Debora Tanen (ed.), *Analysing Discourse: Text and Talk*, Georgetown, Georgetown University Press, 177-195.
- 1984: "Texte", in *Dictionnaire des littératures de langue française*, de Beaumarchais et al. dirs., Paris, Bordas.
- 1996: "De la grammaire de textes à l'analyse socio-politique du discours. Un itinéraire de recherche", *Le Français dans le Monde*, numéro spécial: *Le Discours: enjeux et perspectives*, Paris, Hachette, 16-29.

DISPAUX G. 1984: *La Logique et le quotidien*, Paris, Minuit.

DOMINICY M. 1993: "De Toulmin à Perelman. Analyse d'un réseau argumentatif", *Verbum* n° 1, 2, 3, P. U. Nancy, 241-250.
- 2002: "La dimension sémantique du discours argumentatif: le travail sur les notons", in *Après Perelman: quelles politiques pour les nouvelles rhétoriques ?*, R. KOREN e R. AMOSSY dirs., Paris, L'Harmattan, 123-152.

DOURY M. e MOIRAND S. dirs. 2004: *L'Argumentation aujourd'hui*, Paris, Presses de la Sorbonne Nouvelle.

DRESSLER W. U. 1984: "Tipologia dei testi e tipologia testuale", in *Linguistica testuale*, L. Coveri et al. dirs., Roma, Bulzoni, 87-94.

DUBOIS D. 1991 (dir.): *Sémantique et cognition*, Paris, éditions du CNRS.

DUCROT O. e ANSCOMBRE J.-C. 1983: *L'Argumentation dans la langue*, Bruxelles, Mardaga.

DUCROT O. 1973: *La Preuve et le dire*, Paris, Mame.
- 1980: *Les Échelles argumentatives*, Paris, Minuit.
- 1984: *Le Dire et le Dit*, Paris, Minuit.

DUFOUR M. 2008: *Argumenter. Cours de logique informelle*, Paris, Armand Colin.

DURRER S. 1990: "Le dialogue romanesque: essai de typologie", *Pratiques* 65, 37-62.
- 1994: *Le Dialogue romanesque. Style et structure*, Paris, Droz.

ECO U. 1979: *Lector in Fabula*, Mila (Paris, Grasset, 1985).
- 1985: *Apostille au Nom de la rose*, Paris, Grasset-Le Livre de Poche.
- 1988: *Sémiotique et philosophie du langage*, Paris, PUF.

EGLIA A. 1912: *Rhétorique. Leçons de style à l'usage de l'ensegnement secondaire*, Lausanne, Payot.

EHRLICH S. 1985: "Thématisation, compréhention et vitesse de lecture par des enfants", *L'Orientation scolaire et professionelle* 4, XIV, 331-339.

EEMEREN F. van e GROOTENDORST R. 1996: *La Nouvelle Dialectique*, Paris, Kimé.

ENKVIST N. E. 1986: "Linéarisation, Text Type and Parameter Weighting", in J.L. Mey éd.: *Language and Discourse: Text and Protest*, Amsterdam, Benjamins. *Etudes de linguistique appliquée* n° 83 1991: "Textes, discours, types et genres", Paris, Didier érudition.

FABRICIUS-HANSEN C. e RAMM W. 2008: *"Subordination" versus "Coordination" in Sentence and Text. A cross-linguistic perspective*, John Benjamins, Amsterdam/Philadelphia.

FABRET N. 1925: *L'Honnête Homme ou l'Art de plaire à la cour* (1630), Paris, RUE.

FIX U. 1997: "Kanon und Auflösung des Kanons. Typologische Intertxtualität – ein 'postmodernes' Stilmittel", in *Die Zukunft der Textlinguistik. Traditionen, Transformationen, Trends*, Gerd Antos et Heike Tietz (dirs.), Tübingen, Max Niemeyer Verlag, 96-108.

FOUCAULT M. 1969: *L'Archéologie du savoir*, Paris, Gallimard.

FAUCONNIER G. 1984: *Espaces mentaux*, Paris, Minuit.

FAYOL M. 1985: *Le Récit et sa construction*, Lausanne-Paris, Delachaux et Niestlé.
- 1987: "Vers une psycholinguistique textuelle génétique: l'acquisition du récit", in *Connaitre et le dire*, G. Pieraut-Le Bionniec dir., Bruxelles, Mardaga.
- 1997: *Des idées au texte*, PUF, Paris.

FLAHAUT F. 1979: "Le fonctionnement de la parole", *Communication* 30, 73-79.

FONTANIER P. 1977: *Les Figures du discours*, Paris, Flammarion, coll. Champs (1re éd. 1821).

FOUCAULT M. 1996: *Les Mots et les Choses*, Paris, Gallimard.
- 1969: *L'Archéologie du savoir*, Paris, Gallimard.

Le Français aujourd'hui n° 79 1987 "Classes de textes: textes en classe".

FRANDSEN F. 1998: "Tekst, sekvens og heterogenitet. Introduktion til J.-M. Adams teori om teksttyper", *Hermes, Journal of Linguistics* 20, Århus, 9-40.

FRANKE W. 1987: "Texttypen-Textsorten-Textexemplare: Ein Ansatz zu ihrer Klassifizierung und Beschreibung", *Zeitschrift für germanistische Linguistik* n° 15-3, 263-281.

GARDES TAMINE J. 2004: *Pour une grammaire de l'écrit*, Paris, Berlin.

GARDES TAMINE J. e PELLIZZA M.-A. 1998: *La Construction du texte*, Paris, A. Colin.

GAULMYN M.-M. 1986: "Apprendre à expliquer", *Tranel* 11, 119-139.

GENETTE G. 1969: "Vraisemblable et motivation", *Figures II*, Paris, Seuil.
- 1972: *Figures II*, Paris, Seuil.
- 1979: *Introduction à l'architexte*, Paris, Seuil.
- 1983: *Nouveaux discours du récit*, Paris, Seuil.

GERRIG A. 1996: *Towards a Post-modern Theory of Narrative*, New Haven & Londres, Yale University Press.

GERVAIS B. 1990: *Récits et actions*, Québec, Le Préambule.

GLEICK J. 1989: *La Théorie du chaos*, Paris, Flammarion.

GOFFMAN E. 1974 (1967): *Interaction Ritual*, trad. fr. *Les Rites d'interaction*, Paris, Minuit.
- 1973 (1959): *La Mise en scène de la vie quotidienne*, Tomes I et II, Paris, Minuit.
- 1987 (1981): *Façons de papier*, Paris, Minuit.

GRACQ J. 1980: *En lisant en écrivant*, Paris, Corti.

GRASSI M.-C. 1998: *Lire l'épistolaire*, Paris, Dunod.

GREIMAS A. J. 1966: *Sémantique structurale*, Paris, Larousse.
- 1970: *Du sens I*, Paris, Seuil.
- 1983: "La soupe au pistou ou la construction d'un objet de valeur", *Du sens II*, Paris, Seuil, 157-169.

GREIMAS A.J. et COURTÉS J. 1979: *Sémiotique. Dictionnaire raisonée de la théorie du langage*, Paris, Hachette.

Grice H. P. 1975: "Logic and conversation", in *Syntax and Semantics*, vol. 3, *Speech Acts*, P. Cole e J. L. Morgan éds., Académie Press; trad. fr. in *Communications* 30, 1979, 57-72.

Noille-Clauzade Ch. 2001: "La figure de la description dans la théorie rhétorique classique", *Pratique* 109/110, 5-14.

Nünning A. 2010: "Narratologie ou narratologies? Un état des lieux des développements récents: propositions pour de futurs usages du terme", in *Narratologies contemporaines*, John Pier e Francis Berthelot dirs., Paris, Éditions des archives contemporaines, 15-44.

Perelman C. 1983: "Logique formelle et argumentation", in P. Bange et al. éds.: *Logique, argumentation, conversation*, Berne, Peter Lang.
- 1987: *L'Empire rhétorique*, Paris, Vrin.

Perelman Ch. e Olbrecht-Tyteca L. 1988: *Traité de l'argumentation*, Éditions de l'Université de Bruxelles.

Perrault Ch. 1971: *Parallèle des anciens et des modernes en ce qui regarde les arts et les sciences: dialogues, avec le poème du siècle de Louis le Grand et une épître en vers sur le génie*, Genève, Slatkine Reprints (1re éd. Paris, 1692-1697).

Péry-Woodley M.-P. 2000: *Une pragmatique à fleur de texte*, Toulouse-le-Mirail, Carnets de grammaire, erss unr-cnrs 5610.
- 2001: "Modes d'organisation et de signalisation dans des textes procéduraux", *Langages* 141, 28-46.

Petitjean A. 1989: "Les typologies textuelles", *Pratiques* 62, 86-125.

Peytard J. 1982: "Les variantes de ponctuation dans le chant premier des *Chants de Maldoror*", in *Genèse du texte: les modèles linguistiques*, C. Fuchs et al. éds., Éditions du C.N.R.S., Paris.

Pier J. (dir.) 2007: *Théorie du récit. L'apport de la recherche allemande*, Villeneuve-d'Ascq, Presses universitaires du Septentrion.

Pier J. e Berthelot F. (dirs.) 2010: *Narratologies contemporaines. Approches nouvelles pour la théorie et l'analyse du récit*, Paris, Éditions des archives contemporaines.

Plantin Ch. 1990: *Essais sur l'argumentation*, Paris, Kimé.
- 1996: *L'Argumentation*, Paris, Seuil, coll. Mémo.

Plett H. F. 1975: *Textwissenschaft und Textanalyse: Semiotik, Linguistik, Rhetorik*, Heidelberg, Quelle et Meyer, utb.

Poe E.A. 1951: "La Genèse d'un poème", *Histoires grotesques et sérieuses, Œuvres en prose*, Bibliothèque de La Pléiade, Gallimard.

Portillo Serrano V. 2010: *Problématique des genres dans les productions écrites universitaires: cas du résumé scolaire chez les étudiants français et mexicains*, Thèse de doctorat, Université de Franche-Comté, Besançon.

Prandi M. 2007: "Les fondements méthodologiques d'une grammaire descriptive de l'italien", *Langages* 167, 70-84.
- 2013: *L'analisi del periodo*, Roma, Carocci.

Pratiques n° 56 1987: "Les types de textes", Metz.

Pratiques n° 62 1989: "Classer les textes", Metz.

Propp V. 1928: *Morfologija skazki*, Leningrad, 1969 (2e éd.), Nauka Trad. fr. 1970, Paris, Seuil.

Qamar H. 1996: *Quand dire, c'est: écrire-comment-faire. Un autre type de texte: le recettal*, Thèse soutenue à l'Université Lumière, Lyon II.

Rabatel A. 2001: "Valeurs énonciatives et représentatives des 'présentatifs' c'est, il y a, voici/voilà: effet de point de vue et argumentativité indirecte du récit", *Revue de sémantique et de pragmatique* 9, 111-114; repris dans *Homo narrans*, Tomo 1, Limoges, Lambert-Lucas, 122-150.

Textos: tipos e protótipos

RASTIER F.: 1989: *Sens et Textualité*, Paris, Hachette.
- 2001: *Arts et sciences du texte*, Paris, PUF.
- 2008: "Passages et parcours dans l'intertexte", *Texto!* XIII-4.

REICHLER C. (éd.) 1991: *Lettres édifiantes et curieuses des missions de l'Amérique méridionale*, Paris, Utz.

REMI-GIRAUD S. 1987: "Délimitation et hiérarchisation des échanges dans le dialogue", in *Décrire la conversation*, Presses Universitaires de Lyon.

REUTER Y. 1998: *La description. Théories, recherches, formation, enseignement*, Lille, Presses universitaires du Septentrion.
- 2000: *La description. Des théories à l'enseignement-apprentissage*, Issy-les-Moulineaux, ESF.

REVAZ F. 1987: "Du descriptif au narratif et à l'injonctif", *Pratiques* 56, 18-38.
- 1997: *Les Textes d'action*, Paris, Université de Metz-Klincksieck, col. "Recherches textuelles".
- 2000: "Les faits divers: une réflexion sur l'agir humain », *Études de Lettres* 3-4, 131-152.
- 2009: *Introduction à la narratologie. Action et narration*, Bruxelles, De Boeck-Duculot.

RICARDOU J. 1978: "Le Texte en conflit", in *Nouveaux problèmes du roman*, Seuil, Paris.

RICHER J.-J. 1991: *Approche typologique des textes et enseignement du FLE/FLS*, Thèse de doctorat nouveau régime, Université de Rouen.

RICŒUR P. 1980: "Pour une théorie du discours narratif", *La Narrativité*, D. Tiffeneau dir., Paris, Éditions du C.N.R.S.
- 1983,1984,1985: *Temps et récits*, volumes I, II, III, Paris, Seuil.
- 1986: *Du texte à l'action*, Esprit/Seuil, Paris.

RIEGEL M., PELLAT J.-CH., RIOUL R. 1994: *Grammaire méthodique du français*, Paris, PUF.

ROULET E. 1981: "Échanges, interventions et actes de langage dans la structure de la conversation", Études de linguistique appliquée 44, 7-39.

ROULET E. et al. 1985: *L'Articulation du discours en français contemporain*, Berne, Peter Lang.

ROUSTAN M. 1904: *Le Dialogue*, Paris, Paul Delaphane.

RUWET N. 1975: "Parallélismes et déviations en poésie", in *Langue, discours, société*, J. Kristeva et al. dirs., Paris, Seuil, 307-351.

SACKS H. 1974a: "On the Analyzability of Stories by Children", in R. Turner (dir.), *Ethnomethodology*, Penguin, Harmondsworth, 216-232.
- 1974b: "An Analysis of the Course of a Joke's telling in Conversation", in R. Bauman e J.F. Sherzer (dirs.), *Explorations in the Ethnography of Speaking*, Cambridge, UK, Cambridge University Press, 337-353.
- 1978: "Some technical considerations of a dirty joke", in Schenkein J. (dir.), *Studies in the Organization of Conversational Interaction*, New York, Academic press, 249-269.
- 1992: *Lectures on Conversation* I & II, Oxford, Blackwell.

SACKS H., SCHEGLOFF E. A. e JEFFERSON G. 1974: "A Simplest Systematics for the Organisation of Turn-Taking for Conversation", Language 50, 696-735.

SANGSUE D. 1987: *Le Récit excentrique*, Paris, Corti.

SARRAUTE N. 1956: "Conversation et sous-conversation", *L'Ère du soupçon*, Paris, Gallimard.

SARTRE J.-P. 1947 (1943): "Explication de *L'Étranger*", *Situations I*, Paris, Gallimard, 120-147.

SAUSSURE F. DE 2002: *Écrits de linguistique générale*, Paris, Gallimard.

SCHAEFFER J.-M. 1989: *Qu'est-ce qu'un genre littéraire ?*, Paris, Seuil.
- 1995: article "Genres littéraires", du *Nouveau Dictionnaire encyclopédique des sciences du langage*, O. Ducrot et J.-M. Schaeffer dirs., Paris, Seuil, 520-529.
- 1996: *Les Célibataires de l'Art*, Paris, Gallimard.

Referências

SCHEGLOFF E. A. 1982: "Discourse as an interactional Achievement: some Uses of "uh huh" and other Things that come between Sentences", in D. Tannen dir., *Analysing Discourse: Text and Talk*, Washington D. G, Georgetown University Press.
- 2003: "'Narrative Analysis' Thirty Years Later", in *Sociolinguistics. The Essential Readings*, Christina Bratt Paulston et G. Richard Tucker (dirs.), Malden-Oxford, Blackwell Publishing, 105-113.

SCHEGLOFF E. A. e SACKS H. 1973: "Opening up Closings", *Semiotica*, vol. 8, n° 4, 289-327.
- 1988/1989: "From Interview to Confrontation. Observations of the Bush/Rather Encounter", *Research on Language and social Interaction* 22, 215-240.

SCHLEIERMACHER F.D.E. 1987 (1805-1833): *Herméneutique*, Paris, Cerf/P. U. Lille.

SCHNEDECKER C. 1990: "Un genre descriptif: le portrait", *Pratiques* 66, 59-106.

SCHNEUWLY B. 1987: "Quelle typologie de textes pour renseignement? Une typologie des typologies", in *Apprendre/enseigner à produire des textes écrits*, De Boeck, Bruxelles.

SCHWITALLA J. 1978: "Essais pour l'analyse de l'orientation et de la classification des dialogues", *Stratégies discursives*, 165-180.

SIESS J. (dir.) 1998: *La Lettre entre réel et fiction*, Paris SEDES.

SIESS J. e HUTIN S. (dirs.) 2005: *Le Rapport de places dans* l'épistolaire, *Semen* 20, Presses universitaires de Franche-Comté.

SIMO C. 1986: *Discours de Stockholm*, Paris, Minuit.

SIMONIN-GRUMBACH J. 1975: "Pour une typologie du discours", in Kristeva et al.: *Langue, discours, société*, Paris, Seuil, 85-121.

SINACEUR H. 1978: "Logique et mathématique du flou ", *Critique* n° 372, Paris, Minuit.

SITRI F. 2003: " La diffusion de la "typologie des textes" dans les manuels scolaires", in R. Amossy e D. Maingueneau dirs., *L'Analyse du discours dans les études littéraires*, Toulouse, Presses universitaires du Mirail.

SKIBA D. (dir.) 2010: *Textmuster: schulisch – universitär-kulturkonstrastiv*, Frankfurt/M-Bern, Peter Lang.

SOMMERFELDT K.-E. (dir.) 2003: *Textsorten und Textsorten-varianten*, Frankfurt/M-Bern, Peter Lang.

SOUTET O. 2005 [1995]: *Linguistique*, Paris, PUF, coll. Quadrige.

SPRENGER-CHAROLLES L. 1980: "Le résumé de texte", *Pratiques* 26, 59-90.

SPERBER D. & WILSON D. 1989: *La Pertinence*, Paris, Minuit.

SUMPF J. 1969: "Les problèmes des typologies", *Langages* 13, 46-50.

TAYLOR J. R. 2003 [1989]: *Linguistic Categorization*, Oxford, Oxford University Press.

TENEZE M.-L. 1970: "Du conte merveilleux comme genre", in *Approches de nos traditions orales*, M.-L. Tenèze éd., Maisonneuve et Larose, Paris, 11-65.

THOMPSON S. A. 1985: "Grammar and written discourse: initial *vs.* final Purpose Clauses in English", *Text* vol. 5, 1-2, 55-84.

TODOROV T. 1978: *Les Genres du discours*, Paris, Seuil.
- 1981: *Mikhaïl Bakhtine, le principe dialogique*, Paris, Seuil.

TOMACHEVSKI B. 1965 (1925): "Thématique", in *Teorija literatury (Poetika)*, Leningrad, (1925: 132-165); trad. fr. in *Théorie de la littérature*, T. Todorov éd., Paris, Seuil, 263-307.

TOULMIN S. E. 1958: *The Uses of Argument*, Cambridge, Cambridge University Press. trad. fr. 1993: *Les Usages de l'argumentation*, Paris, PUF.

VANDERVEKEN D. 1992: "La théorie des actes de discours et l'analyse de la conversation", *Cahiers de linguistique française* 13, 9-61.

Textos: tipos e protótipos

VANNIER A. 1912: *La Clarté française. L'art de composer, d'écrire et de se corriger*, Paris, Nathan (4ᵉ éd.).

VANDELOISE C. 1991: "Présentation" et "Autonomie du langage et cognition", *Communications* 53, 3-6 e 69-101.

VAPEREAU G. 1876: *Dictionnaire universel des Littératures*, tome I, Paris, Hachette.

VENEZIANO E. 1997: "Buts illocutoires de l'assertion et enchâssement des forces: le cas de l'explication", *Interaction et cognition*, Vol. II-1 e 2, 137-148.

VIGNAUX G. 1988: *Le Discours acteur du monde*, Paris, Ophrys.

VIGNER G. 1990: "Un type de texte: le dire de faire", *Pratiques* 66, 107-124.

VIOLLET-LE-DUC E. L. N. 1835: Article "Descriptif" du *Dictionnaire de la conversation et de la lecture*, Paris et Lausanne, Belin-Mandar et Rouiller, vol. XX.

VIRTANEN T. e WARVIK B. 1987: "Observations sur les types de textes", *8ᵉ Rencontre des professeurs de français de l'enseignement supérieur, publication du Département des langues romanes* 6, Université d'Helsinki.

VOLOCHINOV V. N. 2010 (1929): *Marxisme et philosophie du langage*, Limoges, Lambert-Lucas.

VYGOTSKY L. S. 1962 (1934): *Thought and Language*, Cambridge, MIT Press.

WEINRICH H. 1973 (1964): *Le Temps*, Paris, Le Seuil.

WERLICH E. 1975: *Typologie der Texte*, Heidelberg, Quelle und Meyer.
- 1975b: *Text analysis and Text production*, 1. "Stories and Reports", 2. "Impressionnistic and Technical Descriptions", Dortmund.

WEY F. 1845: *Remarques sur la langue française au dix-neuvième siècle, sur le style et la composition littéraire*. 2 vol., Paris, Firmin Didot.

O AUTOR

Jean-Michel Adam, nascido na França, é professor de Linguística na Universidade de Lausanne na Suíça. Escreveu diversas obras sobre Linguística Textual, traduzidas para diversas línguas. Um dos grandes especialistas nessa área, ele é o autor da proposta de descrição das sequências narrativa, descritiva, explicativa, argumentativa e dialogal – uma temática cara a todo o ensino de interpretação e produção de textos.